2017

中国经济社会发展形势与对策

——国务院研究室调研成果选

SITUATION AND COUNTERMEASURES ON CHINESE
ECONOMIC AND SOCIAL DEVELOPMENT

黄守宏 主编

中国言实出版社

图书在版编目（CIP）数据

2017 中国经济社会发展形势与对策：国务院研究室调研成果选 /
黄守宏主编 . -- 北京：中国言实出版社 ,2017.4

ISBN 978-7-5171-2332-3

Ⅰ . ① 2… Ⅱ . ①黄… Ⅲ . ①中国经济—经济发展—调查研究—
2017 ②社会发展—调查研究—中国— 2017 Ⅳ . ① F124 ② D668

中国版本图书馆 CIP 数据核字（2017）第 088961 号

出 版 人：王昕朋
总 监 制：朱艳华
责任编辑：严　实
出版统筹：冯素丽
责任印制：佟贵兆
封面设计：承影绘画

出版发行　中国言实出版社
地　址：北京市朝阳区北苑路 180 号加利大厦 5 号楼 105 室
邮　编：100101
编辑部：北京市海淀区北太平庄路甲 1 号
邮　编：100088
电　话：64924853（总编室）64924716（发行部）
网　址：www.zgyscbs.cn
E-mail：zgyscbs@263.net
经　销　新华书店
印　刷　三河市祥达印刷包装有限公司
版　次　2017 年 7 月第 1 版　　2017 年 7 月第 1 次印刷
规　格　787 毫米 ×1092 毫米　1/16　37 印张
字　数　415 千字
定　价　89.00 元　　　　　ISBN 978-7-5171-2332-3

本书编委会

主　任：黄守宏

副主任：韩文秀　石　刚　杨书兵

　　　　郭　玮　陈祖新

编　委：（以下按姓氏笔画排序）

　　　　王昕朋　王检贵　王锦栋　朱艳华

　　　　乔尚奎　刘应杰　孙国君　肖炎舜

　　　　宋　立　张军立　陈爱清　侯万军

　　　　郭道锋

坚持稳中求进　再创发展辉煌[*]

（代　序）

黄　守　宏

刚刚闭幕的十二届全国人大五次会议审议通过了李克强总理作的政府工作报告（以下简称报告）。报告深入贯彻习近平总书记系列重要讲话精神和治国理政新理念新思想新战略，系统总结过去一年的政府工作，明确提出了 2017 年推动经济社会发展的总体部署和重点任务，是做好今年政府工作的纲领性文件。2016 年，在严峻挑战面前，我国经济社会发展取得了非凡成绩。2017 年，在以习近平同志为核心的党中央坚强领导下，我们将全面做好稳增长、促改革、调结构、惠民生、防风险各项工作，保持经济平稳健康发展和社会和谐稳定，以优异成绩迎接党的十九大胜利召开。

挑战罕见　成绩非凡

2016 年，我国发展面临多重矛盾叠加、风险隐患交汇的挑

---

* 本文刊发于《人民日报》，2017 年 3 月 20 日 07 版。

战。一方面，外部环境非常严峻。世界经济和贸易增速为 7 年来最低，大宗商品价格低位震荡，国际金融市场波动起伏。这些情况给我国进出口贸易和汇市、股市稳定等带来很大负面影响。另一方面，国内结构性问题突出。部分行业产能过剩严重，一些企业生产经营困难较多，地区经济走势分化，财政收支矛盾较大，经济金融风险隐患显现。在国际因素和国内因素相互影响、结构性因素与周期性因素相互叠加、长期矛盾和短期矛盾相互交织的情况下，我国经济下行压力加大。尤其是去年头几个月，部分主要经济指标持续下降。在这种情况下，宏观调控面临多难抉择，不少人对我国经济能否稳住担忧较多。一些国际机构连续调低对我国经济增长的预期，有的甚至认为会出现"硬着陆"。

在以习近平同志为核心的党中央坚强领导下，经过各方面共同努力，我们不仅稳住了经济增长，圆满完成了全年发展主要目标任务，而且经济运行出现诸多内在的、积极的向好变化。国内生产总值（GDP）达到 74.4 万亿元，增长 6.7%，在世界主要经济体中名列前茅；我国对世界经济增长的贡献率达到 33.2%。这样的增长是在质量和效益提高基础上实现的。工业企业利润由降转升，单位 GDP 能耗下降 5%，居民消费价格上涨 2.0%、处在国际公认的理想水平。这样的增长是在结构加快调整优化中实现的。消费对经济增长的贡献率为 64.6%，服务业增加值占 GDP 的比重达 51.6%，高技术产业和装备制造业增长较快，农业稳中调优。这样的增长是在不断增强的发展新动能推动下实现的。互联网与各行业加速融合，一些传统行业焕发新的生机，新产业新业态新模式蓬勃兴起，新的市场主体如雨后春笋般涌现。平均每天新登记企业 1.5 万户，企业活跃度保持在 70% 左右。更重要的是，这样的增长使人民更多受益。经济增长对就业的带动效应增强，城镇新增就业 1314 万人，超过全年预期目标，城镇登记失业率为近十几年来最低，成为经济运行的一大亮点。全国居民人均可支配收入实际增长 6.3%，快于人均 GDP 增速，城乡居民收入差距有所缩小，农村贫困人口减少 1240 万。棚户区住房改造 600 多万套，农村危房改造 380 多万户，三四千万居民喜迁新居。总的看，去年我国的经济增长不仅体现为量的扩张，更体现为质的提升。

在推动经济增长的过程中，我们没有搞"大水漫灌"式强刺激，而是综合施策，着力激发内生发展动力。一是统筹稳增长、调结构、防风险，继续创新和加强宏观调控。根据形势变化，在区间调控的基础上加强定向调控、相机调控。积极的财政政策力度加大，增加的财政赤字主要用于减税降费。稳健的货币政策灵活适度，综合运用多种货币政策工具，既保持流动性合理充裕，加强对实体经济的支持，又防止货币供应过于宽松而产生加杠杆效应、放大资产泡沫。二是依靠改革创新，推动经济转型升级。全面深化改革，"放管服"、财税、金融等重要领域和关键环节改革取得突破性进展。推进供给侧结构性改革，去产能、去库存、去杠杆、降成本、补短板取得初步成效。强化创新引领，推进"互联网 +"行动和国家大数据战略，实施《中国制造 2025》，促进大众创业、万众创新。继续深入实施区域发展总体战略，促进新型城镇化深入发展，拓展经济增长空间。三是统筹经济社会发展，努力保障和改善民生。推动教育、科技、文化、卫生、体育、社保等事业发展，促进基本公共服务均等化，既有力改善民生，又着力培育新的增长点、提高长期增长潜力。

稳中求进　再创佳绩

2017 年将召开中国共产党第十九次全国代表大会，是党和国家事业发展中具有重大意义的一年。做好政府工作，要在以习近平同志为核心的党中央领导下，高举中国特色社会主义伟大旗帜，全面贯彻党的十八大和十八届三中、四中、五中、六中全会精神，以邓小平理论、"三个代表"重要思想、科学发展观为指导，深入贯彻习近平总书记系列重要讲话精神和治国理政新理念新思想新战略，统筹推进"五位一体"总体布局和协调推进"四个全面"战略布局，坚持稳中求进工作总基调，牢固树立和贯彻落实新发展理念，适应把握引领经济发展新常态，坚持以提高发展质量和效益为中心，坚持宏观政策要稳、产业政策要准、微观政策要活、改革政策要实、社会政策要托底的政策思路，坚持以推进供给侧结构性改革为主线，适度扩大总需求，加强预期引导，深化创新驱动，全面做好稳增长、促改革、调结构、惠民生、防风险各项工作，保持经济平稳健康发展和社会和谐稳定，以优异成绩迎接党的十九大胜利召开。

当前，国内外形势复杂多变，不稳定不确定因素明显增加，必须贯彻好稳中求进工作总基调。我们首先要站稳脚跟、稳住当下，保持经济运行在合理区间，守住金融安全、民生保障、环境保护等方面的底线，维护社会和谐稳定。只有行稳，才能致远。稳不是无所作为，不是不敢作为。在保持大局稳定的前提下，要奋发有为，敢于啃"硬骨头"，积极化解风险隐患，深入推进改革创新，加快经济转型升级，推动各项事业不断进步。

根据需要与可能，报告提出了今年发展的主要预期目标，包括经济增长速度、居民消费价格涨幅、城镇新增就业和登记失业率、进出口和国际收支、居民收入增长、节能环保指标等，并对增长速度、就业目标作了说明，强调在实际工作中争取更好结果。这些预期目标是有机统一的整体，彰显了"质""量"并重的要求，突出了更加重视就业、改善民生的导向，体现了以人民为中心的发展思想。

统筹兼顾　突出重点

当前经济社会发展各方面任务都十分繁重，我们既要通观全局，又要把握关键，着力抓好重点工作任务。

坚持以推进供给侧结构性改革为主线。当前经济发展面临的突出矛盾和问题，主要源于重大结构性失衡，必须用改革的办法推进结构调整。要深入推进"三去一降一补"，这是推进供给侧结构性改革的重要抓手。要运用市场化法治化手段，在继续压减钢铁、煤炭过剩产能的同时，淘汰、停建、缓建部分煤电产能，努力取得更大成效。支持居民自住房和进城人员购房需求，因城施策去库存。以企业特别是国有企业为重点，积极稳妥去杠杆。加大减税降费力度，全年再减少企业税负3500亿元左右、涉企收费2000亿元左右。精准加力补短板，着力打好脱贫攻坚战。深入推进农业供给侧结构性改革，以市场为导向推进农业结构调整，促进农民持续增收，保障农产品有效供给；加强现代农业建设，发展多种形式适度规模经营，不断提高农业综合效益和竞争力。

深化重要领域和关键环节改革。"放管服"改革要全面实行清单管理制度和"双随机、一公开"监管，减少政府的自由裁量权，增加市场的自主选择权。财税体制改革重在完善营改增政策和预决算公开，营造简洁透明的税收环境，提高财政资金使用效率。金融体制改革要着眼于增强服务实体经济能力，守住不发生系统性金融风险的底线。国企国资改革要以提高核心竞争力和资源配置效率为目标，形成有效制衡的公司法人治理结构、灵活高效的市场化经营机制。还要更好激发非公有制经济活力，加强产权保护制度建设，推进社会体制、生态文明体制等改革。开放也是改革，而且会倒逼改革。面对国际经济合作和竞争格局的深刻变化，顺应国内经济提质增效升级的迫切需要，要坚定不移扩大对外开放，扎实推进"一带一路"建设，大力优化外商投资环境，推进国际贸易和投资自由化便利化，在更深层次更高水平对外开放中增强发展新动能、增添改革新动力、增创竞争新优势。

适度扩大总需求并提高有效性。我国内需潜力巨大，扩大内需既有必要也有可能，关键是找准发力点。要围绕改善民生来扩大消费。加快发展服务消费，支持社会力量提供教育、养老、医疗等服务，发展医养结合、文化创意等新兴消费。通过改善和创新供给，更好适应和引导消费需求。严肃查处侵害消费者权益的行为，让群众花钱消费少烦心、多舒心。要着眼于补短板、增后劲来扩大投资。我国经济社会发展各领域还存在许多短板和薄弱环节，亟须加快建设和发展步伐。今年要再开工建设一批铁路、公路、民航、水利、电信等基础设施重大项目。政府在加大投资力度的同时，要着力调动民间投资的积极性。报告强调，要深化政府和社会资本合作，完善相关优惠政策，政府要带头讲诚信，决不能随意改变约定，决不能"新官不理旧账"。要释放区域协调发展和新型城镇化的巨大内需潜力。统筹推进三大战略和"四大板块"发展，实施好相关规划，研究制定新举措。深化户籍制度改革，加快居住证制度全覆盖，提高城市规划、建设、管理水平，增强城市的人口吸纳功能和辐射带动能力。

依靠创新推动新旧动能转换和结构优化升级。 我国发展到现在这个阶段，不靠改革创新没有出路。要通过深入实施创新驱动发展战略，加快培育壮大新动能、改造提升传统动能，推动经济保持中高速增长、产业迈向中高端水平。我国拥有世界上最大规模的科技和专业技能人才队伍，提升科技创新能力的关键是落实和完善有利于科技成果转化的激励政策，把科研人员的积极性调动起来。要为新兴产业发展营造良好环境，做大做强产业集群，支持和引导分享经济发展，本着鼓励创新、包容审慎的原则制定监管规则。传统产业是实体经济的主体。要强基固本，深入实施《中国制造2025》，以新技术新业态新模式改造提升传统产业，全面提高"中国制造"的质量水平和国际竞争力。大众创业、万众创新是带动就业的有效方式，是推动经济结构升级的重要力量，是促进机会公平的现实渠道。要打造各类创业创新平台，完善服务体系，把"双创"不断引向深入，使其发挥更大作用。

着力解决人民群众普遍关心的突出问题。 政府的一切工作都是为了人民，要以民之所望为施政所向。当前，在环境、教育、医疗、养老、食品药品安全等领域，人民群众还有不少不满意的地方。报告回应社会关切，明确要求对群众反映强烈、期待迫切的问题，有条件的要抓紧解决，把好事办好；一时难以解决的，要努力创造条件逐步加以解决。比如，在治理大气污染方面，提出解决燃煤污染、治理工业污染源、控制机动车尾气污染、应对重污染天气、严格环境执法等重要举措；在就业方面，强调做好重点群体就业工作，确保零就业家庭至少有一个人稳定就业；在教育方面，注重公平、提高质量、均衡发展，不断缩小城乡、区域、校际办学差距；在医疗方面，提高医保财政补助标准，实现异地就医住院费用直接结算，启动多种形式医联体建设试点，方便群众看病就医；在基本民生保障方面，稳步提高相关救助标准，要求县级政府都要建立群众基本生活保障协调机制。只要我们咬定青山不放松，持之以恒为群众办实事、解难事，促进社会公平正义，就能把发展硬道理更多体现在增进人民福祉上。

目录|CONTENTS

二、深入推进"三去一降一补"

三、深化重要领域和关键环节改革

四、创新驱动培育发展新动能

五、促进农业稳定发展和农民持续增收

六、加强以保障和改善民生为重点的社会建设

七、国外考察报告和国际借鉴

一、密切跟踪分析宏观经济形势

实施梯度跨越"中等收入陷阱"发展战略

刘应杰

我国已进入中等收入国家的偏上水平,下一步要向高收入国家水平迈进。如何跨越"中等收入陷阱",是我国发展面临的重大挑战。从我国国情出发,实施分步梯度跨越的发展战略,是我们的现实选择和可行路线图。

一、我国已进入梯度跨越"中等收入陷阱"的发展阶段

根据世界银行最新标准,人均国民收入低于 1045 美元为低收入国家,在 1045 美元至 4125 美元之间为中等偏下收入国家,在 4126 美元至 12735 美元之间为中等偏上收入国家,高于 12736 美元为高收入国家。一般情况下,人均国民收入与人均 GDP 大体相当。2015 年,我国经济总量达到 10.865 万亿美元,人均 7900 多美元,处于中等收入国家的偏上水平。

由于我国幅员辽阔、人口众多、区域发展很不平衡,因而平均数往往掩盖了内部差异。从各地区发展情况看,目前我国已经有 10 个省区市、人口超过 5 亿人,人均 GDP 超过 1 万美元,其中的天津、北京、上海、江苏 4 省市(人口 1.4 亿),人均 GDP 达到 1.4 万美元以上,达到高收入国家水平下限;浙江、内蒙古、

福建、广东、辽宁、山东 6 个省区市（人口 3.6 亿多），人均 GDP 接近高收入国家水平。另有 12 个省区市人均 GDP 为 6000—8000 美元，其他 9 个省区人均 GDP 在 4200—6000 美元，全部进入中等收入偏上水平（见附表）。

由于我国一个省区的人口规模和国土面积都相当大，省域内各地之间、城乡之间也存在很大差距。如果以地级城市来看，则有 77 个城市人均 GDP 超过 1 万美元，其中有 31 个城市人均 GDP 超过 1.5 万美元，有 10 个城市人均 GDP 超过 2 万美元。如最高的鄂尔多斯市人均 GDP 达到 33344 美元，克拉玛依市人均 27601 美元，东营市人均 26393 美元，深圳市人均 26071 美元，广州市人均 22217 美元，苏州市人均 21988 美元。在县级市中，江苏昆山市人均 GDP 接近 3 万美元，张家港市人均 28586 美元，江阴市人均 28259 美元，太仓市人均 24892 美元。可以说，随着划分区域的缩小，各地的差异更大，总体上各地发展呈现出多点开花、竞相超越的格局。

到 2020 年全面建成小康社会，实现国内生产总值和城乡居民人均收入比 2010 年翻一番，经济年均增长 6.5% 以上，届时我国经济总量将达到 92.7 万亿元，按汇率不变价计算，约合 14.88 万亿美元，我国人口按年均增长 0.5% 计算，则全国总人口达到 140962 万人，人均 GDP 大约 10556 美元，总体上人均超过 1 万美元，接近于 12736 美元的高收入国家水平。按此发展速度，预计到 2023 年，可以跨越中等收入国家的最低门槛，迈入高收入国家的行列。

二、梯度跨越"中等收入陷阱"是符合我国国情的现实选择

改革开放以来，我国的现代化建设走的是一条差异化梯度发展道路，由东部沿海地区率先发展，带动广大中西部地区发展起来，进而实现总体跨越发展。实践证明，这是一条符合我国国情的成功道路。

对于我国这样一个地区差别很大的发展中大国来说，各地发展不可能齐头并进，而会有先有后、各显其能。必须从各地实际出发，发达地区率先发展，发挥示范引领作用，带动其他地区发展，形成循序渐进的"雁阵"发展格局。

我国东部一些地方提出了"两个率先"的发展目标，率先全面建成小康社会，率先基本实现现代化。2010 年 6 月，国务院批准实施《长江三角洲区域规划》，提出到 2015 年，率先实现全面建设小康社会目标，人均地区生产总值达到 8.2 万元，按当年汇率折合 1.2 万美元，核心区（主要是上海）达到人均 10 万元，折合 1.47 万美元，应该说这个目标已经实现。到 2020 年力争率先基本实现现代化，人均地区生产总值达到 11 万元，折合 1.6 万美元，核心区达到 13 万元，折合 1.9 万美元，目前正在向这一目标努力。江苏省提出，到 2020 年基本实现现代化，达到中等发达国家水平，苏南一些地方提出提前基本实现现代化的目标。北京、上海、天津、广东等地，也不同程度提出了率先基本实现现代化的目标。

到 2020 年全面建成小康社会之时，我国人均 GDP 超过 1 万美元，将有更多地区和人口人均 GDP 超过 12736 美元，跨越"中等收入陷阱"，进入高收入国家行列。下一步，要持续接力，全面迈进高收入国家行列。

我国跨越"中等收入陷阱"的基本路线图就是：由局部跨越，到大部跨越，再到整体跨越。在全面建成小康社会之后，继续向高收入国家水平迈进，建设一个"富裕社会"，部分地区率先基本实现现代化，为全国基本实现现代化奠定更加坚实的基础。

需要说明的是，即使到 2023 年之后我国实现整体跨越"中等收入陷阱"，也只是全国人均 GDP 达到 12736 美元以上，并不是所有地区所有人口都达到了这一水平，还会有相当多的人口低于平均水平。同时，高收入国家的标准也在不断提高，现在全世界人均 GDP 平均水平已超过 1 万美元，高收入国家平均水平已接近 4 万美元，即使我国整体跨越了"中等收入陷阱"，也只是刚刚迈进高收入国家的门槛，与其他高收入国家水平仍然存在着很大差距。对此，我们必须保持清醒认识，不断向着实现中华民族伟大复兴的目标迈进。

三、实施梯度跨越"中等收入陷阱"发展战略的重点任务

跨越"中等收入陷阱"，迈上高收入国家水平，必须实施综合性的国家战略，采取一系列重大举措。重点突出以下几个方面：

第一，牢牢扭住发展第一要务不放松，保持中高速增长，防范化解经济风险。世界上不少国家之所以长期陷入"中等收入陷阱"而难于自拔，最重要的原因就是发展出了问题，发展的停滞是陷入"中等收入陷阱"的最大危险。拉美地区和东南亚一些国家是陷入"中等收入陷阱"的典型代表。如委内瑞拉、秘鲁、哥伦比亚、阿根廷、墨西哥等国家，长期受困于"中低收入陷阱"。阿根廷 1960 年就进入中等收入国家，被称为拉美首富，然而此后经济长期处于停滞状态，有 16 年人均国内生产总值负增长。菲律宾 1980 年人均国内生产总值达到 2671 美元，2014 年仍只有 2865 美元。与此相

对照，"亚洲四小龙"成功实现了由中等收入向高收入的跨越，创造了"东亚奇迹"。如韩国 1987 年人均 GDP 超过 3000 美元，1995 年达到 11469 美元，2014 年更是达到了 28101 美元，进入高收入国家的行列。只有经济持续稳定发展，才能成功跨越"中等收入陷阱"。我国经济发展由过去的高速增长，转入中高速增长的新常态，必须做到减速不失势，保证经济增速在 6.5% 以上，这是跨越"中等收入陷阱"的基本条件。为此，必须创造一个稳定的经济环境，特别注意防止拉美国家出现的通货膨胀、债务风险以及严重的经济危机，有效防范和化解财政金融风险，尤其要管理好股市、汇市和房市，及时处置资产泡沫，打好实体经济发展的坚实基础，创造经济长期稳定发展的良好环境。

第二，实施创新驱动发展战略，从根本上转变经济发展方式，更多释放人力人才资源红利。一些落入"中等收入陷阱"的国家，在经济发展到一定阶段后，既丧失了与低收入经济体在制造业方面的竞争优势，也没有能力同发达经济体在高技术领域展开竞争，无法实现由依靠廉价劳动力或能源资源优势向依靠科技创新的高生产率增长模式转变，错失了经济转型升级的重要契机。以拉美国家为典型代表，长期享受自然资源红利，实施进口替代战略，始终未能形成中高端制造能力，反而使"举债增长"难于维持。我国经济发展已到了一个重要关口，从 2011 年开始劳动适龄人口相对减少，2014 年开始劳动适龄人口绝对减少，已经出现农村劳动力从无限供给到有限供给的"刘易斯拐点"。劳动力成本上升，人口红利日趋减少，依靠廉价劳动力生产大量低端产品的增长模式无法长期持续下去，高投资、高消耗、高增长、低效益的粗放式发展方式难以为继。中国的劳动生产率仅相当于美国的 20%、韩国的 30% 多，还有很大的提升空间。必须把经济发展真正转变到更多依靠创新驱动和人力人才资源的道路上来。实施创新驱动发展战略，加大教育、科技投入，加快人力人才资源开发和科技研发，不断提高全社会劳动生产率。一方面，加快发展高水平教育，全面提高劳动者素质。目前中国教育支出占 GDP 的比重达到 4%，韩国超过 5%，美国长期稳定在 5.5% 左右。要适应产业迈向中高端的需要，加快发展中高等教育和职业技术教育，培养更多高技能人才，创造出新的更大的人才红利。另一方面，加快推动科技创新，提高科技进步贡献率。我国的研发投入占到 GDP 的 2%，相比美国的 3%、韩国的 3.36%、日本的 3.4%，仍然存在不小差距。对中国这样快速发展的大国来说，通过学习发达国家现有技术所形成的后发优势是逐步递减的，经济发展对科技进步和自主创新的需求越来越大。根本出路在于科技创新，要加快建设教育强国、人才强国、科技强国，成为创新型国家。

第三，加快发展新经济，培育壮大新动能，打造经济增长新的发动机。在经济发展不同阶段，经济增长的动力机制是不同的。如果把经济发展比作一列火车，过去的动力是蒸汽机，后来是内燃机，现在则是高速动力。许多落入"中等收入陷阱"的国家，恰恰是在发展动力方面出了问题，过去是用蒸汽机，后来仍然是用蒸汽机，自然动力不行了。归根到底是从低端制造无法升级到中高端制造，经济转型失败所致。拉美国家至今除了向外大量出口农产品和能矿资源外，其工业制造品在国际市场没有强大竞争力。东亚韩国则不同，其在发展中成功实现了经济转型升级，跃升到了国际产业分工的中高端领域。从中可以看出一个国家能否在中等收入阶段成功转换增长动力机制，打造经济增长新的发动机，是其能否跨越"中等收入陷阱"的关键。中国正处在新旧发展动能接续转换的重要关口，必须紧紧抓住新一轮科技和工业革命的历史性机遇，大力发展以互联网、物联网、大数据、云计算、智能制造、新能源、新材料、生物技术等为代表的新经济，加快从跟跑到并跑到领跑的转变，不断推动产业迈向中高端水平，形成牵引经济发展的强大新动能。

第四，坚定不移推进改革开放，着力破除体制机制障碍，更大程度释放制度红利。一些陷入"中等收入陷阱"的国家，受利益集团的羁绊，政治内斗不止，改革难以推进，市场配置资源的功能受到严重扭曲，腐败现象蔓延，社会矛盾积重难返。中等收入阶段，也是一个各方面矛盾积累、风险隐患增加的阶段，需要国家拥有强有力的政府主导掌控能力，从而超越不同社会集团的利益，以国家发展利益为最高原则，驾驭和处理复杂局面。这是跨越"中等收入陷阱"的必要条件，也是我国的最大优势所在。我们要按照"四个全面"战略布局要求，坚定不移推进改革开放，当前特别要加强供给侧结构性改革，解决好经济结构性矛盾和问题，坚决破除阻碍经济社会发展的各种障碍，形成推动科学发展的新体制、新机制，为跨越"中等收入陷阱"提供强有力的制度保障。

第五，有效解决收入差距扩大问题，壮大中等收入群体规模，促进社会公平正义与和谐稳定。"中等收入陷阱"中的"拉美陷阱"，一个重要特征就是收入差距扩大，贫富分化严重，导致社会矛盾尖锐化，从而引发社会动荡。如拉美国家的基尼系数大多在 0.5 左右，高的超过 0.6，大片的贫民窟就是其突出标志。世界上没有一个国家能够在贫民窟大量存在的情况下，发展成为高收入社会。而成功跨越"中等收入陷阱"的国家和地区，发展成果更多惠及普通民众，收入差距不断缩小，社会公平得到较好体现。日本 20 世纪 60 年代实施"国民收入倍增计划"，韩国 20 世纪 70 年代推行"新社区运动",缩小了城乡和居民收入差距,使初次分配更趋均衡,为跨越"中等收入陷阱"创造了较为稳定的社会环境。缩小收入分配差距,不仅关系到社会公平,也有利于培育规模越来越大的中等收入群体,建设现代消费型社会,为经济社会发展提供持久动力。中国经过 30 多年的快速发展,积累起巨大的社会财富,人们对如何更加公平合理分配高度关注,社会分配不公已经成为一个突出问题。在跨越"中等收入陷阱"的过程中,必须下决心解决收入差距扩大的问题,加强国家对收入分配的宏观调控,建立起有利于调节收入分配的新机制,限制部分社会成员不当过高收入,打击和取缔非法收入,扩大中等收入群体规模,提高低收入群众生活水平,促进公平正义,建设和谐社会,实现国家长治久安。

2016 年 6 月 12 日

附表　2015 年全国各地区人均 GDP 排名表

排名	地区	经济总量（亿元）	经济总量（亿美元）	常住人口（万人）	人均 GDP（元）	人均 GDP（美元）
1	天津市	16539	2655	1547	106908	17164
2	北京市	22969	3688	2171	106284	17064
3	上海市	24965	4008	2415	103100	16553
4	江苏省	70116	11257	7960	87995	14128
5	浙江省	42886	6885	5539	77644	12466
6	内蒙古	18033	2895	2511	71903	11544
7	福建省	25980	4171	3839	67966	10912
8	广东省	72813	11690	10849	67503	10838
9	辽宁省	28743	4615	4382	65521	10520
10	山东省	63002	10115	9789	64168	10302
11	重庆市	15720	2524	3017	52330	8402
12	吉林省	14274	2292	2752	51852	8325
13	湖北省	29550	4744	5852	50500	8108
14	陕西省	18172	2918	2793	48023	7710
15	宁夏区	2912	468	668	43589	6998
16	湖南省	29047	4664	6783	42968	6899
17	青海省	2417	388	588	41252	6623
18	海南省	3703	595	911	40818	6553
19	河北省	29806	4785	7325	40143	6445
20	新疆区	9325	1497	2360	40034	6428
21	黑龙江	15084	2422	3833	39352	6318
22	河南省	37010	5942	9480	39040	6268
23	四川省	30103	4833	8140	36836	5914
24	江西省	16724	2685	4566	36724	5896
25	安徽省	22006	3533	6949	35997	5779
26	广西区	16803	2698	4796	35190	5650
27	山西省	12823	2056	3664	35018	5622
28	西藏区	1026	165	318	32276	5182
29	贵州省	10503	1686	3530	29847	4792
30	云南省	13718	2022	4714	29015	4658
31	甘肃省	6790	1090	2600	26165	4201

注：2015 年我国国内生产总值 676708 亿元，按全年人民币平均汇率 1 美元兑 6.2284
　　元计算，国内生产总值 108648.8 亿美元；年末全国大陆总人口 137462 万人，人
　　均国内生产总值 49229 元，折合 7904 美元。

把加快发展新经济作为重大战略举措

刘应杰

全球新一轮科技和工业革命正在蓬勃兴起，由此带来的新产业、新经济加快成长，为中国经济转型升级、跨越"中等收入陷阱"提供了难得的历史性机遇。我们必须紧紧抓住这一机遇，从战略的高度谋篇布局，加快发展新经济、培育壮大新动能，实现新旧发展动能接续转换，打造经济增长新的发动机。

一、新经济发展正在带来经济社会的革命性变革

新经济是伴随新一轮科技和工业革命而产生的经济形态。早在 20 世纪 90 年代，美国就提出了"新经济"的概念，主要是指随着信息技术革命和全球化的发展，美国经济出现了长达 10 年时间的高增长、低通胀、低失业率、低财政赤字的现象，当时人们认为这将打破过去的经济周期。我们现在提出的"新经济"，与此既有联系，都与信息技术革命有关；又有很大不同，是在新一轮科技和工业革命取得新的重大突破的情况下发展起来的经济形态。美国学者里夫金认为，第三次工业革命就是互联网与新能源的结合，将带来一种新经济模式。世界经济论坛主席施瓦布提出第四次工业革命，是指进入新世纪以来，在数字革命的基础上出

11

现的与互联网和智能化相关的经济发展。总的来说，新一轮科技和工业革命以信息技术和智能制造为代表，包括互联网、物联网、云计算、大数据、4G 通信等信息技术，智能机器人、3D 打印、无人驾驶、柔性化生产、自动化管理等智能技术，以及以纳米技术为代表的新材料，以清洁能源和可再生能源为代表的新能源，以基因技术为代表的生物工程等。与此相关的产业发展，都属于新经济的范畴。

一提起新经济，人们自然想到的就是高新技术产业，还有战略性新兴产业，它们有什么联系和区别？应该说，新经济包含了高新技术产业和战略性新兴产业，这是新经济的主体；新经济又是与传统经济相区别的一个概念，是指在传统经济基础上发展起来的新的产业和经济形态。

新经济的突出标志就是信息化和智能化，表现为与新的科技和工业革命相联系的新技术、新产业、新业态、新模式。随着互联网、物联网技术日新月异的发展，我们已进入一个"万物互联"的时代。电脑和手机成为"万物互联"的智能终端，可以迅速联通全世界经济社会的各个方面。新经济以 4G 通信（未来 5G 通信、量子通信）和互联网（移动互联网）等新一代信息技术为基础，加速向一二三产业以及各行各业渗透扩展，融合生成许多新的产业形态。随着新一代大容量、高速度电脑技术的发展，智能装备在农业、工业、服务业各领域，不仅替代人手劳动，而且越来越多地替代人脑劳动，形成智能化、自动化的生产生活方式和经济社会模式。

新经济的发展正在带来一场影响深远的革命性变革。新经济以其颠覆性技术、创造性破坏，不断催生经济新模式，呈现出高智慧、轻资产、零成本、微行为、众力量等新特征。在互联网经济发展中，高智力的人才资源越来越重要，实物资产的价值相对下降，大量分享互联网信息资源使成本变得微不足道，微信、微博、微贷、小批量个性化定制等微行为正在兴起，众创、众筹、众扶、众包等大众参与型分享经济蓬勃发展。"互联网＋"、智能制造等广泛应用，虚拟与实体深度融合，正在形成新的生产方式、产业形态、商业模式等新的经济形态。与此同时，传统产业更多地与互联网、智能化相结合，加快改造升级步伐，实现脱胎换骨般的新变化。新经济正在创造人们的新生活，催生新的社会管理方式。越来越多的人融入数字化新生活之中，网上定购、电子支付、网络互动、远程教育医疗等正在改变人们的生活方式。电子政务、智能交通、智慧城市、智能家居等日益发展，正在创造新的社会管理模式。

二、我国新经济发展面临的机遇和挑战

人类经历过几次科技和工业革命，都推动了生产力的大发展，带来了经济社会的革命性变化。令人痛心的是，中国在历史上几次错失了科技和工业革命的机遇，陷入落后的境地。经过近40年的改革开放，我国的经济实力、科技水平大幅提高，一些领域已经处于世界领先水平。特别是与新一轮科技和工业革命相联系的新经济发展，正呈现方兴未艾的良好态势。中国已成为全世界最大的智能手机生产国和消费市场，移动电话用户超过13亿户，移动宽带用户7.85亿户，建成全球最大规模的4G通信网络，4G用户超过3.8亿户。中国已成为全世界最大的电子商务和电子支付市场，去年全国网上零售额达3.88万亿元，增长33%以上，占社会消费品零售总额比重超过10%。中国成为全球最大的机器人和新能源汽车消费市场。以中车、华为、中兴、小米、阿里巴

巴、腾讯、海尔、新松、大疆等一大批创新型企业为代表的新经济，展现出日益强大的国际竞争力。新一代通信网络、高端装备、智能制造、机器人、3D 打印、无人驾驶、新能源汽车、智能电视等新产业快速发展。

我国正处在新旧发展动能接续转换的关键阶段，旧的发展动能趋于弱化，新经济、新动能在加快成长。由于中国经济的多层次、复合性特征，既有新经济的蓬勃发展，也有量大面广的传统经济；既有工业 4.0 的新领域，还有大量的工业 2.0、3.0，甚至还有工业 1.0 的传统产业。新经济在整个经济中所占比重还不大，短期看还不足以弥补和替代传统经济的下降，但新经济形虽弱而势渐强，正是未来中国经济发展的希望所在。

中国经济由过去的高速增长转入中高速增长的新常态，要突破发展的瓶颈约束和增长的"天花板"，成功跨越"中等收入陷阱"，必须紧紧抓住新一轮科技和工业革命的历史性机遇，实施"弯道超车"战略，勇当新浪潮中的"弄潮儿"，加快发展新经济，培育壮大新动能，改造提升传统动能，打造经济增长新的发动机。

我国具备加快发展新经济的各方面优势条件。我国已经成为世界第二大经济体、第一制造大国，成为世界第二研发大国，研发投入强度居全球第二。拥有全世界最大规模的人力人才资源，有 1.7 亿多接受过高等教育的专业技术人才。以高铁、核能、通信等为代表的高端装备制造业，处于世界领先位置；超级计算、量子通信、光伏发电、基因工程等，都在世界高技术领域占有一席之地。我国还拥有市场规模优势，随着中等收入群体的不断扩大，已成为全世界最具活力和成长性的新兴大市场。全国已经有 10 个省区市（人口超过 5 亿人）人均 GDP 超过 1 万美元，居民购买力和消费水平引起全世界的关注。我国的产业配套体系完整，基础设施发达，拥有发展新经济的综合性比较优势和众多支撑条件。

三、加快发展新经济的重点举措

面对新一轮科技和工业革命，党中央、国务院不失时机地作出重要部署，提出了建设创新型国家和世界科技强国、制造强国的目标，实施创新驱动发展战略，制定并实施《国家创新驱动发展战略纲要》《中国制造2025》、"互联网＋"行动计划、国家大数据战略等，出台了一系列政策措施，推动大众创业、万众创新。这些都对推动新经济发展，起到了重要促进作用。在此基础上，还要进一步实施新经济发展战略，采取以下几个方面的重点举措：

第一，加快发展新经济和改造提升传统经济并举，打造经济发展"双引擎"。经济发展需要不断注入新动力。在经济发展不同阶段，经济增长的动力机制是不同的。如果把经济发展比作一列火车，过去的动力是蒸汽机，后来是内燃机，现在进入高铁时代需要高速动力。新经济是创新经济、信息经济、智慧经济、分享经济。新经济是创造出来的，可以"无中生有""一生二，二生三，三生万物"，如微信、脸书、优步、滴滴打车、APP等，都是这样。我们要加快发展新经济、创造新经济，推动新技术、新产业、新业态、新模式不断成长，推动分享经济、微创经济竞相发展。同时，加快运用信息网络和智能化新技术，改造提升传统产业，重塑产业链、供应链、价值链，为传统产业插上腾飞的翅膀。通过发展新经济和改造提升传统经济，形成新的强大混合动力，推动中国经济再上新台阶，实现转型发展。

15

第二，重点突破发展主导产业，培育壮大新经济产业集群。发展新经济，要选择好突破口。重点在两个方面：一方面，大力发展"互联网＋"经济，充分运用互联网（移动互联网）、物联网、大数据、云计算等信息技术，与各行各业融合发展，实现网上与网下、虚拟与实体相结合，加快发展电子商务、电子金融、互联网工业、互联网服务业，打造新的农业、工业、服务业新模式和新产业体系。另一方面，大力发展智能制造产业，包括智能机器人、3D打印、柔性制造、无人驾驶、工业自动化等产业。特别是智能机器人，包括工业机器人、农业机器人、服务机器人，具有无限的发展空间，AlphaGO，将会在广泛的领域获得应用，带来生产和生活的全新变化。当然，也要高度重视新材料、新能源、生物技术领域的突破性发展。

第三，以点带面推广创新技术、经验和管理模式，引导新经济发展大趋势。现在，新经济的发展如雨后春笋般层出不穷，创新技术和模式超出人们的想象，一些创新产品充满奇思妙想，令人匪夷所思。华为创造了高科技制造企业发展的中国传奇，牢牢掌握着众多前沿性专利技术，华为手机已经稳居国内市场首位。小米独辟蹊径，实现了制造与消费的无缝对接，消费者参与产品设计定制，在智能手机行业异军突起。阿里巴巴建立起全世界最大的电子商务帝国，淘宝和支付宝从根本上颠覆了传统的商业和金融模式，马云正在"异想天开"地追求建立EWTO计划，拟重写魔幻般"芝麻开门"的奇迹。各级政府管理部门和领导干部都应当多到火热的新经济发展第一线走一走、看一看，深入调查研究，及时发现典型事例经验，并加以总结推广，制定实施有效的鼓励支持政策，促进新经济发展从小到大、由弱变强，创造中国经济发展新的奇迹。

第四，进一步简政放权，推动大众创业、万众创新向纵深发展。这几年简政放权和"双创"成效明显，有效激发了市场活力和社会创造力，新增市场主体呈井喷式增长，为稳增长、保就业发挥了重要作用。发展新经济，必须创造更加宽松的良好市场环境。社会各方面反映，现在政府管理中束缚还是太多，管了不少不该管、管不了、管不好的事，而市场监管和服务又没有跟上，影响到了创新发展。必须大力推进简政放权、放管结合、优化服务改革，进一步发挥好市场配置资源的决定性作用，政府要加强市场监管和服务，严格保护知识产权，严厉打击假冒伪劣行为，为新经济发展培土施肥、加油助力。深入推动大众创业、万众创新，既大力发展高端创新产业，又积极发展大量微创经济，形成科技研发机构、企业和个人共同参与、创业创新创造蓬勃发展的新局面。

第五，加强信息基础设施建设，打造数据高速公路。发展新经济，建设覆盖全社会的公共信息平台至关重要。目前，我国宽带网速与发达国家差距很大，制约了"互联网+"经济发展。要全面实施信息高速公路建设工程。一方面，加快建设光网城市，推进光纤进村入户，实现城乡宽带网络全覆盖。另一方面，在加快普及4G通信的同时，及时研究布局5G通信规划建设，着力研究量子通信技术，要像建设高铁一样，确保中国"信息高铁"走在世界前列。

为了及时监测和评估新经济发展，还要改进统计方法，建立新经济的统计指标体系，为制定有效政策措施促进新经济发展提供科学依据。

2016 年 6 月 20 日

当前我国经济形势与下半年经济工作建议

——专家学者经济形势座谈会观点综述

刘应杰　党小卉　张红晨

　　7月6日，我室黄守宏主任主持召开经济形势座谈会，邀请中国社科院、国研中心、银行、证券、房地产等方面专家进行座谈讨论，并对下半年经济工作提出建议。大家总的看法是：当前我国经济运行缓中趋稳、稳中有进，上有压力、下有支撑，质在提升、能在积蓄；行业、区域经济走势分化明显，经济下行压力还在加大，困难和风险增多。必须进一步采取有针对性的政策措施，加力增效，实现全年发展主要预期目标。

一、对上半年经济形势的总体判断

　　与会专家学者一致认为，今年上半年，我国经济运行总体保持平稳态势，部分指标出现积极变化，结构性改革取得新进展；但经济企稳的基础并不牢固，投资增速下降特别是民间投资走低，一些行业和地区经济困难，风险不可低估。初步估计上半年GDP 增速在 6.6%—6.7%，市场普遍预计为 6.7% 左右，CPI 上涨 2.1% 左右。

　　——经济运行保持在合理区间，部分指标好于预期，某些指标仍处于低位。中国社科院财经战略研究院院长高培勇预计，今年二季度GDP增长6.7%左右，CPI为2.0%左右。经济运行中的亮点表现在：工业生产同比增速企稳并略有回升，消费保持平稳较快增长态势，服务业继续较快发展；就业形势较好，城镇新增就业持续增加，成为消费发展的重要支撑；一些先行指标平稳回升，非制造业PMI上升，产品销售比、实际利用外资、港口外贸货物吞吐量、新项目计划投资额等指标增幅基本持平。国务院发展研究中心宏观部副部长陈昌盛提出，经济下行受到一些指标走低的影响，主要是固定资产投资增速下降，特别是民间投资增速大幅回落；出口在波动起伏中延续下降态势，进口需求疲弱；制造业PMI处于50%的临界点，显示下行压力较大。

——经济增长总体平稳，但稳增长政策效应有所减弱。人民银行研究局首席经济学家马骏指出，得益于国家稳增长政策的有力支撑，一季度我国经济增长6.7%，成绩来之不易。如果没有前期适度扩大总需求政策的支持，基础设施和房地产投资仍保持去年的增速，一季度GDP增速会降低0.6个百分点，四五月份的经济数据也会逊色许多。陈昌盛说，近些年，我国稳增长政策边际效果明显递减：2010年每新增1元GDP仅需投资4.2元，而今年则需6.7元；规模以上工业企业净资本回报率连续4年走低，尽管今年以来企业利润增速由负转正，但净资本回报率并没有明显好转。

——经济结构转型升级初见成效，新经济快速发展但还不足以形成替代。国家信息中心预测部主任祝宝良说，在国家适度扩大总需求和市场机制作用的引导下，消费和服务业对经济增长的贡献不断提高，高新技术产业和服务业投资均高于工业投资平均水平，企业效益有所改善，1—5月规模以上工业企业利润同比增长 6.4%。中国信息通信研究院政策与经济研究所所长鲁春丛指出，在创新驱动发展战略和鼓励"双创"政策带动下，新经济、新动能在加快成长，战略性新兴产业、高端装备制造业、新兴服务业和消费都保持较快增长。我国信息经济总量已达 18.6 万亿元，占 GDP 比重超过 27.5%，东部地区信息经济占比已突破 40%。但总体来看，新经济的发展还不足以弥补传统产业下降的缺口，我国发展还处于新旧动能转换的阵痛之中。

——供给侧结构性改革步伐加快，但推进难度加大。中国银行首席经济学家宗良指出，随着去产能加快、能源原材料价格反弹，部分行业产能利用率有所回升，截至 6 月，高炉、浮法玻璃、焦化企业开工率分别为 75%、67%、77%，较年初分别提高 1、3.2 和 8 个百分点。与此相联系，规模以上工业增加值稳中有升，1—5 月同比增长 5.9%，较一季度提高 0.1 个百分点。高培勇指出，工业企业去库存效果明显，4 月份产成品存货负增长，这是自 2010 年以来首次出现下降趋势。随着工业生产者出厂价格环比回升，生产部门通货紧缩的悲观预期被扭转。中信证券首席经济学家诸建芳说，由于触及深层次利益格局调整，去产能操作中面临诸多难题。我国钢铁、煤炭、建材等行业过剩、违规和落后产能底数仍不清楚，影响政策落地。陈昌盛认为，推进其他供给侧结构性改革任务难度也较大，如去库存虽取得一定进展，但一二线城市楼市泡沫风险积聚；去杠杆共识度有所提高，但缺乏总体战略安排；利率、增值税、电价、五险一金等降成本措施成效明显，但隐性障碍较多、红顶中介等制度成本问题仍未缓解。各级政府对补短板中"看得见、够得着"的"硬件"部分力度加大，1—5 月基建投资累计同比增长 19.8%，占固定资产投资比重提高到 23.6%，而对制度供给的"软短板"重视不够，如覆盖全社会的征信体系尚未建立，政府部门信息共享机制不健全等。

二、对下半年经济走势的初步预测

与会专家学者普遍认为，在全球经济不确定性因素增多、国内经济下行压力加大的背景下，下半年我国经济运行将延续稳中趋缓态势，GDP增速仍处于筑底过程，预计进一步回落至6.5%—6.6%，CPI上涨2.2%左右；全年经济增长6.6%左右，可以完成主要预期目标，实现"十三五"平稳开局。

投资增速延续放缓态势。中国人民大学国家发展战略研究院院长刘元春指出，下半年基建投资会继续发力，但受上半年基建资金提前拨付、财政收入增长放缓和PPP项目落地不理想等因素影响，增速将有所回落；考虑到南方洪涝过后需要灾后重建，基建投资回落幅度相对有限。北京大学国家发展战略研究院副院长黄益平认为，随着居民购房需求提前集中释放，部分热点城市购房条件收紧，三四线城市库存压力居高不下，房地产开发投资在前期冲高后将明显回落。在当前产能过剩压力并未根本缓解、出口状况持续低迷和企业融资空间受到挤压的情况下，制造业投资将延续低位运行态势。综合判断，下半年固定资产投资增速可能回落至8%左右，全年增长9%左右。

消费加快增长难度较大。汇丰银行大中华区首席经济学家屈宏斌指出，下半年消费总体保持平稳态势。食品、服装等日用消费品增速小幅放缓，家电、家具、智能手机等耐用消费品增速仍将延续回落态势，汽车消费增速维持在5%左右的水平。随着消费结构升级，电商、旅游、娱乐等新兴消费领域和业态有望保持较快增长。马骏说，从央行城镇储户问卷调查结果看，居民对未来就业和收入预期并不乐观，消费信心和意愿不强。下半年消费增长有望保持基本稳定。预计下半年和全年社会消费品零售总额增长 10% 左右。

外贸形势仍将处于低迷状态。中信证券全球首席经济学家彭文生认为，美联储 6 月议息会议显示今年加息进程明显放缓，国际汇率和需求环境或将为我国外贸企稳提供一定有利条件，但下半年全球经济增长依然脆弱，美国经济保持平稳复苏，英国脱欧给欧洲经济蒙上阴影，日本经济继续处于低迷状态，新兴经济体将延续分化格局。短期内我国出口依然存在较大外部压力。5 月份外贸出口先导指数再度出现回落，表明下半年我国外贸形势企稳之路并不平坦，预计进出口总额将保持负增长格局。

物价将保持温和上涨态势。祝宝良表示，影响下半年物价走势的因素更趋复杂：产能过剩问题突出，民间投资动力不足，居民收入增速回落，社会总供给大于总需求的状况没有改变；但狭义货币（M1）增速加快，为商品价格上涨提供流动性基础；企业短期回补库存，或将推动物价上升；国际大宗商品价格企稳，输入型通胀压力抬头；受南方暴雨洪灾影响，部分农产品价格可能有所反弹。综合判断，下半年物价存在温和上升空间，但不会较大上涨，预计全年 CPI 涨幅为 2.2% 左右，PPI 降幅收窄至 2.5% 左右。

三、当前经济运行中存在的突出矛盾和问题

与会专家学者认为，当前我国经济运行中的矛盾和问题明显增多，房地产市场分化、企业和地方政府债务风险上升等旧矛盾尚未根本解决，财政收支矛盾突出、债务违约风险加大、人民币贬值预期等新问题开始出现。如果这些矛盾与问题解决不好，各类风险相互传染集中显现，或将引发较大风险，影响到

经济稳定。

一是房地产市场加快调整，分化趋势加剧。易居（中国）总裁丁祖昱认为，自2014年下半年部分城市调整限购政策以来，此轮房地产市场回暖持续时间较长，已接近甚至超过前几轮房地产周期，加之去年基数效应逐步衰减，预计今年下半年全国商品住宅成交量将会进一步回落。中国房地产估价师与房地产经纪人学会副会长柴强称，从全国337个城市房价指数看，当前楼市分化趋势明显：一线城市房价涨幅从今年3月份开始趋缓，房价上涨预期开始调整；二线城市房价保持较高涨幅，"地王"频现，销售仍然较热；三线城市缓慢复苏；四线城市依然低迷，去库存压力较大。清华大学房地产研究所所长刘洪玉说，今年5月份后，楼市出现调整迹象，房地产开发投资、土地购置面积和新开工面积增速均出现回落，预计会对固定资产投资和经济增速产生向下压力。祝宝良说，在房地产总体过剩背景下，首付贷、众筹等加杠杆购房手段不断积累房地产泡沫和金融风险。马骏指出，房地产市场对资金的吸纳过度，资源占用过大，对其他实体经济部门有挤出效应。房地产业继续一角独大，加剧了经济失衡的潜在风险。

二是企业和地方政府债务上升，短期去杠杆难度较大。高培勇说，从国际比较看，我国总体债务规模和杠杆率水平并不高，债务风险总体可控，但地方政府和非金融企业杠杆率增长较快。诸建芳说，高杠杆企业主要来自原材料、重化工、能源等产能过剩行业和房地产行业、外贸消费等传统制造行业以及部分国有企业；东北、华北、西南等老工业区企业偿债压力普遍大于其他地区。当前我国杠杆率已超过风险警戒线，且攀升速度较快。高杠杆必然带来高风险，甚至可能引发系统性区域性金融危机。马骏认为，我国杠杆率过高和上升较快的主要原因是房地产和国企占用大量金融资源。如果短期内去杠杆力度过大，则会降低经济增速，与"十三五"期间实现 6.5% 以上经济增长目标相悖。

三是民间投资增速持续下降，弱化经济增长动能。交通银行首席经济学家连平指出，从 2013 年开始，民间投资增速与固定资产投资均加速下行；今年以来，民间投资增速快速下滑，1—5 月增速已低于固定资产投资增速 5.7 个百分点。陈昌盛分析，固定资产投资是长期性行为，民间投资具有顺周期性特征。民间投资下降主要是市场环境趋紧，投资领域受限，对未来预期信心不足，因此存在观望情绪，这就造成投资脱实向虚，甚至转投国外。诸建芳认为，政府逆周期投资对民间投资产生挤出效应。近年来由稳增长政策带动的基建投资和银行信贷都向国有经济部门倾斜，国有企业持续"增投资"和"加杠杆"，而民营企业却在加速"减投资"和"降杠杆"。高培勇说，民间投资占固定资产投资比重从去年下半年开始下降，但目前仍占比 62%。而提振民间投资非一日之功，从政策发力到市场响应、再到产生效果尚需时日。如果民间投资增速持续下降，势必严重拖累固定资产投资增长。

四是债券市场违约事件频发，金融风险可能扩散。宗良指出，今年 4 月份以来，债券市场出现"违约潮"。据统计，近两个月违约事件涉及债券数量达 30 只、本金超过 200 亿元。这无疑加重市场和投资者的担忧，仅 4 月份取消或推迟发行的债券金额就超 600 亿元。连平说，债券违约风险从去年下半年出现，今年开始蔓延。违约事件"频袭"让市场一度陷入恐慌，其中涉及国企的债券违约对市场冲击更大。当前宏观经济处于下行周期，违约事件频发可能引发连锁反应，甚至传染至股市、汇市等其他金融市场，引发系统性风险。

五是全球市场动荡加剧，给国内股市汇市带来联动金融风险。彭文生指出，今年全球经济不确定因素明显增多：美联储加息、英国脱欧、地缘政治冲突、恐怖主义抬头、大宗商品价格波动等均会导致国际资本风险偏好下降，引发全球金融市场动荡加剧。中国国际金融有限公司董事总经理黄海洲说，如果我国应对国内外形势不当，特别是再次出现人民币汇率阶段性大幅贬值，势必引发市场恐慌情绪，造成大量资本外流。同时，还可能造成国内股市债市风险上升。

四、做好下半年经济工作的政策建议

与会专家学者认为，做好下半年经济工作，关键是要保持定力、精准发力，稳定市场预期，提振发展信心。坚持稳中求进工作总基调，把握稳增长与调结构的平衡，以稳定的宏观经济政策确保经济平稳运行，坚定不移推进供给侧结构性改革，以重大改革举措落地生效激发市场活力，加快新旧发展动能接续转换，推动经济提质增效和转型升级。

第一，加大积极财政政策实施力度。一是加大财政支出力度。加快预算支出进度，及时下达中央投资预算，做好地方政府债券发行与置换工作，推动重大项目尽早落地，扩大技改投资贴息规模，支持企业创新发展。制定政府欠款三年清欠行动计划。针对今年南方洪涝灾害，增加灾后恢复重建投入。二是进一步减税降费。逐步完善营改增后增值税的抵扣政策，避免行业税负不减反增。实施对制造业中小企业的税收减免。加快完善高科技企业孵化器等税收优惠政策，适当降低合伙制创业投资公司的税负。三是深化财税体制改革。全面改革资源税，加快推进消费税改革，

培育地方主体税种，增强地方自主发展动力。四是加强地方政府债务监管，控制债务规模，建立债务风险化解和应急机制。

第二，灵活适度实施稳健货币政策。货币政策要松紧适度，综合运用各种政策工具，保持社会流动性合理充裕。一是择机适度下调存款准备金率。当前我国实际存款利率已经为负，考虑到美联储可能再次加息，我国降息可能助推资产价格泡沫积聚和跨境资本外流，短期内不宜继续降息。受外汇占款下降等因素影响，下半年基础货币增速和货币乘数均可能下滑，应适时适度降低法定存款准备金率，确保流动性供给适度和平稳。二是保持人民币对一揽子货币的基本稳定。允许人民币对美元适度贬值，顺势增强人民币汇率弹性，扩大双向波动幅度，但须避免人民币对美元贬值幅度过大，防止形成持续单边贬值预期。三是理性审慎推进资本和金融账户开放。谨慎推进个人对外直接投资、不动产投资和证券投资等领域的开放。尽快研究使用托宾税、无息存款准备金、外汇交易手续费等新型工具，做好开放条件下的跨境资金流动管理。四是发挥债券市场对实体经济的支持作用。加大对债务重组和地方政府债务置换的支持力度，降低债务付息成本。加强债券市场监管，及时对冲违约风险上升对市场流动性的冲击。健全债券投资者保护机制，加强债券违约事件披露，建立债券受托人制度。

第三，完善投融资政策，激发社会资本活力。推动鼓励民营经济发展的各项政策落地、落细、落实，为民营企业营造更加公平、公正、透明的市场环境。一是降低投资门槛和准入。进一步调低投资项目最低资本金比例，放开部分领域的投资准入限制，激发民间潜在投资能力。二是引导民间资本投入经济社会发展的关键领域和薄弱环节。完善PPP模式的法律制度和政策扶持体系，推出第三批 PPP 示范项目，扩大项目范围，加大项目投资额度。三是促进民间投资回升。要明确并落实信息技术、新型制造业、创业创新等重点行业的规划和发展脉络，制定奖励和扶持政策，让民间投资"辨明方向、看清前景、重拾信心"。

第四，优化去杠杆策略，加快债务重组。去杠杆既要积极，又要稳妥，循序渐进，在发展中消化杠杆率，按照"控制增量、调整存量、优化结构"的总体思路，妥善化解杠杆率上升的风险。一是尽快摸清企业债务的规模和结构，研究债务战略性重组的思路，分阶段有序推进去杠杆，先控制杠杆率增速，再稳定杠杆率水平并优化杠杆结构，最后达到降杠杆的目的。二是允许银行加大税前核销力度，通过消耗拨备等多种方式冲销不良贷款，限制银行股东的分红比例。三是积极推进不良资产证券化试点，探索市场化的债转股等制度建设。四是建立全国性不良资产交易平台。积极利用地方股权转让市场，加快企业破产资产处置，提高资产回收效率。五是研究资产管理公司发债优惠利息政策，允许地方资产管理公司跨地区经营，加快资产管理公司市场化购买银行不良贷款的进度。

第五，加强房地产调控，因城施策去库存。关键要处理好一二线城市"防泡沫"和三四线城市"去库存"的关系。一是从供求两端采取措施，稳定一线城市和部分二线城市住房价格。加强土地供应调节，增加中心城区中小户型商品住房供应；严格执行差别化住房信贷、税收政策，住房限购城市继续严格执行限购措施，抑制投机投资性购房需求。二是因城施策去库存。一线和热点二线城市在控制住房需求释放节奏的同时，适当调增新城市功能区住宅用地的供给规模。三四线城市适度控制土地供给规模，加大对购房者的信贷和财政支持力度，促进存量住房资源流动，进而带动消化新房库存。在一线与热点二线城市试点实行首付与利率反向调节的"中性住房金融"政策。三是完善住房供应体系，重点解决新市民住房问题。针对新市民基本住房需求，制定优惠的首付、税收政策，鼓励新市民进城购房。

第六，全面推进供给侧结构性改革落地见效，进一步释放改革红利。一是构建过剩产能市场化退出机制和利益补偿机制。加快国有企业改革，为实质性去产能创造条件。下决心处置僵尸企业，切断外部输血渠道，加快破产清算程序，改变市场观望等待情绪。适度增加用于去产能企业下岗职工安置的财政奖补资金，还可通过出售非主营业务国有资产筹集资金。二是着力补制度性短板，降低企业制度性交易成本。加快建立覆盖全社会的征信体系。进一步简政放权，改善投资环境。加大市场监管和服务力度，加强知识产权保护，降低企业市场交易成本。三是建立新型激励机制，促进改革措施有效落地。建立新型的干部激励机制，激发科研人员和创新人才活力，充分调动企业家的积极性。

2016 年 7 月 12 日

当前我国就业形势与下半年就业工作建议

——有关部门和主要招聘网站就业座谈会观点综述

张昌彩　　徐紫光

7月5日，我室杨书兵同志主持召开就业形势分析座谈会，邀请国家发展改革委、人力资源社会保障部有关司负责人和前程无忧、58集团、智联招聘、大街网、拉勾网等5家国内知名招聘网站负责人，就今年上半年就业形势与做好下半年就业工作进行座谈讨论。大家总的看法是：当前我国就业形势总体稳定，稳中有难、稳中有忧。

一、就业形势总体稳定

与会同志认为，今年以来就业开局好于去年，四五月份略好于一季度，就业形势总体稳定。同时，就业领域也出现了一些新情况、新变化。

人力资源社会保障部认为，当前就业局势总体稳定，主要呈现以下特点：一是就业主要指标好于预期。1—6月城镇新增就业717万人，完成全年目标任务的71.7%。5月份31个大城市城镇调查失业率为5.02%，同比下降0.1个百分点，连续2个月回落。二是市场供求基本平衡。5月份市场求人倍率为1.14，连续2个月上升，供求状态比去年同期和一季度均有所改善。三是重点群体就业保持平稳。截至 6 月 1 日，2016 届高校毕业生签约率为 43.2%，同比上升 0.7 个百分点。通过对 10 省 500 个行政村的监测显示，一季度末外出务工人数 28.5 万人，同比增长 2.9%。

国家发展改革委认为，当前就业形势除保持基本稳定外，还出现一些新情况、新特征：一是创业带动就业能力显著增强。1—4 月全国新登记企业 157.2 万户，同比增长 27.5%，带动了大量就业。四川省自 2014 年 3 月商事制度改革以来，月均新增 1.35 万户，创造了近 530 万个就业岗位。拉勾网认为，在互联网领域，"双创"为应届毕业生创造了 50% 的就业机会。二是共享经济催生大量新就业形态。共享经济带动了大量灵活就业。2015 年我国共享经济领域从业人员 1000 万人，平台企业员工超过 140 万人。滴滴出行平台的司机数量超过 1300 万人，是传统出租车就业人数的 6 倍。58 同城网大数据分析显示，5 月份专车共享领域用工需求同比增长 16.9%。三是非农就业空间不断延伸。随着城乡统筹发展加快推进，非农就业空间不断由东部向中西部、城镇向乡村延伸拓展。2012—2015 年，湖北省返乡创业带动就业人数由 167.5 万人增加到 341.4 万人，年均增长 27%。农村电商快速发展，大量农村劳动力借此实现了"足不出户"转移就业。

对于下半年就业走势，人力资源社会保障部认为，受益于宏观政策持续发力，只要经济运行不发生大的波动，全国就业形势总体稳定，预计全年城镇新增就业可以达到 1300 万人以上。但高校毕业生将在三季度离校集中进入市场，或将导致失业率短期上升；下半年去产能任务更加繁重，困难地区和企业隐性失业显性化加剧，不排除发生规模性失业的可能。

二、就业形势稳中有难、稳中有忧

与会同志认为，受经济下行压力加大和结构调整深入推进的影响，就业市场整体需求不确定性增加，失业风险和矛盾在部分地区及群体中积聚，一些问题和风险需要密切关注。

一是就业行业分化明显。突出表现在，互联网等新兴行业火爆，传统产业遇冷、用工萎缩。智联招聘认为，当前劳动力从制造业流水线走向服务业的趋势明显，造成制造业就业大幅下降，服务业就业水平明显上升。今年上半年，互联网行业用工需求同比增长 31%，金融行业同比增长 26%，但制造业、快速消费品行业用工需求同比增幅仅为 9% 和 2% 左右。招聘统计数据显示，蓝领群体就业也是"冰火两重天"。销售业务、技工、物流仓储、客服等岗位就业需求同比增长 20% 以上，而商业超市、服装销售、汽车经销等行业用工需求都出现了不同程度的下滑，其中服装销售下降了 17%。制造业用工出现下降，今年 5 月四川省攀钢集团减员 2089 人，占全省监测企业减员总量的 23.3%；江西省钢铁、煤炭、建材、光伏等行业员工下岗人数持续上升，在岗人员只有正常时的 1/3—1/2。而一些服务业用工存在短缺，前程无忧网介绍，上海餐饮行业缺工达到 30% 左右，一些用人单位长年在劳务市场招工。智联招聘反映，城市用工也出现明显分化，一季度一线城市就业形势最好，用工需求同比增长 10%，二线城市同比增长 4%；但三线以下的城市出现大幅下降，除互联网、电子商务之外，其他所有行业都出现负增长，三线为 –15%，四线为 –24%，五线为 –23%。

二是部分困难地区就业压力加大。人力资源社会保障部同志介绍，东北地区受产业结构偏重单一、民营经济发展滞后等因素制约，失业率上升。东北地区 5 月份城镇调查失业率为 7.16%，高出全国平均水平 1.84 个百分点。一季度东北三省人力资源市场求人倍率均在 1 以下，辽宁为 0.87，吉林为 0.82，黑龙江为 0.84，供求矛盾凸显。发展改革委同志反映，东北三省及山西、内蒙古、陕西等地区受资源型产业占比较高、化解过剩产能任务重等影响，就业形势十分严峻，失业率高企不下。1—5 月，辽宁、山西省新增就业人数同比分别减少 11.4% 和 15.41%。同时，职工安置压力大。黑龙江煤炭、钢铁两个行业需安置职工 7.5 万人；辽宁省煤炭行业化解过剩产能涉及人员 8.3 万人。58 集团提出，没有产业支撑的城市，劳动力外流明显。如黑龙江的大兴安岭、鹤岗，河北邯郸等重工业城市，劳动力外流比例高达 40%，成为名副其实的"空巢"城市。

三是重点群体就业矛盾突出。人力资源社会保障部认为，从全国劳动力调查情况看，就业困难群体主要有：一是产能过剩行业分流人员。今年化解过剩产能中的职工安置任务艰巨，仅钢铁、煤炭行业就将涉及约 90 万职工，一些技能单一、年龄偏大的职工转岗安置较为困难。二是高校毕业生群体。5 月份大专及以上教育程度的青年失业率为 12.69%，失业率居高不下。三是农民工群体。一些新生代农民工由于技能水平不高、转岗适应能力较弱，失去工作又不愿返乡，很可能成为城市的边缘人群，给社会稳定带来隐忧。

三、做好新形势下就业工作的政策建议

与会同志认为，针对我国就业面临的新形势，要创新就业工作思路，加快"互联网＋就业"等新就业模式发展，落实好更加积极的创业就业政策，突出做好重点群体就业工作，保持就业总

体稳定。

第一，在稳增长中促进就业转型升级。现在看来，只要经济增长保持在 6.5% 以上，就能够实现就业预期目标。关键是解决就业结构性矛盾，调整和优化就业结构。总的趋势是制造业劳动力需求减少，而服务业劳动力需求增加；普通体力劳动力需求下降，而专业技能型劳动力需求上升；大企业劳动力需求趋弱，而中小微企业劳动力需求增强。因此，要大力促进服务业发展，促进中小微企业发展，促进民营经济发展，加强劳动力培训和专业技能训练，提高劳动者就业能力和水平。

第二，加快发展"互联网＋就业"新模式。现在，随着智能手机和移动互联网的普及，网络招聘和网上求职成为青年人找工作的主要方式，不但大学生找工作是这样，而且大量农村青年也通过互联网来找工作。"互联网＋就业"显示出越来越大的优势，可以突破就业招聘的时空限制，在更大范围乃至全国实现供需衔接匹配，真正建立起全国统一的就业大市场。因此，要大力支持"互联网＋就业"新模式的发展，给予财税金融等方面的优惠政策。依托互联网和大数据，建设就业服务信息大平台。同时，政府要加强"互联网＋就业"的监管，主要是规范网络招聘市场，严打"黑招聘"现象。这就需要有关部门提供招聘单位的信息，公安、工商、税务、民政、金融机构积极参与，建立全国统一、各部门联通的诚信服务平台，营造规范化、法治化的就业市场环境。

第三，促进灵活就业、兼职就业等各种非正规就业形式发展。随着新经济快速发展，特别是共享经济的发展，催生了大量与之相适应的灵活就业、兼职性和临时性就业，非正规就业已经成为一种就业新常态。比如，滴滴打车司机、夜晚代驾、业余工程师、兼职设计、兼职医疗等。据智联招聘监测，今年上半年兼职类岗位的用工需求同比增长 110%。应适应这种就业新趋势，完善有利于鼓励、引导非正规就业的政策体系，特别是积极修订有关派遣工的政策规定，促进新就业形式的发展。

第四，落实好积极就业政策。各方面反映，现在就业扶持政策落实不到位。就业创业优惠政策往往涉及具体的人，如场地支持、小额贷款、免税优惠等，都必须真正落实到人。要在落实好现有政策的基础上，出台新的支持政策。重点是支持有利于扩大就业的产业、财税、金融等政策，支持新经济包括分享经济发展，培育新的就业增长点。

第五，突出做好重点群体的就业工作。要以高校毕业生、新生代农民工、去产能分流职工为重点，实施专项就业促进计划，加大职业技能培训力度，帮助实现就业市场对接。大力推进"双创"，努力提高毕业生就业创业水平。创新拓展农村劳动力转移就业渠道，扩大劳务协作试点。促进分流职工平稳转岗就业，妥善做好劳动关系处理、社保接续等工作。

2016 年 7 月 14 日

对当前财政形势的分析和几点建议

潘国俊

根据上半年的财税数据，结合实地调研和座谈会上专家意见，我们对当前财政形势作了初步分析，并提出一些政策建议。

一、上半年形势仍然比较严峻

上半年，财政收入与 GDP 增速基本同步。全国一般公共预算收入增速达到 7.1%，比年初预算快 4.1 个百分点，比去年同期快 0.5 个百分点，比去年全年快 1.3 个百分点。但财政运行面临的挑战和压力也不小，主要问题有：

一是中央财政收入完成年度预算需要付出艰苦努力。上半年，中央财政收入增长 3.3%，比去年同期低 1.4 个百分点，比去年全年低 3.7 个百分点。中央财政收入低速增长，主要是进口负增长、证券交易活跃度下降、车购税优惠等带来相应税收较大幅度下降。总体判断，下半年中央财政增收压力进一步加大，完成年度预算的难度较大。近年来，财政收入告别持续高增长后，以半年增速划界，基本规律是隔年反转，即如果上年是"前高后低"，那么下年就呈现"前低后高"。由于 2015 年是"前低后高"，因此，今年全国财政特别是中央财政出现"前高后低"的可能性很大。同时，去年采取的特殊增收措施形成的收入抬高了基数，营改增等税制改革减收的 5000 多亿元主要在下半年集中体现，中央财政增收压力加大，有可能出现收支缺口。

需要高度重视中央财政收入占全国财政收入的比重持续下降问题。上半年，中央一般公共预算收入增速比地方低 6.8 个百分点，占全国收入的比重为 43.5%，比去年同期下降了 1.6 个百分点，比 1994 年分税制改革以来的最高点低 11.5 个百分点。本轮中央财政收入比重下降已经持续 10 年，继续下去，有可能形成中央和地方"四六开"的局面，如果再考虑地方占政府性基金预算收入的绝大部分这一因素，中央收入的比重更低。

二是财政收入的地区分化愈发严重。从省份看，上半年财政收入增速可谓"冰火两重天"，财力较强的省份形势更好，财力较弱的省份形势更严峻。一般公共预算收入增速在两位数以上的省份为 10 个，且主要是东部省份。最快的上海市增速达到 30.6%，比辽宁高 48.6 个百分点；广东为 19.9%，继续稳坐财力规模第一的位置；北京、天津、浙江、江苏等增速都在 10% 以上或者接近 10%。一般公共预算收入增速低于全国平均水平的省份主要是东北和中西部资源型省份，其中辽宁、山西和陕西 3 个省份出现负增长，特别是辽宁下降了 18%。但这些省份用于教育、社保就业、医疗卫生等领域的财政支出却呈两位数增长，持续的财政收入低增长甚至是负增长，加大了财政运行困难，一些地区甚至连工资和养老金支出都成问题，保障民生能力下降。一些基层财政困难问题逐步出现并有加剧趋势，对上级政府的转移支付的依赖进一步增强。由于东部财力雄厚的省份财政收入基数大，与增速快的因素叠加在一起，使地区之间的分化更加严重，形成政府财力的"马太效应"。

三是地方政府债务的局部性风险和长期风险不容忽视。地方政府债务制度是这轮财税体制改革的重点。通过债务置换把地方政府债的存量债券化、沉淀化，延长了债务偿还期限，降低存量债务付息成本，能够有效防范短期债务风险，但局部性风险和长期风险仍然存在。一些地区债务率超过了100%的风险警戒线，省、市、县都有突破警戒线的情况，在经济下行、财政收入增速下降、土地出让收入上不来等多重不利因素的挤压叠加下，有可能出现局部的偿债危机。同时，一些地区还在违规或者变相举债借债。审计署抽查发现，至2015年底，有4个省通过违规担保、集资或承诺还款等方式，举债余额为153.5亿元；基础设施建设筹集的资金中，不同程度存在政府对社会资本兜底回购、固化收益等承诺，带来较大风险隐患。

二、全国和地方有望完成全年预算收入目标

评价当前财政形势，也要看到积极的一面，增强做好财政工作和经济工作的信心。我们预计，全国和地方的一般公共预算完成年初目标仍然是大概率事件。主要理由：

一是序时进度的支撑。据测算，下半年全国一般公共预算收入增速只要高于−0.9%，其中地方高于−1.95%，也就是不出现较大幅度的负增长就可以实现全年预算收入目标。2012年以来，每个年度的下半年增速还没有出现过负增长，基本都在3%以上，其中2013年和2015年增速还在两位数以上。

二是今年预算收入目标定得相对较低。今年全国预算收入增速安排为3%，其中地方是3.6%，这些增速均为1994年分税制改革以来的最低值，充分考虑了经济下行的基本面和减税降费等政策性因素，符合财政经济运行规律，同时也为实现预算收入目标

腾出空间。

三是经济持续增长的良好支撑基础和条件没有变。总体上，财政运行与经济运行的相关性越来越密切。上半年，建筑业和房地产业税收增速较快，分别达到 27.7% 和 19.9%，与房地产市场回暖的态势相匹配。信息服务业税收增长 24.9%，文化、体育和娱乐业税收增长 20%，商业服务业和租赁税收增长 27.7%，与居民消费结构优化升级发展方向基本吻合。第三产业税收收入占全部税收收入的比重达到 58.2%，比去年全年提高了 3.4 个百分点，同期第三产业增加值占 GDP 比重提高了 3.6 个百分点，税收收入结构变化与产业结构继续优化的趋势一致。制造业税收仅增长 0.2%，占税收收入的比重比去年全年下降了 3 个百分点，与制造业总体不景气的情况基本相符。这些信号同步，说明财政对经济运行的反映更加逼真。今年全年有望实现 6.5%—7% 的经济增长目标，下半年全国财政收入的基础并不薄弱。

此外，由于上半年政府性基金预算收入增速快，只要下半年跌幅不超过 25.5%，就可以完成预算收入目标。预计全年政府性基金预算有可能实现较大规模的超收。

三、几点建议

财政政策要积极支持适度扩大总需求，以"三去一降一补"为重点推进供给侧结构性改革，同时主动创新调控、更好防范风险、加快改革步伐，促进经济社会持续健康发展。

第一，积极财政政策更加有力有效。即使中央财政可能短收，也要维持年初预算支出规模，以保持甚至增强拉动经济的力度。在采取特殊增收措施仍然不能弥补收入缺口的情况下，研究适度提高财政赤字率。在政策工具上，建议更加注重优化财政支出结构。这些年，我们利用税收手段调控经济较为频繁，发挥了很好的作用。但财政支出在资源配置中的作用同样十分重要，作为财政政策工具在有些调控中更加直接有效。尽管今年初就已经确定了支出预算，但可以提前预谋，为明年甚至更长时期优化财政支出结构打好基础。运用好政府与社会资本合作模式（PPP），吸引社会资本更好更多进入公共服务领域，提高公共服务的效率和质量。继续落实好减税降费各项措施，特别是针对部分金融企业反映"营改增"后税负有所上升的问题，及时研究政策预案，以便及时打"补丁"补"漏洞"，确保所有行业税负只减不增。

第二，防范地方政府债务风险。防范化解政府债务风险，一般有三个渠道：通过经济较快增长做大经济和财政规模，夯实偿债基础；通过多年物价持续上涨，稀释存量债务；通过债务重组，包括债务形式的变换，短期内化解债务危机。当前的地方债置换，通过银行适度让利，实质上是债务重组的一种形式，短期内缓解了地方偿债包括付息的压力。更重要的是，我们下了很大的决心建立起存量债务置换、新增债务进预算的地方政府债务管理制度，很不容易。要在这个框架下不断完善制度，持续发力，久久为功，防范地方政府的道德风险，切实建立起符合我国实际的地方债管理制度。同时，要加强管理，严肃问责，坚决打击和惩处一批违法违规的举债行为。

第三，着力解决部分基层财政困难和中央财政收入比重下降的问题。部分市县财政困难具有阶段性，要通过增加转移支付或者适度借款缓解其财政困难；部分因产业单一而陷入困境的市县，要着力支持其优化经济结构。目前的营改增后中央与地方增值税收入分享方案，有利于中央集中更多财政收入，时机成熟后可以适度提高中央分享比例，并将更多财力向中西部地区倾斜。

同时，抓住时机在推进改革上再向前迈出一大步。党的十八届三中全会召开后，2014 年财税改革的力度加大，密集出台了一系列改革举措，兴起财税改革新风。2015 年至今，重在抓改革措施的落地，新的改革举措相对要少。在财政运行总体平稳的情况下，要抓紧落实十八届三中全会对财税改革的部署，推出一批看得准、利长远的改革举措。比如，通过改革转移支付制度大幅度削减专项转移支付项目和资金规模；通过先增量、后存量的方式加快建立起权责发生制的政府综合财务报告制度；通过理顺事权和支出责任加快完善财政管理体制等。

2016 年 7 月 27 日

当前养老领域要突出抓好十大增长点

乔尚奎　姜秀谦　刘军民　朱峰

截至 2015 年底，我国 60 岁以上老年人口已达 2.22 亿，占总人口的 16.1%，其中 65 岁以上老年人口 1.44 亿，占总人口的 10.5%。"十三五"末，60 岁以上老年人口数量将增至 2.55 亿。大力发展养老服务及相关产业，是积极应对老龄化、保障改善民生的迫切需要，也是适度扩大总需求、推动经济发展的重要抓手。从当前看，养老服务领域有十大增长点应紧紧抓住。

一、补齐社区养老服务短板，促投资增就业

社区养老服务是居家养老的基本依托。加快完善社区养老的硬件设施和配套服务，对于扩大老年人家门口的服务供给，带动投资和服务业发展，具有多方面效应。一方面，填补社区养老服务设施缺口，能够有效拉动投资。目前，全国有社区养老服务机构和设施 2.6 万个，仅覆盖 4% 的城乡社区。已有的养老设施很多老化，服务单一。如能分期在每个城乡社区都建设一个兼具老年餐桌、陪伴护理、文化娱乐等功能的养老场所，并对现有设施进行改造，将会产生巨大投资需求。以北京市正在建设的社区养老服务驿站为例，每个驿站由政府带动企业投资共约 80 万元。按

此标准，完成全市 6900 多个城乡社区养老驿站建设，投资需求超过 55 亿元。粗略测算，全国这方面投资将会超过 5000 亿元。同时，在社区推进养老信息化、智能化建设，打造"没有围墙的养老院"，也能拉动数量不小的投资。另一方面，增加社区养老服务供给，能增加大量就业。社区为居家老人提供送餐、助浴、理发、陪护等丰富多样的服务，对加快服务业发展和扩大就业有重要的促进作用。以北京市为例，如在每个社区都建设养老服务驿站，将创造就业岗位近 3 万个。以此推算，全国可增加就业岗位近 300 万个。

二、加快各类养老机构建设，打造投资新引擎

2015 年底，全国养老床位约为 669.8 万张，每千名老人拥有养老床位数为 30.2 张。按照"十三五"时期每千人拥有养老床位 35—40 张的规划，全国有 200 多万张缺口。按每床位投资 20 万元测算，需增加投资 4000 亿元。应"三管齐下"加快建设。一是将"兜底性"养老机构作为政府投资的着力点。目前，功能完备、收费合理的公办养老机构供不应求。比如，北京市政府举办的第一社会福利院一床难求、排队等候现象严重，曾有媒体测算入住该养老院需要等候 99 年。要保持政府对公办养老机构的投入力度，重点保障"三无"特困老人养老。二是更多引入社会资本运营公办养老机构。实行养老机构公办民营和公建民营，不仅可以提高经营效率，也能有力拉动民间投资。北京市确定对全市 215 家公办养老机构逐步实行公办民营或公建民营，一批社会单位已开始承包经营公办养老机构。这方面，政府可采取免场地租金、给床位补贴等方式支持民营资本进入。三是鼓励民间投资兴建市场化中高端养老机构。这不仅可以满足老年人多样化养老需

求，也有利于拓宽民间资本投资领域。

三、实施住宅适老化改造，拓展投资新空间

我国约有 80% 的城镇住宅为 7 层以下，没有电梯和坡道等设施，老年人上下楼极为不便，不少成为"室内老人"，这些家庭适老化改造愿望十分强烈。据测算，全国为老旧住宅加装电梯和无障碍坡道可带动投资需求约 4.5 万亿元，其中加装电梯需投资 4.3 万亿元。如中央国家机关共有老旧楼房 1700 多栋，需增设电梯 2000 多部。按照安装一部电梯 110 万元匡算，投资需求在 20 亿元以上。应根据房屋产权性质，可采取多种方式筹集资金，多数实行政府补助、业主分摊，机关和国有单位管理的住宅由政府和单位主导推进，尽快撬动这一领域的庞大投资需求。

四、推进医养结合破冰，释放投资消费潜力

我国约有七成老年人处于"带病生存"状态。推进医养结合，既方便老年人就近看病，也能把潜在的投资和消费需求释放出来。一方面，要加快新建一批医养结合设施，有效拉动社会投资。目前，只有 23.6% 的养老机构内设医院、医务室、护理站等医疗设施，尚有 8 万多个养老机构缺少医疗服务。对这些养老机构增设医疗设施和服务，同时对新建的养老机构同步规划建设医疗服务设施，将能带动大量的投资。比如，北京市太阳城养老院有 1500 张床位，配建的一所一甲医院投资近亿元。另一方面，要通过扩大医疗服务就近供给，更好满足老年人医疗消费需求。据测算，全国老年人每年的医疗消费需求超过 1.3 万亿元。目前，一些养老机构配套建设的医院和医务室，规模比较小，取得医保定点资质困难。即使纳入医保，由于医保额度限制等原因，常常

缺医少药，老年人不得不定期去城区的医院看病开药。社区卫生服务机构也存在投入不足、缺乏上门服务等突出问题。要加快完善养老机构和社区的医疗服务，以保障老年人健康需求，并带动医疗等相关行业发展。

五、发展康复、护理和临终关怀服务，开拓投资就业新领域

当前我国康复、护理、临终关怀服务供给严重不足，专业化服务机构数量甚少，应加大建设力度，增加相关服务。一要大力支持康复服务机构建设。我国有 4000 多万失能和半失能老年人，大多需要康复治疗。目前全国康复医院仅有 338 所、床位 5.2 万张，医疗卫生机构中康复型床位仅占 1.2%。应按照失能、残疾群体人人享有康复的目标，健全完善康复服务体系，在规划、财力等方面支持康复服务机构和设施建设。二要大力支持护理机构建设和护理职业发展。护理是养老服务的"灵魂"。我国现有养老机构大部分缺乏护理功能，护理型床位数占比只有 23%。专业护理人员只有约 30 万人，持职业资格证的不足 3.8 万人。如能按民政部的配比标准（3 个全失能老人配 1 个护理员，6 个半失能老人配 1 个护理员）全部配备到位，将增加近千万个就业岗位。三要大力支持社会力量开办临终关怀服务。目前我国只有 100 多家临终关怀机构（美国有 3400 多家）。在广州，仅有不到千分之一的末期患者能享受这一服务。要支持医疗机构设立更多安养、宁养病床病区，鼓励引导慈善等社会力量投资举办临终关怀机构。

六、稳步发展养老地产，激活投资新热点

按照适老化标准设计建设的住宅项目，室内设施、社区环境和医疗康复等符合老年人特殊需要，市场需求很大。专家测算，全国每年养老地产建设面积需求达 1600 万平方米。据国家统计局调查，2016 年 6 月份全国商品房平均售价为每平方米 7571 元，按此标准计算，每年养老地产的市场规模超过 1200 亿元，发展前景十分广阔。

七、提高养老家政服务能力，满足需求促就业

据调查，32.5% 的城镇老人和 16.9% 的农村老人对养老家政服务有明显需求。应多措并举加快养老家政服务业发展。一要增加服务门类，提升服务品质。应鼓励企业拓展服务项目、丰富服务内容，提供个性化、多样化服务，推动家政服务业从低端保姆市场向现代服务业跃升。二要培育家政龙头企业，带动相关产业发展。扶持培育一批信誉良好、服务优质的养老家政龙头企业，鼓励其连锁型经营、品牌化发展，充分发挥示范引领和辐射带动作用。三要开展技能培训，提升家政服务水平。建立多层次培训体系，与农民工培训等项目结合，开展持续性、阶梯式培训。设立职业教育家政服务专业，开设家政培训课程。

八、增品种提品质创品牌，壮大"银发"大产业

据统计，全球老龄用品共有 6 万多种，而我国市场上仅有 2000 多种，产品空白地带很多。仅老年保健品、康复护理用品、助行视听用品、老年家居用品这四大类，2013 年潜在需求就高达 6820 亿元，但市场有效供给仅 2000 亿元，属于典型的"市盛货缺"。为此，一要大力丰富老年人衣食住行消费品种类。紧贴老年生活实际需要，开发针对性、实用性强的多样化产品，形成品种丰富、使用方便、材质安全的"银发产品"体系，并合理布局，增设老年产品专柜、专卖店，更好满足老年人消费需求。二

要加强引导和规范，促进老年保健用品消费。据调查，21.9%的老年人服用保健品。2015年中国保健品市场规模2100亿元，5年间增长6倍。同时，针对一些老年人在不良商家诱导下盲目消费，上当受骗，应健全标准，强化监管，扶持正规品牌，规范行业发展。

九、做大做强康复辅具产业，充分激活消费潜力

随着老龄化速度不断加快，我国将成为康复辅具需求最大、增长最快的国家，必须加快这一产业发展。一方面，着力扩大生产规模。目前全球市场有近7万种康复辅具，我国仅有500余种。据测算，我国仅基本型辅具的需求就达6亿件，每年有上万亿元的潜在需求，但实际产量仅为千万件。要大幅增加辅具产品有效供给，填补需求缺口。另一方面，着力推动产品创新。国内很多康复辅具工艺落后、材质差、寿命短，难与进口产品抗衡。比如，世界助听器五大品牌在国内市场占有率超过90%。应积极推动辅具产业技术创新，努力打造国产精品，为老年人提供更多国产辅具。

十、积极推动旅游养老，开辟消费新渠道

近年来，老年旅游市场迅猛增长，老年旅游人次占旅游总数的20%以上，旅游养老已成为一种新型养老方式和新兴产业。据保守估算，2015年我国老年旅游市场规模约8260亿元，同比增长20%。要根据老年人生活节奏和消费特点，积极推出"候鸟"式休闲养生游等多种产品。现在很多老年人夏天去东北避暑、冬季去海南越冬，"候鸟老人"队伍不断壮大。广西巴马县以其长寿资源和文化吸引了全国各地数百万老年人来旅游养生，不少老人

还在海南、巴马等地买房租房长期居住。同时，大力发展医疗康复性旅游。比如，美国休斯敦把旅游休闲和医疗护理融为一体，每年吸引全球 2 万多名老年医疗游客。要多开发这类产品，让老年人愿出门、待得住、肯花钱，培育持续性消费、深度消费。

2016 年 8 月 17 日

广东省促进民间投资的做法与启示

陈祖新　范必　马衍伟

　　今年上半年，我国民间投资增速及其占固定资产投资比重出现"双降"，而广东省的这两个指标却保持"双升"：民间投资增速高于全国 16.8 个百分点，占固定资产投资比重高于全国 1.6 个百分点。民间投资的持续较快增长，为广东经济发展和转型升级增添了新活力。为摸清情况、分析原因，最近我们到广东进行了调研。现将有关情况报告如下。

一、广东省促进民间投资的做法

　　主要是：

　　（一）细化实化深化政策，给民营企业家吃上"定心丸"。近年来，党中央、国务院出台了一系列促进民间投资的政策措施，广东省以更高的标准加以落实。"规定动作"行动早、抓得实、把握尺度准，中央政策能及时在粤"对号入座"。同时结合省情出台"自选动作"，先后推出《鼓励和引导民间投资健康发展实施细则》《广东省促进民营经济大发展的若干政策措施》《创新重点领域投融资机制鼓励社会投资的实施意见》等 23 个文件，形成了有特色、可操作的政策体系。这些举措创造了良好环境，增强了民营企业家投资信心。

（二）力推"放管服"改革和政策公平，降低制度性交易成本。广东省"放管服"改革起步早、力度大、程度深，在全国率先完成"三证合一、一照一码"改革，之后又加快推进"五证合一"。通过改革，企业登记注册条件更宽，市场准入更加便利。实施投资项目负面清单管理，做到了标准化审批、网上审批、并联审批，形成"企业投资便利、政府权责清晰、监管服务到位"的新机制。无论国企还是民企，在财政补贴、税收减免、土地供应、用电用水用气用热价格等政策上都一视同仁，民营企业因此减轻了负担。

（三）敞开市场准入大门，拓宽民间投资领域。广东省本着"非禁即入"的原则，最大程度突破投资"禁区"。在基础设施领域，民间资本参与建设高速公路项目26个，总投资约1900亿元，已通车运营项目15个。民间资本投入跨流域调水工程和水资源综合利用工程44.8亿元，通过建设—移交模式（BT）参与公益性水利建设投资超过60亿元。在社会事业领域，民办学校占全省学校总数的42.8%，在校生占全省学生总数的28.5%，办学规模全国第一。文化领域全部向民资开放，民营文化企业、从业人员数量和投资额均占全省80%以上。民营医疗机构数量已占全省半壁江山，在医保定点、120急救医疗网络服务、医院等级评审、医生职称晋升等方面与公立医院无差别。在金融服务领域，民间资本在城商行、农商行、村镇银行总股本中的占比分别超过35%、80%和50%。民间资本在全国率先发起设立微众银行。上市企业中90%以上是民企，直接融资金额及占比都居全国首位。针对民营企业投资资金分散的状况，支持成立了由多家大型民企共同参与的跨界投资合作平台"粤民投"，集中资金开展金融服务、新兴产业投资和企业兼并重组。在国防科技领域，积极推动军民融合，支持民企参与国防科技工业建设。去年 40 多家民企完成了军工科研生产登记，24 家民企通过保密资格审查，9 家民企取得武器装备科研生产许可资质，大量民间投资进入通用航空。在电力行业，除核电外，电源项目已对民间资本全部放开，不设任何壁垒或排他性要求。民营企业控股的发电机组总装机约 1000 万千瓦，占全省的 10% 左右。

（四）探索混合所有制改革，开辟了民间投资新渠道。广东省对国企通过改制上市、引入战略投资者、开展员工持股、吸引股权基金等，探索混合所有制的多种实现形式。为了发挥省属企业的改革示范作用，省国资委联合金融机构，以"母基金＋子基金"的形式设立广东国资改革发展基金，撬动社会资本参与国企混合所有制改革。省政府主动为国企与民企联姻当"红娘"，多次举办合作洽谈和项目对接活动，推出 234 个国有企业招商项目，引入民间资本 1000 多亿元，涵盖基础设施、节能环保、高新技术、现代服务等十多个领域。截至去年底，全省混合所有制企业 3903 户、占全省国有企业的 37.6%，涌现出一大批优秀混合所有制企业。如某家省属国企，一度资产负债率高达 116%，资金链随时可能断裂。通过股权转让和增资扩股，引入民间资本近 30 亿元，短期内优化了企业资产负债结构。这不仅化解了企业燃眉之急，保住了 3000 多名员工的就业，也为民间资本开辟了投资新渠道。

（五）完善政府与社会资本合作模式（PPP），保障民间投资获得稳定收益。广东省推进 PPP 模式形成了一套比较成熟的做法。一是完善制度框架。先后出台了在公共服务领域推广 PPP 模式、加强 PPP 项目管理等 3 个政策性文件，明确了投资领域、运作方式、回报机制、退出机制、纠纷解决机制、风险防范措施等细则，使 PPP 模式能够有序规范地推进。二是增加 PPP 项目的政府资金投入。专门设立了 PPP 融资支持资金，同时设立了城市地下综合管廊、新型城镇化、区域协调发展等 23 支专项基金，并明确了基金的用途和责任，使民营企业看到了政府的"真金白银"，增强了投资合作的信心。截至目前，省级财政为这些基金出资 400 多亿元，可以撬动社会资金 10 倍左右，发挥了"四两拨千斤"的乘数效应。三是对项目进行分类管理和动态调整。省发改和财政部门分别建立了 PPP 项目库，对成熟项目重点关注其签约和实施情况，对新发起项目重点做好前期准备工作。四是加强 PPP 项目推介。省相关部门举办了多次 PPP 项目推介会，共推出 431 个、总投资超万亿元的项目。五是协同推进项目落地。将项目管理责任分解到岗、落实到人，并对每个项目明确合作签约、开工建设、完工验收等各阶段的进度要求，形成了纵向到底、横向到边的协同推进工作体系。

（六）构建新型政商关系，增强民间投资合力。现在一些地方干部不愿与民营企业打交道，这不利于民间投资发展。针对这种情况，广东省率先出台了《关于推动构建新型政商关系的若干意见》，明确要求党政干部同民营企业交往，不能为官不为，也不能勾肩搭背，要做到有交集不搞交换、有交往不搞交易。民营企业也要洁身自好，守商规走正道，遵纪守法办企业，光明正大搞投资。有了这个规范性文件，党政干部和民营企业交往就有章可循，增进了信任，打消了顾虑，民间投资相向而行的合力更足了。

二、广东省促进民间投资的启示

广东省经济总量全国第一，非公经济和民间投资功不可没。新的形势下，广东不懈探索促进民间投资的有效做法，取得了积极效果，从中可以得到一些启示。主要是：

——思想重视、工作到位必然有好收获。广东省委、省政府始终坚持"两个毫不动摇"，高度重视非公经济发展，像抓公有制经济一样抓非公经济，积极支持民营企业、民间投资健康发展。主要领导靠前指挥、亲力亲为，各级政府部门放低姿态、主动服务。还建立了促进民间投资的主体责任制，将落实民间投资政策作为重点督办事项，把民间投资好不好、快不快作为考察相关干部业绩的硬杠杠。全省上下凝心聚力，厚植了民间投资快速增长的"沃土"。

——政策既要"看得见"，又要"享受得到"。在广东，党和国家的政策不仅体现在"红头文件"中，更是落到实际行动中，明显改善了民营企业在粤投资预期。对中央出台的鼓励民间投资政策，属"块块"范围内的事，省里一概落实到底。比如，中央要求降低企业成本，省里就克服重重困难，下决心全部取消省级决定的涉企行政事业性收费。对"条条"范围内的事，也按照中央的方向和原则，本着促进民营企业和民间投资健康发展的目标要求，在合法合规的前提下积极探索。比如，在民办教育、民办医疗等方面，广东比其他地区就有新突破。

——不懈创新才能拓出投资发展的新天地。创新无极限。广东民间投资之所以保持旺盛活力，创新起到了十分关键的作用。无论是"放管服"改革、混合所有制改革，还是拓展民间投资的融资渠道、完善 PPP 模式等，广东都在创新上先行一步、超前一程。正是因为创新，化解了民间投资遇到的许多困难和矛盾，开辟了民间投资的新空间。事实上，当前广东民间投资很大部分投向了新产业、新业态、新模式，这也与广东多年来大力推动创新发展、新动能加快成长密切相关。

　　——敢干事能成事既需激励又需约束。地方党委和政府促进非公经济和民间投资发展，应针对一些干部不作为的问题，主动为敢担当的干部作后盾。在保证干部廉洁行政的同时，鼓励先进，为他们撑腰鼓劲，并建立容错机制，对努力干事、干净干事但出现过失的干部，给予应有的包容和爱护。

2016 年 8 月 18 日

补上金融舆情应对机制的短板

李继尊　高晓虹　赵淑萍

崔林　顾洁　王婧雯

金融舆情关乎市场预期和市场稳定。反思近年来涉及金融领域的舆论事件，完善应对机制势在必行。最近，我们会同中国传媒大学新闻传播学部等研究机构对此做了研究，现将主要看法和建议报告如下。

一、为什么金融舆情总处在风口浪尖

近年来，金融舆情格外抢眼不是偶然的，既有一些客观因素，也有工作上的原因。

客观因素：一是金融本身的特殊性。金融业本质上也是信息业，海量金融信息再加上现代技术的放大，会对市场预期和行情产生立竿见影的影响。尤其是理财等资管产品涉众广泛，股民等投资者以散户为主，这些人又与网民高度重合，容易出现情绪化、极端化、民粹化。一些多空势力借助甚至通过制造虚假信息从中牟利。二是风险隐患的诱发。苍蝇不叮无缝的蛋。2013 年 6 月发生的"钱荒"，2015 年下半年出现的股市汇市异常波动以及"e 租宝"、泛亚等非法集资案件，都是当时的舆论焦点。今年以来，不良贷款上升、债券违约、P2P平台跑路以及英国脱欧公投等都引起了广泛关注，有的掀起了轩然大波。三是新媒体的兴起。据统计，目前我国微博月活跃用户已达2.82亿户，微信用户7.62亿户，微信公众号超过1000万个，在线直播平台近200家。这些新媒体改变了传统的信息传播模式，使得人人都有麦克风、人人都是主持人，一些大V如同没有牌照的报社、电台。由于新媒体设立门槛、运营成本、违法成本都比较低，发布信息不像传统媒体那样把关审核，导致各种金融信息客户端大量涌现，"标题党"等虚假信息泛滥，非理性言论盛行。有的甚至冒充金融管理部门开通微信公众号混淆视听。从去年以来热炒的股市信息看，新媒体成了背后推手，各类股吧、论坛、QQ群、荐股平台、直播平台乱象丛生，大V名嘴借"外资恶意做空""操纵股指期货打压股市"等耸人听闻的话题煽动舆情，制造热点。

从工作层面看，近几年有关部门和机构在金融舆情应对方面做了很多努力，也有明显改进，但仍存在一些缺失。一是发言发声不主动不及时。根据有关要求，各级党政机关主要负责同志要当好第一新闻发言人，对信息发布负有主要责任。目前，金融管理部门负责人虽然出镜率比较高，但例行的演讲和记者招待会多，专门就突发舆情主动发声少。一些司局长不愿接受采访，认为"出彩难、出事易"，担心祸从口出。有的部门被负面消息牵着鼻子走，处置起来比较忙乱。二是工作衔接不紧密。突出表现在业务工作与新闻宣传"两张皮"。各金融管理部门虽然建立了新闻发言人制度，但缺乏机制上的支撑，经常出现"发言人不了解实情，业务司局不愿发声"的脱节现象。据反映，一些业务司局提供的金融热点表态口径回应社会关切不够，语言干瘪，又履行了签批手续，新闻发言人只好照本宣科，效果不理想。涉及不同部门的舆情应对更难协调，往往两个部门两个调，表态不一，个别时候甚至出现相互冲突，令人诟病。三是媒体队伍不适应。目前，我国财经媒体记者大多为刚参加工作的年轻人，干不了几年就跳槽，一线记者几乎永远是新手，真正熟悉金融业务的少之又少。从事财经栏目的编辑、主持人员也存在类似问题。一些在主流媒体上发声的专家并不专，什么都敢讲，但又讲不透、讲不准，有的甚至出现明显错误。

二、发达国家是怎样掌握金融舆论主动权的

作为经济金融高度发达、一贯标榜新闻言论自由的美欧日等国家和地区，对金融舆情并非放任不管，而是建立了一套比较规范的工作机制。

（一）政要在关键时刻直接面对媒体。从历史上看，美国政要领新闻发布风气之先的事例很多，如罗斯福总统在大萧条时期的"炉边谈话"、肯尼迪总统的电视直播等。2008 年国际金融危机爆发后，美国总统布什以及财政部长保尔森、美联储主席伯南克频繁接受媒体专访、公开发表讲话，对于稳定市场信心起到了重要作用。在应对欧洲主权债务危机过程中，欧盟、德国、法国等国政要都主动面对媒体，回应各界关切。在英国脱欧公投事件中，时任英国首相卡梅伦多次在公开演讲中表明立场。日本政府各部长则通过每周两次的"部长记者共同会"直接发布政策信息。

（二）新闻发言人参与决策全过程。美国白宫及财经部门发言人大多系记者出身，媒体从业经验丰富。他们可以列席高级别会议，以利于全面了解决策的台前幕后，做好及时向公众发布的准备。比如，白宫新闻发言人被称为除总统、副总统、国防部长、国务卿之外的"第五人"，可以全程参与会议，特殊时候还可以

打断会议。

（三）媒体队伍专业素养高。发达国家不仅拥有全球顶尖的主流财经媒体，如《华尔街日报》、《金融时报》、《经济学人》、彭博新闻社等，而且拥有一支专业化的财经记者、编辑和主持人队伍。这些国家对财经媒体队伍的教育背景、实践经验等要求很高，也有吸引优秀人才长期从事媒体工作的激励机制和职业发展路径。从进入媒体队伍到成长为一名资深记者、编辑、主持人，需要相当长时间的历练和积累。他们对媒体队伍也有严格的监管规定和自律准则，一旦发现编造传播虚假新闻将给予严厉处罚，轻则公开道歉，重则被停职或开除。此外，发达国家经济金融专家学者"乱发声"的现象少，即便是活跃在互联网平台上的专栏作家、网络大V等发表言论也比较理性。

（四）新媒体管理规范。这得益于美国等国家的法治环境本来就比较好，也得益于对新出现的各种信息技术及时立法，形成了有效管控网络舆情的法律体系和自律规范。以美国为例，1996年修订的电信法确立了"互联网与真实世界一样需要进行管制"的基本原则，2010年将推特、脸书等社交平台的知名账户和意见领袖纳入了政府监控范围，美国信息系统审查与控制协会等组织制定了互联网信息安全行业道德规范，建立了网络伦理规范与公约。美国还运用技术手段对金融舆情的内容进行分级、过滤，包括限制上网时长、次数，限制特定网站及网站特定内容等。目前，国际上使用的信息筛选与过滤软件大多产自美国。

三、有关建议

从发达国家的经验以及我国的一些案例看，在金融舆情问题上疏比堵好，早做反应比被动应对好。关键是要遵循新闻舆论规律、新媒体传播规律、金融发展规律，加快建立完备的金融舆情应对机制，主动发声，及时发声，权威发声。

第一，严格落实一把手抓舆情的职责。不管哪项工作，一把手重视就不难，相应的工作协调难、反应慢等问题都会迎刃而解。建议敦促各金融管理部门和国有大型金融机构一把手强化舆情意识，把第一新闻发言人的职责担起来，并层层传导下去。鉴于当前金融风险不断积聚，应加强金融舆情搜集、整理和预判，完善突发金融舆情应急预案。当出现突发舆情时，一把手应亲自牵头处置，第一时间做出反应，必要时直接向媒体发声。对于领导干部回应媒体的表态提高包容度，只要符合中央决策的精神，即便个别表述有失严谨，也应免责。同时，在干部培训中增加提高媒体素养的内容。

第二，健全金融决策与信息发布、舆情应对无缝衔接的工作机制。完善新闻发言人制度，允许其全面参与决策过程，使其能够全面掌握决策的背景、依据、内部考虑和各方面关切。坚持专兼职结合，推动设立专职新闻发言人。建立新闻发言人直接向一把手汇报的直通车制度。政策制定、征求意见、对外发布等各个环节都要考虑宣传解读和舆论引导工作，同步联动，防止脱节。对于重大敏感金融决策，有关部门应与中央主要媒体进行预沟通，共同商讨宣传解读方案。对于金融舆情当中的合理化政策建议，应积极研究采纳并反馈。

第三，建立专业化的财经媒体队伍和专家学者队伍。制定财经名记者、名编辑、名主持培养计划，改进人事管理、薪酬等制度，吸引更多优秀人才长期从事财经媒体工作。对从事政策解读的金融专家学者应细分，分门别类掌握一批有影响力的专家学者名单。建立专家黑名单制度。着力打造一批有特色的财经媒体和精品栏目。

第四，加强对自媒体的监管。从近几年金融舆情应对的实践看，必须抓紧消除自媒体这个监管空白，防止失控。一是对以政府机关、公共机构、金融机构、领导人姓名等名义注册的微博、微信公众号申请，应进行真实性审核，防止混淆视听，误导公众。二是明确要求自媒体对发布的内容负责，下力气治理"标题党"问题，加大追责力度。三是对网络大V、自媒体大号要求实名发言，主动公布与发表言论相关的个人持有有价证券等或有得利情况，并接受公众和相关部门监督。财经媒体从业人员也应按此管理。从国际经验看，有必要推动建立自媒体自律组织。

第五，严厉打击编造传播虚假信息的行为。刑法修正案（九）第32条规定了编造、传播虚假信息的处罚措施。建议切实落实这一条款，集中查处并曝光一批典型案件，加大处罚力度，形成震慑效应。建立虚假信息快速甄别处置机制，规范媒体转发行为。对于发布虚假信息的媒体，应责令其公开道歉，情节严重的予以关停。对于涉嫌泄密、给媒体"喂料"的金融管理部门工作人员，应严肃查处追责。

2016 年 8 月 25 日

（高晓虹、赵淑萍、崔林、顾洁、王婧雯，中国传媒大学供职）

供需两端综合施策 防范和化解经济
运行中的主要风险点

李俊　高振宇

从前 8 个月经济数据看，我国经济下行压力仍然很大，供给侧结构性问题也有新的表现。建议继续从供需两侧综合施策，有针对性地解决经济运行中的主要风险点，促进经济保持中高速增长、迈向中高端水平。

一、当前经济运行总体平稳，但经济增速滑出合理区间的风险还在积累

今年以来，我国经济运行总体平稳、稳中有进、符合预期，但稳中也有忧。从需求侧看，经济增长动力仍显不足，投资、消费、出口"三大需求"疲弱且发展不均衡，居民消费价格指数连续下行，通货紧缩预期增强，经济增速滑出预期目标区间的可能性加大。

一是投资增速低位回稳，但下滑压力仍然比较大。今年 1—8 月固定资产投资同比增长 8.1%，增速比去年同期回落 2.8 个百分点，其中 4 月至 7 月连续 4 个月回落，8 月当月有所回升，同比增长 8.2%。1—8 月制造业投资增速比去年同期下降 6.1 个百分点，

基础设施、房地产开发投资增速虽比去年同期分别加快 1.3 和 1.9 个百分点，但比今年上半年下降 1.2 和 0.5 个百分点。尤其是企业投资意愿不强，一个明显反映是，存款加快活期化，7 月末狭义货币（M1）增速快于广义货币（M2）增速，"剪刀差"扩大到 15.2 个百分点的历史高点，8 月末小幅收窄到 13.9 个百分点。7 月末非金融企业及机关团体贷款同比减少 26 亿元，近十年来首次出现负增长。

二是消费贡献超过投资，但平稳增长面临制约。今年上半年最终消费对经济增长的贡献率达到 73.4%，比资本形成的贡献率高 36 个百分点。但贡献率的提高，并不能反映消费拉动力在增强，1—8 月社会消费品零售总额同比增长 10.3%，增速比去年同期回落 0.2 个百分点。分月看，前 8 个月中有 5 个月社会消费品零售总额当月增速弱于去年同期，8 月同比增长 10.6%，比去年同期回落 0.2 个百分点。按消费类型看，1—8 月，餐饮收入同比增长 11.1%，增速比去年同期回落 0.6 个百分点；商品销售同比增长 10.2%，增速比去年同期回落 0.1 个百分点，其中烟酒、服装、家电、家具和通信器材等销售增速均弱于去年同期。

三是进出口外部压力大，可能短期内难以回稳。国际金融危机以来，全球贸易增长明显放缓，从 1990 年到 2008 年的年平均增长 7%，下降至 2009 年到 2015 年的年平均增长 3%。国际组织纷纷下调了 2016 年全球经济增长预期，国际货币基金组织从 1 月份的 3.4% 下调至 7 月份的 3.1%，世界银行从 1 月份的 2.9% 下调至 6 月份的 2.4%。9 月 27 日，世界贸易组织将 2016 年全球贸易增长预期从 2.8% 下调至 1.7%。国际经济贸易增速放缓，使我国实现进出口回稳向好的难度加大。今年前 8 个月，以人民币计价的进出口总额下降 1.8%，其中出口、进口分别下降 1% 和

2.9%。虽然 8 月份进出口总额有所回升，同比增长 7.9%，但从出口先行指数来看，海外市场需求进一步收缩，出口走弱的基本面没有改变。8 月份，我国新出口订单指数为 49.7%，处于不景气区间，上海出口集装箱综合运价指数处于下行态势，月平均值为 645.8 点，较上月平均下跌 4.4%。

二、供给侧结构性改革稳步推进，但一些问题和风险也值得高度关注

当前供给侧结构性改革"三去一降一补"重点任务进展总体顺利。但要注意以下问题和风险：

一是近期钢铁、煤炭产量因价格上升有所恢复，要防止落后产能"死灰复燃"。从各方面情况看，目前去产能难度要大于预期，部分地区进展缓慢，等待、观望情绪较浓，存在弄虚作假或为减少损失年底前突击完成任务的风险。8 月末中钢协中国钢材价格指数为 77.54 点，比上月增长 7.56%；今年第 37 周环渤海动力煤价格指数为 554 元/吨，较年初大幅增长 49.3%，已触发日均增产 50 万吨动力煤的一级响应条件。钢铁、煤炭产量出现回升，9 月上旬重点钢企粗钢日均产量环比增长 4.65%，8 月原煤产量降幅也有所收窄，企业复产意愿较强，一些小冶炼厂、小煤窑等落后产能可能恢复开工。同时，铁矿砂、煤炭进口量仍在继续增长，1—8 月份全国铁矿砂及其精矿、煤及褐煤进口量同比大幅增长 9.3% 和 12.37%。

二是部分地区房地产市场出现过热，正在对去库存工作形成干扰。截至 8 月末，全国商品房待售面积连续 6 个月下降，比今年 2 月末高峰期的 7.39 亿平方米减少 3061 万平方米，8 月末比 7月末减少 512 万平方米。但当前房地产去库存任务仍然艰巨，地区之间、住宅非住宅之间差异较大，三四线城市库存问题比较突出，非住宅相对住宅去库存难度较大。地区间房地产价格分化加剧，一线城市和部分二线城市房价上涨较快，"地王"频出，后期稳定房价的难度仍然较大。地价和税费等因素推动房价持续上涨，但上市房企利润率整体下降、负债率大幅攀升，房地产业杠杆风险明显偏高。今年上半年 120 家上市房企净利润率为 8.15%，为近十年来新低，而资产负债率则攀升至 77%。部分房产中介暗地推波助澜，散布危害房地产市场稳定的谣言等违规行为屡屡发生，造成了严重不良社会影响。

三是地方政府和非金融企业杠杆率较高，需注意金融风险。2015 年，我国地方政府债务率（债务余额/综合财力）为 89.2%，已接近国际货币基金组织 90% 债务率控制参考下限标准。同时，我国居民杠杆率从 2005 年的 17.1% 增长到 2015 年的 39.9%，虽然低于国际清算银行债务影响报告 85% 的警戒线，但是必须警惕居民住房交易杠杆率快速上升和房贷收入比过高问题。非金融企业杠杆率相对偏高且逐年攀升，已从 2013 年 148% 上升到 2015 年 160%。当前经济面临较大下行压力，高杠杆率并没有带来更高产出，杠杆率的"分母"增速赶不上"分子"增速，去杠杆任务仍很艰巨。

四是制造业企业成本仍然较高，需改善企业经营环境。在"营改增"等减税政策推动下，企业内部经营成本呈现下降趋势，今年 1—8 月份规模以上工业企业每百元主营业务收入中的成本为 85.87 元，比上年同期减少 0.26 元。但实体经济企业面临的税费负担重，融资成本、制度性交易成本、用地用能和物流成本较高的问题仍然比较突出。由于综合成本攀升，部分制造工厂选择转移到国外的情况还在增多。企业效益也难以改善，工业企业主营业务收入利润复苏缓慢，1—8 月规模以上工业企业主营业务收入利润率为 5.66%，比 1—7 月和 1—6 月分别下降 0.01 和 0.02 个百分点。

五是民生等关键领域薄弱环节较多，面临投入不足的矛盾。今年前 7 个月，水利、农业和生态环保等薄弱领域的投资继续保持较快增长，增速均在 20% 以上，补短板对稳增长、促投资发挥了重要作用。但补短板需要加大资金投入，当前一些地方财政收支平衡矛盾突出，上半年东北地区一般公共预算收入同比下降 8%，中西部地区增速也明显放缓。补短板大部分领域投入产出率比较低，投资吸引力较弱，各方面投资意愿也不强，同时民间资本进入基础设施等领域还面临不少障碍。

三、几点政策建议

在经济发展处于增速换挡和结构调整叠加的关键时期，要坚持以供给侧结构性改革为主线，加快打造新的增长动力。同时，也要注重适度扩大总需求，确保经济运行在合理区间，为供给侧结构性改革创造良好条件，防止顾此失彼。

一是着力提高宏观经济政策效率，推动形成稳增长的良好预期。当前积极的财政政策和稳健的货币政策力度不小，但效果并不尽人意，面临的"两难""多难"问题有所增加。要加强政策评估，提高政策的科学性和可操作性，增强正面效应、防止负面效应。同时，要注重加强市场预期管理，提高透明度，及时准确发布政策信号，做好政策解读，稳定市场预期和社会信心。

二是注重供需两侧政策协调发力，有力有效推动新旧发展动能相互衔接。要促进"三大需求"协调发力，围绕重大工程项目和薄弱领域扩大合理有效投资，围绕培育新消费促进消费稳定增长，围绕增强综合竞争优势促进外贸回稳向好，坚决遏制经济出现持续惯性回落、甚至滑出合理区间的趋势。要深入实施创新驱动发展战略，进一步为大众创业、万众创新创造良好条件，加快培育发展新动能，改造提升传统动能，促进新旧发展动能接续转换。

三是有序解决苗头性问题，坚定不移推进供给侧结构性改革。妥善处理政府和市场的关系，有序推进"三去一降一补"五大重点任务。特别是去产能要用好市场化、法治化手段，防止弄虚作假；去库存要坚持分类调控、因城施策，既要稳妥推进三四线城市和县城房地产去库存，又要抓好热点城市的控房价、防风险；去杠杆要把握好力度和节奏，用好企业兼并重组、盘活存量资产、开展债务整合、市场化法治化债转股、发展股权融资等手段。

四是加强动态分析研判，有效防范和化解各种风险隐患。随着经济增速回落，各种长期积累的矛盾和风险还会进一步显现。要加大银行不良资产处置力度，逐步打破刚性兑付，有针对性地加强热点城市房地产市场调控，主动引导风险有序释放，防止过度积聚形成大的泡沫。同时，要把握好各项政策节奏和力度，避免政策过急过猛诱发风险叠加释放、集中爆发，影响经济社会稳定发展。

2016 年 10 月 6 日

持续增长动能不足　不确定性和风险上升

——2016 年前三季度国际经济形势分析

史德信

最近，我们对前三季度国际经济形势进行了调研分析。总的看，当前全球经济呈现"三低三高"的特点，即低增长、低通胀、低利率，高负债、高资产价格、高风险。尤其是经济长期低迷引发的保护主义、货币宽松催生的债务累积等，加大了全球经济和金融的不确定性。现将有关情况报告如下。

一、发达经济体复苏放缓，新兴经济体总体有所改善

今年以来，主要经济体特别是发达国家复苏进程反复，缺乏有力、可持续的增长点，新兴经济体尚未走出低谷，但积极迹象增多。10 月份，国际货币基金组织（IMF）将今年发达经济体增长预测从 1.8% 下调至 1.6%，将新兴市场和发展中国家从 4.1% 上调至 4.2%。经合组织（OECD）最新预测报告认为，今年全球经济增速将创国际金融危机以来最低。

美国经济温和增长。二季度，美国国内生产总值（GDP）环比折年率增长 1.4%，其中私人消费支出增长 4.3%，私人投资降幅扩大至 –7.9%。前 8 个月商品和服务出口同比下降 4.1%，进口

下降 3.6%，贸易逆差有所扩大。9 月份消费者信心指数升至 2007 年以来最高，但失业率也略有上升，从 8 月份的 4.9% 升至 5%。美国 GDP 增速自 2014 年三季度达到 5% 的高点后，一直在 3% 以下低位徘徊，由于生产率增速比较低，未来强势美元可能抑制投资和出口，短期内实现高增长难度较大。

欧元区增长放缓。二季度，欧元区 GDP 环比增长 0.3%，增速仅为一季度的一半。其中，法国经济环比萎缩 0.1%，意大利经济零增长。8 月份，欧元区失业率保持在 10.1% 的高位。工业生产增速连续 3 个月下滑，7 月份同比萎缩 0.5%，为今年以来首次负增长。9 月份综合 PMI 降至 52.6，创 2015 年以来最低。考虑到货币政策空间接近极限、英国"脱欧"、劳动力市场僵化、银行坏账高企、难民潮等影响，欧元区经济复苏还有许多"坎"要过。

日本经济提振乏力。二季度，日本经济环比折年率增长 0.7%，远低于一季度 1.9%。其中，占 GDP 比重 60% 的私人消费增长 0.2%，商业投资下降 0.1%，但公共投资增长 2.6%。物价持续低迷，截至 8 月份，核心消费者价格指数连续 6 个月下降。日本央行推出附加收益率曲线控制的量化和质化宽松政策，但效果有待观察。过去两年，日本经济交替扩张和收缩，前景不明朗，企业不愿增加投资，个人消费谨慎，削弱了刺激政策效果，目前还看不到扭转颓势的迹象。

从新兴经济体的情况看，东亚、东南亚、南亚依然是增长的"火车头"。印度二季度 GDP 同比增长 7.1%，虽然环比有所回落，仍是主要经济体中最快的。8 月份印度制造业 PMI 升至 52.6，创 13 个月来最高水平。东南亚地区受基础设施投资等支撑，经济增长稳健，二季度菲律宾、越南、印尼 GDP 分别同比增长 7%、5.6%、5.2%。对初级产品出口依赖大的巴西、俄罗斯等国持续衰退，但随着初级产品价格下跌的冲击逐步化解，经济出现企稳迹象，二季度同比分别下降 3.8% 和 0.6%，降幅比一季度收窄 1.6 和 0.6 个百分点。最近，石油输出国组织（OPEC）达成限产协议，也有助于改善俄罗斯、墨西哥、委内瑞拉等产油国的经济前景。

二、新老问题交织叠加，挑战和风险不容忽视

在全球经济增长疲弱的背景下，总需求不足、跨国贸易和投资低迷、结构性改革推进迟缓、各国货币政策持续分化等旧的问题还没有解决，一些新的问题又在凸显。

（一）反全球化浪潮拖累跨国贸易和投资。近年来，一些国家民粹主义、保护主义不断升温，反全球化声音日渐高涨，主要表现在：一是区域贸易谈判受阻。美国大选中，两党候选人均对跨太平洋伙伴关系协定（TPP）和跨大西洋贸易与投资伙伴协议（TTIP）持否定态度，越南推迟审批 TPP，欧盟排除年内完成 TTIP 谈判的可能性。区域全面经济伙伴关系协定（RECP）各方分歧较大，达成目标时间推迟。二是英国公投"脱欧"。这鼓舞了法国、意大利等国的右翼政党，未来不排除还有类似情况发生，并对现有国际分工和全球产业链造成冲击。三是针对跨国公司的制裁与反制裁。最近，美国指控德意志银行参与违规金融活动，要求其支付 140 亿美元赔偿金。苹果公司则被控获得非法税收优惠，收到欧盟委员会 130 亿欧元罚单，亚马逊、麦当劳、谷歌等美国公司也在接受调查之列。四是贸易摩擦案件多发。今年前 8 个月，仅针对我国就有 20 个国家（地区）发起 85 起贸易救济调查案件，涉案金额 103 亿美元，同比分别增长 49% 和 94%。美国和印度是立案调查最多的国家。本轮反全球化浪潮的

根源主要是，全球化利益长期以来在各国之间、劳资之间分配不平衡，而国际金融危机后世界经济持续低迷，社会不满和焦虑情绪上升，对全球化质疑增多。随着全球化进程几近停滞，跨国贸易和投资雪上加霜。据世贸组织（WTO）预测，今年全球贸易增速将放缓至1.7%。联合国贸发会议预测，今年全球外国直接投资（FDI）降幅可能达10%—15%。

（二）宽松货币政策迟滞结构性改革进程。摩根大通统计，国际金融危机以来，50家全球主要央行累计降息672次，美日欧等主要经济体纷纷实施量化宽松。这促进了经济企稳，但推迟了市场出清，不利于资源向高效领域转移。目前，美国加息十分谨慎，欧元区、日本的宽松货币政策几乎走到尽头，退出可能引发通缩和衰退，加码又效果不彰、余地不大。特别是负利率政策后遗症很大，不仅提升通胀的效果不尽人意，还进一步推高了资产价格，削弱了银行盈利能力。欧洲银行业持续承压，经营惨淡，德意志银行、德商银行、荷兰国际集团、荷兰银行、西班牙人民银行等纷纷大规模裁员。如各国不在结构性改革上取得突破，很难走出低增长泥潭。

（三）杠杆水平不断走高累积金融风险。IMF报告称，2015年全球非金融行业债务已达152万亿美元，相当于全球GDP的225%，其中公共债务约占1/3，相当于全球GDP的85%。根据全球经济增长和债务发展趋势推算，今年这一比例还会上升，经济低迷与高债务形成恶性循环。同时，一些国家的资产价格大幅上涨，美国、英国、加拿大、澳大利亚等房价飙升，已超过国际金融危机前水平。股市也不断走高，截至9月底，美国和德国股市分别比国际金融危机前上涨57%和63%，菲律宾、印尼、泰国、印度、南非股市分别上涨180%、157%、110%、89%、80%。高资产价格与低迷的经济形势明显背离，潜藏较大风险。截至 9 月 13 日，被惠誉列入"负面展望"评级的国家超过"正面展望"的国家，被下调主权评级的国家达 20 个，预计全年将创下 1994 年有记录以来的新高。

（四）美联储加息扰动全球金融市场。去年底开启加息进程后，美联储每次加息节点都牵动市场神经，对各国跨境资本流动、货币汇率、股市、债市等带来广泛冲击。目前看，美联储内部对加息存在一定分歧，但年底前加息的概率很大。而加息会导致美元走强，压低大宗商品价格，对新兴经济体造成较大影响，特别是一些大宗商品出口国可能面临资本外流、汇率贬值等挑战。

三、主要建议

当前全球经济形势对我国既有有利的一面，也有不利的一面。关键要化挑战为机遇，加强国际合作，筑牢风险底线，更好地服务于国内供给侧结构性改革的大局。

（一）加快国际产能合作，化解产能过剩压力。在当前国内部分行业产能过剩、矛盾突出、外需低迷、国际上针对我国贸易摩擦升级的形势下，加快国际产能合作是一个突破口。近年来，中央出台了一系列强有力的政策举措，要推动尽快落地、早见成效。更加重视发挥地方政府的作用，借鉴境外经贸合作区、中马"两国双园"、企业联合出海等做法，创新合作模式。加强对行业协会和中介组织的支持，为企业提供技术标准、法律、会计、金融等方面的服务，补上"短板"。推动尽快举办关于钢铁产能过剩的全球论坛，加强就此问题的国际合作。同时，及时总结经验，加强预判预警等信息服务，减少企业对外合作中的政治和政策变动等风险。

（二）积极应对各种形式的保护主义。反全球化浪潮对跨国贸易和投资具有重大负面影响，我国作为本轮全球化的受益者，必须旗帜鲜明予以反对。加强与 IMF、世界银行、WTO、二十国集团（G20）等平台的合作，遏制保护主义上升势头。在积极推进 RCEP 谈判的同时，更加重视双边贸易投资协定谈判，特别是与"一带一路"沿线国家的谈判。针对涉华贸易摩擦不断增多的趋势，既要加强交涉和反制，也要支持企业积极应诉。强化行业自律，减少出口无序竞争。

（三）防范金融风险跨境传染。随着对外开放程度不断扩大，国内国际各种不稳定因素容易传染共振。一方面，应高度重视防范化解国内金融风险，加强监测预警和压力测试；另一方面，应强化底线思维，密切关注主要经济体货币政策动向，尤其是美联储可能加息、欧元区和日本货币政策持续宽松、新兴经济体货币汇率变动等的影响，加强流动性管理和预期管理，防止人民币汇率大幅波动和跨境资本大进大出冲击国内金融市场。

（四）加强与主要经济体的政策协调。在单靠货币政策难以为继的情况下，只有各国货币、财政、投资、贸易等政策共同发力、相互协调，才能为全球经济增长注入新动力。要充分利用 G20 等平台，明确落实增长战略的优先顺序，提升经济增长包容性。强调财政政策对促进增长和结构性改革的作用。加强货币政策沟通，推动主要经济体提高货币政策透明度，避免货币竞争性贬值。完善全球金融治理，提升特别提款权（SDR）的代表性、扩大使用范围。

2016 年 10 月 12 日

吉林省民间投资何以快速增长

刘力　张红晨

今年上半年，在全国民间投资增长缓慢、东北部分地区民间投资大幅下滑的背景下，吉林省民间投资增速高达 15.1%，有力支撑了全省的经济发展。近日，我们就此赴吉林进行了调研。现将有关情况报告如下。

一、吉林省促进民间投资的主要做法

吉林省民间投资之所以能实现快速增长，是当地党委政府把促进民营经济和民间投资发展摆在突出位置，紧紧围绕党中央、国务院决策部署，建立专门工作机制，全力引导推动的结果。

（一）全力营造良好投资环境。一是推动观念转变，打造亲商形象。召开全省软环境建设"八千人大会"，要求全省干部转变思想观念，树立服务意识，建立"亲""清"关系，理直气壮与民企接触，千方百计促民企发展。举办"全球吉商大会"，向国内外投资者传递吉林亲商、安商、扶商、富商的声音。二是深入推进"放管服"改革，持续为民间投资松绑减负。坚持非禁即入，除法律法规明确规定外，一律向社会资本开放。在国家"三张清单一张网"基础上，吉林还新增了财政专项资金管理清单。省级审批项目从 2013 年的 592 项减至 193 项，减少了 67.4%，成为审批项目数量最少的省份之一。强化"互联网＋政务服务"应用，建设吉林政务服务"一张网"，实现了网上预审、网上预约和在线互动咨询。进一步清费降税，仅今年上半年就实施了 2 次，累计达到 40 项，为企业降低成本 225 亿元。三是出台专门政策，消除歧视待遇。近年来累计出台 87 个扶持民营经济发展的政策性文件，形成了系统的政策支持体系。特别是强调在市场准入、优惠政策、要素供给等方面，对民企和国企一视同仁。四是实行领办代办，优化投资后服务。在审批环节，实行机关干部"一对一"领办服务，民企筹建时间平均节省 3—6 个月。在项目建设和经营阶段，设立"宁静日"制度，规范入企检查，严禁不必要检查，今年上半年精简各类检查活动约 60%，支持企业一心一意抓生产、聚精会神搞经营。

（二）建立促投资的专门工作机制。为确保各项促进民间投资的政策落地，吉林省建立了"三大工作机制"。一是协同联动落实机制。根据社会投资项目所在领域，实行省长督办、部门联动、地方负责机制，及时解决问题，推动项目落地。二是持续调度调控机制。每个季度召开专题会议，对照年初目标，逐个会商对账，查看进度，查找不足，点对点解决问题。对重大项目，每旬每月集中调度，常抓不懈。三是巡检督查倒逼机制。建立和实施项目大巡检制度，由省委书记、省长亲自带队，对重大项目进行巡查，现场协调解决问题，推动项目"早落地、早开工、早见效"。同时，持续开展部门联合督查和清单督查，倒逼地方、部门对促投资工作常抓不懈。

（三）推动国有经济以多种方式向民间投资开放。吉林省充分利用东北老工业基地优势，通过实施国有经济向民营经济开放，嫁接、蘖生和孵化出大量民间投资。一是股权开放。去年末，吉林省出台《关于国有企业发展混合所有制的指导意见》，鼓励民营等各类资本参与国有企业混合所有制改革。长春旭阳集团原来国有股权占比超过93%，实行混合所有制改革后，成功引入多家民营资本，民营资本股权比例超过41%，既促进了国企改革，又扩大了民间投资。二是产业链开放。引导国有龙头企业开放产业链上游配套环节和下游衍生环节，既提高了国企效率，又"孵化"了大量民企。如一汽等汽车制造龙头开放零部件配套领域后，产生规模以上零部件企业430家，其中90%以上是民企。三是技术研发开放。依托长春光机所、吉林大学等科研院所建立孵化基地，促进民营科技企业发展。推动科研院所与民营企业合作建立产学研用相结合的科技创新体系，目前民营企业已建立省级以上企业技术中心309个，占全部省级以上企业技术中心的85.5%。四是军工开放。积极推进"民企参军"，全省进入国防军工领域的民营企业已发展到40家，军品配套产值占全省军品产值的比重已达14%。

（四）以发展新经济培育民间投资新动能。吉林省在发展新经济过程中，十分重视发挥民间投资的作用。一方面，民间投资成为新经济发展的重要力量；另一方面，新经济的发展也为民间投资增添了新动能。一是通过培育新兴产业来集聚民间投资。支持科技型、成长性好的民营企业进入先进装备制造、医药健康、电子信息、新材料等新兴产业，实现集聚发展。如在通化国家级医药高新区中，仅修正药业一家企业就开工建设了投资总额达50亿元的两个产业园。二是鼓励民间投资以高端旅游为龙头，发展现代服务业。利用"长白山"和"冰雪"两大品牌，吸引万达集团等投资了一批百亿级的大项目。在高端旅游业的带动下，上半年吉林省投向现代服务业的民间投资达到 1063.2 亿元。三是以深入开展"大众创业、万众创新"来孵化民间投资。今年上半年，全省认定的省级孵化基地达 183 个，孵化总规模超过 6500 户，在孵企业超过 4500 户，带动就业超过 11 万人。吉林省不仅通过建设孵化基地来孵化民间投资，而且还依靠民间投资来建设孵化基地。目前，由民间投资的省级孵化基地已有 120 个，占省级孵化基地总数的三分之二。

（五）以补短板拓展民间投资新空间。补短板是供给侧结构性改革的一项重要内容，吉林省梳理出基础设施、环保、民生等 15 个短板，着力通过政府与社会资本合作（PPP）等方式吸引民间投资。在基础设施领域，今年上半年，亿元以上民间投资项目 870 个，占全省亿元以上投资项目的近 60%。为补齐农村流通基础设施的短板，财政补贴 5 亿元，带动民间投资 40 多亿元。在生态环保等公益性领域，针对 PPP 项目回报率低的问题，根据项目盈利情况进行优劣搭配，探索实行"公益性＋经营性"综合用地等模式，充分调动了民间投资的积极性。如正在实施的伊通河百里生态长廊项目，将吸引民间投资上百亿元。

（六）努力破解民间投资融资难题。一是设立政府引导基金，撬动民间投资。目前吉林省已设立 10 支政府引导基金，其中规模为 20.5 亿元的中小企业和民营企业发展基金，已支持企业项目 3560 个，引导民间投资 770 亿元。二是着力化解中小微企业"融资难""融资贵"。推动银行将存货、应收账款、股权、林权、知识产权、商誉等纳入抵质押资产范围，扩大信用、保证等贷款方式。引导当地金融机构下调中小微企业贷款利率，今年 5 月份，中、小、微型企业贷款利率分别比 2014 年末下降 0.85、1.37 和 1.35 个百分点。清理贷款质押品评估费等不合理收费，仅今年一季度就为中小微企业减负 497.7 万元。在各项措施的共同作用下，6 月末全省小微企业贷款余额 3817.9 亿元，比年初增加 244.5 亿元。三是扶持民营中小企业新三板上市融资。截至 6 月末，吉林省在新三板上市企业达到 58 家，其中 90% 是民营企业。四是支持民间投资金融业。吉林本地的许多金融机构特别是一些具有标志性的金融机构，均由民间投资控股。吉林农村商业银行和吉林银行总股本中，民间资本分别占 76.2% 和 52.3%；全省 53 家村镇银行总股本中，民间投资占 72%。东北证券总股本中，民间投资占 87.6%。私募投资基金机构中，民营投资 278 家，注册资本 110 亿元，分别占比 92.7% 和 73.3%。小额贷款公司中，民营资本全额或控股 780 家，注册资本 189.6 亿元，分别占比 97% 和 83.6%。吉林民营金融机构的崛起，有力支持了全省民间投资的发展。

二、几点启示

东北振兴必须要大力发展民间投资。我们从吉林促进民间投资的实践中，得到了如下启示：

（一）促进民间投资首在优化环境、改善形象。现在东北地区投资环境在投资者心目中的形象较差，有"投资不过山海关"之说。要促进民间投资必须首先改变社会对东北投资环境的认知，树立亲商、安商、扶商、富商新形象。这需要加强对外宣传，特别是要充分发挥中央、沿海和海外媒体的作用，多一些正面报道，少一些过度渲染和妖魔化。"理直"才能"气壮"。关键还是要转变观念，转变政风，真抓实干，切切实实把投资环境搞上去。

（二）以非常规措施实现超常规发展。治沉疴需用猛药。东北的投资环境问题由来已久，靠市场经济的自然发育，靠政府常规的推动手段，是很难在短期内得到解决的，必须采取非常规的措施。在市场经济不发达、社会观念普遍落后的条件下，促进民间投资、发展市场经济，需要政府的强力推动，促使广大党政干部带头转观念、转作风。同时，应在东北和沿海发达地区之间实施较大规模的干部交流，以外促内，加速观念转变。

（三）努力推动国有经济全面开放。东北振兴最大的劣势是国有经济，最大的优势也是国有经济。东北地区国有经济比重大，实力强、特别是科技力量雄厚，以往发展比较封闭，搞"大而全""小而全"，既束缚了自身发展，也拖累了地区市场经济的发育。吉林省积极推行国有经济向民间投资开放，充分发掘国有经济的科技、产业等优势，既推动了国有经济改革发展，也促进了民间投资。我们应该进一步重视和发掘国有经济这座"富矿"，通过股权开放、产业链开放、技术研发开放等形式，实现国有经济与民营经济的融合发展和共同繁荣。

（四）紧紧围绕国家战略促投资。促进民间投资还有一个投资方向即往哪里投的问题，这直接决定着投资的效果，也决定着政策的效果。吉林省在引导民间投资方向时，均紧紧围绕中央供给侧结构性改革、发展新经济新动能、"大众创业、万众创新"等战略部署。这样的投资既有良好的发展前景，也有较多的政策和资金支持，可以收到事半功倍的效果。

2016 年 10 月 20 日

关于做好明年工业投资工作
促进中国制造转型升级的有关建议

张军立　邢建武　张泰

今年以来，我国工业运行总体缓中趋稳，结构调整持续推进，企业效益有所回升，但投资增速却大幅下滑。这种态势如不尽快扭转，无论对当前稳定经济增长，还是对深入实施《中国制造2025》、实现经济提质增效升级，都将产生严重影响。最近，我们就工业投资问题召开了有关部门、部分地方和企业座谈会，到江苏、浙江进行了调研。有关分析及建议报告如下。

一、工业投资增速过度下滑，累及当前，危及长远，如果处理不好，将影响《中国制造2025》目标任务的实现

今年前三季度，我国固定资产投资同比增长8.2%，但工业投资仅增长3.2%，其中制造业增长3.1%，两者不仅比全部投资低5个多百分点，还出现了2000年以来的三个"新低"。一是总体投资增速新低。2003—2013年，我国工业和制造业投资增速基本在20%以上，年均分别增长24%和26%。与之相比，当前已分别下降21和23个百分点。二是设备投资增速新低。设备及工器具购置占工业投资近四成，是最能反映未来发展潜力的指标。但今年却首次出现了负增长，1—9月工业和制造业分别下降0.8%和1.3%，作为重中之重的装备工业降幅更是高达2.4%。这种情况极为罕见，已然对我国新旧动能转换造成严重影响。三是民间投资增速新低。民间资本对经济前景和环境变化最为敏感，如其投资持续低迷，意味着经济内生动力仍在艰难修复之中。然而，今年以来工业民间投资只增长2.6%，制造业民间投资仅增长2.1%，首次出现了慢于全口径投资的情况。需要重视的是，尽管9月份工业投资略有回升，但形势仍然不容乐观，设备投资还在进一步下滑。

应该说，在经济发展进入新常态的大背景下，工业投资增速适度回落有其客观必然性，但如持续低迷则会累及当前、危及长远。从当前看，稳定经济增长，投资具有关键作用。工业投资占全社会投资近40%，如果不能企稳回升，势必进一步拉低当期经济增速。从长远看，我国工业化、现代化的任务还未完成，正处于新旧动能转换和转型升级的关键时期，如果工业投资不能尽快提振，势必恶化社会预期和企业信心，危及《中国制造2025》目标任务的完成，打乱向制造强国迈进的步伐。同时，高端服务业大多是以工业为服务对象，"皮之不存，毛将焉附"，我国的服务业尤其生产性服务业发展也会受到不利影响。可以说，工业投资牵一发而动全身，必须引起高度重视。

二、稳定工业投资要有新思路，关键是要与《中国制造2025》、"互联网+"、双创紧密结合起来，改造提升传统动能，培育壮大新动能

稳定工业投资，首先要明确，不能再走过去主要靠铺摊子、上规模的老路，必须要有新思路。

从我们对全国工业投资分析和实地调研了解的情况看，投资增速较快、工业发展较好的地区都有三个共同的特点。一是把互联网与中国制造深度融合作为工业投资的主攻方向。江浙普遍反映，近几年大批企业通过"智能改造"和"制造触网"，新技术、新模式不断涌现，劳动生产率大幅提高，企业竞争力也明显提升。比如浙江，工业劳动生产率三年累计提高 30%，今年上半年实现利润增长 14.6%。目前，不少发达地区已将智能改造、"互联网＋"作为新一轮投资的主攻方向。今年 1—8 月，在全国设备投资大幅下滑情况下，浙江、广东增长却超过 15%，江苏、上海、天津也超过 10%，而这些省市恰好都是转型升级早、发展成效好的地区。二是把促进创新创业作为工业投资的重要内容。随着工业转型升级和双创活动的深入推进，当前东部地区的投资重点，已从传统的厂房设备等"硬投入"，不断向研发设计、知识产权、创意孵化等"软投入"拓展。比如杭州，"十二五"期间工业研发支出年均增长 15.6%，比传统投资高出 9.3 个百分点，目前研发与投资之比已超过 20%。全国也是如此，2015 年全国工业企业研发支出增长 9.7%，首次超过投资增速。三是把并购重组作为撬动高端投资的重要杠杆。以浙江为例，2015 年该省海外并购金额高达 51 亿美元，比上年增长 3.6 倍。从全国看，今年以来我国对外直接投资同比增长 53.7%，总额达到 1342 亿美元；其中，制造业增长 1.7 倍，占比 18.2%。与此同时，国内兼并重组、产业转移也在持续升温。正是这些蓬勃发展的产业活动，撬动了国内一批高质量投资，不仅实现了高端技术引进扩散，还有效避免了简单规模扩张、加快了产业重组整合。

因此，在工业投资导向上，建议"坚持四个导向、做到四个结合"。一是要以制造强国建设为导向，与《中国制造 2025》相结合。《中国制造 2025》是我国由制造大国向制造强国迈进的纲领性文件和重要抓手，实施好《中国制造 2025》是工业工作的重中之重。工业投资要重点投向规划明确的十大重点领域，强基础、补短板、上水平，加快产业向中高端迈进。二是以生产方式变革为导向，与"互联网＋"相结合。在全国范围启动新一轮信息化、智能化改造，全面深化制造业与互联网融合发展，大力发展网络化协同等新型制造模式。支持企业利用互联网采集对接用户需求，开展基于个性化产品的研发、生产、服务和商业模式创新，促进供给与需求精准匹配。鼓励先行地区加大技术和经验输出，带动后进地区普及提升自动化、数字化水平。三是以创新能力提升为导向，与推进双创相结合。大力推进国家制造业创新体系建设，支持制造企业建设基于互联网的双创平台，深化工业云、大数据等技术的集成应用，汇聚众智，促进技术产品创新和经营管理优化，提升企业整体创新能力和水平。四是以产业深度整合为导向，与并购重组相结合。进一步优化政策环境，鼓励企业加大引技引智、兼并重组和产业转移力度，实现创新、制造和市场三个资源的深度整合，加快我国产业结构、组织结构和空间布局的调整优化。

三、促进工业投资稳定增长，主要应发挥市场决定性作用和企业主体作用，同时政府也要努力营造企业愿投资、能投资、敢投资的良好环境

在具体政策上，建议研究实施以下 6 项措施：

（一）发挥好中央预算内专项资金的引导作用。从前些年情况看，1 亿元技改资金可拉动投资近 20 亿元，新增工业产值 30 亿元、利润 3.1 亿元，带动就业 2800 人，效果十分明显。然而，近几年来中央技改专项投入不断减少。2010 年资金规模为 200 亿元，2011 年压缩到 150 亿元；2012 年有所上升，此后又持续缩减，2015 年仅 75 亿元，今年没有安排。建议尽早做好明年计划，将专项资金恢复到 200 亿元规模，这样就能带动超过 4000 亿元工业投资。在方向上，要聚焦市场投入不足、但带动作用强的关键领域和瓶颈环节；在方式上，除银行贷款财政贴息外，还可采取综合奖补办法，对设备投资额、新增税收达到一定标准、符合产业政策方向的项目给予事后奖补。江苏在这方面已进行探索，取得了很好效果，可以总结推广。

（二）完善加速折旧政策支持企业设备更新。设备是产业技术升级、新旧动能转换的根本载体。2014 年国家出台的加速折旧政策，初衷正是为了缓解行业资金困难、增强企业投资能力，促进工业加快设备更新。但两年来实践的效果并不理想，从各方面反映情况看，主要是为相关规定和操作细则所限。比如现行制度下，企业发生亏损只能结转 5 年。但很多项目投资周期就不止 5 年，盈利可能还要更长时间。一旦申报加速折旧，当期亏损如果无法抵扣，不仅减不了税、反而还要多缴。再如细则关于主营收入占比 50% 的要求，更是把大量多元经营的企业拒之门外。国家"十三五"规划已明确，要"扩大固定资产加速折旧实施范围"，建议有关部门尽快落实。具体做法上，可将实施范围扩大到全部制造业，并把亏损结转年限调整为 7—10 年。同时，放宽主营比例限制，可考虑采取按具体收入比例折旧和允许专用资产享受政策等措施。另外，还可借鉴德国做法，允许企业在研发设备取得后的 5 年内，追加计提折旧 40%；对智能装备和 ICT 投资的折旧费用，执行所得税税前加计扣除。

（三）研究降低制造业增值税税负。税收是调节经济运行的重要杠杆。去年中央经济工作会议和国家"十三五"规划已作出降低制造业增值税率（税负）的部署，建议有关部门尽快研究落实。考虑到当前国家财力，近期可先对国家重点发展的行业和领域，降低税率3—5个百分点；待财政相对宽松后，再结合国家关于降低流转税比重的部署，统筹推进全行业减税。这不仅可以大幅缓解相关企业资金压力，对财政也不会造成大的影响。

（四）实施金融定向支持。近两年，企业融资贵问题有所缓解，工业企业财务费用占主营收入的比重逐步下降。但从信贷规模看，当前中长期贷款余额中工业占比仅19.8%，五年下降了5.1个百分点；尤其近两年分别下降1.4和1.5个百分点，降幅明显扩大。建议切实加大力度引导金融资源"脱虚还实"，并考虑实施定向降准政策，对贷款投向国家重点发展工业领域增幅达一定标准的银行，适当降低存款准备金率，鼓励资金更多流向工业领域。

（五）优化工业用地供给。企业向具有技术、人才、市场、配套等优势的地区集中，是经济发展的必然规律。综合来看，我国东部地区总体更加适宜高端制造发展，但近年由于土地供应减少，工业投资受到很大影响。江苏和浙江都反映，近期已有不少优质项目因此搁置，其他地区又因人才、配套等因素难以承接，以致"本地落不了、外地不愿去"的现象大量出现。建议，一方面，根据发展需要，适当增加土地紧缺地区发展高端制造业的土地供给；另一方面，推动地方进行土地存量挖潜，对利用原有土地升级改造的企业，可适当减免基础设施配套费和因容积率等调整而需补征的价款。

（六）推广"零土地"项目审批模式。2014年以来，浙江试行了"零土地"技改项目审批改革，将部分事项由审批改为备案，从而实现向事中事后监管的转变，取得了明显成效，对稳定工业投资起到重要作用。对此做法，国务院已部署要求在全国推广。但浙江反映，部分事项转为备案的做法，客观上已突破现有法规制度，市县相关部门普遍心存顾虑，企业也担心"秋后算账"。建议尽快对建设、节能、环保、消防等法规制度进行全面梳理，取消调整各种不必要的程序和审批要件。

2016 年 11 月 16 日

进一步加大力度盘活财政存量资金

刘应杰　　张红晨

当前，我国经济下行压力持续加大，亟须积极的财政政策加力增效。但财政存量资金仍然居高不下，在盘活存量过程中又面临新的问题。2015 年末，全国国库库款余额仍高达 3.06 万亿元（仅比 2014 年末 3.1 万亿元减少 400 亿元），其中在央行的库存现金约 2.51 万亿元，商业银行定期存款约 5500 亿元。为更加有效发挥积极财政政策作用，促进稳增长、调结构与防风险，必须进一步采取措施加大力度盘活财政存量资金。

一、我国财政库款余额远高于发达国家

从国际经验看，发达国家由于财政预算编制较为科学、预算执行较为严格、财政收支预测较为准确以及债务工具发行机制相对灵活，库款余额水平相对较低。例如，美国年度财政预算以法案形式由议会审议通过，并由财政部门严格执行，相关部门能够据此预测未来半年每日财政收入和支出情况，预测误差在 5 亿美元左右。美国国库余额曾长期保持在 50 亿美元左右的较低水平。2008 年金融危机后，尽管市场波动增大使得财政库款调节机制发生一定变化，库款余额上升，但 2014 年平均余额也仅为 1000 亿

美元左右，相当于美国 GDP 的 0.6%。英国实行国库单一账户制度，财政部门可较为准确地预测未来 5 个月每日财政资金的收入和支出情况，预测误差不超过 1000 万英镑，库款余额水平较低。加拿大、法国和瑞士等国的财政收支预测精度更高，库款余额水平相对更低。

2015 年，我国国库库款平均余额约为 3.87 万亿元，与 GDP 之比达 5.7%，远高于发达国家。从分布看，中央和地方库款平均余额分别为 5300 亿元和 3.34 万亿元，占比分别为 13.7% 和 86.3%；地方库款中，县区级库款平均余额高达 1.21 万亿元。从增速看，2015 年全国库款平均余额同比增长 1.8%，其中中央库款下降 13.1%，地方库款上升 4.7%，县区级库款增长 17.5%。总的来看，地方库款特别是县区级库款偏高，库款向县区级财政积聚的趋势较为明显。

二、财政存量资金过高的原因分析

（一）专项转移支付缺乏灵活性导致地方库款偏高。一是"有钱无处花"。2015 年中央对地方专项转移支付 2.16 万亿元，占转移支付总额的 43.2%。受部门职能分工影响，专项转移支付资金分配制度不够合理，项目交叉与资金投向分散并存，预算分配常偏离基层实际需要，地方政府在资金使用上缺乏自主性，导致大量资金闲置。二是"有钱不能花"。尽管中央、省级财政加快转移支付资金的拨付进度，但专项转移支付涉及领域较多，支付审批权分散在各级部门，且资金不能跨项目、跨部门统筹使用，造成大量资金滞留地方国库。三是"有钱不愿花"。部分专项转移支付要求地方财政提供配套资金。但地方受经济下行影响，财政收入增速大幅放缓，提供配套资金的能力不足。四是"有钱来不及花"。上级财政下拨县区级专项转移支付资金的时间和数量不确定性很大，县区财政往往在资金到位后才启动相应的预算编制，导致专项资金支出滞后，大量资金积压于县区国库。

（二）结转结余资金规模庞大导致库款积累。一是"名目繁多"。目前有关规定允许结转资金的项目较多，如公共财政结转结余资金、暂存款、预算稳定基金等，累加起来规模庞大。二是"以收定支"。教育附加费、排污费等专项用途收入及政府性基金收入实行"以收定支、专款专用"，但现实中收入与支出并不完全匹配，导致大量资金结转闲置。据调查，某省本级政府性基金预算 2014 年末结转金额为当年支出的 5 倍。三是"早收晚支"。一些项目预算管理不够严谨，常采用一次性申报数年预算的方式，而实际中项目进度往往滞后于资金拨付进度，导致未用资金年年结转。四是"宽算窄用"。由于财政预算编制的科学性不足、精细化程度较低，加之财政部门无法准确掌握其他部门的资金状况和需求，为保证资金使用，往往倾向于多编预算，多收少支形成结余。

（三）地方债发行款和财政清理资金未及时使用导致库款上升。一是"紧发债、缓置换"。2015 年地方债发行入库 2.94 万亿元，其中置换债券收入 2.64 万亿元。但地方债券资金缴库与实际使用时间错配现象较为严重，部分资金未能及时置换或使用，加之贷款偿还情况不透明，缺乏有效监督，部分已缴库发债资金尚未支拨，暂时沉淀在地方国库。二是"重清理回收，轻消化使用"。随着国库集中支付改革推进、财政专户清理、土地出让收支结余规范管理，部分财政专户资金回流国库，同时，各级财政部门盘活结转结余资金的力度有所增大。但这些清理后的资金多用来补充预算稳定调节基金或暂存款，实际支出缓慢，也在一定程度上增加了国库库存。例如，2015 年上半年江西有 2 个县清理结余结转资金 7.57 亿元，仅列支 0.53 亿元，形成"二次沉淀"。

总的来看，我国财政预算管理能力仍然较弱，在预算制定的科学性、收支预测的准确性以及收支管理的有效性等方面尚有大幅提升的空间。特别是县区级预算管理改革进程缓慢，预算准确性和执行效率低、预算约束力不足、支出监督机制不健全等问题较为突出，导致大量财政资金不能按照预算安排及时使用，滞留在国库。

三、开展地方国库现金管理操作无法从根本上盘活财政存量资金

开展地方国库现金管理，有助于深化国库集中收付制度改革，提高临时性闲置资金的使用效益。目前主要在 6 个地方开展试点。与此同时，其他多个省市县级财政均通过多种方式变相将地方库款存入商业银行，以达到降低地方国库库款余额的目的。

盘活财政存量资金是要推动加强预算管理和支出执行力度，尽早形成实际支出，通过更加积极的财政政策应对经济下行压力。但一些地方对盘活财政存量资金的理解存在误区，将国库现金管理存放商业银行定期存款视为"盘活"手段，热衷通过现金管理降低国库库存现金。需要强调的是，开展国库现金管理操作，本质上不属于盘活财政存量资金工作范畴，只是财政存款的"搬家"，即从央行国库转存到商业银行进行短期运用以提高利息收入，到期后回库，并不实际减少财政存量资金。因此，不应依赖开展国库现金管理替代财政支出，更不能将其作为盘活财政存量资金的"掩体"和"捷径"。否则，地方财政可能形成逆向选择，以加码国库现金管理制造财政库款下降的假象，反而影响盘活财政存量资金的大局。同时，由于地方财政对商业银行的议价能力较强，如果各地大规模开展国库现金管理操作，可能导致商

业银行陷入恶性竞争，并产生一定示范效应，引发社保甚至是一些大型企业效仿，成为导致社会融资成本上升的诱因之一；甚至可能造成地方财政对商业银行正常经营活动的不合理干预，出现道德风险和利益输送。

当前我国财政存量资金（包括国库库款和各级政府在商业银行财政专户的存款）规模大，应按照新《预算法》的要求，将全部财政资金纳入预算管理，进一步采取综合性措施，多渠道增加财政有效支出，从根本上解决库存过高的问题。

四、简政放权，加大力度盘活财政存量资金

盘活财政存量资金，从根本上说是要加快预算管理体制改革，提高预算的前瞻性、科学性和精细化程度。当前需要建立有效的激励约束机制，尽快盘活现有存量资金，并防范新增资金沉淀。

第一，对地方国库资金使用情况开展专项审计，查明原因，分类施策。针对地方国库特别是区县级财政资金大量闲置的情况，可由审计署会同财政部、人民银行对地方国库资金进行专项审计，彻底摸清包括专项转移支付沉淀资金、财政专户资金在内的地方国库库款余额情况及沉淀原因，并针对不同情况提出改进措施，由财政部及人民银行共同监督地方财政限期改进。

第二，简政放权，改革优化地方财政资金的使用程序，彻底去除地方国库资金使用的条条框框。短期内，要降低专项转移支付的规模，提高一般性转移支付的比重；在此基础上，加强部门间协调，着力解决投资项目审批、审核、管理及前期准备工作上存在的问题，促使相关部门在基础设施建设、农业发展、义务教育、卫生、社保、环保等重点领域加强统筹协调，提高专项资金使用效率。中期看，应结合事权和支出责任划分，科学设计转移

支付制度，真正赋予地方政府统筹使用地方国库资金的权力。

第三，建立盘活财政存量资金的激励约束机制。加大对财政专户特别是县区财政专户清理力度，严禁设立子账户，将财政专户余额纳入专户清理考核。完善盘活财政资金情况上报和评价制度，建立以减少存量资金、提高资金使用效率为核心的预算执行考核评价体系。根据存量库款资金的盘活情况，及时调整预算安排，加快资金拨付进度，促进盘活存量资金与预算编制、执行管理的有效衔接。对于盘活存量库款表现好的省份，在转移支付等方面优先予以安排；对于财政资金积压较多，又盘活力度不够的地方，可以减少转移支付，并适当调配它用。

第四，加快结转结余资金使用进度，把盘活财政资金的重点转到县区级。加快以前年度结转资金使用进度，特别是加大县区级预算统筹力度，压减历年结转结余资金，促使存量资金尽快进入经济建设和民生领域，发挥存量资金对实体经济的支持作用。建立县区级财政库存化解进度规划表和库存与支出规模控制指标，明确县区级财政库存化解责任，保证积极财政政策效果。

第五，合理安排地方债发行计划，缩短债券发行与债务置换之间的时间间隔。统筹考虑地方政府预算、债务到期置换进度及金融市场环境等因素，合理安排地方政府债券发行计划。在核定地方政府债券的发行规模时，除考虑预算收支缺口及政府债务到期等因素外，还可根据地方库款使用情况对发债额度进行适当调整，对于库款使用效率低下的地区可适当调减其发债额度，待考核达标后可再调增。同时，提高发债资金使用的透明度，进一步加强财政政策与货币政策的协调配合。

2016 年 11 月 22 日

二、深入推进"三去一降一补"

从国际比较看我国宏观、政府和居民部门杠杆率①

——我国杠杆率问题研究之一

宋立　牛慕鸿　曹玉瑾　李世刚

　　高杠杆是近年来各界高度关注的问题。判断杠杆率高不高，主要受制于两个难题，一是对真实债务规模的估算，对我国杠杆率估计的差异主要源自对影子银行等估计的差异，麦肯锡等关于中国杠杆率超过 280% 的估算，由于明显的重复计算，其结论并不被同行所认可。认同度比较高的是国际清算银行的估算，2015 年我国杠杆率约为 249%。但国际清算银行将政府性的地方融资平台债务计入企业债务，客观上放大了企业杠杆率并缩小了政府杠杆率。二是以什么方法判断杠杆率高低。判断杠杆率究竟高不高，难以根据单一估算进行简单断定，一般通过国际比较进行判断，或根据回归分析等计量研究来论证。当前的研究主要集中在前者，对后者的研究相对较少。我们的研究发现，近年来我国宏观杠杆率虽然相对于各经济体并不算高，但上升较快，超过了有利于经济增长的拐点值与风险上限。与杠杆水平相比，债务的部门分布结构更需关注。当前

---

① 如无特殊说明，"我国杠杆率问题研究"系列文章所引用杠杆率数据均来自国际清算银行杠杆率数据库。

我国债务结构不太合理，居民和政府杠杆率较低，低于合意区间下限。但企业部门杠杆水平偏高、增速过快。

一、宏观杠杆率相对各国不算太高，但上升过快且已超过有利于经济增长和防范风险的拐点

从国际比较来看，我国宏观杠杆率相对于各经济体并不算太高。2009—2015年，我国杠杆率上升较快，从183%上升到了249%，超过了德国（195%—192%）和韩国（207%—220%）等国家，略高于美国（246%—248%），不少观察者由此得出了我国杠杆率过高的结论。如果放到各经济体杠杆率变化的大背景中来看，2001—2015年我国杠杆率从142%上升到249%，高于新兴市场国家从113%上升到175%的平均水平，低于发达国家从214%上升到266%的平均水平，但最近两年超过了世界各国平均水平（224%—233%）。整体而言，我国杠杆率与中国人均收入水平在全球范围内的排位基本相当。正因为如此，世界银行中国局前局长黄育川认为，中国杠杆率处于中游——高于大多数发展中国家，但低于大多数发达国家，大致处在外界的预期水平。

从可比口径来看，也不能得出我国杠杆率过高的结论。即便是同样的外源性融资规模，由于各国信贷融资比重不同，杠杆率将呈现不同的水平，不考虑融资结构差异的简单国际比较并不科学。如果采用国际平均的融资结构，即间接融资占直接融资的比重，将企业名义杠杆率进行"通分"，折合成为可比口径的"标准"杠杆率，2015年，我国宏观杠杆率为144%，在有可比数据的41个经济体中处于35位，属于较低水平。当然，由于债务融资毕竟存在流动性问题，相对于股权融资为主的国家，高杠杆经济体发生系统性风险的门槛要低一些。

从杠杆率与经济增长关系来看，宏观杠杆率已经超过有利于经济增长的拐点值。对包括中国在内的 41 个经济体[①]杠杆率与经济增长关系的计量研究发现，杠杆率对经济增长存在"倒 U 型"影响：当杠杆率低于 185% 时，加杠杆有利于经济增长。从样本均值来看，杠杆率每上升 10% 可拉动经济增速约 0.1 个百分点；但当杠杆率高于 185% 时，加杠杆将拖累经济增长，杠杆率每上升 10% 将会下拉经济增速约 0.14 个百分点。表明我国像许多国家一样已经超过了最优值，继续加杠杆不利于经济增长，但也意味着杠杆并非一开始就是"原罪"，只是像任何事物一样都有一个限度，需要合理利用但不能过度利用。

从与金融风险关系来看，我国宏观杠杆率已经接近风险拐点。对 36 个经济体[②]20 世纪 60 年代以来的计量研究表明，250% 是宏观杠杆率的风险拐点，杠杆率低于 250% 时，杠杆与系统性风险之间的关系比较微弱、甚至负相关；一旦杠杆率超过 250%，产生系统性风险的可能性急剧加大，杠杆率每上升 10%，产生系统

[①] 如无特殊说明，"我国杠杆率问题研究"系列文章所称 41 个经济体包括：阿根廷、奥地利、澳大利亚、比利时、巴西、加拿大、瑞士、中国、捷克、德国、丹麦、西班牙、芬兰、法国、英国、希腊、香港地区、匈牙利、印度尼西亚、爱尔兰、以色列、印度、意大利、日本、韩国、卢森堡、墨西哥、马来西亚、荷兰、挪威、新西兰、波兰、葡萄牙、俄罗斯、沙特阿拉伯、瑞典、新加坡、泰国、土耳其、美国、南非。根据国际清算银行杠杆率数据库，此 41 个经济体杠杆率统计口径相对统一，数据相对完整。

[②] 如无特殊说明，"我国杠杆率问题研究"系列文章所称 36 个经济体是在前述 41 个经济体基础上剔除了捷克、香港地区、以色列、卢森堡和沙特阿拉伯。剔除的 5 个经济体由于金融危机类的数据不完整，不利于分析杠杆率和金融危机之间的关系。

性风险的概率上升 3.5 个百分点。2015 年我国宏观杠杆率已经触及不能继续加杠杆的上限，此时继续加杠杆，不仅不利于经济增长，也已经不利于防范系统性风险。

近年来宏观杠杆率上升过快，引发系统性风险的可能性有所加大。研究同时发现，如果一国杠杆率年均增速从 5% 提高到 10%，年均经济增速将下降约 0.4 个百分点。同时，信贷危机爆发的概率将从 12% 跃升至 40%，引发系统性风险的可能性显著增加。2008 年金融危机后，我国宏观杠杆率大幅快速上升，2008—2015 年，上升 96.7%，年均增长 12.1%。虽然就杠杆率水平而言，我国与许多国家差不多，但其他国家的债务多是长期缓慢积累的结果，我国则是近年来快速积累的，急剧加杠杆导致的系统性金融风险不可忽视。

二、居民杠杆率相对较低、近年上升较快，但还未超过有利于经济增长和防范风险的拐点

我国居民杠杆率略高于新兴经济体平均水平，近年来虽然上升较快，但幅度并不太大。2015 年末，我国居民部门负债 27 万亿元，其中，消费性贷款 19 万亿元，经营性贷款 8 万亿元，居民债务占 GDP 比重为 40%，略高于新兴市场经济体 32% 的平均水平，但明显低于所有经济体 59% 的平均水平，约为发达国家 75% 的一半。研究发现，居民杠杆调整速度过快可能引发房地产危机，如果居民杠杆年均变动幅度由 ±3% 扩大到 ±5%，发生房地产危机的概率将增加 8.6 个百分点。近年来我国居民杠杆率虽然有所上升，但符合政策引导方向，且上升幅度并不太大。2008—2015 年居民杠杆率上涨了 20.3%，年均增长 2.5%，发生系统性风险的可能性非常小。

从与经济增长和金融风险关系来看，我国居民杠杆率仅为上限水平的一半。41 个经济体的计量研究发现，82% 是居民杠杆率尤其是发达国家居民杠杆率的拐点。居民杠杆率低于 82% 的主要是发展中国家，居民部门杠杆率超过 82% 的主要是发达国家。当居民杠杆率低于 82% 时，对经济增长率没有明显影响。但当居民杠杆率高于 82% 时，杠杆率每增加 10% 将拉低经济增长 0.7 个百分点。其中，在发达国家，居民部门杠杆率每上升 10%，经济增速将下滑约 0.3 个百分点。从与金融风险关系来看，对 36 个经济体 20 世纪 60 年代以来的计量研究表明，居民杠杆水平拐点为 80%，超过 80% 后发生房地产危机的可能性明显增加，杠杆率每增加 10%，房地产危机发生概率将增加 11.3 个百分点。综合来看，80% 是居民杠杆率的实际上限。如果进一步考虑储蓄率因素，我国居民债务仅占居民储蓄的 22%，而美国为 13 倍、韩国为 7 倍、德国为 6 倍，可以说现阶段我国居民部门负债能力比较强，而杠杆率明显较低。

三、政府杠杆率较为适中，加杠杆还有一定空间

我国政府杠杆率与新兴市场经济体平均水平相当，但近年来上升较快，系统性风险隐患不可忽视。按照国际清算银行的数据，2015 年末，我国政府杠杆率为 44%，与新兴市场经济体 42% 的平均水平相当，明显低于所有国家 77% 的水平，不到发达国家 98% 的一半。不但远低于日本、意大利、西班牙、英国、美国等发达国家，也低于巴西、印度等新兴市场国家。当然也要看到，虽然我国政府杠杆率比较低，但近年来增长比较快。研究发现，如果政府杠杆年均变动幅度由 ±5% 扩大到 ±10%，发生债务危机的概率将大幅提高 20 个百分点。2008—2015 年，我国政府杠

杆率年均增长 8.5%，虽然没有达到 ±10%，但已比较接近，系统性债务风险不容忽视。

从与经济增长关系看，政府杠杆率接近适度区间下限。对 41 个经济体杠杆率与经济增长的计量研究发现，59% 是政府杠杆率的拐点。当政府杠杆率低于 59% 时，杠杆率每增加 10% 可带动经济增长率提高 0.2 个百分点。对发展水平较低的经济体而言，杠杆率每增加 10% 可带动经济增长率提高 0.4 个百分点。当政府杠杆率超过 59% 时，杠杆率每增加 10% 仅能拉动经济增长不到 0.1 个百分点，但没有出现明显下降，意味着 59% 是最优政府债务水平下限。

从与金融风险关系看，即便考虑地方融资平台债务，我国政府杠杆率仍有较大上升空间。对 36 个经济体 20 世纪 60 年代以来的计量研究表明，当政府杠杆率超过 100% 时，爆发债务危机的可能性迅速增加，杠杆率每增加 10%，债务危机发生概率将增加 4.3 个百分点。综合来看，政府杠杆率的适度区间下限是 59%，上限是 100%。政府债务率在 60% 以下时，可以继续加杠杆，以促进经济增长。一旦超过 60%，加杠杆对经济增长促进作用明显下降，但出于公共服务等需要，仍可继续加杠杆，但不能超过 100%。考虑到地方融资平台等政府性债务，2015 年我国中央政府债务余额为 11.8 万亿元，地方政府债务 26.4 万亿元，政府实际债务余额达 38.2 万亿元，占 GDP 比重为 56.5%，并未达到政府杠杆率的适度区间下限，加杠杆仍有比较大的空间，可以通过政府适当加杠杆来助推企业去杠杆。

2016 年 7 月 5 日

（曹玉瑾、李世刚，国家发改委经济所供职）

从国际比较和影响因素等看我国企业杠杆率

——我国杠杆率问题研究之二

宋立　牛慕鸿　曹玉瑾　李世刚

虽然宏观高杠杆是近年来各界讨论的焦点，但债务的部门分布结构更值得关注。当前我国债务结构不太合理，居民和政府杠杆率较低，低于合意区间下限。但企业部门杠杆水平偏高、增速过快，必须引起高度重视。从国际比较的角度看，一国企业杠杆率主要受融资结构、国民储蓄率和经济发展阶段影响。我国经济正处于经济快速增长阶段，企业名义杠杆率与新兴经济体趋势一致，均增长较快，而且我国储蓄率较高，可以支持相对较高的杠杆率。尤为重要的是，我国间接融资占比较高，如果剔除融资结构的影响，我国企业"标准"杠杆率处于中游水平。但从对经济增长的影响看，我国企业杠杆率高于135%的合意上限；从与金融风险关系看，已超过110%的风险警戒线；近年来企业杠杆率上升较快，引发系统性信贷和股市风险的可能性不可忽视。长期来看，可以在宏观层面设定110%的企业杠杆率警戒线，微观层面设定47%的企业资产负债率警戒线。当前尤其要警惕资产价格与杠杆率的相互放大，以及资产价格下跌和快速去杠杆对实体经济的负面影响。

一、从国际比较看我国企业杠杆率水平

我国企业名义杠杆率水平位居各国前列、趋势与新兴经济体基本一致。根据国际清算银行的统计，2015年末，我国企业部门债务占GDP比重为166%。仅低于香港地区、卢森堡和爱尔兰，居41个经济体第四位，是主要经济体中最高的，为新兴市场经济体均值101%的1.65倍，为发达国家均值86%的1.94倍。在国际清算银行数据中，我国约有8.5万亿的地方政府融资平台债务被计入了企业债务。就性质而言，地方政府"平台债"与澳大利亚国库部公司债一样，在本质上应属于政府性债务，相当于美国市政债中的收入债券和日本的地方公企业债。如果剔除平台债务，企业部门实际杠杆率约为143%，排名将下降两位，位居第六位。从变化趋势来看，与新兴市场经济变化基本一致，与主要发达国家的平稳趋势形成明显对照。

折合可比口径的我国企业"标准"杠杆率处于中游水平。与政府和居民只有债权融资不同，企业既有债券融资，也有股权融资，从后述影响企业杠杆率的因素可知，不同经济体之间融资结构差异是影响企业名义杠杆率的重要因素，这也导致不同融资结构经济体的企业杠杆率实际上并不具有直接可比性。如果采用国际平均的融资结构，即间接融资占直接融资的比重，将企业名义杠杆率折算成可比口径，2015年我国企业"标准"杠杆率降为97%，与俄罗斯、西班牙和美国大致相当，明显低于瑞典的295%、法国的156%、韩国的145%，在41个经济体中处于中游。

二、从影响因素看我国企业杠杆率

为了更加准确分析和量化影响企业杠杆率的因素，我们采用

了面板数据回归的计量分析方法，对 1990 年以来 41 个经济体的主要宏观经济变量与企业杠杆率的关系进行了系统梳理，最后筛选出了统计上显著的三个最主要影响因素，即融资结构、国民储蓄率和人均 GDP。

融资结构对企业杠杆率影响最为直接。回归分析结果显示，间接融资占直接融资比重每上升 1 个百分点，企业杠杆率上升 0.97 个百分点。在相同外源融资比例的条件下，不同融资结构经济体的企业债务率必然不同。我国股票市场发展时间较短，股权融资比率相对较低，在社会融资总量中的占比还不到 5%，企业债务率必然要比以直接融资为主的经济体高一些。

国民储蓄率高低限制了企业杠杆率的扩张水平。回归分析结果显示，国民储蓄率每上升 1 个百分点，企业杠杆率上升 0.51 个百分点。长期以来，我国保持了较高的国民储蓄率水平，现在仍然接近 50%，而全球平均的储蓄率为 25.6%，发达经济体平均仅为 21.9%，这是我们与其他经济体的一大区别。我国以间接融资为主的融资结构，势必导致储蓄向投资的转化主要以债权融资的方式推进，从而形成债务更快的累积。按照储蓄等于投资的国民经济恒等式，高储蓄与高投资是并行的。因此，我国较高企业杠杆率水平是与我国多年来的高投资、高增长相适应的。而且，我国企业绝大部分债务形成于国内，仅占总储蓄的 82%，远远低于日本的 10.06 倍、美国的 5.72 倍、德国的 2.63 倍。由于国民储蓄基础较大，中国企业能够承担的债务水平相对较高，形成系统性风险的安全门槛自然也较高。

企业杠杆率随人均收入提高而下降。回归分析结果显示，人均 GDP 每上升 1000 美元，企业杠杆率下降 0.95 个百分点，收入影响系数不大，但统计上仍较显著。整体来看，发达经济体在近

20 年内，人均 GDP 相对稳定，企业杠杆率也较为稳定；而在经济增长速度较快的新兴经济体，企业杠杆率的上升速度实际上低于人均 GDP 增速。2006—2015 年，我国人均 GDP 则增长了 2.8 倍，而企业杠杆率仅增长了 53%。可见，以人均 GDP 衡量的经济发展水平是影响企业杠杆率的长期因素。

我国企业杠杆率的合意水平约为 102%。根据上述企业杠杆率影响因素的面板数据计量模型，我们建立一个包含融资可得性、融资可承担性以及经济发展阶段等变量合意杠杆率方程。结果显示，在当前融资结构、国民储蓄率和人均 GDP 等影响因素制约下，我国企业杠杆率合意水平约为 102%。以此衡量，现阶段我国企业杠杆率高于合意水平约 40 多个百分点。从国际比较角度看，我国理论上的企业合意杠杆率水平是 41 个经济体中最高的，比排名第二的印度（95%）高出约 7 个百分点，我国企业现实杠杆率与理论合意杠杆率的国际排名基本一致，说明我国经济增长客观上需要一定的债务融资作为支撑。从去杠杆角度看，全球主要经济体实际杠杆率普遍高于理论上的合意杠杆率，均存在不同程度的去杠杆压力。按照去杠杆压力排序，我国大约处于三分之一的位置，与日本等大体相当，企业去杠杆压力不小，但也不是最严重的。

三、从与经济增长、金融风险关系看我国企业杠杆率

从对经济增长影响来看，企业杠杆率高于合意区间上限。杠杆率与 GDP 增速的面板分析表明，企业杠杆率对经济增长的影响存在"45%"和"135%"两个分界点。当企业部门杠杆率低于 45% 时，杠杆率每增加 10% 可拉动经济增长 1 个百分点；当企业杠杆率介于 45%—135% 之间时，加杠杆对促进经济增长的作

用开始趋弱；当杠杆率高于 135% 时，加杠杆的影响将发生反转，由于所获利润无法覆盖资金成本，企业的现金流可能全部用于还债，对长期持续经营产生负面影响，杠杆率每增加 10% 将下拉经济增长 0.3 个百分点。从国际金融危机以来的变化趋势看，我国企业加权平均杠杆率在 2008 年急剧上升，2009 年以来稳步下降，近年来总体有所上升。从企业杠杆率与企业"标准"杠杆率趋势对比来看，在近年来股权融资低迷的背景下，为了保持经济稳定增长，债务融资不得已的上升是企业杠杆率快速上升的直接原因。

从与金融风险关系来看，企业杠杆率已超过风险警戒线。杠杆率 110% 是拐点，当企业杠杆率超过 110% 时，发生信贷危机的可能性迅速增加，即杠杆率每增加 10%，信贷危机发生概率将增加 9.1 个百分点；当企业杠杆率超过 70% 时，发生股市危机的概率也大大提高，即杠杆率每增加 10%，股市危机发生概率将增加 5.3 个百分点。综合来看，企业杠杆率最优区间下限是 45%，警戒线是 110%，上限是 135%。超过 110% 虽然可能对经济尚有微弱作用，但系统性风险急剧加大。我国当前企业杠杆率为 166%，即使是剔除其中作为政府债务性质的地方政府融资平台债务后，企业部门实际债务率也为 143%，不但高于 110% 的风险警戒线，也高于 135% 的上限水平，无论从稳增长还是防风险角度来看，都亟须推进去杠杆。

近年来企业杠杆率上升较快，引发系统性信贷和股市风险的可能性不可忽视。研究发现，如果企业杠杆年均变动幅度由 ±5% 扩大到 ±10%，发生信贷危机和股市危机的概率将分别大幅提高 16.1 和 9.5 个百分点。2008—2015 年，我国企业部门杠杆率年均增长 8.5%，显著高于新兴市场国家年均 1% 和发达国家年均 0.8%

的增速。与政府杠杆率类似，近年来我国企业杠杆率变动幅度虽然没有达到 ±10%，但已经比较接近，对系统性风险的诱发作用也不容忽视。或许 2015 年的股市异常波动，就是对企业杠杆率过高风险的被动释放。

四、设定企业杠杆率警戒线、防控高杠杆负面影响

建议在宏观上将 110% 企业杠杆率、在微观上将 47% 企业资产负债率设定为风险警戒线。从防范化解风险、保持经济平稳增长的角度出发，有必要对企业杠杆率设定明确的风险警戒线。在宏观上，宜将 110% 的企业杠杆率设定为警戒线，在企业宏观杠杆率超过 110%，及时出手、严控继续扩张。在微观上，如果把占全部工业产值 90% 左右的规模以上工业企业资产负债率 57% 假定为企业部门的资产负债率，将宏观杠杆率从 166% 降至 110% 的水平，企业需消化约 38 万亿债务并在资产规模上做相应调整，此时对应的企业资产负债率为 47%。长期来看，可以将 47% 作为微观层面企业资产负债率的警戒线。当然，47% 的企业资产负债率警戒线没有考虑行业差异，还可以根据行业平均水平设定权重，再做细化的分类设定。

当前尤其要警惕资产价格与杠杆率的相互放大，以及资产价格下跌和快速去杠杆对实体经济的负面影响。经济繁荣时期，股市、房地产等资产价格上涨，可供抵押的股权、房地产等资产市场价值提高，借款人从金融部门获得的信贷支持被放大。当资产泡沫破灭后，借款人的资产负债表状况恶化，甚至处于资不抵债的状况，不得不缩减负债，并大规模地抑制经济活动，造成持续的衰退。2008 年全球金融危机后，主要经济体都在努力削减经济繁荣期的过度负债，通过去杠杆修复资产负债表，一些学者进

而将此轮金融危机归结为"资产负债表衰退"或"资产负债表危机"。在间接融资格局和以房地产为主要抵押品的融资模式下，资产价格与杠杆率之间相互放大的作用在我国同样存在，尤其在当前形势下，房地产贷款占全部贷款余额的比重超过 20%，一旦发生快速去杠杆或者是资产价格"断崖式"下跌，螺旋式失速下跌的后果极难控制，如何避免资产价格下跌和"去杠杆"过程对实体经济的破坏性影响，是当前需要高度关注的棘手问题。

2016 年 7 月 5 日

（曹玉瑾、李世刚，国家发改委经济所供职）

渐进有序、动态分类"去杠杆"

——我国杠杆率问题研究之三

宋立　牛慕鸿　曹玉瑾　李世刚

当前我国宏观杠杆率虽然相对于各经济体不算太高，但已接近风险上限，继续加杠杆不仅不利于金融稳定，也不利于经济增长，不能放任杠杆率继续快速上升。从杠杆结构看，我国政府杠杆率总体适中，居民部门杠杆率总体水平较低，但企业杠杆率不但高于风险警戒线，也高于风险上限水平，去杠杆势在必行。但在经济持续增长条件下，宏观杠杆率和企业杠杆率仍将不可避免地上升，如何去杠杆面临两难选择。研究表明，渐进去杠杆优于激进去杠杆、结构化迂回去杠杆优于直接去杠杆、动态去杠杆优于静态去杠杆。据此，应该以企业去杠杆为重点，根据"消化存量、控制增量、迂回渐进、分类施策"原则，按照控增速、稳水平、降杠杆"三步走"战略，渐进有序去杠杆。既要及早动手、主动作为，积极推动去杠杆进程，又要讲究去杠杆策略，斟酌去杠杆节奏，避免欲速则不达、不利于金融稳定的快速去杠杆。要建立企业债务风险预警制度，根据不同企业债务状况制定去杠杆计划，调整存量与控制增量结合互动，渐进、迂回、分类推进企业去杠杆。同时，要注意防止政府和居民杠杆率快速上升，在杠杆结构优化中逐步实现去杠杆目标。

一、推进"渐进"去杠杆，避免"激进"去杠杆

从长期来看，去杠杆有利于稳增长。从短期来看，即使保持杠杆率不变，适度调整杠杆结构也有利于稳增长。但不同的去杠杆选择具有不同的宏观效果。

急剧去杠杆和急剧加杠杆都不利于经济增长和金融稳定。对36个经济体的计量研究发现，当年均去杠杆幅度超过 5% 时，金融危机爆发的概率显著增加；当年均去杠杆幅度小于 5% 时，去杠杆变动本身就不再是引爆金融危机的主要原因。说明过快加杠杆与过快去杠杆触发金融危机的概率都比较高，而温和去杠杆则不会抬升触发金融危机的可能性。过快加杠杆往往催生各类资产泡沫，一旦新增债务难以持续、债务链条断裂，必然导致风险暴露。过快去杠杆可能导致社会信用过度紧缩，负债主体资金链条断裂，短期内流动性骤紧，经济下行压力剧增，进而引发各类金融风险事件。

从各部门杠杆变动来看，无论企业、居民还是政府急剧去杠杆，都可能引发系统性金融风险。由于企业是信贷市场和股票市场上的主要融资主体，居民负债的主要构成是住房抵押贷款，政府融资主要依靠债务工具，当企业杠杆调整过于剧烈时，发生信贷危机、股市危机可能性明显增大。居民杠杆调整速度过快，可能引发房地产危机。政府杠杆调整过于剧烈时，发生债务危机可能性明显增大。数据显示，如果企业年均去杠杆幅度由 5% 扩大到 10%，发生信贷危机和股市危机的概率将分别大幅提高 16.1 和 9.5 个百分点。如果居民年均去杠杆幅度由 3% 扩大到 5%，发生房地产危机的概率将增加 8.6 个百分点。如果政府年均去杠杆幅度

由 5% 扩大到 10%，发生债务危机的概率将大幅提高 20 个百分点。

因此，去杠杆必须采取"点刹"方式小幅渐进去杠杆，以免因激进去杠杆而突然"抱死"，带来"防范风险的风险"。可以按照"三步走"战略有序渐进去杠杆，第一步控制杠杆率上升速度、抑制杠杆率过快上升势头，第二步保持杠杆率基本稳定、着力推动杠杆结构调整优化，第三步逐步降低杠杆率、实现去杠杆目标。

二、推进结构性"迂回"去杠杆，避免直接去杠杆

由于我国杠杆率总量已经没有太大上升空间，而部门之间杠杆率差异较大、杠杆率内部结构调整空间较大。因此，去杠杆既可以选择直接方式，也可以采取结构调整、部门转换的间接方式，但二者对经济增长的影响各不相同。

以企业去杠杆实现宏观去杠杆的直接去杠杆策略，虽然有利于去杠杆，但短期内与稳增长目标相悖。对我国的模拟结果显示，假设企业部门以每年 10% 的速度去杠杆，政府和居民部门杠杆率不变，实体经济杠杆率每年下降 10%，可能使 2018—2020 年年均经济增速提升 0.12—0.37 个百分点，但 2016—2017 年年均经济增速将下降 0.03—0.09 个百分点，短期不利影响明显。可见，直接去杠杆的优点是优化了杠杆结构，长期内有利于经济健康发展，但在短期内可能导致债务风险集中暴露、信用风险快速上升，引起市场利率显著上扬、市场形成恐慌情绪和悲观预期，不利于经济稳定增长。

以政府、居民加杠杆支撑企业去杠杆的结构性去杠杆策略，可在宏观杠杆率不变情况下实现企业去杠杆目的。假设宏观杠杆率保持不变，企业部门以每年 5% 的速度去杠杆，政府和居民

部门分别以每年 2.5% 的速度加杠杆。在其他因素保持不变的情况下，2016—2020 年由于杠杆结构优化导致年均经济增速提升 0.06—0.43 个点。可见，结构性去杠杆有利于缓释企业去杠杆的风险，稳定市场利率和市场预期，同时优化了杠杆结构，有助于促进经济增长。

为了防止稳增长大局受到明显的负面影响，不能简单快速直接去杠杆，需要以结构性"迂回"方式间接去杠杆。在企业去杠杆的同时，以其他部门加杠杆来提供补偿和支撑。即以政府和居民部门适当加杠杆支持企业去杠杆，在降低企业杠杆率过程中优化杠杆结构。当然，在此过程中也要注意防止政府和居民杠杆率快速上升，确保政府和居民温和加杠杆过程有序可控，两部门自身不至于演变为新的风险源。

三、存量调整与增量控制良性互动、动态去杠杆

理论上，去杠杆既可以做存量调整，对存量债务进行化解或转换；也可以做增量控制，直接控制企业债务增长。存量调整可以通过对存量债务核销、债转股、证券化等方式进行转换，直接降低企业杠杆率，并为企业发展和经济增长腾挪空间。增量控制主要是直接控制企业新增的贷款或债券发行。当然，无论存量调整，还是增量控制并不是全面债务紧缩，而主要是针对债务负担比较重的企业实施定向控制。

从杠杆率发展趋势来看，在目前的货币政策框架下，每年货币供应量增长率高于经济增长 4—5 百分点，按照 M2 与贷款存量之间的比例关系，贷款也必然以快于经济增长率的速度增长，无论宏观杠杆率还是企业杠杆率必然呈现上升趋势。意味着在当前稳增长的大背景下，即使并不刻意加杠杆，杠杆率也将继续呈现

上升态势，适当控制杠杆增量是十分必要的。但从去杠杆效果来看，增量控制方法必将不可避免地压低经济增长速度，鉴于目前经济增长率基本上贴近 2020 战略目标给出的下限运行，进一步压低经济增长率以降低杠杆率的空间比较小，增量控制手段不宜单独使用。同样，如果只进行存量调整，不控制增量，也难以真正去杠杆。

因此，当前去杠杆只能存量调整和增量控制相结合，以存量杠杆的调整为增量杠杆的适度增加创造空间，在动态而非静态中逐步化解企业高杠杆问题。

四、根据不同行业企业债务状况分类去杠杆

虽然根据 M—M 定理，企业理论上最大资产负债率为 100%，但按照国际经验，企业资产负债率一般维持在 40%—60% 区间较为适宜。目前我国规模以上工业企业资产负债率为 57%，接近适宜区间上限，明显超过企业杠杆率宏观警戒线 110% 所对应的资产负债率 47%，去杠杆十分必要。鉴于我国企业资产负债率整体偏高，短期内全面去杠杆并不现实，可以根据警戒水平、中间水平和上限水平等分类去杠杆。

资产负债率处于 47%—57% 之间的企业，超过了警戒水平但未超过平均水平的企业，短期内债务融资可以不受限制。长远应该渐进实施增量控制，适当控制新增贷款和债券发行增长速度，防止杠杆率过快上升。对于资产负债率处于 57%—100% 之间的企业，即超过平均水平的企业，由于资产负债率明显偏高，短期可在总体债务率不变的情况下，实施"以存量换增量"方法，根据存量调整情况，适当给予贷款和债券融资。长期要严格控制债务增量，着力化解债务存量。对于资产负债率超过 100% 的企业，

即明显超过合理水平的企业，实施债务融资零增量控制，根据实际情况实施动态债务管控，同时要制定债务重组计划，通过债转股、证券化、资产出售等手段，推动存量债务化解。对于资产负债率超过200%的企业，严重资不抵债的实施破产清算，僵尸企业退出。所有资产负债率超过平均水平的企业都应该制定债务缩减计划，坚定推进去杠杆。当然，受行业特点影响，不同行业合意杠杆率并不相同，去杠杆不能一刀切，需要根据不同行业、不同企业实际状况，分类制定去杠杆具体办法。

为了配合支持企业去杠杆，一方面，需要制定债务重组计划，倒逼企业去杠杆。资产负债率明显高于平均水平的企业，都要制定债务重组计划，包括时间表、路线图和缓冲期或过渡期安排。倒排时间，倒逼企业深化改革、重组债务，确保去杠杆率取得实实在在进展。另一方面，需要探索建立企业债务风险预警制度，从源头上防止企业过度举债。将每个企业的全部融资纳入征信系统，对资产负债率超过100%的纳入管控名单进行预警，限制乃至禁止新增债务融资。

2016年7月5日

（曹玉瑾、李世刚，国家发改委经济所供职）

关于供给侧结构性改革问题综述

张昌彩　　徐紫光

自中央提出加强供给侧结构性改革以来，专家学者和社会各界纷纷发表相关看法，积极建言献策。现将主要观点综述如下。

一、对供给侧结构性改革内涵的进一步认识

深入认识和正确把握供给侧结构性改革的内涵，是更好推进各项工作的重要前提。专家学者和业界人士从经济理论、改革实践和国际经验等多方面对其进行了进一步论述，也表达了自己的理解和看法。

经济学家樊纲认为，供给侧结构性改革的核心是放松管制、释放活力、让市场机制发挥决定作用，从而降低制度性交易成本，提高供给体系的质量和效率。我国推行的供给侧改革，要侧重提升经济增长的效率和企业长期发展的活力，蕴含对应着"转型、创新、改革"。在这一主题中，供给侧是改革切入点，结构性是改革方式，改革才是核心命题。经济学家钱颖一认为，供给型改革的实质，是通过改革降低生产成本和交易成本，矫正市场扭曲，促进创新；结构变化只是结构性改革后市场发展的结果。所以，结构性改革不等于结构调整，而是深层次的改革。财政部

财政科学研究所原所长贾康认为，供给经济学首先是改革经济学。当前供给侧结构性改革要特别注重制度供给，以全面改革为核心，充分激发微观经济主体活力，解除供给约束，促进供给端解放生产力、提升竞争力。中国国际经济交流中心张茉楠认为，供给侧结构性改革是一个新处方，这个药方是否有效，关键是政府部门能不能供给制度。如果政府部门不放权，制度供给不到位，供给侧改革便是个空话。

中国社会科学院刘霞辉从国际角度对供给侧改革进行了比较，以英国和美国为例，20 世纪 80 年代所搞的改革，都是围绕着供给侧进行的。美国是围绕减税来展开调整，辅助的措施是反垄断，减少政府管制。英国改革的重点是减少政府管制，减少国有经济比重，完善市场体系，进一步提高市场的竞争力。国务院发展研究中心李佐军认为，供给侧改革的中国逻辑有六个核心：一是从结构性减税到大规模减税；二是放松政府管制，减少行政审批；三是减少垄断，促进市场自由竞争；四是推进国有企业股权多元化改革；五是改进资源和基础服务价格形成机制；六是有效控制基础设施和基础服务的成本。经济学家厉以宁认为，供给侧和需求侧发力都可以取得一定成效，但供给方面的调控比需求方面的调控要难一点，风险也大一点。最大的风险在于失业人数的增加。如果长期存在失业，社会就会不稳定。因此，谈到供给侧的发力，通常是指增加供给，而不是关停企业。德国罗兰贝格国际管理咨询公司认为，中国可从治标、固本、创新三个方面推进供给侧改革。具体包括："止血"——降低税负成本，减轻企业负担；"输血"——清除僵尸企业，打通输血机制；"创新"——降低市场壁垒，助力企业创新。

中国社科院学部委员金碚认为，当前推进供给侧结构性改革要达到的紧迫目标，一是"稳定经济增长"，二是"实现经济转型升级"。重要的是，实施经济对策绝不可忽视宏观需求管理与供给侧改革的协调。经济转型升级必须在一定的经济增长过程中实现，如果不能稳住一定的增长率，经济转型升级就没有支撑条件。必须认识到，供给侧结构性改革是不可能单兵突进的。宏观需求管理与供给侧改革，并不是非此即彼的选择，而是两者搭配的"组合拳"。这就如同使用剪刀，在操作过程中，无论是左把使力，还是右把使力，其效应都应是双方着力的结果。就推进供给侧结构性改革的现实过程而言，保持一定的宏观经济景气度是其必要的实施条件。如果整个宏观经济处于衰退紧缩状态，大多数企业感觉调整升级力不从心，则所期望的推进供给侧结构性改革，也会遇到很大困难。中国人民大学校长刘伟认为，管住需求、管好需求才能真正推动有效的供给侧改革。供给侧结构性改革需要一定的有效需求作为前提，这种有效需求要靠创新驱动。需求在短期内要适度扩张，如果过度扩张会从根本上瓦解供给侧结构性改革的效果，加剧产能过剩和经济泡沫化。在体制上，要处理好政府与市场的关系，切实发挥市场配置资源的决定性作用。由于供给侧结构性改革的政策直接影响到市场主体的企业，很容易导致政府对企业生产的过度干预，所以供给侧改革要通过市场、而不是行政来实现。此外，还要做好短期政策与长期政策目标的衔接。

二、目前供给侧结构性改革中存在的问题和困难

部分专家认为，在推进供给侧结构性改革中存在一些误区，改革过程中也有很多困难，应当统一认识，做好充分准备，把准改革大方向，避免改革成本过大，发生系统性的失误。

（一）不少认识误区。樊纲认为，现在要警惕供给侧改革可能产生的误区，一些人误认为又要"追加"新产业、增加新供给，这可能导致老的产能过剩没被清理，新的东西又过剩。在未来的经济发展中，不能用新的供给增长掩盖过去的问题。同时，也有一些人简单地用西方供给学派的观点来理解中国的供给侧改革；还有一些人以政府计划思维推进改革，让供给侧结构性改革回到计划经济或产业政策的老路上，或以供给侧改革之名行微观干预之实，如政府主导选择产业、产品、项目和技术路线，这将会带来适得其反的结果。经济学家吴敬琏认为，不能把"结构性改革"与用行政方法"调结构"混为一谈。现在有一种倾向，把"供给侧结构性改革"和由政府"有保有压、有扶有控"的"调结构"（如用行政命令压缩过剩产能、用政府投资和补贴去"扶持"新技术产业）相混同。万博经济研究院院长滕泰认为，不能把供给侧改革和需求管理对立起来，不能说推进供给侧改革就是要彻底否定需求管理。现在西部投资、民生改善方面还有很大的空间，需求领域有很大的作用，加强需求侧管理是十分必要的，不能从一个极端走向另一极端。刘霞辉认为，因各方面对供给侧改革的理解和解释不一，很容易造成误解。有学者认为中国持续十几年的高增长，与供给管理政策有关，尤其是在改革开放的初期，因为需要动员全社会的力量来摆脱贫困陷阱，采用的几乎都是供给性政策。目前中国的产能已很大，供给管理无非想进一步扩大产能，这会使供求更加失衡。所以，正确理解供给侧改革的实际内涵是消除误解的前提。

（二）一些阻力和困难。中国企业改革与发展研究会副会长李锦认为，供给侧结构性改革面临多种阻力：一是来自于地方政府的阻力。梳理地方政府工作报告可以看出，有些地方缺少去产能的具体化解方案和措施，更多的是方向性的态度、决心与原则。中央在施加压力，但地方政府主动去产能的意愿不强、动力不足。因为很多僵尸企业是地方政府一手造成的，它们又是地方的纳税大户和主要税源。二是来自于各地方政府攀比等待的阻力。过去的经验表明，你那个地方产能压下去了，我这个地方的产能就保住了。谁保住了，谁就有希望。三是来自于企业、银行与地方政府联动的阻力。从企业来说，破产退出的机制尚未完全理顺，阻碍了僵尸企业通过破产渠道实现退出。对国有企业来说，企业破产后，原有企业人员如何安置，国有破产企业的资产如何处置，机制缺乏成为企业破产退出的严重羁绊。从银行来说，作为债权方，并不愿意推动僵尸企业破产退出。四是来自兼并者与被兼并者联合反对的阻力。因为僵尸企业难以给兼并企业带来有价值的新资产，而且后期的整合重组也困难重重。五是来自思想上的阻力。一些企业认为，不是不想清理"僵尸企业"，而是拿不准，怕被指责国资流失；也有的怕得罪人，落个败家子的名声，把清理"僵尸企业"的难题留给下一任。全国人大财经委员会副主任委员、民建中央副主席辜胜阻认为，供给侧结构性改革存在一些困难，首先是去产能，这需要动刀子，比如说煤炭、钢铁行业的去产能问题。而产能对地方政府来说意味着税收，对社会来说意味着就业，对银行来说意味着贷款，所以去产能是非常痛的，这就是一个难点。华创证券分析师牛播坤认为，去杠杆中把握好货币政策是难点。紧货币会引发通缩，不是去杠杆的良方，但过度宽松的货币环境又难以倒逼企业去产能和去杠杆，并可能导致流动性泛滥。如何创造适度宽松的货币环境，对于调控能力有较高的要求。

（三）有些改革落入空转。吴敬琏认为，中央出台了很多改革意见或方案，但是落实存在问题。一段时间以来，领导部门忙着发文件，下级部门忙着学文件；一个文件还没有学完，第二个文件又来了。必须警惕"改革空转""文件不落地"等现象，下大力气狠抓落实，使各项改革措施落地生根。辜胜阻表示，供给侧改革不仅要充分调动市场主体、创新主体的积极性，也要调动推进改革主体的积极性和创造性。如果没有这三大主体的积极性和创造性，供给侧改革是很难落地的。牛播坤认为，由于中央和地方利益不一致，中央供给侧改革的顶层设计在具体执行时会发生扭曲。一方面，出于就业和社会稳定等考虑，地方政府缺乏主动去产能、去杠杆的动力；另一方面，当中央通过指令、计划并辅以专项资金等推进改革时，地方政府又会过于激进地执行，以获取中央补贴或作为政绩工程。

三、进一步推进供给侧结构性改革的看法和建议

（一）提高政策针对性，不断增加有效供给。厉以宁认为，克服当前供给侧改革的难点和障碍，一是通过定向调控，以定向减税、免税手段来鼓励现有生产能力，促进他们增加供给。二是鼓励高新技术企业成长，扶持短板行业，弥补生产能力的不足。三是大力发展新产品，提供居民需要的消费品与服务，以扩大需求。四是加强职业技术培训，提高劳动力素质，缓解人力资源供给的不足。贾康认为，在经济下行中，应积极考虑加大选择性"有效投资"的力度。投资选择的对象，首先可包括新型城镇化与城乡一体化建设中的基础设施，其次应考虑产业领域，第三是环境领域，第四是民生领域。这些基础设施、公共工程项目，都应充分注重以有限的政府财力通过 PPP 机制发挥"四两拨千斤"的放大效应和乘数效应，拉动民间资本、社会资金合作供给，并

提升绩效水平。胡鞍钢认为，供给侧结构性改革要坚持实施"五大政策支柱"：一是稳定的宏观政策，为结构性改革营造稳定的货币金融环境；二是精准的产业政策，准确定位结构性改革方向；三是灵活的微观政策，完善市场环境、激发企业活力和消费者潜力；四是落实改革政策，加大力度推动改革落地；五是服务质量托底社会政策，守住民生底线。刘霞辉认为，供给管理的重点是提高供给要素的效率，促进要素质量的提高。一要完善竞争性市场。有学者估计，目前垄断行业约占中国 GDP 的 40%，降低了市场的竞争性。应在深化国有企业改革的基础上，给所有经济主体以平等的市场待遇，从而形成规范的竞争性市场环境，提高投入要素的产出效率。二要完善价格体系。目前仍有部分价格没有市场化，如资源、基础设施、准公共品（如教育、医疗）、利率等重要价格还有待改革，相对价格体系不合理，企业真实效率的高低无法显示。三要降低供给要素的投入成本，进一步解放生产力，使劳动者活力重现。

（二）大力推进简政放权等改革。厉以宁认为，要继续简政放权，全面推行"三个清单"，即负面清单、权力清单、责任清单。江西省委党校冯志峰认为，要持续推进简政放权，优化政府机构设置、职能配置、工作流程，提高政府效能，激发市场活力和社会创造力。贾康表示，政府要切实以改革之举，为企业经营创业活动松绑、减负，激发微观经济的活力。特别是要在简政放权、降低门槛、实行负面清单、降低企业税费负担等制度供给方面进一步发力。国家发改委经济研究所课题组认为，加快推进以财税、金融、土地、户籍、行政、所有制、科技、对外开放等领域为重点的供给侧结构性改革，可以从供需两侧促进经济增长。课题组进行情景模拟预测表明，深化上述领域改革，通过供给侧对经济潜在增长水平的拉动至少在 1.45 个百分点以上，通过需求侧对经济实际增长水平的拉动至少在 0.7 个百分点以上。

（三）更大程度发挥创新引领作用。冯志峰认为，要着力降低企业债务负担，创新金融支持方式，提高企业技术改造投资能力，增强企业创新能力。要培育新动力，优化劳动力、资本、土地、技术、管理等要素配置，激发创新创业活力，推动大众创业、万众创新。要培育发展新产业，加快技术、产品、业态等领域的创新步伐，创造出质量好、品牌佳、受消费者欢迎的具有竞争力新产品。清华大学中国与世界经济研究中心主任李稻葵认为，要想方设法利用好新型技术，尤其是互联网技术。对新技术、新产业、新业态等，政府应该保持试验和开放的心态加以引导，帮助市场逐步形成和完善。重庆市市长黄奇帆认为，供给除了满足需求之外，还有引领市场、创造新型需求的功能。这种功能靠的是技术创新、商业模式创新和产品及服务创新。这种从未有过并带来全新感受和极大方便的"新玩意儿"，才是真正的有效需求之源。

（四）积极稳妥化解过剩产能。北京大学教授林毅夫认为，"有效市场、有为政府"应该协同发力，通过"汰劣存优"来实现提质增效的去产能。要积极扩大国内外需求，缓解周期性产能过剩。比如，加快高回报率基础设施投资，扩大国内需求，包括大中型城市地铁工程，京津冀、长三角、珠三角地区城际高速铁路，城市地下管道，华北等地区天然气管道铺设，棚户区改造等惠及民生的社会基础设施建设。黄奇帆认为，我国产能过剩的成因较复杂，"去产能"不能搞一刀切，做这样的"大手术"，必须把握好步骤、节奏和力度。一要严控新增量。加快修订并严格执行能耗、环保、安全和质量技术方面的标准及法律法规，确保产能过剩行业不再新增产能，决不能这边切、那边生，最终成果归零。二要坚决淘汰落后产能。对那些技术落后、能耗过高、污染严重、安全隐患大的过剩产能，要拿出壮士断腕的勇气、坚决去掉。三要科学化解产能的相对过剩。有一些行业，本身具有技术和市场优势，长远看也有发展前景，只是由于整体经济波动、市场暂时萎缩，才出现了相对过剩。对这类产能，切不可一概淘汰，那无异于"自废武功"，我们绝不能干这样的傻事。四要鼓励从企业端、银行端对不良资产进行处置，降低去产能的风险。建议发行地方政府债筹集资金，注入到资产管理公司作为资本金，以增强其对不良资产的处置能力。

2016 年 7 月 6 日

建议加快推广应用钢结构建筑
从需求端化解钢铁行业过剩产能

邢建武　李钊

发展钢结构建筑，是建筑产业绿色化、工厂化转型的必然趋势，也是我国钢铁行业的重要潜在市场。特别是在当前钢铁行业产能严重过剩的背景下，加快发展钢结构建筑更具特殊意义。目前，我国钢结构建筑发展水平仍然十分滞后，新建房屋建筑中钢结构的应用比例，还不到发达国家水平的 1/5。如果我国钢结构应用比例达到发达国家一半，仅房屋建筑领域每年就可新增用钢近 2000 万吨，相当于"十三五"钢铁去产能目标的 14%。河北是我国钢铁大省，也是去产能任务最重的省份。近年来，河北沧州在公租房建设中积极推广钢结构应用，从需求端化解过剩产能取得了一些经验，具有一定借鉴意义。这也启示我们，只要进一步完善相关政策措施，加大推广力度，钢结构建筑应用就一定能有一个大的发展，将极大促进我国过剩钢铁产能化解，加速推动建筑产业转型升级。

一、推广应用钢结构建筑意义重大

目前，我国除在大型公共建筑、超高层建筑、大跨度桥梁、工业厂房、大型市场、仓储等建筑中钢结构应用比例相对较高外，一般大量性建筑的应用比例只有6%左右。其中，办公、商厦、学校、医院等公共建筑的应用水平稍高些，占比也只有12%左右；占全部建筑7成左右的住宅建筑，钢结构应用才刚刚起步，占比仅0.3%。相比之下，美国、日本钢结构住宅占比已超过30%，澳大利亚更是高达50%。因此，大量性建筑尤其是住宅，是下一步我国推广应用钢结构的重点和难点。近年来，我国部分省市已开展了一批钢结构建筑试点，积累了不少经验，也面临一些困难。为此，我们赴河北省沧州市调研了某钢结构公租房小区项目。

该项目采取政府出地、企业出资的方式合作建设，小区共8栋楼，均为18层以上高层住宅，总建筑面积13万平方米，住宅总套数1602套，主体结构选用"矩形钢管混凝土–H型钢梁–柱间支撑"和"矩形钢管混凝土–H型钢梁–剪力墙"两种形式，二次墙体采用蒸压砂加气混凝土墙板。2014年12月进场施工，目前8栋楼均已主体封顶。

据测算，该项目总用钢量1.2万吨，平均耗钢92.3千克/平方米，处于我国钢结构住宅中等偏上水平。与邻近一栋同为公租房的18层钢混住宅相比，每平方米增加用钢47.2千克，增幅105%；与该地区体量相近的钢混商品房相比，每平方米增加用钢25—30千克，增幅40%—50%。可见，与传统结构形式相比，钢结构建筑用钢量明显增加，是未来我国建筑用钢的重要潜在市场。2015年，我国房屋建筑竣工面积约42亿平方米，其中住宅占67.5%，办公、商厦等公共建筑占17%以上。考虑到在不同建筑中推广钢结构的实际难度，如将住宅和公共建筑的应用比例，从当前的0.3%和12%分别提高10和20个百分点，使我国总体水平达到发达国家一半左右，预计将分别新增用钢 700 万吨和 1200 万吨以上，总计近 2000 万吨。

同时，与传统钢混结构相比，钢结构建筑还具有以下突出优势：一是钢结构件可实现工厂化制作、机械化安装，施工周期短、不受季节影响；二是节水、节电、节材，环境、噪音污染明显减少；三是建筑抗震强度高、自重轻，可大幅降低基础处理造价，同时得房率明显提高；四是建筑服务期满拆除时，钢结构主材回收率可达 80% 以上。如沧州项目，该项目装配化率达到 56%，施工速度为每层 4.2 天，减少用时 24%；建筑自重轻 25%，得房率提高 5%；水、混凝土、模板用量，分别减少 64%、50% 和 85%；建筑垃圾及污水排放量基本为 0。

总的看，发展钢结构建筑，既有利于扩大钢铁消费需求、化解钢铁过剩产能，也有利于建筑业转型升级、推进新型城镇化建设，还有利于实现藏钢于民、藏钢于建筑，一举多得，意义十分重大。

二、钢结构建筑发展面临的制约因素

尽管钢结构建筑具有诸多优势，但为何在我国这样一个钢铁大国迟迟发展不起来？综合该项目承建方和有关专家意见看，主要存在以下问题：

一是成本。这是当前制约钢结构建筑推广的首要因素。由于我国钢结构建筑发展滞后，应用规模相对较小，钢结构件及"三板"（楼板、外墙板、内墙板）材料尚未形成规模化、系列化、标准化生产，造成二次加工量大、消耗材料多，加上设计施工单位经验不足，导致周期拉长、成本偏高。与传统钢混住宅相比，钢结构住宅建筑成本普遍高出 200—400 元 / 平方米，直接影响开发

商和消费者的积极性。以沧州项目为例，该项目在周期、质量、性能等方面均具有明显优势，但建筑成本比传统钢混项目高出400元/平方米。

二是技术。钢结构建筑特别是多层、高层钢结构住宅技术综合复杂，不仅对钢材强度、抗撕裂性、抗震性、耐高温性、耐腐蚀性要求很高，对配套设施、围护结构的材料性能及安装方法也有特殊要求。目前，钢结构及配套体系的新技术、新产品研发进展缓慢，隔音、防腐、防火、防开裂、防渗漏等方面的技术问题还没得到很好解决。虽然市场已出现部分解决方案，但实践验证和市场认可还需要一个过程。如沧州项目虽在隔音、防腐、防火方面取得了较传统结构更优的性能，但也抬高了成本。另外，针对高层墙体开裂问题，也还没找到经济可行的解决办法。

三是标准。由于钢结构建筑涉及冶金、制造、建筑、装备等多个行业，加之发展慢、规模小，不少环节存在技术标准不匹配、不完善的问题。突出表现在：钢材标准与钢结构用钢模数不匹配，抗震设计及产业化标准体系亟须调整，钢结构建筑施工、检测、验收规范也有待进一步健全。另外，标准化滞后也一定程度上影响了钢结构建筑行业的信息化水平提升。

四是人才。钢结构建筑构件精度高，操作精细化要求强，专业化的设计、加工和施工队伍是确保工程质量的重要保障。但现阶段，仅有数量有限的老牌大设计院具备相应设计能力，施工方面也只有大型施工企业和新型钢结构公司可以胜任，并且操作一线还大量缺乏焊接安装技术工人。

由于上述制约因素，开发商从建筑成本、后期维护和市场接受程度等方面考虑，多不愿轻易尝试钢结构建筑，社会及消费者对其使用寿命、安全性、舒适性等也还存在疑虑。但也要看到，当前面临的问题，主要是产业发展初期市场发育不足所致。一方面，市场规模制约了专业化生产，抬高了钢结构应用成本；另一方面，专业化水平不高，又影响了产业标准化发展和新技术、新材料开发及人才培养，制约了市场推广。调研中企业反映，只要市场达到一定规模，上述问题完全能够得到有效解决。随着技术和经验不断积累，同类项目成本能再降低 300 元 / 平方米（主要包括钢结构件和新型材料制造、装配施工等成本），虽然仍比钢混结构高出 100 元，但考虑到 5%—8% 的新增得房率，相当于单位使用面积价格又降低了 300—500 元（以 2015 年全国商品房6800 元 / 平方米的均价计算），开发商、消费者对钢结构建筑的接受程度将大幅提升。即使将来钢材价格有所上涨，制造施工成本的下降也完全能够弥补钢价涨幅（吨钢价格提高 1000 元，约新增住宅用钢成本 25 元 / 平方米，公共建筑 85 元 / 平方米）。

三、政策建议

当前，应抓住新型城镇化深入推进、钢铁价格偏低的有利时机，尽快出台支持钢结构建筑发展的专项政策，以培育应用市场为切入点，加快完善相关设计、制造、施工等技术和标准，推动降低应用成本，促进钢结构建筑规模化、产业化发展。

（一）着力培育应用市场。目前，我国已有部分省市围绕钢结构推广出台了财政补贴、容积率奖励、税收优惠等扶持政策，但政策相对分散、支持力度不一。建议通过中央财政奖补、优化土地调控等措施，有重点地支持钢铁行业产能严重过剩或具有钢结构行业优势的地区，率先建设一批试点示范项目，促进产业链上下游企业加快发展，上规模、降成本，形成示范效应。具体操作上，可对试点示范地区或项目设立 30—50 元 / 平方米的奖励标准，并对政府投资的保障性住房、公共建筑、棚户区改造、美丽乡村建设、农村和震区危房改造、易地搬迁扶贫等项目，以市县为单位明确 10%—30% 的钢结构应用比例，同时对商品房钢结构项目制定土地出让金或容积率奖励等政策。

（二）完善税收金融扶持。按照现行税收政策，建筑业适用 11% 的增值税税率，但钢结构件等工厂化产品只能适用 17% 的增值税税率，税负明显高于传统建筑方式，建议从公平税负、平等竞争的角度，将其税率相应下调至 11%。同时，进一步完善钢结构企业加速折旧政策，研究出台所得税减免、税前扣除等税收优惠政策，鼓励金融机构适度降低钢结构住宅住房贷款首付比例。其中，特别需要研究完善的是加速折旧政策。2015 年，财政部、税务总局《关于进一步完善固定资产加速折旧企业所得税政策的通知》（财税〔2015〕106 号），已将"结构性金属制品制造"列为适用加速折旧的行业，但从配套细则（国家税务总局公告 2015 年第 68 号）看，企业须满足主营业务收入占企业收入总额 50% 以上才能享受该政策。然而，目前行业中不少企业很难达到这一要求（其他行业也存在同样情况）。以沧州项目承建方为例，目前该企业正在筹建总投资约 3 亿元的部品制造基地，除钢结构件外同时也生产"三板"材料等部件，预计钢结构业务占比不到 50%。如能适用加速折旧政策，企业在发展初期就可延后缴纳所得税 1000 多万元。建议进一步修改完善该政策，降低或取消主营业务占比要求，仅限定相应业务所用资产可适用加速折旧即可。这不仅有利于促进该行业发展，也有利于更大范围促进制造业投资。

（三）加快打通产业链条。鼓励钢铁企业、建筑企业及配套企业强强联合，建立跨产业战略联盟，加强产业链协同创新，实现标准化设计、工厂化生产、装配化施工，提升全产业链整体水平。推动有条件的钢铁企业、大型建筑企业拉伸产业链条，向一体化的钢结构综合集成商转型。支持科研院所、行业组织等利用"互联网+"，搭建产业协作平台，解决产业链上下游信息不畅、资源分散等问题。

（四）加强关键技术研发。加大对钢结构应用关键技术研发的政策支持力度，鼓励开展"政产学研"合作，集中突破防火防腐防裂、钢结构生产批量化、构配件制造自动化、预制装配式建筑体系信息化等关键共性技术，开发具有自主知识产权和核心技术的新产品、新材料、新工艺和新体系。加快建立健全钢结构建筑及配套产业的国家标准体系，制定出台工程设计、构件生产、现场施工、质量检测等标准规范。

（五）抓好人才队伍建设。加快建立多层次的钢结构建筑专业人才培训体系，培养满足市场需求的多层次专业人员梯队。重点结合试点示范工程建设，加大培训工作力度，培育一批熟练掌握核心技术的设计和施工企业，造就一批高素质的专业人才，为推动钢结构建筑产业快速发展奠定坚实基础。

（六）加大宣传推广力度。积极宣传钢结构建筑在抗震防灾、资源节约、环境保护方面的突出优势，切实提高社会各界对钢结构建筑的认知度和接受度。大力开展典型案例、先进技术和创新产品交流推广，示范引领、以点带面，加快钢结构建筑普及应用。

2016 年 7 月 27 日

对我国房地产去库存问题的分析与建议

高振宇

房地产去库存是供给侧结构性改革的重点任务之一。这项工作面临的情况复杂，影响面广，深受各方关注。最近，我们围绕这一问题进行了初步研究，现将有关情况简要报告如下。

一、房地产去库存取得一定进展，但仍然面临较大压力

今年以来，按照党中央、国务院决策部署，各有关方面积极采取措施推进房地产去库存工作，已经取得一些成效。截至8月末，全国商品房待售面积连续6个月下降，比2月末高峰期的7.39亿平方米减少3061万平方米，其中住宅待售面积减少4091万平方米。但当前房地产市场呈现总体库存规模较大、市场运行分化明显、热点城市房价大幅上涨的特点，去库存任务仍然较为艰巨。

一是房地产库存总体规模仍处高位。8月末，全国商品房待售面积7.09亿平方米，虽然比上月末小幅减少512万平方米（-1%），但与去年同期相比增加4546万平方米（6.9%），仍然处于近年较高水平（详见下表）。值得注意的是，按照统计口径范围，商品房待售面积中仅包括已发放预售许可证但仍未卖出的商

品房面积，而不包括已开工未拿到预售许可证的商品房、已拿地未开工的商品房面积等"隐性库存"。如果把这些都考虑进去，商品房实际库存还要远高于这一水平。今年 1—8 月份，我国房地产开发企业房屋施工面积 70 亿平方米，同比增长 4.6%，其总规模相当于 8 月末商品房待售面积的近 10 倍、1—8 月商品房销售面积的约 8 倍（详见下表），其中有相当部分尚未进行销售。随着这些施工房屋陆续建成上市，未来一个时期我国房地产市场去库存压力将有增无减。

近年我国商品房销售、待售和施工面积情况统计

单位：亿平方米

项目 时间	商品房销售面积		商品房待售面积		房地产开发企业房屋 施工面积	
	总量	住宅	总量	住宅	总量	住宅
2005 年	5.55	4.96	1.47	0.86	16.61	12.77
2006 年	6.19	5.54	1.46	0.81	19.48	15.15
2007 年	7.74	7.01	1.35	0.69	23.63	18.65
2008 年	6.60	5.93	1.86	1.07	28.33	21.67
2009 年	9.48	8.62	1.99	1.15	32.04	25.08
2010 年	10.48	9.34	2.16	—	40.54	31.49
2011 年	10.94	9.65	2.72	1.69	50.68	38.84
2012 年	11.13	9.85	3.65	2.36	57.34	42.90
2013 年	13.06	11.57	4.93	3.24	66.56	48.63
2014 年	12.06	10.52	6.22	4.07	72.65	51.51
2015 年	12.85	11.24	7.19	4.52	73.57	51.16
2016 年 1—8 月	8.75	7.75	7.09	4.25	70.01	48.00

注：数据来源于统计年鉴和统计局网站。

二是三四线城市库存压力尤为突出。2011 年一二线城市限购、限贷政策出台后，不少房地产企业纷纷转入三四线城市发展，导致三四线城市商品房供给大幅增加，库存规模迅速扩大。据有关测算，截至今年 5 月末，按照 1—5 月平均销售速度消化完已有商品房待售面积的时间，三四线城市约为 15.6 个月，明显高

于一二线城市。如果再加上施工面积和待开发土地面积，三四线城市去库存周期还将进一步显著延长。以安徽省池州市为例，全市在售商品房 190 万平方米，加上获批未建的约 500 万平方米，预计去库存周期达到 44 个月以上。

三是非住宅商品房去库存难度较大。近年来，全国营业用房和办公楼在建面积和建成面积增速一直高于住宅。同时，受网络电商销售快速发展等因素影响，不少商业中心和实体店铺经营困难，商铺需求出现明显回落，库存规模处于较高水平并呈现不断增加态势。截至今年 8 月末，我国办公楼和商业营业用房待售面积分别为 3380 万、15513 万平方米，按照 1—8 月平均销售速度，消化周期分别达到 13 个月、23 个月，如果加上正在施工房屋面积，消化周期都达到 10 年以上。据同策咨询研究部数据，今年 6 月末全国十大城市商业地产累计存量再创历史新高，达到 5267 万平方米，同比上涨 10%，其中成都、天津、南京的商业地产去化周期分别达到 141 个月、96 个月、83 个月。这样的情况在安徽、河北、江西、广西等地普遍存在。商业地产一边是存量巨大，一边是新建不停，投资者、开发商和金融系统都面临较高风险。

四是房地产市场分化势头进一步显现。一方面，部分热点城市房价大幅上涨，泡沫积聚苗头值得关注。去年下半年以来，先是深圳、上海、北京等一线城市房价出现大幅上涨，之后传导到天津、南京、杭州、合肥、厦门等二线城市，这些热点城市房地产市场轮番异动、房价大幅上涨态势值得警惕。今年 8 月份，一线城市北京、上海、广州、深圳新建商品住宅价格同比涨幅分别达到 25.8%、37.8%、21.2%、37.3%；二线城市中的天津、南京、杭州、合肥、厦门新建商品住宅价格同比涨幅分别为 21%、38.8%、22.2%、40.5%、44.3%。房价飙升导致市场信心极为脆弱，一二线城市地王频出，多数城市楼面地价溢价率大幅攀升。据中国指数研究院测算，今年上半年一二三线城市楼面地价溢价率分别达到61%、49%、17%，有可能进一步助推热点城市房价上涨。另一方面，多数二三线城市房价仍然保持平稳甚至小幅下跌。在70个大中城市中，8月份有62个城市新建商品住宅价格出现同比上涨，其中40个涨幅低于5%，21个涨幅低于2%；其余8个城市房价同比下降或持平，降幅最大的为3.8%。

综合考虑各方面因素影响，我们认为，今后一个时期，我国房地产市场的主要矛盾仍然是总体库存规模较大，同时市场运行将继续呈现分化态势。由于库存规模较大，三四线城市、非住宅商品房价格将保持总体平稳或略有下降；但受投机性需求不断释放和改善性需求持续升级等影响，一线城市和部分二线城市房价还可能出现较大幅度上涨，从而既会导致本地资产泡沫不断积聚，也将对其他地区房地产去库存工作产生一定干扰，需要引起高度重视。

二、继续推进房地产去库存的几点建议

我国房地产市场的市场化程度比较高，房地产库存变化主要由供求关系决定。推进房地产去库存应充分发挥市场的自发调节作用，同时发挥好政府的引导和辅助作用，考虑各地情况差别较大的实际，注重分类调控、因城施策，把握好政策力度和节奏，积极稳妥化解房地产库存，促进房地产市场平稳健康发展。具体有以下几点建议：

（一）继续实施差别化的房地产调控政策。注重发挥省级政府在房地产市场调控和去库存工作中的总体责任和城市政府的主体责任，因地制宜采取有针对性的调控政策，积极稳妥推进房地产去库存，同时有效遏制热点城市房价过快上涨势头。在需求方面，严格执行差别化信贷、税收政策，支持住房合理消费，从严抑制投机需求。在一线城市，继续严格执行"限购"政策；在房价出现持续大幅上涨的部分二线城市，也应参考一线城市做法，实行或重启"限购"政策。在供给方面，关键是要管好土地这个调控房地产供给"增量"的"总闸门"。对商品房供应明显偏多或在建规模过大的城市，及时减少或暂停商品房用地供应，严格控制商品房项目新开工；对房价上涨压力较大的一线及部分二线城市，要密切关注房地产库存下降情况，增加土地供给，盘活存量土地，提高中小套型商品住房供应比例，严厉打击延缓开发、捂盘惜售等行为，有效保障住房供应。

（二）合理支持农民工等群体在城镇购房。这是化解三四线城市房地产库存最有潜力可挖的举措。据统计，2015年我国外出农民工1.69亿人，其中在务工地自购住房比例为1.3%，比上年提高0.3个百分点，如果这一比例能继续有所提高，将释放出大量购房需求。建议：一是着力提升农民工等群体的购房意愿。子女能否享受优质教育、家庭成员能否享受城市公共服务和就业保障，是影响农民工等群体进城购房定居意愿的重要因素。要加快解决这些农民工关心的问题，着力实施好1亿非户籍人口在城市落户方案，提高城镇综合承载能力，保障农民工进城购房之后利益不受损、权益有保障。二是帮助农民工等群体提高购房能力。通过财政补贴、税收优惠、利息折扣、简化手续等方式，支持有比较稳定收入的农民工等群体购买首套住房。鼓励金融机构开发针对农民工收入特点的购房信贷产品。探索进城落户农民对土地承包权、宅基地使用权和集体收益分配权的依法自愿有偿退出机制，提高农民财产性收入和购房能力。将农民工和个体工商户等逐步纳入住房公积金制度适用范围。

（三）加大棚改安置和公租房保障货币化力度。对保障性安居工程实行货币化安置，能够实现政府节约资金、民众快速受益、房企减少库存的"三赢"效果。2015年全国棚户区货币化安置比例为28%，今年1—7月达到41.9%。要进一步提高棚改货币化安置比例，认真总结推广各地好经验、好做法，适当加大中央补助资金支持，增加国开行、农发行信贷资金投放，努力实现今年棚改货币化安置比例"不低于50%"的目标。同时，积极推进公租房货币化，将在城镇稳定就业的外来务工人员、新就业大学生和青年医生、教师等都纳入保障范围，采取政府补贴等方式支持保障对象通过市场租赁住房。

（四）盘活存量商业营业用房和办公楼。这是化解房地产库存的一大难点所在，需要多方采取措施。一是降低购房成本。参考购买商品住宅贷款政策，适当降低购买商业地产的首付比例和贷款利率，调整税收政策，鼓励开发商自持商铺以避免闲置浪费。二是增加购房收益。对购买一定面积以上商业营业、办公用房的业主，允许其子女享受"划片入学"等待遇。三是合理转化用途。对已建成的商业、办公项目，可以在规划允许的条件下适当调整使用功能，如允许将商业用房等按规定改建为租赁住房，调整后的水、用气等价格按居民标准执行；支持商业、办公用房用于发展相关产业，或改建为公用服务设施。对已供应、未开发的商业用地，允许开发企业在符合规划的条件下按程序适当转换用途、调整商住比例。

（五）加强市场信息监测和社会舆论引导。房地产库存底数不清、市场交易信息发布不及时，既不利于提高政策的针对性和有效性，也给误导市场预期的虚假信息、恶意炒作等留下了滋生空间。要进一步加强房地产市场信息监测，通过房地产信息平台，逐步将分散于房地产开发、交易、租赁登记备案、权属登记等管理环节的信息有机整合起来，并纳入土地、金融等相关信息，形成全面反映房地产市场运行状况的分区域、分类别的信息监测系统，为做好房地产市场调控和去库存工作提供重要依据。加快建立统一规范、准确及时的房地产市场信息定期发布机制，做好相关政策措施解读，正确引导社会舆论，稳定市场预期和信心。同时，依法加强市场监管，严格规范房地产开发和中介市场秩序，防止虚假宣传、恶意炒作等加剧市场波动。

2016 年 9 月 22 日

关于完善电价调整政策的建议

范必

今年以来，国家两次下调电价，减轻工商企业负担470亿元左右，成为供给侧改革"降成本"的一个亮点。但也要看到，目前全国工商企业用电成本仍然偏高，建议采取积极措施，降低对工商企业的销售电价。同时，加快电力体制改革步伐，更多地通过直接交易、市场机制降低工商企业用电成本、增强企业发展活力。

一、煤电联动滞后于煤价波动

在我国电价尚未完全市场化情况下，国家对燃煤火电上网电价和销售电价按照煤电联动的原则进行调整。但很多工商企业反映，电价调整滞后煤价波动。为分析"煤价－电价"关系，我们选取秦皇岛港5500大卡动力煤作为电煤价格变动的代表指标，选取火电比较集中的山西和电力消费量较大的北京，分别作为购电和售电价格的代表指标进行了研究（见附图）。

本轮电煤价格下跌起始于2011年年底。当年10月，秦皇岛港5500大卡动力煤平均价格为855元/吨。之后出现断崖式下跌，2015年11—12月为370元/吨，跌幅达56.7%。近半年又有所回升，2016 年 9 月底为 565 元 / 吨。当电煤价格处在 855 元 / 吨的高点时，山西火电平均上网电价为 0.3682 元 / 千瓦时，北京一般工商业电价（1 千伏以下峰电）为 1.194 元 / 千瓦时。

在电煤价格开始大幅下跌后很长一段时间，全国没有相应下调上网电价和销售电价，而是提高了电价。山西火电上网电价在 2011 年 12 月—2013 年 8 月间达到最高值 0.3977 元 / 千瓦时；北京一般工商业电价从 2014 年 1 月开始达到最高值 1.4002 元 / 千瓦时，分别比煤价最高的 2011 年 10 月上涨了 8% 和 17%。

今年以来全国电价进行了两次调整，燃煤机组降价 3 分 / 千瓦时，一般工商业电价降低超过 4 分 / 千瓦时。但是，这两次调价降幅有限，且降价范围没有覆盖所有电价类别和所有地区，包括北京在内，目前全国大部分地区工商企业的用电成本仍处于历史高点。

在电煤成本大幅降低的情况下，全国大部分火电企业出现了发电量与企业营业收入"双下降"，但利润大幅上涨的"怪现象"。2015 年，全国规模以上火电企业利润 2266 亿元，比上年增长 13.32%；华能国际营业收入同比减少 8%，净利润却上涨 13%；华电国际营业收入同比减少 7%，净利润增长 21%。去年底以来，随着电煤价格回升，火电上网电价却在下调，一些发电企业已经感到经营压力。

与此同时，售电和购电的价差不断扩大。如山西的火电送到北京，价差从 2011 年 10 月的 0.8258 元 / 千瓦时，扩大到 2016 年 9 月的 1.0797 元。也就是说，每输 1 千瓦时的电，输电企业 2016 年要比 2011 年多收入 0.25 元。输电环节占销售电价的比重从 2011 年的 69% 提高到 2016 年的 77%。

这些情况说明，在电煤价格波动中，电网企业效益得到保证；

发电企业上网电价无法反映燃料成本的变化，企业效益随着煤价波动而波动；下游工商企业用电成本居高不下，分享电煤整体降价带来的收益不多。

二、电价调整滞后带来的问题

在电煤价格整体下降、大幅波动的情况下，电价调整滞后不利于发展实体经济和减缓经济下行压力：

一是影响企业经济效益。用电成本在重化工企业、制造企业和基础设施建设中占有较大比重。比如纺织企业，用电成本占各项成本支出的第二位，仅次于原料成本。不少高新技术企业也是耗电大户。IBM 统计，能源成本一般占数据中心总运营成本的 50%。工信部统计，我国数据中心总量已超 40 万个，年耗电量超过全社会用电量的 1.5%。中电联统计，2015 年互联网、大数据、云计算等新一代信息技术行业用电比上年增长了 14%。高用电成本成为我国企业提高经济效益的障碍之一。

二是削弱制造业国际竞争力。美国制造业回归很大程度上得益于用电成本下降，甚至吸引了我国沿海地区一些高载能工业向美转移。目前，美国工业用电平均电价为 0.43 元人民币／千瓦时，商业用电平均电价为 0.67 元人民币／千瓦时。国家发改委估计，我国工商业电价平均比美国高 45%。实际上一些发达地区更高，如上海工商企业用电价格为 1—1.2 元／千瓦时，广州、珠海、佛山等珠三角地区为 0.8—0.9 元／千瓦时。这些仅是目录电价，如果加上容量费和其他一些隐性支出，企业实际用电成本还要再增加。

三是不利于消纳电力产能。自 2011 年以来，全国 60 万千瓦及以上火电装机平均每年增长 5600 多万千瓦，但发电量增速却在零增长附近徘徊。全国60万千瓦及以上火电机组平均发电利用小时数从2011年的4731小时，降到2015年的3969小时。中电联预计，2016年发电利用小时数会降至3700小时。由于目前大部分地区的电价仍由国家制定，过剩的电力产能无法通过价格杠杆进行疏导。

四是抑制电力需求增长。近年来，较高的电价水平一定程度上制约了合理的电力需求。如果用电比烧煤更有经济性，广大农村地区就可以更有效地推动以电代煤。我国工业化、城镇化进程尚未完成，2015年人均用电4142千瓦时，是OECD国家平均水平的45.4%、韩国和我国台湾的1/3。到本世纪中叶，我国要达到中等发达国家水平，电力需求仍有很大增长空间。释放这些潜在需求，需要电力保持合理、经济的价格水平。

三、调整电价和完善电力定价机制的建议

鉴于电价占许多企业的成本比重较高，降电价能够更有效支持实体经济发展。对此，提出以下几点建议：

第一，降低工商业电价和部分地区火电上网电价。统计分析表明，大部分地区一般工商业电价，比电煤价格在565元/吨历史价位时的电价高出0.2元/千瓦时左右。建议今年底至明年一季度，将工商业电价调整到与历史煤价相当的电价水平。按2015年全国工商企业用电4万多亿千瓦时计算，可减轻企业成本8000亿元左右。同时，根据发电企业的承受能力，降低部分地区火电上网的标杆电价。

第二，大幅度扩大电力直接交易和市场化定价的比重。从本质上讲，煤电联动是一种模拟市场的计划定价方式，存在滞后性、被动性问题。从近年来电力直接交易试点情况看，参加交易

的电力大用户用电成本普遍降低，对发电企业的销售电价影响不大，出现了发电方和用电方双赢的结果。建议利用今年底至明年一季度电价调整的时间窗口期，大幅度增加电力直接交易占火电发电量的比重。

现在各地在推进电力直接交易中，有的电力调度部门将直接交易的电量从分配给发电企业的发电量计划中扣除，影响了发电企业的利益。建议下决心取消各地自行制定的发用电计划，从而减少政府部门对企业售电和用电行为的行政干预，也为电力直接交易扫清障碍。

第三，抓紧推进输配电价格改革。发电和用电企业自主定价后，过网费执行输配电价是降低电力交易成本的关键。目前，国家已在18个省级电网和1个区域电网开展了输配电价改革试点，有关部门原计划用三年时间完成这项改革。考虑到改革的方向和操作内容已无太大争议，建议加快在全国核定和执行输配电价的进程；严格审批电网企业新建项目，减少不必要的电网建设支出，防止输配电价定得过高；加强对输配电成本监管，取消交叉补贴，将电网企业内部各类交叉补贴由"暗补"改为"明补"；加快电力市场建设，电网企业逐步退出购电和售电主体。

2016 年 10 月 15 日

单位：元/吨

单位：元/千瓦时

北京一般工商业电价：2011年10月电煤价格最高点时为1.194元/千瓦时，之后不但没有随着电煤价格断崖式下跌而降价，反而不断上升，从2014年1月起至今，保持在1.4002的水平。电网企业售电与购电的价差扩大。

秦皇岛港5500大卡动力煤价格：2011年10月达到本轮最高点855元/吨，2015年11月跌至370元/吨，2016年回升，9月底达到565元/吨。

山西火电上网电价：2011年10月—2015年12月，电煤价格出现断崖式下降，但上网电价一直高于2011年10月煤价时的水平；2016年1—9月，上网电价不升反降。说明上网电价无法灵活反映燃料成本变化。

1.4002

1.2452

1.194

1.1865

1045

855

1.0201

1200

1000

800

600

565

400

370

0.3205

200

0

0.3773

0.3887

0.3682

0.3538

0.3977

0.3273

0.26

2004　2005　2006　2007　2008　2009　2010　2011　2012　2013　2014　2015　2016

1.6

1.4

1.2

1

0.8

0.6

0.4

0.2

0

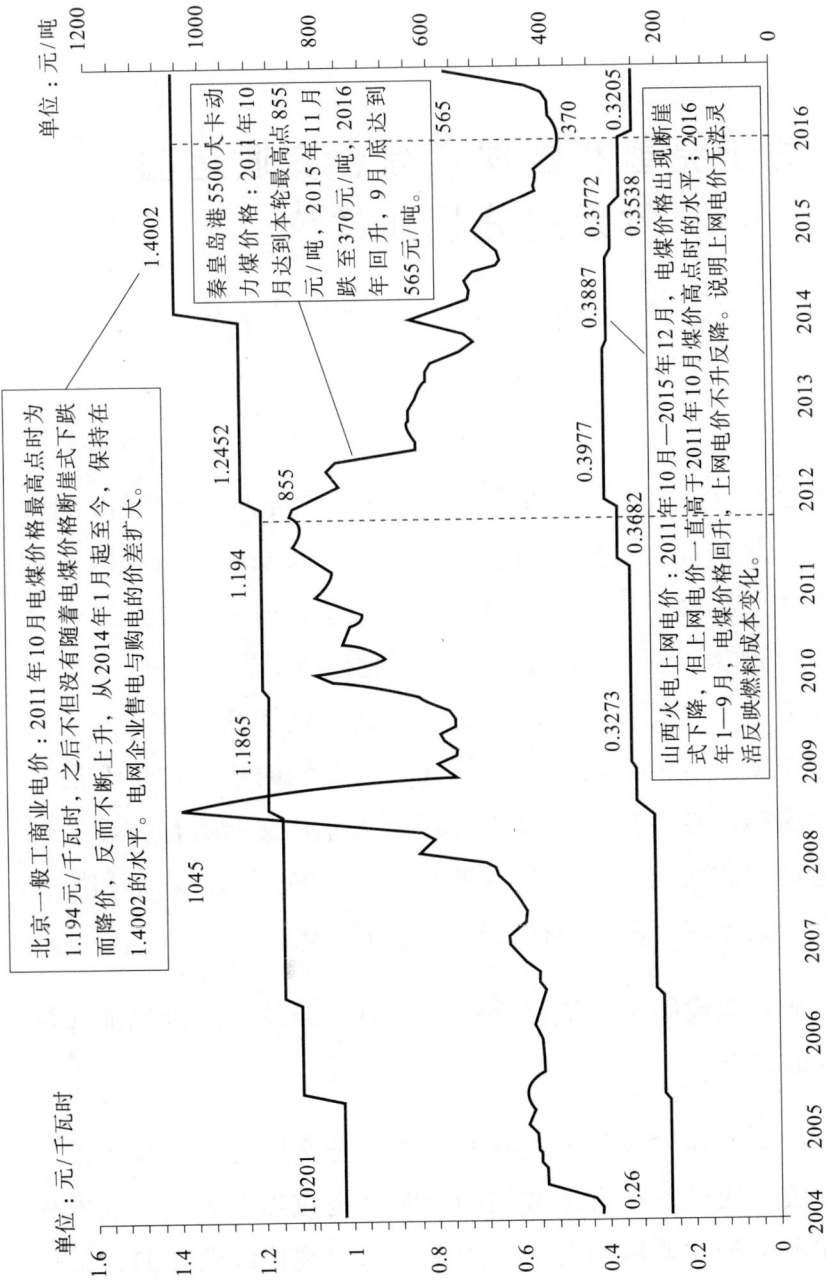

附图　电煤价格与电价走势

资料来源：wind、国家发改委、山西省发改委

139

关于完善我国现代综合交通运输体系的分析和建议

张泰　蔡垚　金敬东

　　交通运输业是国民经济重要的基础性、先导性、战略性产业，是国家现代化和扩大对外开放的重要支撑。长期以来，我国交通运输业存在的主要矛盾是运输能力供不应求，成为制约经济社会发展的"瓶颈"。近年来，通过不断深化改革、加快发展，各种运输方式能力不足矛盾明显缓解，基本适应经济社会发展和人民群众出行需要。我们认为，应当抓住当前有利时机，加快交通运输业供给侧结构性改革，构建和完善现代综合交通运输体系，促进各种运输方式协同发展，全面提升综合运输能力、效率和服务水平，有力支撑和引领经济社会持续健康发展。

一、发展现代综合交通运输体系是解决当前交通运输业发展突出问题的需要

　　从供不应求到供求基本适应的转变，是交通运输业改革发展取得的突破性成就。在肯定成绩的同时，也应当看到，当前发展中还存在不少新的矛盾问题，其中很多都与现代综合交通运输体系发展相对滞后，各种运输方式发展统筹不足、衔接不畅有关，

这也是导致交通运输结构不合理、资源综合利用率不高、综合效益不显著的主要因素，必须着力解决。

（一）各种运输方式规划建设统筹不够，土地、岸线资源综合利用率仍然较低。受传统管理体制影响，我国各种运输方式规划布局、建设实施都相对独立，通道内各类交通线路的线位布局、建设时序统筹安排不足，导致通道资源浪费、土地分割严重。一是土地资源利用率低。通道内各类交通线位大多平行规划，部分重要运输通道内并行存在多条高等级公路、高速铁路和普通铁路，在一定程度上导致了资源浪费。例如，京津运输通道规划布局了3条高速公路、2条一级公路、2条高速铁路、1条4线的普通铁路，这些线路基本采取平行走向，线路之间的土地难以得到有效利用，城镇布局也受到影响。据测算，2020年我国交通建设用地将占全国的11.3%，综合交通运输发展与土地资源稀缺的矛盾将愈发明显。二是岸线资源利用率低。跨江跨海桥一般要占用上下游1—2公里岸线资源，我国多数跨江跨海桥都是单一的公路桥或铁路桥，较少是公铁两用桥，稀缺的岸线资源利用率不高。例如，长江主航道共有107座过江大桥，其中公铁两用桥梁仅16座，江苏长江三桥跟大胜关铁路桥起讫点相同（大胜关—南京），相距仅1公里。未来，随着铁路网的快速建设，沿江岸线资源将更加紧张。

（二）运输结构不合理问题凸显，各种运输方式的比较优势和组合效能发挥不够。我国各种运输方式规划和建设主要依据各自的技术经济特征和发展需求，较少基于统筹发展要求设计规模结构和功能分担，造成交通运输供给结构和承运结构失衡，整体效益和巨大潜力难以充分发挥。铁路、内河水运发展相对滞后，承运比重较低，大运量、长运距、低成本、低排放、低能耗的运输优势尚未充分发挥，公路运输存在过多低附加值货物中长途运输的不合理现象。各种运输方式发展远没有做到"宜路则路、宜水则水、宜空则空"，增加了社会物流成本。据测算，公路运煤每吨公里的平均运价是铁路的 2 倍左右，是水运的 8 倍左右，但目前铁路、水运在煤炭运输中占比相对较低。2015 年，铁路货物周转量在综合运输中的比重仅为 16% 左右，而美国等发达国家为 40% 左右。在主要的煤炭运输通道中，铁路干线运能仍然比较紧张，如京沪、京广、京哈、京九、陇海、浙赣六大铁路干线运输基本处于饱和状态，干线公路则承担了过多的煤炭中长途运输。在部分沿江通道中，干线公路也承担了过多的煤炭、矿石、建材、粮食等大宗物资运输，消耗了大量优质能源，抬高了运输成本，也增加了交通拥堵、尾气排放和交通安全隐患。目前交通运输业已经成为我国能源消耗和污染排放的主要领域，预计至 2020 年，交通运输石油消耗占全社会石油消耗总量的 30% 以上，汽车尾气污染将占大气污染的 30% 左右。

（三）客运"零距离"换乘和货运"无缝化"衔接发展明显不足，运输服务"最后一公里"问题突出。由于各种运输方式在适用法律法规、标准规范等方面自成体系、深度融合不够，客运"零距离"换乘和货运"无缝化"衔接始终难以真正实现，制约了交通运输服务品质提升。一是旅客换乘不便利。客运"一票制"发展滞后，旅客出行普遍存在多次购票、多次安检和多次验票现象。已建成的综合客运枢纽中，各种运输方式"拼盘"现象突出，旅客换乘距离长、体验差。部分城市主要火车站、机场等重要节点的集疏运体系不完善，增加了旅客出行时间和出行成本。例如，从北京首都机场到北京南站换乘高铁，需要换乘轨道交通 3 次，整体换乘时间约 2 小时左右。二是货运企业物流效率低、成本高。多式联运发展滞后，特别是海铁联运发展严重滞后，目前我国海铁集装箱联运比例仅为 2.5%，而发达国家通常为 20% 左右（美国为 40%，法国为 35%）。大多数港口与后方铁路集装箱中心站衔接不便，需通过公路长距离驳运。如上海大小洋山港跨海大桥（东海大桥）每年 1500 多万标准集装箱吞吐量中，有 2/3 进出港须依靠公路运输，如果全部改用铁路运输，每年将节约物流成本近 20 亿元。

此外，当前交通运输业大部门制改革成效开始显现，但综合交通运输管理体制和工作格局还需进一步理顺，现有的体制机制尚主要停留在"物理组合"上，改革效能仍然发挥不够，作用不明显。

二、发展现代综合交通运输体系的基础和有利条件基本具备

（一）交通运输大部门制改革稳步推进。经过 2008 年和 2013 年两轮改革，交通运输大部门制在国家层面取得了实质性进展，交通运输部与国家铁路局、中国民用航空局、国家邮政局的"一部三局"的管理架构已经形成，综合交通运输统筹发展的体制框架初步建立。天津、河北、上海、江苏、重庆、深圳等省市在大交通管理体制改革探索中率先突破，初步建立了集中统一、运转顺畅的综合交通运输体制机制，行政效能和管理水平大幅度提升。

（二）交通运输能力大幅度提升。当前，"五纵五横"运输大通道基本贯通，快速铁路网、"7918"国家高速公路网初步建成，高速铁路营业里程、高速公路通车里程、城市轨道交通运营里程、港口深水泊位数量均位居世界第一。目前我国已经成为世界上运输最繁忙的国家之一。2015 年全社会客、货运输量分别达到 223 亿人次和 449 亿吨，交通运输行业每天要完成 1.2 亿吨货物

运输、6100 万人次城际出行和 3.7 亿人次的市内出行。

（三）综合交通运输效应开始显现。各种运输方式的衔接进一步增强，空铁、空巴等旅客联程运输和铁水联运、公铁联运等货物多式联运加快发展，这提高了全社会机动化水平和经济社会运行效率，方便了人们的生产生活。在应对重大自然灾害、抢险救灾、春运等方面，跨部门、跨行业的交通运输协调机制初步建立，交通运输的服务保障作用日益突出。

（四）支撑国家扩大对外开放的能力明显增强。交通运输网络不断完善，能力不断增强，有力支撑了全面对外开放，促进了国内外经济交流合作。2015 年，我国民用航空运输总周转量 455.9 亿吨公里、旅客运输量 2.3 亿人次，其中国际航空运输总周转量 292.61 亿吨公里、完成旅客运输量 4207 万人次；我国年吞吐量超过 1000 万吨的沿海港口有 38 个，2015 年沿海港口货物吞吐量达到 81.47 亿吨，远洋货轮每天将 216 万吨的货物和 6.7 万个集装箱运往世界各地，有力支撑了国家全方位对外开放格局。

综合来看，交通运输业发展到一定阶段，必然要由各种运输方式分散发展、分散管理，向综合发展、综合管理转变，进入综合交通运输体系发展阶段，这是现代交通运输业发展的趋势，也是美国、欧洲、日本等发达国家和地区已经走过的道路。在我国交通基础设施网络基本成形后，也应当加快推进综合交通运输体系建设，错过了这个重要阶段，今后付出代价可能会更大，必须及早研究规划、及早实施。

三、相关意见建议

经济新常态，对交通运输行业提出了新的更高要求。满足这些要求，必须转变发展理念，既重视充分发挥各种运输各自优势，更重视发展多种运输方式整体优势，实现从优先发展到平衡发展、协调发展、高效发展的转变，加快构建和完善功能更健全、结构更合理、运作更科学的综合交通运输体系。

第一，加强对综合交通运输体系发展的指导。应当将构建现代综合交通运输体系作为国家现代化建设的一项战略任务，进一步加强顶层设计、完善制度。建议国家尽早制定出台专门文件，明确当前和今后一个时期综合交通运输体系发展的主要目标、基本原则、发展思路、重点任务和政策措施，指导和规范全国以及各地区综合交通运输体系发展。

第二，继续深化交通运输大部门制改革。按照中央大部门制改革要求，切实加强铁路、公路、水路、民航以及邮政行业的统筹发展，完善与综合交通运输体系建设相适应的管理体制机制。结合中央与地方财政事权与支出责任划分改革契机，研究建立国家大通道管理体制机制。深入推进省级交通运输大部门制改革落实到位。

第三，完善综合交通运输法律法规制度。加快制定《综合交通运输促进法》《多式联运法》等综合交通运输法规。加快制修订铁路、公路、水路、民航、邮政、城市公共交通等领域法律法规，加强各种运输方式法规的统筹衔接。加强综合交通运输与环境、安全、城乡规划等相关领域法律法规的对接融合。

第四，健全综合交通运输发展机制。发展综合交通运输体系，涉及多个中央部门，需要地方密切配合，应当建立综合交通运输发展部际联席会议制度，统筹协调综合交通运输改革发展重大问题。建议统筹交通运输领域专项税费和基金，建立综合交通运输发展基金，更好推进各种运输方式一体化，保障交通运输行业可持续发展。重视发挥市场机制作用，进一步推广政府和社会资本合作（PPP）模式，切实解决社会资本进入基础设施建设领域的政策性障碍。

第五，加快各种运输方式数据资源互联互通。通过各种运输方式开放共享信息数据，推动综合交通运输体系建设。推进交通运输业与互联网深度融合，提高交通运输信息化水平，加快交通基础设施、运输工具、运行等信息互联网化，建设综合交通运输公共信息服务平台和交通运输大数据中心。全面整合交通运输数据资源，有序合规开放数据，开发提供丰富的数据产品，提高服务水平。

2016 年 12 月 16 日

（蔡垚，交通运输部政策研究室供职　金敬东，交通运输部规划研究院供职）

三、深化重要领域和关键环节改革

民间投资进入教育领域堵在哪里

范绪锋　周海涛

今年 7 月起，按照国务院要求，各级政府及所属部门将对照公平竞争审查标准，有序清理和废除妨碍公平竞争的各种规定和做法。我国民办教育已成为教育体系的重要部分，但有关统计显示，近年来民间投资教育呈比重下滑、意愿降低的态势。2005—2014 年，我国财政性教育经费支出逐年增加，非财政性教育经费支出占 GDP 比例却从 1.76% 逐年下降至 0.99%，占教育总投入比重从 38.7% 下降至 19.47%。民间投资进入教育领域仍面临不少"玻璃门""弹簧门"，存在不符合公平竞争的现象。概括起来，主要有 8 大堵点：

一是行业壁垒。目前，民办学校总资产达 5000 多亿元，社会力量兴办教育的潜力依然巨大。然而，长期以来源于公办体制的"公益性 = 非营利性"思维定式和"民办学校不得以营利为目的"的规定，申请办学资质时"办证难""办证慢"，制约着社会资金投资教育的积极性；对各级各类民办学校是"拾遗补缺"，还是"满足个性化高端化需求"的发展定位不明，发展空间受限，不少地方民办教育仍未从根本上摆脱自生自灭的状态；民办学校的办学层次一经确定，难以随发展需求和基础准备情况而变更。

二是变相门槛。各级各类民办学校的准入规则，一般都比照同级同类公办学校确立的土地等办学条件，因很多地区对公办民办学校区别对待，不少举办者可望而不可即。不少地方为达到一、二期"学前教育三年行动计划"提升公办园比例的要求，居然反过来限制民办园的证照总数，导致一批"黑园"高风险运行。现实中对各类民办学校筹设期限的限制，也变相加高了门槛，这使得一些意欲投入教育者望而生畏。

三是地方保护。各省教育厅统招计划一般按"先公办后民办"分配，民办学校还按"先发展先扶持，后发展后扶持"配置；一旦削减招生计划，则往往先从民办院校开始；民办院校招生计划跨省比例受限，外省常不接受民办学校招生计划；在高考填报、录取及批次上，各省教育行政机构对公办、民办的区分较大；招生过程中，有的地方教育部门、公办中学歧视、不接洽民办院校招生。

四是公办垄断。高考改革院校试点中，民办院校总是落后公办高校。在高等职业院校单独招生考试试点中，公办院校先行招生，没有一所民办高职院校成为可进入第一、二批招生的试点单位，经过几年试点后才允许民办高职院校单独招生。不平等政策加剧了不公平竞争，对民办学校的发展机会和在社会、考生、家长中的形象产生直接影响。

五是财政资助不配套。目前，省以下各级地方政府设立民办教育发展专项资金很少；除少数财政实力较强的地区外，即使义务教育阶段民办学校承担了义务教育任务，也并未普遍享受到财政资助；即使受到财政资助，远达不到当地同级公办学校的平均水平。民办中等职业学校的奖、助学金政策尚未全面落实。

六是科研项目和评奖规则不平等。民办学校不能与同级同类公办学校同等享受政府项目资助（如高等教育的质量工程、示范性高职院校建设等），对民办学校科研立项、评奖实行限额申报制度，能分到的可申报数额有限，科研立项评审以公办高校人员为主，民办高校几乎没有参与立项评审的机会；科研评奖在有限的名额以及严格的指标限定下，民办高校的科研成果出线不易，获得认可更难。甚至一些核心期刊明确作者单位不能是民办院校，影响了教师自我提升的动力，学术身份遭到歧视。

七是教师权益未落实。由于是"民办非企业单位"，民办学校及其教师难以享受与公办学校及其教师同等的权益。公办民办学校教师人事档案管理、职称评定、校际流动、社会保险和养老金标准、业务进修等方面存在很大差异，如民办学校教师的养老医疗保险、住房公积金甚至教师人事档案身份均与公办学校教师不平等，民办学校教师退休后工资只有公办学校教师的三分之一到五分之一。公办学校有专项培训进修政策和配套经费，而民办学校没有专项经费；即使可参加的留学基金委访学进修项目，名额也很少，且需要民办学校和教师个人承担相应的费用。

八是税收优惠不到位。与公办学校相比，民办学校在关税、增值税、印花税、耕地占用税、契税等方面享有同等待遇，但在营业税、城镇土地使用税、房产税、个人所得税、企业所得税等税种上明显处于不利地位，应征税项目远远多于公办学校。2004年财政部、国税总局《关于教育税收政策的通知》规定："对学校经批准收取并纳入财政预算管理的或财政预算外资金专户管理的收费不征收企业所得税。"民办学校利用非国家财政性经费举办，其收入不可能纳入预算内或预算外资金专户管理，导致即使从事学历教育的民办学校其学费收入也征收企业所得税，民办学校不能享受免征房产税、城镇土地使用税、营业税等公办学校待遇。公办学校收费一直使用的是国家事业单位专用收款收据，完全免税，民办学校最初也可使用国家事业单位专用收款收据，但现使用国税免税发票，需要承担相应的税金。民办学校为落实法人财产权，在将土地、房舍等资产过户学校名下时，要缴纳契税、营业税、增值税、价格调节基金等总计相当于房地产价值约9%的税费，过户1个亿的房地产要缴纳900万元的税费，致使一些民办学校的举办者迟迟不愿过户。

无论从现实还是长远考虑，疏通堵点、消除痛点都是进一步鼓励民间投资进入教育领域的当务之急。应进一步加大妨碍民办教育公平竞争政策的督查清理力度，在降门槛、同规则、同待遇方面下功夫、动真格，营造一视同仁的公平环境。

第一，完善民办教育准入和退出制度。尽快修订出台新的《民办教育促进法》等相关法规，依法允许举办非营利性学校和营利性学校，明确办学领域清单，并实行分类管理，进一步解决教育领域民间投资准入难问题。放开社会资金进入民办教育的管制，适度放宽办学层次、办学条件和筹设期限。鼓励公有、民营、外资等社会力量以多种方式投入教育领域，举办混合所有制民办学校，在学校管理、人员聘用、人才培养、财务管理等方面充分发挥社会力量办学灵活的体制机制优势。允许公办和民办学校相互投资、相互委托管理、相互购买服务。

第二，清除壁垒，落实招生等方面平等待遇。落实民办学校在招生工作、专业设置和计划等方面的同等待遇和自主权，在招生计划配置、跨区招生、招生接洽等环节一视同仁，不得歧视。民办学校可在教育部门规定的专业目录下自主设置和调整专业，报省级教育行政部门备案；超出教育部专业目录的，由省级教育行政部门报教育部审核备案。经省级教育行政部门认定的示范专业和特色专业，以及适应地方经济社会发展需求的新设专业，根据办学条件，可以自主编制招生计划，享有招生自主权。

第三，降低公共资源服务门槛。可以考虑设立全国民办教育发展专项资金，重点支持一批高水平民办学校建设，支持民办教育人才培养模式改革试点，支持民办教育公共服务（资源）平台建设。考虑地方财政能力实际，分阶段落实民办学校学生生均财政补贴，生均补贴标准参照当地公办学校生均财政拨款和学校实际办学成本制定。全面落实民办中等职业学校学生的奖、助学金政策。将民办学校纳入政府教育部门预算体系，民办学校与公办学校在财政教育项目、科研项目申报上享有同等权利。

第四，维护民办学校教师同等权益。建立健全教育人事制度，制定公办与民办学校教师同步发展合理流动的人事政策，民办学校教师在福利待遇、专业发展、户籍、人事档案代理等与公办学校教师实行同等政策待遇。建立公办、民办学校教师统一管理平台。民办学校教师在教师编制、人事档案管理、职称评定、校际流动、业务进修、教龄工龄计算、表彰奖励、职业技能鉴定等方面均与公办学校教师同等对待，统一管理。完善民办学校教师的社会保障机制，具有国家规定任职资格的民办学校教师，其基本社会保险按照事业单位（公办学校）的有关规定执行。民办学校教师按事业单位性质参加事业单位社会保障体系。

第五，合理确定各类税费征收的范围和比例。修订完善教育税收政策，统一规范各地对民办学校的税收行为。非营利性民办学校在建设规划、用水、用电、用气、排污等方面，与同级同类公办学校同等对待。对营利性民办学校各类合法收入，比照高新技术企业15%的税率收取企业所得税；从主管部门和上级单位取得的用于事业发展的专项补助收入，不征收企业所得税；对于从事学历教育的营利性学校以及营利性的托儿所、幼儿园自用的房产、土地，暂缓征收房产税、城镇土地使用税；对于营利性培训教育机构自用的房产、土地，减半征收房产税、城镇土地使用税。民办学校出资者将所拥有的土地以原值过户到学校名下时，只收取证照工本费和登记费；房屋过户到学校名下时，减半收取交易手续费。

2016 年 7 月 10 日

（周海涛，北京师范大学中国教育政策研究院供职）

深化"放管服"改革 促进电子
商务等新经济更好发展

乔尚奎　孙慧峰

当前，以互联网电子商务为代表的新技术、新产业、新业态、新模式层出不穷，这是我国经济发展的潜力与活力所在，同时也对政府简政放权、放管结合、优化服务提出了新要求。近期，我们就加快政府职能转变、促进电子商务等新经济发展问题，与财政部、商务部、国家工商总局、国家质检总局、海关总署等有关部门，以及京东、阿里巴巴、亚马逊、中粮我买网等电商企业进行了座谈。有关情况报告如下。

一、电子商务对增就业、扩内需发挥了重要作用

近年来，我国电子商务发展迅猛，已经成为新的经济业态、新的经济增长点和新的发展潮流。据统计，2014 年全国电子商务交易额约 13 万亿元，同比增长 25%；网上零售额约 2.8 万亿元，同比增长 49.7%。2015 年，全国电子商务交易额突破 20 万亿，网上零售额近 3.9 万亿元，同比增长 33.3%。其中，实物商品的网上零售额 3.2 万亿元，占社会消费品零售总额的十分之一，同比增长 31.6%。截至 2015 年底，我国网络购物用户规模超过 4.13

亿，占全国网民的 60%。

根据交易双方的身份，电子商务可以分为三种基本模式：一是 B2B 模式，即企业对企业，代表企业有阿里巴巴、慧聪网、中国制造网等；第二种是 B2C 模式，企业对个人，代表企业为京东、天猫等；第三种是 C2C 模式，严格意义讲，消费者之间自行发生的交易闲置物品等行为不应归为"商务行为"，但国内很多以 C2C 形式进行的交易已构成事实上的经营行为，代表企业为淘宝网。

电子商务对促进经济社会发展发挥了重要作用。一是带动扩大就业。电子商务对就业的直接拉动是电商企业的雇员、电商平台上的网店店主和服务人员，间接带动为电商服务的物流配送等就业人员，如果加上信息网络、交通设施等硬件服务人员就更多。据不完全统计，目前我国电商企业直接从业人员超过 250 万，像京东集团员工总数超过 10 万人，网店提供的直接就业以及快递物流等间接就业人数达 2000 万人左右。二是活跃了商品流通、促进了消费。网络交易大大简化了产品从生产端到最终消费端之间的环节，实现了点对点销售和输送，有效降低了流通成本，大大提升了资源配置和国民经济运行效率。据国家统计局测算，今年 1—6 月份，全国网上零售额超过 2.2 万亿元，同比增长 28.2%。其中，实物商品网上零售额 1.8 万亿元，对社会消费品零售总额增速的拉动约为 2.7 个百分点，贡献率为 26%。国家统计局相关调查和麦肯锡等权威机构的研究还表明，网络消费中有 22%—39% 属于新增消费，而不是对线下实体零售的替代，特别是在三线及以下城市，新增消费占比更高达 57%。三是满足了人们个性化、多样化的需求。以服装品牌为例，世界上最大的时尚品牌 Zara 一年只有 1.2 万个款式，而我国一家服装网商（韩都衣舍）一年就有 2 万多个服装款式。还有一家网商（爱定客），专门为年轻人提供定制运动鞋服务，7 天就可以交货。四是为大众创业、万众创新提供了重要平台。目前，电子商务已经从起初的网络购物向旅游、教育、餐饮、出行、医疗、家政等行业迅速扩展，成为创业创新的重要途径，催生了不少新的经济增长点。

二、电子商务领域存在的"放管服""堵点"和"痛点"

对于电子商务这样一种全新的领域，政府的管理理念和服务方式都相对滞后，既有审批门槛多的问题，也有监管方式不适应、服务不到位等问题，主要包括：

一是行政审批门槛多，制约电商发展活力。许多电商企业反映，现在各类行政审批还是太多。据反映，京东商城办理的许可证为 8 项，天猫商城和淘宝网分别为 5 项和 4 项，一些门户网站更是多达 12 项。京东等企业反映，他们在一些城市设立的配送站点，本身并不揽件，也被要求按快递企业管理，每一个点都得办工商、国税、地税、快递经营许可、交通运输证等 5 个证，手续跑起来很麻烦，而且还得定期换证，给企业带来很大负担。

二是待遇不公平、政策不稳定，影响企业投资积极性和预期。一些电商企业反映，在某些领域，比如取得 ICP 证和 ICP 备案许可证时，审批部门对国企、民企设立不同的前置条件，民营企业感觉受歧视，不能够与国企在同一起跑线上竞争。有的电商企业反映，2015 年国家鼓励跨境电商发展，各大试点城市都大力招商，希望电子商务企业能够租赁、自建保税仓库，但是 2016 年跨境电商新政发布后，保税仓库业务遇冷，由于政策切换给企业的过渡期太短，导致很多货物不能正常报关报检入库，不少跨境电商的前期投资面临较大风险。

三是管理僵化，简单套用线下规定来管线上行为。有的电商反映，政府对网上书店仍采用对实体书店的管理规定，要求从事网络出版物批发的企业注册资本不少于200万元、经营场所的营业面积不少于50平方米。这种规定将一些正规的中小型网络书店挡在了市场门外，特别是针对线上书店也设定了营业面积这一物理环境要求，明显不符合线上的特点。此外，跨境电商贸易碎片化特征明显，每天的邮包数量多达5亿—6亿个，但现在仍按传统一般贸易来管理，每一批商品都要求有报关单、都要接受法检，这给跨境电商带来很多不便，也给监管部门带来巨大工作量和压力。

四是监管依据缺失，部门监管职责交叉。我国尚未颁布针对网络交易的专门法律法规，对网络交易的规则散见于一些相关法律，比如《消费者权益保护法》《电子签名法》《侵权责任法》等，都不太适应网络交易的特点，而且部分规定存在冲突。目前，工商部门对电商领域市场监管的主要依据是两个总局令，即第60号总局令《网络交易管理办法》和77号总局令《网络商品和服务集中促销活动管理暂行规定》，此外还有一些部门的规范性文件，总体上法律效力偏低，约束力有限，执法实践中缺乏足够的执法手段和强制措施，不足以对不法电商产生有效威慑。同时，针对新兴交易模式的监管，包括电子商务信用、竞争规则、虚拟财产、虚拟货币、搜索引擎和网络广告、代购和团购等，法律上也未给出明确的监管依据。从监管部门看，也存在职能交叉重叠、多龙治水的问题，既有重复监管，也有监管空白。

五是违法行为发现难、处罚成本高、监管难度大。网络交易具有开放性、虚拟性、跨地域性等特点，违法行为发现难、调查取证难、处罚执行难，原先适用于实体市场的执法程序往往难以适应对网络交易违法行为的查处，或者执法成本高昂。比如，2014 年质检部门查处了一家网上销售羽绒服的企业，按惯例需要对生产企业进行追溯处罚，但销售企业说，我也找不到生产企业，平时都是网上联系的，根本没见过面。此外，由于交易的跨地域性，网络交易违法行为发生地、网店经营者所在地、消费者所在地常属于不同地区，一些网站经营者的实际住所、网站备案地、服务器所在地、发货地点等，也经常处于不同省份，有时还在国外，这往往导致管辖权不清晰的问题，给属地监管造成很大困难。

一些监管部门还反映，云计算、物联网、"互联网＋"等新业态、新模式层出不穷、日新月异，对新经济的监管像是打"移动靶"，监管的客体始终处于快速发展变化之中，监管难度非常大。此外，网上交易的商品是海量的，有的电商平台上有 12 亿多种商品在销售，而且每天还新增上千万种商品，传统的监管根本管不过来。

三、电商企业对政府"放管服"改革的建议

座谈中，电商企业对进一步深化政府简政放权、放管结合、优化服务改革提出了一些诉求和建议，主要是：

第一，继续推进简政放权，释放市场活力和社会创造力。管制过多往往抑制创新和市场活力。他们希望政府部门认真落实"法无禁止的，市场主体即可为；法未授权的，政府部门不能为"等原则，最大限度减少行政干预，为创新打开更大空间。他们认为，政府现在管得还是多，要继续减权限权。有关部门要全面清理电子商务领域现有审批事项，无法律依据的一律取消。对于电商企业反映较多的办证多、手续繁、不公平等问题，要有针对性

地予以解决。对于电商企业设立非法人的配送点,希望借鉴推广中关村改革试点经验,实施备案制管理,无须办理工商登记。

第二,尽快完善电子商务市场监管体制。电商企业建议,应坚持鼓励创新、包容发展的原则,减少事前审批、加强事中事后监管,对电子商务等新经济实行科学、审慎、有效的监管。政府要建立专项分工监管与工商部门一般综合性监管相结合的机制,进一步加强部门间沟通联系,推动信息共享,构建全方位、立体化的互联网监管系统。同时,政府应充分激发和调动行业组织和电商企业自身积极性,通过行业规则、行业公约等加强行业自律。应积极提升消费者维权意识和能力,借助第三方机构组织、宣传媒介和社会公众的力量,对电商企业经营行为进行外部监督,通过各方努力促进网络市场环境的自我净化。

第三,研究完善针对自然人网店的登记和税负政策。部分电商企业提出,国家在网络交易发展初期,曾出台允许自然人网店不办理营业执照等特殊规定,网店依法纳税的义务也未严格落实。一些电商凭借监管和税收优势,对实体商业形成了不正当竞争。国家流失的税收也并没有增加中小经营者的利润,而是转化为各类平台的收费。他们建议,应本着线上线下规则统一、不同电商主体平等竞争的原则,逐步改革完善政策,对自然人网店在税务登记、领取营业执照、银行系统实名认证等方面,执行与线下相同的规定,促进公平竞争。对于偶尔通过网络出售私人二手物品的私人卖家,则可不进行工商和税务登记。

第四,加快完善电子商务法律法规。电商企业普遍呼吁,要根据电子商务发展的新形势,尽快制定出台《电子商务法》,为企业经营和政府监管提供基本遵循。电子商务立法要充分听取电商平台、中小经营者、广大消费者、实体企业、政府部门等各方意见。同时抓紧修订《反不正当竞争法》《行政处罚法》等法律法规中不适应电子商务发展与监管的条款，尽快建立符合保护产权、维护契约、统一市场、平等交换、公平竞争、有效监管要求的电子商务法律体系。

第五，探索优化跨境电商管理模式。电商企业希望政府积极推广一些地方的先进经验，鼓励保税备货模式，实行"事前备案、事中监管、事后追溯"。适应电子商务长尾经济的需求，特别是要充分考虑跨境电商交易多频次、碎片化等特点，更多采用"负面清单"管理方式。尽快修订《海关法》《关税条例》等，参照大多数国家做法，不再区分货物、物品，并对一般货物和跨境电子商务商品实行统一税制、统一管理，而对于个人物品，应继续给予优惠税收待遇。

2016 年 7 月 22 日

推进公证办理"放管服"改革的建议

姜秀谦　朱峰

公证是司法公证机构根据个人或单位的申请，对民事法律行为、有法律意义的事实和文书的真实性、合法性予以证明的活动。公证作为一项社会化的法律服务，其主要作用在于经过公证证明的事项，具有优势证据效力或强制执行效力，能够较快地确定权利、预防纠纷和减少诉讼。除有相反的证据证明外，经过公证的证据可以直接被有关部门和法院采用。自 20 世纪 80 年代我国公证制度恢复重建以来，公证服务逐渐走进千家万户，为群众和企事业单位开展经济社会活动提供了重要的支撑。同时，随着对外开放、经济发展加快和社会生活呈现多样化、快节奏趋势等特点，群众对部分公证服务的质量和效率问题反映强烈。必须通过推进"放管服"改革，改进提升公证服务。近期我们就此问题作了调研，有关情况报告如下。

一、当前公证服务存在的突出问题

一是公证多。随着经济社会的发展，公证应用的领域不断拓展。目前，我国公证业务涵盖合同、继承、委托、声明、赠予、遗嘱等 11 大类事项的证明。在这些大类中，一些公证如继承公证还可以细分为房产继承公证、存款继承公证、社保金继承公证等多种公证。以北京市为例，全市 25 家公证机构 2015 年共办理公证事项 107.8 万件，比去年同期上升 14.6%，涉及委托公证、继承公证、保全证据公证、担保合同公证等 22 类业务。这些公证有的为群众办事提供了便利，得到了群众的认可。但也有的为群众办事增加了额外的环节，耗费了时间和精力，增加了一定的经济负担，群众颇有怨言。虽然我国法律法规没有规定强制性公证，但是一些部门和单位为了防范风险、规避自身责任，在规范性文件中对公证做了强制性规定，要求相关当事人凭借公证文书才能办理有关事务。如今委托买卖房屋、继承银行存款、继承房屋等都要求办理公证，整体上强制公证事项仍然偏多，不少群众迫切希望取消一些公证事项。

二是手续繁。有的群众反映，一些公证事项要求当事人提供的证明材料过于繁杂，有的甚至要求提供几位证明人。由于我国登记和档案系统尚不完善，群众开具证明材料往往面临困难，要么开不出，要么多次往返于不同部门、费尽周折才能开出。比如一般的房产继承公证至少要提供当事人身份证明、被继承人死亡证明、亲属关系证明、房产证等 4 种证明材料，在发生多人转继承等复杂情况下，有的要提供 15 种证明材料，群众往往要跑派出所、民政局、基层人民政府、社区居委会以及被继承人单位等多个部门。同时，办理继承公证等事项，对当事人到场办理要求过于严苛。调研中了解到一个案例，北京市一位 85 岁老太太去世，留下十几万元的存款，家属忘记密码，银行要求办理继承公证才能取款。地处顺义的一家公证处在办理公证时，要求家住市区的年迈老伴和包括远在美国的所有子女都要到场。办理过程中，家属只带身份证不行，被要求回家取户口本，国外子女要回美国开具委托公证材料，还要求子女不仅提供母亲死亡证明，而且要提供 110 多岁的外祖母死亡证明。这还不算，还要提供两名非亲属证人。加上因银行存款查询复函盖章不合要求等原因，前后往返公证处十余次。其间家属多次打电话催办，公证员要么出差办事要么不在单位，历经两个多月才办完公证。对此，当事人苦不堪言。

三是周期长。公证法规定一般公证的办理时限是受理公证申请之日起 15 个工作日，但是补充证明材料或者核实有关情况所需时间不计算在期限内，这就导致一部分公证事项实质上要 2 个月以上才能办理完毕。加之一些公证机构消极懈怠、办事拖沓，有的公证甚至四五个月才能办完，影响了交易效率，增加了时间成本。由于公安、住建、民政等部门和单位以保护隐私或公共安全为由对其掌握的居民身份信息、房产信息、婚姻信息等信息系统不开放、不共享，当事人补充证明材料和公证机构核实信息往往比较困难。

四是收费高。根据国家有关部门确定的公证收费管理办法，公证根据不同类别实行计件收费或按标的额收费，收费数额少则几百元，多则不封顶。近年，有关部门出台了降低公证收费的政策，但仍有群众反映，部分公证收费依然偏高。以一套 100 平方米、价值 500 万元的商品房遗产继承公证为例，按照受益额的累进递减费率计算，公证费用达 4.14 万元。一纸公证收费如此之高，有"雁过拔毛"之嫌，让人对公证机构的"非营利性"产生怀疑。同样面积房屋因地处位置不同，可能价值 800 万元，继承公证费用达 5.64 万元，多出 1.5 万元，公证工作量几乎一样，但费用相差较大，有失公平合理。

二、几点建议

（一）取消不必要的公证事项。公证本质上是证明的"加强版"，尽管在法律效力上比普通的证明要强，能够发挥代替诉讼、预防纠纷的积极作用，但在消耗群众的精力和费用上比普通的证明也要多。因此，从减轻群众负担、减少交易成本的角度出发，应当尽量减少强制性公证。在"放管服"改革的大背景下，应当确立"能不用证明的不要求开证明、能用证明解决的不要求办公证"的办事原则，引导相关部门和办事机构转变对证明和公证的依赖，通过有关要件的替代，最大限度地减少证明和公证的强制性要求。比如，房屋委托买卖公证问题，此项公证的目的主要是便于房屋过户登记机构确认业主委托表示的真实性，但是实践中即使办理了此项公证，买卖双方仍然都要去房屋过户登记机构现场核实身份，这项委托公证意义就不存在了。公有房屋变更承租权协议公证，是一些单位的公房管理部门在变更承租权登记时强制要求承租人提供的，实质上没有依据，也增加了承租人的负担。企业营业执照等证件类公证等，既然是工商等政府部门颁发的证件，也没有必要再通过公证证明其真假。再比如，外国孩子在国内上学，按照公安部门规定和学校的要求，需要中国人办理监护保证人公证，鉴于监护人已经签署了保证书，这项公证也可以取消。

（二）精简公证办理流程。按照最大便利群众办事的原则，删繁就简，提高公证办理的便捷性。一是减少不必要的证明材料。在提供身份证明时，有身份证的就不再要求提供户口本。对于当事人确实无法获取的证明，应当增强所必需材料的选择性和可替代性，通过寻找相关证据进行替代。对标的金额较小的公证，应当设置简易程序，简化材料。比如，在小额存款继承公证中，高龄继承人死亡证明的确无法获取的，应当允许相关当事人以发表声明承诺等合理方式进行替代。二是减少当事人到场办理的硬性要求。对于书面委托、传真、邮寄等方式能够提供证明材料的，尽量不要求当事人现场提供材料。要充分考虑有的当事人行动不便、身在国外等特殊困难，注重运用上门服务、视频录像录音取证等方式进行办证，减少当事人到场办理、往返奔波的麻烦。三是完善公证办理的工作机制。变当事人举证为公证机构取证，全面推行"一站式"服务，积极行使公证机构的核实权，力争让当事人"一次到场、全程代办"。探索延伸公证服务，在出具公证文书之后，可积极协助办理相关后续事项。四是大力运用大数据和"互联网＋"等技术手段提高办证效率。目前，上海市卢湾区实施了运用大数据实现公证信息共享的"藏宝湾"计划，其他地方也在推进公证信息化上开展了积极探索。要总结各地经验，在全国加快公证信息化进程。首先要从公证行业内部做起，实施公证文书电子化，建设公证大数据库，以大数据的方式实现公证行业内部存量证明材料和公证文书的实时调取和互联共享。与此同时，民政、公安、住建等相关部门通力合作，打通部门间的信息"孤岛"，有针对性地共享婚姻、户籍、房产登记、银行征信等信息，为公证机构获取和核实信息提供便利。

（三）合理调整收费标准。目前有的公证按件收费，没有充分考虑标的额的差异，使小额标的公证负担偏高。有的公证按标的额收费，费率多年没有调整，没有考虑到涉民生的许多标的价值越来越高，按照既定费率可能产生几千甚至几万的公证费用，对群众造成较重经济负担。要本着便民惠民的原则，对群众经常需要办理的公证事项，及时调整收费标准，适当扩大和规范公证费用减免，不断减轻群众经济负担。例如，对法定继承、遗嘱继承以及遗赠抚养协议等事项的公证，应当适当降低按受益额比例收费的费率，并在此基础上设定一个普通老百姓能够接受的费用上限。同时，要明确继承受益额的计算方式，将房屋等遗产的评估价而非市场价作为计算收费的基数，尽量减少当事人的费用支出。

（四）深化公证体制机制改革。国际上，无论是英美法系还是大陆法系主要国家，公证事项多由律师、一般公民、自负盈亏机构等办理，而很少由国家包办。长期以来，我国实行行政化的公证体制。2000 年，国务院办公厅批复了《关于深化公证工作改革的方案》，要求将行政体制公证处改革为事业体制。2006 年实施的《公证法》也明确将公证机构性质定位为承担民事责任的证明机构。但目前，公证体制改革进展迟缓，全国仍然有 40% 的公证机构是"吃皇粮"的行政体制，部分省份这一比率将近 70%。一些行政体制的公证机构，在办证效率和服务质量上往往比事业体制的公证机构要差，影响了公证服务行业的发展。建议尽快完成公证机构"去行政化"改革任务，彻底将行政体制的公证机构转变为事业单位或社会化法人机构。可在大中城市率先放开公证服务市场准入，取消公证机构的数量管制，允许自然人依法联合设立公证机构，形成良性竞争格局，促进公证业整体提高服务质量。同时，随着形势的发展变化，现行的公证相关法律规定，有的已经不适应实践需要，有的已经被实践突破，有的上位法与下位法之间存在冲突抵触。要加快相关法律制度的立改废释工作，为深化改革提供法律支撑。

（五）加大公证失信惩戒力度。一方面，要强化公证机构的质量意识和责任意识，严厉打击公证员虚假办证行为，坚决防止办假公证、办错公证，提高公证文书的公信力。另一方面，要高度警惕当事人提供虚假证明材料办理公证的现象，严厉打击当事人骗取公证文书的行为。要把公证服务诚信纳入全社会诚信体系建设，加快完善公证失信惩戒机制，建立失信行为记录系统和大数据库，让失信者处处受限，破除失信者的侥幸心理，对失信者形成强大震慑。同时，加大对公证失信行为的惩罚力度，及时对失信者课以行政处罚乃至刑事处罚，增加失信行为成本。

2016 年 7 月 22 日

缓解融资难融资贵的若干建议

李继尊　史德信　冯晓岚

最近，我们会同有关部门就企业融资成本问题做了研究，并通过实地调研、委托调研等方式听取了河北、辽宁、山东、浙江、江西、四川、重庆、深圳等8个省市实体企业和金融机构的意见建议。现将有关情况和看法报告如下。

一、统计数据与企业感受之间的强烈反差

有关部门公布的数据显示，2014年以来，企业融资成本总体呈下降趋势。从银行间市场看，2016年6月份同业拆借和债券回购加权平均利率分别为2.14%和2.1%，比2014年末分别回落1.35和1.39个百分点。从债券市场看，6月份非金融企业债务融资工具加权平均发行利率3.69%，比2014年末回落1.83个百分点。从企业贷款看，6月份非金融企业贷款加权平均利率5.26%，比2014年末回落1.51个百分点。从相关收费看，21家主要银行服务收费项目由2012年的平均390项减少到2014年305项、今年6月份182项。

我们调研发现，企业融资成本问题旱涝不均，分化明显。一方面，大企业、国有企业、上市公司融资成本并不高，大部

分贷款是基准利率，不少可以拿到优惠利率，有的下浮15%。河北某工具公司反映，今年以来贷款综合成本为4.41%，2014年、2015年分别为6.52%、5.27%。通过债券市场融资的企业，成本比贷款低1—2个百分点。另一方面，小微企业包括创新创业企业融资成本居高不下，大部分比前几年还要高。据工信部调查，小微企业贷款利率普遍上浮30%—50%，另外还要缴纳银行、担保公司等收费。通过银行以外渠道融资的成本更高，如小贷公司贷款年化利率一般为15%—18%，私募债融资的成本达15%—20%。辽宁某高新技术企业反映，今年上半年综合融资成本达17%。小微企业为续贷借到的"过桥"资金日息2‰—3‰，年化利率高达70%—110%。还要看到，当前小微企业生产经营非常困难，利润很薄，这么高的融资成本无异于"雪上加霜"。

据一些小微企业反映，当前融资难比融资贵还要突出。小微企业最怕银行抽贷、断贷，有的企业虽然借到"过桥"资金，但由于银行不再续贷，陷入绝境。参加座谈的重庆某塑胶企业负责人讲到被断贷的遭遇时，一度失态。还有一些小微企业、创新创业企业求贷无门，不得不求助于民间借贷，结果被拖垮。深圳某科技型企业反映，即使是15%的年利率也借不到钱。

二、小微企业融资"贵"在哪里，"难"在何处

从我们抽样调查的小微企业看，融资成本大体分三块，除了利息支出，还有各种名目的收费和隐性成本，后者甚至与利息持平。收费主要包括：（1）担保费，通常为1.5%—2.5%。（2）资产评估费，一般为抵押物评估金额的0.1%—0.25%。（3）登记费，每次办理抵押贷款包括续贷都需要重新登记。此外，有的小微企

业办理贷款还要缴纳贷款风险保证金、贷款承诺费、资金管理费、财务顾问费、咨询费、审计费、公证费、信用评级费、银行承兑汇票敞口风险管理费等。

值得注意的是，小微企业贷款各种隐性成本很高。主要包括：（1）担保公司收取的担保保证金。通常为贷款额的 10%，有的高达 30%。一旦担保机构倒闭，保证金就打了水漂。（2）银行收取的贷款保证金。通常为贷款额的 5%—20%。（3）银行以承兑汇票方式提供贷款。银行向企业放贷，其中一定比例用银行承兑汇票支付，期限通常 6 个月，如果企业到期前使用现金，需要支付贴现费用。（4）要求企业以贷转存，存贷挂钩。深圳某通讯公司从银行贷款 300 万元，其中 100 万存回去，帮助银行完成存款任务。（5）实际使用贷款期限被压缩。重庆某科技公司反映，从银行贷到的一年期贷款，实际使用期限只有 10—11 个月，无形中提高了贷款成本。（6）办理续贷耗时长。企业贷款到期后，必须先"还旧"才能"借新"，间隔时间少则 1—2 周，多则 1—2 个月。企业为防止资金链断裂，只好从其他渠道借"过桥"资金，加重了负担。

融资难主要表现在，银行对小微企业贷款更加审慎，条件更加苛刻。比如，降低土地、房产及机器设备的抵押率。据反映，以前银行对高科技企业可按资产评估值 1.2 倍放贷，从 2014 年开始很多按资产评估值 0.5 倍放贷。再如，缩小放贷范围。山东、浙江、四川等地企业反映，现在银行不愿对新的小微企业贷款，对老客户也要"过筛子"，稍有风险就砍掉。又如，项目贷款难。江西、河北等地的企业反映，银行对小微企业一般不放项目贷款，只放 1 年期以内的短期贷款，有好项目也很难贷到款。

三、客观认识问题的成因

我们分析认为，当前小微企业融资难融资贵既是老问题的延续，也有一些新情况，需要找准症结，对症下药。

一是小微企业生产经营比较困难。小微企业本身先天不足，存活期短，抵押物少，治理不规范，信息也不透明。据各地反映，今年以来小微企业关停比较多，有的行业占比达 20% 以上，不良贷款上升较快。6 月末，小微企业贷款不良率为 2.70%，比全部贷款不良率高出 0.89 个百分点。在这种情况下，银行自然不愿贷，即便贷也需要更高的成本来覆盖风险。此外，小微企业单笔贷款额度小，但手续、流程等与大额贷款差不多，操作成本高。

二是银行顺周期行为加剧。一些企业反映，银行出于业绩考核、防范风险等考虑，往往"晴天打伞，雨天收伞"。在企业困难的时候，银行不仅不加大支持，反而惜贷、抽贷、压贷甚至断贷，形成恶性循环。一些银行在内控方面对国有企业和民营企业也有区别，经办人员担心贷给民营企业被追责。此外，受利率市场化、资管产品等影响，银行筹到的钱也不便宜，息差收窄，经营压力增大。

三是融资结构不合理。我国直接融资比重较低，今年 6 月末占社会融资总额的比重不到 15%，小微企业从股市、债市融资微乎其微。在间接融资方面，以大银行为主，即便是小银行也热衷于做大项目，盲目做大规模、跨地区扩张。

四是一些地方金融生态恶化。主要是企业债务违约案件增多，一些企业甚至恶意逃废债，金融机构和投资者更加谨慎。从调研了解的情况看，那些不良率高、恶意逃废债多发的地方，融资难、融资贵更为突出。比如，由于今年以来东北特钢连续 7 次债务违约，辽宁省企业债发行比较困难。全国第二大担保公司河北融投暂停代偿、履约等全部业务后，当地很多银行不敢与担保公司合作，一大批依赖担保融资的小微企业受到拖累。

四、加强小微企业金融服务的八条建议

总的看，小微企业融资问题十分复杂，既涉及总量政策，也涉及融资结构、体制机制等深层次矛盾。破解这个老大难问题，必须把政府和市场这"两只手"的作用都发挥好，企业、金融机构要努力，货币政策、监管政策、财政政策要完善，地方政府也要营造环境。针对这次调研中实体企业、金融机构等方面反映比较突出的问题，提出以下建议。

（一）从金融机构入手推动政策落地。企业普遍反映，近几年国务院和有关部门出台的小微企业融资政策比较多，但真正落地见效的少，看得见、够不着。比如，2014 年 7 月以来，银监会发布的 6 个涉及小微企业金融服务的文件一再重申续贷政策，但企业对续贷难反映仍很强烈。据河北省参加座谈的 9 家企业反映，没有一家享受过无还本续贷政策。个别员工甚至故意拖延续贷审批时间，通过与民间融资机构勾结，借"倒贷"捞取好处。一些明文禁止的违规行为仍大行其道，有的银行对不准以贷转存、借贷搭售、转嫁成本等规定明知故犯。建议有关方面对小微企业融资政策落实情况开展第三方评估，加大问责力度。特别是深入了解小微企业真实反映，解剖麻雀，找出症结，完善政策措施。

同时，推动金融机构针对小微企业创新产品和服务，拓宽抵质押物范围，多放信用贷款，缩短续贷审批时间，下放大银行贷款审批权限。

（二）完善银行监管政策。对于银行来讲，监管政策是个指挥棒。一些银行反映，"三个办法、一个指引"等监管政策不少是前几年针对当时特定情况制定的，现在形势发生变化，有些不太适应了。比如，受托支付主要是防止挪用贷款，尽管对个人和企业小额贷款有一些区别，但事实上要么银行不执行，要么小微企业实际上做不到，贷到的钱不好用。再如，有的地方对无还本续贷按展期贷款对待，需要列入关注类，银行对落实这一政策不积极。又如，对小微企业固定资产贷款、项目贷款缺乏差别化的政策，普遍存在短贷长用、流贷固用现象。建议有关部门认真梳理类似的问题，抓紧修改已经过时的、不符合小微企业贷款特点的监管规定，增强政策的针对性和有效性。

（三）加快建立政府支持的融资担保体系。2014年国务院专门就融资担保开了电视电话会议，发了文件，明确要求省、市、县设立政府支持的融资担保机构，但各地进展不一。据反映，目前不少民营融资担保公司风险上升，经营困难，银行不敢与它们合作。在这个时候尤其需要发展政府支持的融资担保机构。建议抓紧设立国家融资担保基金，加快省级再担保机构建设，以上带下建立政府支持的融资担保体系。

（四）推动建立应急转贷机制。从调研了解的情况看，有的地方建立了政府出资的应急转贷资金，有的地方建立了企业互助应急转贷平台，有效解决了筹集"过桥"资金的难题。如河北省邢台市工业经济联合会牵头组建的封闭式互助基金，"过桥"资金年化利率仅2.4%。对这方面的做法，应注意总结，成熟的予以推广。

（五）加大对贷款保证保险的支持力度。在当前小微企业不良贷款上升的情况下，发展贷款保证保险可以起到增信作用，改善小微企业可贷条件。目前，各地探索推出了银保合作、政银保合作等多种模式，但规模还非常小。主要是额度小，笔数多，银行不积极，保险公司微亏。建议加大财政投入，增加风险补偿基金或保费补贴，提高政府的风险分担比例，调动银行和保险公司的积极性，把这块业务的潜力挖掘出来。

（六）拓宽小微企业直接融资渠道。小微企业从资本市场融资存在天然的障碍，但也并非没有作为的空间。可考虑采取的措施：

1.适当降低新三板投资者准入门槛。目前，新三板挂牌企业虽然增长很快，但有价无市，主要原因是活跃的投资者偏少，交易机制不灵活。建议调整投资者适当性要求，扩大做市商类型，丰富交易方式。

2.支持有条件的农商行、城商行、融资担保公司、小贷公司等中小机构上市融资。这些机构主要服务于小微企业，通过上市可以增强资本实力和服务功能。

3.在防范风险的前提下，规范发展区域性股权市场，完善交易、定价、融资等功能。

4.丰富适合小微企业的债券品种。在总结浙江、深圳试点经验的基础上，推广"双创"债券试点，择机推出高收益债券，扩大小额信贷资产证券化发行规模。

（七）加快完善社会信用体系。在这次调研中，银行等金融机构对小微企业缺信息、缺信用的问题反映很多，这是导致银行不敢贷的重要原因。大家提出的建议主要包括：（1）整合央行、税务、工商、司法、海关、保险等信息平台，抓紧解决部门分割、信息孤岛等问题，推动信息共享。（2）在依法确权的基础上，充分运用互联网、大数据、云计算等技术手段发掘小微企业信息资源。积极发展互联网征信。（3）支持小贷公司、承销债券的证券公司、保险公司等机构接入央行征信系统。（4）完善失信联合惩戒机制，严厉打击恶意逃废债行为，改善金融生态环境。

（八）鼓励发展服务于小微企业的金融机构。各方面普遍认为，解决小微企业融资问题，应重视发展社区性、专业化的中小金融机构。一方面，办好民营银行，大力发展金融租赁公司，培育信用保证保险公司，开发更多为小微企业量身定做的产品和服务。另一方面，要求农信社、农商行、城商行等地方中小金融机构扎根当地，重心下沉，禁止跨省设立分支机构。

还有一些同志认为，应发挥政策性金融支持小微企业的作用。国外在这方面有不少经验，建议探索设立小微企业政策性金融机构，也可考虑在现有的开发性政策性金融机构内部设立小微企业金融服务事业部。

2016 年 8 月 18 日

加快建立国有企业改革容错机制的建议

张军立　马波　胡成

当前，国有企业改革进入深水区、攻坚期，加快建立"鼓励创新、宽容失败、问责无为"的容错机制，对于深入推进改革重要且迫切。李克强总理在去年 9 月召开的深入推进国有企业改革和发展座谈会上强调，如果企业家没有担当、不敢冒风险搞改革探索、不敢参与市场竞争，那么企业是很难有活力的。同时，企业家也难免会出现失误，对待失误应客观判断其性质和原因，如果是因违反法律法规和内控程序、擅自决策等造成重大失误，就必须追究责任；如果是探索中的失误，就应该宽容。马凯副总理在今年 7 月召开的全国国有企业改革座谈会上指出，要健全容错纠错机制，给改革创新者撑腰鼓劲。要保护改革者，宽容失败，让他们卸下思想包袱，敢想、敢做、敢为。王勇国务委员也指出，要在健全容错纠错机制、鼓励干事创业上下功夫。近期，我们就这一问题进行了专题研究，召开了三个座谈会，与部分中央企业负责人、地方国有企业负责人和省市国资委负责人进行了座谈，听取有关意见和建议。现将有关情况报告如下。

一、建立国有企业改革容错机制迫在眉睫

党的十八届三中全会以来，国有企业改革取得积极进展，但进展不平衡，一些地区、一些企业、一些方面推进缓慢。原因是多方面的，但很重要的一条就是担当精神不足，主动性不够，怕字当头，等待观望，多一事不如少一事。有了文件等细则，有了细则还要等细则的细则。其中有主观不作为的因素，也有客观上容错机制不健全的问题，一些地方和企业的改革积极性和主动性没有充分调动起来。

改革本身就是一条试错和创新之路。尽管国有企业改革有了顶层设计文件，但各地区、各行业、各企业的情况千差万别，在落实过程中仍需要因地制宜、在探索中前进，有很多细节需要具体决策，难免会出现失误和挫折，仍然需要肩负一定责任。每一项改革都只能"成功"，不许"失败"，本身就违背改革探索的内在规律。只有给改革者总结经验教训、重整旗鼓的机会，才能去其忧、消其虑，才能真正把改革推向前进。

部分省市在这方面进行了积极的探索，取得了较好成效。山东省国资委出台了《关于支持和鼓励省管企业改革创新建立考核免责机制的意见》，上海市国资委指导上海纺织集团、上汽集团制定了企业内部建立容错机制的意见。从各地的实践看，容错免责机制的建立实施，从制度层面给企业推进改革吃了一颗"定心丸"，改革动力明显增强，激发了企业的能动性和进取意识；改革力度持续加大，促进企业更加大胆地突破体制机制弊端和利益藩篱束缚，过去一些棘手难办、不敢动真碰硬的难题成功破题。

当前，国有企业改革的顶层设计已经基本完成，进入全面推进实施的攻坚阶段。政策文件不会自动执行，每一项重大改革举

措都要靠人来落实，这就需要把改革者的积极性调动起来、后顾之忧解除掉。正像李克强总理在今年政府工作报告中指出的，要健全激励机制和容错纠错机制，给改革创新者撑腰鼓劲。激励与容错，两者对改革者同等重要、缺一不可。近年来，我们在推进国有企业市场化改革、建立激励机制上出台了不少政策措施，起到了很好效果，但在容错机制方面还仅限于原则性提法，还没有形成成型的制度措施。大家普遍认为，加大改革力度，促进改革尽快取得成效，亟需在国家层面，从制度上加快建立国有企业改革容错机制，为改革者提供一道"护身符"。

二、建立国有企业改革容错机制的总体思路

（一）明确指导思想。建立国有企业改革容错机制，要全面贯彻党的十八大和十八届三中、四中、五中全会精神，深入落实党中央、国务院决策部署，支持和鼓励企业在法律法规和政策框架下积极探索、大胆实践，充分激发国有企业干部职工改革创新的积极性、主动性，最大限度保护敢作敢为、锐意进取的企业改革者，努力营造鼓励创新、宽容失败、问责无为的良好氛围，推动国有企业改革不断走向深入、取得实效。

（二）遵循基本原则。一是坚持"三个区分"。习近平总书记提出的"三个区分"既是对总体改革的要求，也是对国有企业改革的要求。要把在推进改革中因先行先试出现的一些失误和错误，同明知故犯的违纪违法行为区分开来；把上级尚无明确限制的探索性试验中的失误和错误，同上级明令禁止后依然我行我素的违纪违法行为区分开来；把为推动发展的无意过失，同为谋取私利的违纪违法行为区分开来。二是坚持试错、容错、纠错一体化。既鼓励改革创新、大胆"试错"，又要对程序规范、出于

公心、不谋私利的改革者依规"容错"，同时对改革失误要及时"纠错"，最大限度挽回损失或消除不良影响。三是坚持改革容错与守住底线相结合。要确保改革容错在法治轨道上进行，坚持容错不容罪、容错不容贪、容错不容偏，坚决不突破法律、纪律、政策"三条底线"，对于突破底线的行为零容忍。

（三）明确容错条件。对于改革的关键环节和重点领域，要划出容错的范围、明确免责的条件。如对企业改革创新工作。企业改革者为增强企业活力和竞争力，在体制机制等方面有较大突破和探索的改革创新事项，如果方案制定、决策和实施程序符合规定，但由于缺乏成熟经验，未达预期效果，区分情况，可酌情减轻或免于追责。如对企业改制重组、产权（资产）转让、投资管理、资本运营等重大事项。企业改革者已履行勤勉尽责义务，严格执行有关决策程序，但因不可抗力或政策调整、市场因素变化等难以预见的客观因素影响，在积极采取应对措施后，仍未达预期或造成一般资产损失、影响较小的，区分情况，可酌情减轻或免于追责。如对企业"三重一大"决策事项。紧急情况下由个人或少数人决定，在事后及时向企业党委、董事会报告并按程序予以追认的，按期实现预期目标、未造成资产损失的，对相关责任人可免除责任。如对引发信访问题或群体性事件。在推进企业改革、解决历史遗留问题中，因勇于破除障碍、触及固有利益，引发信访问题或群体性事件的，或在应对群体性事件中采取临时性措施有瑕疵的，但事后及时补正的，可酌情减轻或免于追责，等等。

（四）规范容错程序。容错谁说了算？程序怎么定？建议按照国资监管的事权划分，由行使国有资产监管职权的国资监管机构对所监管国有企业的改革失误进行容错免责认定，相关组织、纪检、审计、监事会等协同配合。容错程序可以包括：一是申请。

单位或本人认为符合免责条件的，可按干部管理权限向国资监管机构提出书面申请。二是核实。国资监管机构依申请事项开展调查，核实相关情况，听取企业或个人的解释和说明。三是认定。根据调查的结果，由国资监管机构会同有关部门做出认定意见，必要时可实行听证制。

（五）健全相关制度。健全的制度是建立容错机制的重要前提，只有规章制度明，才能政策界限清。一是明确权利界限。要划清楚国资监管机构和企业之间的权利界限。国资监管机构要加快制定出台权力清单和责任清单，明确什么是禁止的，什么是可为的。清单之外，企业可依据"法无禁止皆可为"的原则，进行大胆尝试，提高改革创新的效率。二是完善决策流程。要结合企业实际确定"三重一大"事项的标准、范围、程序，形成"三重一大"决策清单。要把风险评估、合法性审查、集体讨论决定作为重大改革决策事项的法定必经程序。要建立包括方案论证、会议决策、工作督导等方面的全方位履职记录制度。三是划出"红线"标准。针对混合所有制改革、员工持股、改制重组、产权转让、履职待遇等"敏感"问题，要结合实际情况进一步完善政策文件，明确政策红线底线，做到清晰明了、具有可操作性，为改革者提供行动准则。

（六）完善保障措施。一是建立澄清保护机制。要妥善处理因推动国有企业改革而引发的信访问题，对查无实据或经认定予以免责的，要在一定范围内予以澄清，及时消除负面影响。对恶意中伤造成恶劣影响的，要严肃追究责任。二是建立改革容错补偿机制。发达国家公司普遍为董事购买责任保险，对董事在履职过程中的工作失误进行风险补偿。我们也要探索建立合理补偿机制，避免让先行先试者独自承担"试错"成本。三是建立免责人员正常使用机制。对已经容错免责的国有企业领导人员，不做负面评价，不影响正常使用或提拔重用。

三、有关建议

建议从国家层面加快制定"建立国有企业改革容错机制的指导性意见"，纳入国有企业改革"1+N"文件体系。

2016 年 8 月 31 日

重庆发展土地储备 PPP 的主要做法与启示

刘力　张红晨

　　土地储备是我国城镇化和工业化的重要基础，也是 PPP（政府与社会资本合作）和投融资改革的重点领域。近年来，一些地方开始探索在土地储备中引入 PPP，但整体推进缓慢。最近我们赴重庆市进行了专题调研，了解到该市在这方面推进较快，取得了不少经验。现将有关情况报告如下。

一、重庆发展土地储备 PPP 的主要做法

　　自 2014 年 8 月推行 PPP 以来，重庆已实施 4 个土地储备 PPP 项目，累计引入社会投资 124 亿元，另有 2 个正在启动的项目将引资约 146 亿元。其主要做法是：

　　（一）解放思想，为 PPP 发展转观念。重庆土地储备和基础设施建设投融资工作多年走在全国的前列，为地区经济社会跨越式发展提供了重要保障。但一些部门、区县和国有企业的负责人因此形成了安于现状、墨守成规的意识，认为没有 PPP "照样揽瓷器活"。针对这一情况，重庆市开展了较大规模的 PPP 教育培训活动，市委常委会专门作出部署，市政府主要领导亲自登台授课，仅全市层面的培训班就举办了 20 多期。通过教育培训活动，

全市党政干部明晰了发展 PPP 的重大意义，掌握了 PPP 基本知识，树立了平等、伙伴、守信的 PPP 意识，为全市 PPP 的快速发展奠定了思想基础。

（二）建章立制，为 PPP 发展"定规矩"。2014 年 8 月 1 日，重庆在全国率先出台《PPP 投融资模式改革实施方案》。根据这一文件，该市有关部门制定了土地一级整治 PPP 试点方案，还制定了《重庆市土地一级整治 PPP 项目和公益性项目配置土地招标实施方案（试行）》和《重庆市国有土地一级开发类和公益性基础设施配置土地资源类 PPP 项目风险防控机制建设方案（试行）》等配套政策。这些政策对土地储备 PPP 的主体资格、适用范围、整治方式、计划管理、操作流程等都做了详细的规定，确保土地储备 PPP 的发展有章可循、有据可依。

（三）因地制宜，积极探索 PPP 发展模式。重庆市以原有土地储备模式的成熟经验为基础，根据土地一级整治投资规模大、开发周期长、不确定因素多、风险性强等特点，对土地储备 PPP 实行"整治—移交"方式。在不改变现有土地储备模式前提下，将土地整治环节剥离出来向市场放开，合理设定收益上限，通过招投标方式引入社会资本，待土地招拍挂和土地出让金入库后，社会投资人按约享受收益回报、不参与土地出让收益分成，财政也不兜底、不担保、不负债。这一方式实质上是对国家有关部门在 2016 年才提出的、通过政府采购服务筹集土地储备资金的提前探索和创新。此外，针对土地一级整治中的难点问题，重庆市还采取了一系列创新性的措施。例如，在项目实施上，实行国有平台公司与社会投资方股权合作模式，以股权投资方式进入，以股权转让方式退出，既强化了公私合作，又有效降低了税费负担。

（四）合作互补，有效化解 PPP 发展风险。土地储备 PPP 风险很大，如何有效管控风险是项目成败的关键。重庆在制度设计和实施过程中，十分注重通过政府、土地储备机构（平台公司）和社会资本之间的紧密合作和优势互补，来有效化解 PPP 发展风险。一是政府有关部门负有规划、审批和监管责任，确保项目必须符合土地利用总体规划、城乡建设总体规划和储备土地整治计划，同时加强项目整治与土地市场的有效衔接，努力防控政策法律风险，并通过完善监管来防范廉政风险。二是土地储备机构负责测算项目资金需求、制定计划和征地拆迁并承担相应的违约责任，如拆迁滞后带来的额外财务成本。三是中标的社会投资者则发挥资金优势，筹措土地整治资金，满足项目资金需要，承担并防范金融风险和市场风险。四是土地储备机构下属公司与中标的社会投资者通过股权合作的方式，共同而又依据股权比例承担相应的经营风险。

（五）量体裁衣，着力吸引民营资本参与。重庆土地储备 PPP 既坚持公平原则，又通过合理的制度设计来吸引民营资本参与。例如，考虑到民营资本的实力状况，重庆把单宗土地整治规模上限原则上确定为 1500 亩，年均投入资金约 5.5 亿元，既降低了进入门槛，又利于充分竞争。重庆市还鼓励民营资本与民营资本之间、民营资本与其他性质的资本之间组成联合体，"抱团"参与土地储备 PPP。这些有针对性的制度设计，加上强有力的规则保障和风险防控，有效激发了民营资本参与的积极性。在已经引入的 124 亿元社会投资中，民营资本占了 44%。

二、几点启示

如何有效实施和加快推进 PPP，是当前经济工作中亟待解决的重要课题。我们从重庆土地储备 PPP 的实践中，得到了如下启示：

（一）发展 PPP 必须以转变观念为前提。在基础设施和公共服务领域发展 PPP，是我国投融资体制的重大创新。地方政府对政府直接投资驾轻就熟，但对运用 PPP 不熟悉、不适应，直接影响了 PPP 的推广应用。各地应加强对 PPP 知识的教育培训，使地方各级干部掌握 PPP 知识，熟悉 PPP 运作，增强 PPP 本领。最重要的是要树立 PPP 意识，由过去的依赖政府投资和贷款向政府与社会资本合作转变。

（二）发展 PPP 必须以完善的规则为保障。PPP 投资大、周期长、风险多，加之利益关系复杂，需要有完善的规则特别是强有力的法律作保障。目前我国尚缺乏法律层面的规则，仅有的部门规章还存在"两套体系、相互冲突"的问题，土地储备等领域也缺乏专门的规制。应加快 PPP 立法步伐，尽早统一部门规章，抓紧制定专门性规则，为 PPP 的发展提供有效的规则特别是法律保障。

（三）发展 PPP 必须依靠改革创新。作为新型投融资方式，PPP 在发展过程中一定会遇到各种困难和问题，既包括如何运用新规则，也涉及如何突破传统规则。各地情况千差万别，遇到的困难和问题也各不相同。应鼓励各地从实际出发，积极开拓创新，找出解决问题的方法和路子。比如，在棚户区改造等棘手领域，应允许在一些地方试点，改革土地招拍挂制度，实施土地一、二级综合开发。

（四）发展 PPP 必须充分利用民营资本。PPP 的原意就是"公私合作"，我国发展 PPP 也必须充分利用民营资本。如果主要在地方政府和国有企业之间"自弹自唱"，实质上是把政府负债转移到国有企业负债,最终都是由国有资产买单。应采取有效措施确保地方政府在 PPP 的发展过程中,坚持"两个毫不动摇",消除对民营资本的准入歧视。同时,应在项目设计、法律保障、风险防控、融资促进等方面采取具体措施,吸引民营资本参与。

2016 年 9 月 1 日

国有商业银行县支行发展重在突出
"简、专、活、信"

牛发亮

近年来，随着县域经济的快速发展，县域资金和金融服务需求日益旺盛。但工行、农行、中行、建行等国有商业银行改革后，管理层级仍较多，县支行信贷控制更加严格。本应作为县域经济"喷灌机"的县支行却成了"抽水机"，这不仅制约了县域经济发展，也影响了金融资源高效配置，影响经济发展。我们在对河南省驻马店市几家国有商业银行市分行、县支行以及部分企业调研的基础上，研究认为，在当前股份制银行、村镇银行等在县域发展尚不成熟的情况下，要围绕"简、专、活、信"四个字，支持国有商业银行县支行发展，更好为县域经济"输血"。

一、全市县支行存贷款情况和存在问题

截至 2016 年 6 月末，工农中建四家国有商业银行在驻马店市贷款余额 336 亿元，贷存比 39.7%。其中县支行贷款余额 100.4 亿元，贷存比只有 19.1%，贷款总量仅占县域贷款的 15.4%。2016 年上半年，四家银行县支行新增贷款仅 10.2 亿元，新增贷存比 21%，绝大部分资金上存到上级行，县支行成为事实上的存

187

款机构。国有商业银行县支行贷款少，客观上看是由于县域企业竞争力相对较低，但在县域资金供需矛盾突出的情况下，我们认为主要问题还在银行这一资金供给侧。具体体现在：

（一）自主权限小。目前，四家国有商业银行在省、市分行均成立了风险部或贷款审批中心。县支行除全额保证金贷款可自主审批发放外，其余贷款一律上收上级行审批。如超过一定额度，还要上报省级分行批准，县支行只有贷款推荐权和贷后管理责任。即便是这种情况下，如果出现不良贷款，县支行贷款推荐人员和贷款管理人员还要承担下岗清收的责任。这虽然实现了贷款风险控制的专业化，却极大限制了县支行拓展贷款业务的主动性。

（二）中间环节多。为提高信贷办理和投放效率，目前四大银行都提出实行"一次调查、一次审核、一次审批"，但实际并未全部落实。据统计，贷款由县支行发起后，需要经过申报、准入调查、抵押评估、评级分类、定价、授信、用信等，中间至少30个环节。有的环节分散在不同层级、不同部门，需要向省级报批报备，时间最快也得三个月。如果中间哪个环节出现问题，拖延时间则更长，甚至前功尽弃。

（三）门槛条件高。目前，县支行放贷存在"一刀切"现象，有的以规模划分客户类别，有的以行业划定准入标准，对技术先进、有潜力的企业不能做到针对性支持。比如，某县62家规模以上企业，符合某国有商业银行县支行贷款条件的不到10家。同时，贷款条件苛刻，比如，某行县支行对农户贷款要求必须是公务员担保，或者提供门面店铺抵押；小微企业贷款必须以企业主房产、厂房等作抵押，或者符合条件的大中型企业担保，或者由政府出资建立且担保基金规模达到1亿元以上的担保公司担保。

（四）融资成本高。据测算，目前县支行小微企业融资成本一般都在 12% 以上。主要包括三部分：一是银行利息。目前四家银行对小微企业贷款利率均采取风险定价方式，利率水平普遍上浮 60%—70%，名义利率达到 8% 左右，这还不包括以其他名义收取的费用。二是第三方费用。包括抵押评估、担保、审计报告等费用，一般要占融资成本的 30% 以上。三是续贷环节费用。银行要求还完旧账借新账，续贷期间企业一般使用民间借贷、小额担保公司贷款，利率在 22% 以上，续贷重新办理财产抵押和担保还要增加第三方费用。

二、县支行发展存在问题原因分析

从调研情况看，目前四家国有商业银行县支行贷款之所以出现上述问题，除县域贷款风险相对较高外，银行在认识和管理方面也存在诸多问题。

（一）管理不灵活。由于历史上存在不良贷款偏高问题，各行普遍存在简单以增加审批流程、增加审批环节、减少授权、牺牲效率等传统思维来防控风险，真正对风险防控点掌握不清。另外，对不良贷款持"零容忍"态度，对责任人采取终身责任追究，甚至免职下岗等严厉手段，缺少相应正向激励措施，部分信贷人员存在"少放少错"的消极思想。这虽然被动防范了风险，但直接导致对县域经济发展所需金融创新支持不够，牺牲了发展机会。

（二）信用不健全。目前，全社会尚未建立统一的信用体系，各家银行对企业贷款以外的信息难以全面了解，对申请贷款企业的评级又相互独立，互不共享，加上部分企业财务信息不健全、不规范，银行很难全面真实准确把握企业信用状况。同时，受市场需求低迷、部分行业产能过剩、经济下行压力大等因素影响，近年来企业生产经营困难增多，仅今年上半年驻马店全市关门跑路企业就多达 20 多家。为防控风险，各行普遍收紧授权，收缩信贷。

（三）担保不完善。与中心城市相比，县域担保体系发展相对滞后，普遍存在担保规模小、担保风险大、补偿机制缺失、政策激励不够等问题。从调研情况看，目前，全市各县区政府出资的担保基金规模均不足 5000 万元，按照 1:5 的放贷比例，担保能力非常有限。同时，近年来部分民间担保投资公司违规从事民间借贷，甚至非法集资，各家银行对民营担保公司提供的信用担保不信任、不合作、不承认。

（四）认识有局限。据调查，目前全市 20% 的农民收入已超过城镇居民平均水平，但个别银行对县域金融业务一定程度上还存在诸多模糊认识。一是狭隘化，认为县域业务就是"三农"，对特色优势产业发展跟踪不够，对新业态、新模式等新经济领域中高端客户发掘不够。二是脸谱化，将"三农"业务等同于老"三农"、小"三农"，对新型城镇化、现代农业发展等缺乏系统研究。三是责任化，将支持"三农"理解为履行社会责任，没有作为业务发展的"蓝海"。

三、推动县支行更好服务县域经济的政策建议

县域腹地广、市场潜力大，是稳增长、调结构、扩就业的重要平台。当前，我国经济下行压力仍在加大，国有商业银行要围绕"简、专、活、信"四个字，支持县支行发展，缓解县域金融服务需求与有效供给的矛盾，为县域经济健康发展提供持久动力。

（一）"简"就是要推动放权提效。建议国有商业银行针对县域特殊情况，在强化风险管控的基础上，合理授权授信，激发县支行发展活力。一是简权，赋予部分效益好、不良贷款率低的县支行一定限额贷款审批权。对行业骨干企业客户以及低风险贷款业务，直接转授县支行自主审批，扩大县支行自主权。推行尽职免责，不搞终身责任追究，增强县支行放贷积极性。二是简层，建立专业化审贷中心，尽可能将信用评级、定价、授信等贷款事项全部放在一个层级，简化层级环节，避免层层审批。三是简审，在同一层级推行"并联"作业，减少"串联"流程；同时依托"互联网+"平台，推行网上审批。

（二）"专"就是要发展专业银行。县域往往资源禀赋、主导产业特色鲜明，具有开展金融专业化服务的基础。县支行作为国有商业银行体系的末端，最贴近市场主体。建议参照发达国家银行架构，对拥有特色产业、特色资源地方的国有商业银行县支行，支持他们在客户选择、业务流程、产品创新等方面实行特殊政策，逐步由储蓄、信贷、技术、人事、宣传等功能齐全的下级银行机构向某一专门事业部转型，实现专业化经营和扁平化管理，降低风险管理以及信贷成本。同时，按照事业部管理要求，实行绩效单独考核、目标单独确定，提高管理效率，增强经营活力。

（三）"活"就是实行灵活政策。具体建议：一是各行对县支行单列年度信贷计划，适度放宽县支行呆账贷款核销条件，鼓励商业银行县支行增加信贷投放。二是结合实施定向调控，对三农和小微企业贷款达到规定标准、吸收存款增量用于县域信贷投放达到一定比例的国有商业银行，实行差别存款准备金率，促进资金向县域实质回归。三是充分发挥县支行地缘、人缘、血缘网较密优势，适当放宽审核、限制条件，实施更加灵活的贷款管理政策。四是将支小再贷款发放范围扩大到四家国有银行县支行，并实行特殊利率政策。增加基层人民银行再贴现规模，增强支持小微企业的再贴现融资能力。

（四）"信"就是打造诚信环境。把握好金融支持实体经济与防范风险的关系，既要在资金供给端做文章，还要在资金需求侧谋药方。具体建议：一是强担保。扩大政策性担保基金规模，建立政策性与商业性相结合的县域融资担保体系。支持通过资本金注入、风险补偿、奖励补助等形式，吸引社会资金参与组建融资性担保机构，提高担保能力。二是增信用。搭建县域企业和个人综合信息平台，引入社会评级机构开展县域企业信用评级，制定符合县域企业贷款实际的评级标准和授信制度。建立健全信用激励和风险补偿机制，推动投保贷联动，分散风险。三是严执法。规范企业改制和破产程序，严控从业人员道德风险，依法打击恶意逃债、赖账、内外勾结骗贷等不法行为，营造良好金融生态。

2016 年 9 月 8 日

防范地方政府变相举债风险

潘国俊

2014 年 8 月全国人大常委会审议通过《修改〈中华人民共和国预算法〉的决定》，9 月国务院出台《加强地方政府性债务管理的意见》，我国建立了规范的地方政府债务管理制度。这两年，通过置换的方式，总体控制了多年来，特别是国际金融危机爆发以来的存量债务风险，规范地方政府举债行为也取得一定成效。

也要看到，当前实体经济回报不佳，但社会资金较为充裕，一些地方政府融资冲动与金融机构"金融创新"合谋，变相举债逐步出现甚至愈演愈烈，蕴藏的风险隐患有增大趋势。建议完善刚建立起来的地方政府债务管理制度，有力有序置换好存量债务，并重点加强防范和控制新风险，避免出现开了"正门"、却没有堵上"偏门"甚至出现更多"偏门"的现象，更要避免出现存量还没有消化完毕、增量风险又将显现的局面。

一、地方政府变相举债的主要形式

这些年，地方政府习惯于通过融资平台等渠道举债，为基础设施建设等大规模融资。规范地方政府债务管理后，尽管这两年新增的一般债和专项债规模数量已经不小，2015 年和 2016 年分别为 6000 亿元、1.18 万亿元，但一些地方政府仍控制不住融资冲动，执行债务管理制度不严格，出现变相举债。如果不严加控制，有可能出现新一波举债浪潮，进而形成新一轮较大规模的地方政府债务。

一是各类城市发展基金的融资势头较强劲。一些地方政府运用少量资金，牵头建立城市发展基金，金融机构、企业、平台公司等入股，资金仍然主要用于城市基础设施建设等项目。地方政府通过承诺回购、明股实债等方式，对基金回报进行兜底。同时，金融机构还通过收取顾问费、手续费、监管费等获取收入。地方政府对基金回报隐形担保，已经形成地方政府或有负债，但并没有列入政府债务范围。目前还没有城市发展基金规模的统计数据，但从地方政府网站公布的情况看，这种现象在全国市县级已较为普遍，而且单个基金规模动则上百亿元甚至数百亿元。

二是将政府购买服务或政府和社会资本合作模式（PPP）当作融资渠道。政府购买服务或运用 PPP 的主要目的，是通过引入社会力量，运用民间资本活力和创造力，优化公共服务供给质量，提高公共服务管理效率，更好地满足群众公共服务需要。但部分地方政府将这两种公共服务供给方式异化为融资模式，有的甚至将融资规模作为衡量绩效的唯一目标。在这种理念下，地方政府通过固定回报承诺、回购安排等方式，为城市建设等项目融资，名为政府购买服务或 PPP，实为变相举债。

三是较为明显的违规举债行为仍时有发生。一些地方政府或遮遮掩掩，或明目张胆，继续通过垫资施工、信托贷款、融资租赁、售后回租等方式变相举债，甚至将原来的融资平台进行包装后，仍旧持续举债融资。

二、变相举债带来的风险隐患不容忽视

很多城市建设项目的回报率不高，为提高吸引力，地方或者以承诺回购等形式兜底，或者出具"安慰函"，或者拿土地出让收入作担保。因此，无论哪种变相举债方式，都会和政府挂钩，也都有可能由"表外"转到"表内"，由"隐性"转成"显现"，最终成为政府实实在在的债务，债务风险将加速积累。

一是变相举债不公开、不透明，脱离地方政府债务管理制度的监管。一般来说，地方政府不会光明正大去变相举债，也不愿意对外公布真实情况，甚至有的地方政府自己都不清楚具体情况。无论是债务资金来源，还是使用去向都呈现"影子化"。由于债务信息不透明，地方债的主管部门难以全面掌握债务真实情况，也就无法对债务进行监测、评估和控制，成为风险监控的"空白地带"。

二是债务成本高企，加大地方政府负担。变相举债的实际融资成本不仅高于地方债、城投债，有的项目甚至高于原来的融资平台贷款成本。变相举债投向的基础设施项目，带来的收入难以覆盖本息，这部分缺口需要地方政府用土地出让收入，或者一般公共预算收入弥补。在财政收支压力加大的形势下，无疑是一笔沉重的利息负担。

三是如果控制不严，举债规模有可能快速增长。这几年地方政府举债融资的冲动一直很大。从审计署数据看，2013 年 6 月底的地方政府债务余额比 2010 年底增长 67.3%；财政部门统计，2014 年末的余额比 2013 年 6 月末审计数增长 29.2%，远高于 GDP 和财政收入增速。地方政府变相举债一旦遍地开花，规模有

可能快速扩张，风险越来越大。20 世纪 80 年代拉美国家爆发政府债务危机，根源就在于债务规模失控。

截至 2015 年底，我国地方政府债务率为 89.2%，低于国际通行的 100% 的警戒线，总体安全可控。但地方政府变相举债一旦大规模地转化成真实债务，风险爆发的可能性大幅上升。特别是在经济下行压力加大、地方财政收入和土地出让收入增速下降等多重因素叠加的情况下，一些地方政府还本付息困难，债务流动性风险加大，有可能诱发地方政府债务危机。

三、几点建议

地方政府债务能够为城市建设等发挥重大作用，关键是举债不得随意，更不能泛滥，要规模适度、规范管理、公开透明。否则风险防控的漏洞越来越多，出现债务危机就会成为大概率事件。针对目前变相举债愈演愈烈的苗头，提出以下建议。

第一，坚持做好债务置换工作，扎扎实实化解存量债务风险。债务置换是"以时间换空间"，把即期可能出现的风险后延，只要我国经济和财政收入在未来一段时期能保持一定增速，就可以有效稀释和化解债务。同时，有力降低了地方政府付息压力。据统计，债务置换后，利息成本从 10% 左右下降到约 3.5%，仅 2015 年一年减少利息支出 2000 亿元左右，2016 年约为 5000 亿元。如果地方债全部置换完，减少利息更多。要按照原来计划，继续用置换方式处理存量债务，力争用 3—4 年时间基本置换完毕。

第二，完善地方政府债务监管机制，重点放在事前监管。20 世纪 90 年代拉美国家出现政府债务危机，就是事前控制不力，导致地方政府过度举债。要围绕"借、用、管、还"全过程，建立一整套监管框架，特别是要将事前控制与事后监管有效结合起来。监管部门要密切关注和动态跟踪地方政府变相举债，同时评估带来的后果。财税和金融监管部门要建立有效的信息共享、沟通协调等机制，及时掌握相关信息。

第三，切实加大追责力度，让地方政府不能随意举债。对地方党政领导干部在政府债务借、用、还等过程中存在违规违法行为，依照有关规定给予问责和处分。通过追责，也有利于促使地方政府转变盲目举债来发展经济的观念，防止经济增长对举债融资形成过度依赖。同时，督促地方政府偿还存量债务，必要时处置政府资产。

第四，提高债务透明度，接受各界有力监督。提高透明度是一种债务风险监控手段。国际上较为成熟的地方政府债务监管体制，都对债务透明度有明确要求。美国、澳大利亚等建立地方政府债务报告制度，地方政府必须将债务规模、举借数、偿还数、利息等信息完整披露给公众。要积极推进地方政府债务公开透明，既要公开债务的种类、规模、结构、期限等信息，给监管部门、社会和市场传递全面真实的信息，接受社会各界监督。

第五，理顺各级政府的权责，严格防范道德风险。如果地方政府出现债务违约，中央政府加以救助，就会助长道德风险，今后可能造成更大的危机。中央政府除了对具有系统重要性的地方债危机采取救助措施外，要坚持不救助的原则，倒逼地方政府不能随意变相举债。加快建立地方政府债务风险预警和处置机制，研究建立地方政府破产制度，允许地方政府破产、债务重组。这样，一旦个别地区出现债务危机，就能够通过防火墙防范局部风险扩散蔓延，杜绝发生系统性风险。研究发债层级向下延伸，逐步实现地方政府自行发债，让地方政府在发行、管理、偿债等环节处于主体地位。

第六，加快推进基础配套制度建设，力争形成较为完备的配套制度体系。按先增量、逐步存量的方法，积极推进政府综合财务制度建设，为衡量债务风险和评估债务等级提供支撑。建立政府隐性债务或有债务的会计核算、统计报告制度，健全债务规模控制及风险预警机制。逐步建立债务评级制度，推进地方政府债务市场化发行。

2016 年 10 月 6 日

对 M1 与 M2 增速 "剪刀差" 的认识和建议

马衍伟

去年 10 月以来，我国狭义货币（M1）同比增速渐超广义货币（M2），形成明显的"剪刀差"。今年 4 月"剪刀差"破两位数后，增速分化加剧，7 月扩至 15.2 个百分点，创历史新高，8 月仍高达 13.9 个百分点，成为当前宏观调控面临的新情况。对此，有必要找准原因，妥善应对。

一、M1、M2 增速"剪刀差"的主要成因

从不可比因素看，既有去年为稳定股市注入流动性等政策性因素，也有去年同期 M1 增速低的翘尾因素。从新情况看，主要是社会持币结构的调整转化，反映在以下几个方面：

一是企业活期存款增速加快。近年来，商业银行存款利率多次下调，定期存款与活期存款利差缩小，目前一年期定期存款与活期存款的利差只有 1.15 个百分点，使得企业定期存款增速放慢、活期存款增速提升。统计表明，去年 10 月至今年 7 月，企业定期存款只增加 2.18 万亿元，增速为 8.48%；企业活期存款增加 3.52 万亿元，增速为 23.89%。企业活期存款增量比定期存款多出 1.34 万亿元，增速比定期存款高出 15.41 个百分点。企业活期存

2017 中国经济社会发展形势与对策——国务院研究室调研成果选

款大幅增加必然拉动 M1 高增长，企业定期存款趋势性下降导致 M2 增长下行。

二是新增贷款信用派生能力减弱。现阶段，企业及机关团体贷款所占比重超过 2/3，但增速却是个位数。去年 10 月以来，企业及机关团体新增贷款增长 7.14%。今年 7 月新增贷款同比下降 68.7%，环比萎缩 66.4%，创 24 个月新低；新增贷款环比锐减 9164 亿元，其中，短期贷款和中长期贷款各减 5565 亿元和 3446 亿元。贷款派生存款，贷款少增存款也少增，M2 增速自然就低。

三是外汇占款减少造成流动性缺口。外汇占款是基础货币投放的主渠道，M2 增速高低与外汇占款加速或者放缓高度相关。7 月份新增外汇占款减少 1905 亿元，是去年 11 月以来外汇占款连续第九个月减少，且单月降幅明显高于之前 4 个月。如此持续大量减少，造成了中长期流动性缺口，进而拖累了 M2 的增长速度。

四是地方债务置换的双重作用。在地方政府债券置换过程中，资金从划拨到还款有个"时间差"，划拨后不会立刻还债，暂时会变为企事业单位和政府融资平台账户上的活期存款，拉动了 M1 快速增长。同时，不少置换债券会被金融机构购买，直接对信贷规模产生下沉效应，从而减少了信贷转化为货币的数量，弱化了信贷对 M2 增速的贡献，进而拖累 M2 增长。

五是未贴现银行承兑汇票的传导效应。现在，企业申请开立银行承兑汇票必须提供保证金，这些保证金变成存款，构成 M2 的一个组成部分。受票据风险事件集中爆发的影响，目前未贴现银行承兑汇票大幅减少。7 月末，未贴现银行承兑汇票存量比年初少 1.93 亿元，增量比年初少 6448 亿元，导致企业保证金存款净减少 1700 亿元左右，M2 因此也相应减少。

二、M1、M2 增速"剪刀差"有利也有弊

M1、M2 增速"剪刀差",是稳健货币政策实施中出现的一种新现象,对经济运行和宏观调控既有积极作用,也有消极影响。

(一)M1、M2 增速"剪刀差"一定程度上反映了经济运行向好的苗头。其一,经济景气回升。M1 中活期存款占比近 85%,M1 增速是经济景气的重要先行指标。目前 M1 增速大于 M2 增速,说明经济运行出现了一些向好迹象,像工业生产增速加快、企业效益改善、基础设施和房地产投资企稳,都是重要支撑。其二,市场交易活跃。M1 快速增长,意味着企业和居民交易活跃,买股买房看好,既刺激消费,又活跃市场。今年前 7 个月,企业债券和股票融资同比多 1 万亿元,个人房贷余额大增,全国商品房销售额增长 39.8%。其三,通缩趋势有所缓解。M1 增速远远高于 M2 增速,表明需求增强,物价会有所回升。今年以来,CPI 与 PPI 环比均由降转升。8 月 CPI 同比上涨 1.3%,PPI 同比降幅收窄,通缩压力减小。

(二)M1、M2 增速"剪刀差"的负面影响。主要有两个方面:一是反映货币传导机制不畅,企业投资意愿不强。M1 高走而 M2 下行,表明社会流动性相对充裕,但大量资金留在了活期存款账户,没有传导到实体经济,企业宁可囤积现金、持币观望,也不愿意进行长期投资、扩张生产。今年以来民间投资和制造业投资低迷,是最好的印证。二是增加金融风险隐患。M1、M2 增速"剪刀差"大,说明资金放弃定期存款而随时准备进入高息资产,比如银行理财、P2P 融资平台等。这会加大金融风险。

三、调节 M1、M2 增速"剪刀差"的几点建议

今年《政府工作报告》提出 M2 增速的预期目标是 13% 左右。目前 M2 已经连续 4 个月低于 13%，如不采取措施，这个目标恐难实现。建议继续实施稳健的货币政策，保持灵活适度，适时预调微调，优化货币供应，缩小 M1、M2 增速"剪刀差"做好总需求管理，保持流动性充裕，为结构性改革营造良好金融环境。

1. 完善货币政策传导机制。主要是：创新货币供应量调控模式，综合运用价格型和数量型工具、长期和短期工具、定向型和全面型工具，疏通货币向实体经济的传导渠道。加快利率市场化改革，优化利率定价模式，实施差别化、精细化定价。综合运用公开市场操作、再贷款及中期借贷便利等工具，保持市场流动性合理充裕。落实差别化信贷政策，加大定向调控力度，保证国家重大战略和重大工程资金需求。

2. 择机降准降息传递政策信号。目前法定存款准备金率大型银行为 16.5%，中小型银行为 13%，实际存款准备金率更高。还应看到，PPI 长期处于负值，实际利率高于名义利率，实体经济融资成本居高不下，降准降息尚有较大空间。建议根据经济运行情况，适时再启降准降息之门，审慎把握货币供应尺度，释放流动性，稳定市场预期。

3. 用好结构性货币政策工具。这既能对"短板"领域定向输血，又能在降成本的同时防止产生过剩产能。建议在今后的具体操作中，更加精细化和有针对性，对抵押补充贷款（PSL）、中期借贷便利（MLF）、常备借贷便利（SLF）进行扩容，同时与短期流动性调节工具（SLO）、信贷资产质押再贷款等工具灵活搭配使用，以支持金融机构扩大对重点领域和薄弱环节的信贷投放。

4.修订货币供应量统计指标。建议将理财产品、电子货币和民间借贷等信用活动纳入统计范畴，真实准确反映各类金融工具的流动性。增加新金融资产和新金融机构各项存款在内的货币供应统计指标。把人民币在境内外的双向流动纳入货币供应量监测体系。用大数据完善银行、证券、保险等整个金融表外产品统计制度和风险监测系统。

5.妥善化解财政金融风险。积极稳妥做好政府债务置换工作，推进地方融资平台转型，有序化解地方债务风险，对违法或变相举债者严肃问责。完善银行不良贷款考核处置办法，加大呆坏账核销力度，拓宽银行不良资产处置渠道。严防国际金融风险跨国传染和大国博弈中政策溢出效应，加强预期管理，做好超前预警和防范。

2016 年 10 月 8 日

基层监管部门对"双随机一公开"监管的担忧和我们的建议

朱艳华　李钊　王志芳　李春景

"双随机一公开"是市场监管方式的重大创新，也是深化商事制度改革、加强事中事后监管的重要内容。近期，我们赴上海、浙江等地对"双随机一公开"监管实施情况进行了调研。通过了解，各级市场监管部门正在积极探索实施这一新型监管模式，取得了初步成效，社会反响良好，但在实践中也遇到一些问题和担忧，主要集中在以下几个方面：

一是担忧随机抽查难以兼顾公平与突出重点。双随机抽查对市场主体的检查几率相同，体现了监管公平性、规范性和简约性，有助于克服检查任性、选择执法等问题。但基层监管部门反映，实行双随机抽查后，检查对象随机确定，执法人员照单执行，不能在计划外实施检查，可能导致明知部分企业市场信誉较差、违法风险较高，却不能主动增加检查频次、加大监管力度，难以保障监管的针对性和精准性，存在一定的市场监管风险。

二是担忧随机抽查的监管责任不明确。双随机抽查打破了原来的属地管理模式和巡查式监管制度，对应的监管责任该如何确定，是基层监管部门普遍关心的问题。例如，各地为避免属地干扰和人情执法，在双随机抽查中均采用跨辖区选派检查人员，若被检查企业日后发生重大违法经营问题，是应该问责随机检查人员，还是问责属地监管人员？每年随机抽查部分企业，未被抽查的企业是否还需要日常巡查监管，这些企业若发生问题，是否需要追究属地监管责任？抽查发现问题后，如何界定检查人员与属地监管部门的后续管理责任，以避免互相扯皮、"踢皮球"，等等。

三是担忧相关部门对随机抽查要求不一致。国务院办公厅印发了《关于推广随机抽查规范事中事后监管的通知》，提出了随机抽查监管的总体要求，但各部门尚未就随机抽查范围、抽查事项、抽查机制等出台具体意见，各地的做法也不尽相同。尤其是，基层市场监管部门大多已实行"三合一""四合一"或多合一，受上级工商、食药监、质检、价格监管等部门的多头领导，如果政出多门、政令不一，将导致跨条条、越块块的双随机抽查难以落地实施，综合监管的效果难以显现。例如，工商总局废止了实行市场监管巡查制度的文件，而食药监总局则推行网格化监管，要求在全覆盖的基础上进行随机检查，基层同一支市场监管队伍需要执行不同的监管政策。

四是担忧随机抽查的震慑效果达不到预期。"双随机一公开"的核心是通过小比例抽查、产生大范围震慑，让企业始终对监管有敬畏之心、不敢心存侥幸。要达到这样的目的，关键要看惩戒手段够不够"硬"，对违法企业处罚力度够不够"重"，否则双随机抽查的效果就会打折扣、甚至流于形式。目前，我国正在构建以信用约束为核心的新型监管体系，信用联合惩戒机制尚不健全，对部分企业和个体工商户的约束作用还比较弱，此外也没有出台与随机抽查配套的处罚手段。对企业来说，每年被抽中检查的概率只有3%，即使被抽中，有些问题也不一定能够查得出，再加上违法成本没有明显提升，难保不会心存侥幸、以身试法。

五是担忧随机抽查的行政成本偏高。由于个别地区地域跨度较大，市场主体分散，加之跨区选派的检查人员对当地市场主体情况不熟悉，监管部门在实施双随机抽查时，需要花费较多的时间和精力查找企业地址，通常还需增设属地配合人员，增加了行政成本，降低了工作效率。同时，跨区域检查不可避免地需要增加车辆、就餐甚至住宿等方面的开支，尤其是辖区面积较大的市（区、县），长期来看这是一笔不可忽视的开销。另外，抽查结果要求及时公开，但部委层面有"企业信用信息公示平台""信用中国"，省市政府有"政务网"，基层部门还要求在部门外网公示，且各个平台还未联通，甚至对涉企信息公示时限等要求也不一致，具体工作人员往往需要重复录入多次，增加了很多工作量。

上海、浙江基层监管部门同志担忧的这些问题，也是全面推行"双随机—公开"监管的共性问题，需要及时加以解决，以免影响这项重大改革真正落到实处、发挥实效。对此，我们建议：

第一，细化制度规范。市场监管的执法主体多，监管对象数量庞大、类型复杂，应进一步完善细化"双随机—公开"政策顶层设计，加强对基层监管部门指导，确保各地随机抽查的制度统一、标准一致，实现公平规范监管。工商、食药监、质检等部门应针对基层监管职能整合现状和综合执法的要求，尽快制修订相应的法律规章和部门文件，做好部门间政策协调，明确各领域"双随机—公开"监管实施主体、适用范围、实施程序、检查方式、结果处置等具体事项，规范工作流程。

第二，明确监管责任。市场监管方式由巡查向抽查转变，但属地监管责任不能改变，更不能放松，要以更加明确的责任保障监管到位，确保市场秩序持续稳定好转。要尽快制定实施"双随机一公开"监管的配套履职规范和检查过错责任追究办法，明确覆盖各环节的履职责任以及失职、渎职认定标准，进一步明确实行随机抽查后的部门和属地监管责任，既严格执行过错责任追究，又避免"一刀切"，切实为基层监管人员提升监管效能、降低履职风险提供法律依据。

第三，优化抽查方式。要考虑市场监管工作特点，兼顾行政成本与行政效率，切实提高抽查监管效能。一是分类抽查。结合企业信用风险分类，在总体随机抽查比例一定的条件下，增加高风险企业的抽查概率和频次，增强随机抽查的针对性，突出重点领域、重点区域违法违规经营的风险防控。二是分层抽查。针对基层局所分工、地域分布的实际情况，允许基层监管部门在各自辖区视情选择区域整体随机、局部定向、局所联动、所所联动、所内随机等多元化随机抽查模式，最大限度降低行政成本，增加监管灵活性。三是联合抽查。按照综合监管的要求，由地方政府统筹相关监管部门开展联合抽查，实现多部门对企业一次多查、一次彻查，避免对企业的重复检查，将执法检查对企业日常经营的干扰降到最低。

第四，加大惩戒力度。充分发挥随机抽查的杠杆作用，对全体市场主体产生预期的震慑效果，必须适度提高违法成本，确保一旦查到、必受严惩。一是加大行政处罚力度。在强化依法实施吊销营业执照、吊销注销撤销许可证等行政手段的同时，加快建立商品质量巨额惩罚性赔偿等制度，研究提高违法企业处罚标准，加大企业违法成本，使违法违规经营者付出沉重的经济代价。二是加大信用约束力度。完善经营异常名录和黑名单制度，及时公开检查处罚结果，全面落实对违法失信企业和相关责任人的联合惩戒机制，真正做到一处违法、处处受限。三是推进市场监管社会共治。加强行业自律，鼓励社会公众参与市场监管，发挥媒体监督作用，共同织就一张无时不有、无处不在的监管"天网"。

第五，完善信息平台。双随机抽查的对象抽取、双向配对、部门协同、结果公示、信用约束等环节都离不开信息平台的支撑。目前，凡实施双随机抽查效果较好的地区，大多都自行开发了相应的信息系统，实现检查谁、谁去查、查什么的全程电子化，有效避免了人为干预，保证了随机抽查的公平性。建议有关监管部门总结各地抽查工作信息平台建设经验，出台统一的指导意见，支持各地加快信息化平台升级改造工作，整合目前已有的登记系统、综合监管系统和企业信用信息公示系统，加快相关模块的对接，为基层市场监管人员提供实用性更强、操作性更强的工作平台，确保双随机抽查在基层落地生根，发挥更大的作用。

2016 年 10 月 20 日

（王志芳、李春景，国家工商总局综合司供职）

应重视电力体制改革中的管理"越位"和"缺位"现象

马波

《中共中央国务院关于进一步深化电力体制改革的若干意见》（中发〔2015〕9号）出台以来，各地积极引导市场主体开展多方直接交易，为工商企业等各类用户提供更加经济、优质的电力保障，有效促进了电力资源在更大范围内优化配置，降低了大工业用户的生产成本。但在改革进程中也出现了"用电环节管理越位"和"新能源管理缺位"的现象，在一定程度上制约了电力体制改革成效，影响电力行业清洁高效可持续发展，应引起足够重视。

一、当前电力体制改革中的管理"越位"和"缺位"现象

（一）用电环节管理越位，部分地方政府直接干预电力市场。电价改革是电力体制改革的重要内容，核心是理顺电价机制，有序放开输配以外的竞争性环节电价。中发〔2015〕9号文明确提出，政府主要核定输配电价，分步实现公益性以外的发售电价格由市场形成。但目前一些高耗能产业占比较高的省市在稳增长目标驱动下，出台指令性电价支持高耗能企业发展。比如，云南省

在电解铝配套电价方面出台了要求水电以不高于 0.185 元 / 千瓦时的电价上限向云南铝业供电的政策性文件；内蒙古出台了新建电解铝铝电联动电价政策，实质性地将煤电厂供给电解铝电价限制在 0.15 元 / 千瓦时以内，仅今年上半年内蒙古就新增 300 多万吨电解铝产能。有的地方下调了国家制定的标杆电价，比如广西物价局出台文件，将之前已批复的防城港核电上网电价由 0.43元 / 千瓦时下调至 0.414 元 / 千瓦时。

（二）新能源管理缺位，新能源发展受到挤压。新能源大规模开发利用，提高能源利用效率，促进节能环保，是电力体制改革的重要目标。但从目前情况看，全国范围内用电量增速趋缓，煤电非理性投资带来了发电产能在较大区域范围内出现过剩，对新能源发展造成了巨大的负面挤压，弃风、弃水、弃光和弃核现象日趋严重，清洁能源发电利用小时数下降较快。风电方面，今年上半年我国平均弃风率高达 21%，同比上升 6 个百分点，甘肃、新疆等弃风"重灾区"弃风率甚至接近 50%。水电方面，2015 年四川、云南等地弃水电量接近 400 亿千瓦时；今年云南一个省份预计弃水将超过 400 亿千瓦时。太阳能方面，今年上半年西部地区平均弃光率高达 19.7%，其中甘肃、新疆等地弃光率超过 30%。核电方面，我国部分省份的建成核电站利用小时数大幅下滑。设计年利用小时数 7000 的广西防城港核电站、辽宁红沿河核电站、福建福清核电站都存在核电机组长时间停机闲置的情况，仅 2016 年前 5 个月上述三个核电站"弃核"率已分别达到 44%、43% 和 28%，如按目前各省批复年度上网电量计划指标预计，2016 年我国 33 台在运核电机组的平均"弃核"率将达 24%，"弃核"电量损失 576 亿千瓦时，相当于 7—8 台百万千瓦级核电机组停运 1 年。同时，可再生能源补贴资金缺口越来越大，截至今年上半年累计已达到 550 亿元，补贴资金不到位已经严重影响到新能源发电企业的经营和发展，风光规模化发展带来的单位装机成本下降难以转换为电价下调和企业收益。新能源上网电量、电价"双降"以及可再生能源补贴迟迟不到位，新能源可持续发展面临巨大挑战。

二、原因分析

综合分析上述现象，我们认为，原因在于政府和企业对电力体制改革的认识、理解、落实还不够到位，相关配套安排也不够完善。

（一）对于电力体制改革精神认识不够到位。部分地方政府对电价的直接干预反映出对中央深化电力体制改革的精神，尤其是对于"还原能源商品属性，构建有效竞争的市场结构和市场体系，形成主要由市场决定能源价格的机制"的认识不到位。

（二）过于看重短期效应、局部效应。一是对于用电侧而言。目前，钢铁、煤炭已出现严重产能过剩，电解铝、水泥等也是普遍性的产能过剩。各地出台优惠政策降低电价，可能对于本地区这些产业短期发展有利，也对促进电能消纳有一定帮助，但长期来看无助于地方经济供给侧结构性改革和相关产业的转型升级。二是对于电力产业而言。发电、输变电和配电工程快速发展有助于增加当地税收和就业，但盲目追求规模发展将降低电力项目的长期投资效益，同时影响其他实体经济行业的投资，从长远看还将进一步加大未来能源转型的社会成本，进而影响到我国能源向低碳转型战略的实现。

（三）相关配套安排不够完善。一是国家层面碳排放总量限制、能源消费总量和煤炭消费总量的控制目标和分解措施以及电力发展规划迟迟未能出台，不利于指导地方和行业低碳转型发展。二是鼓励新能源发展的配套文件落实不到位，可再生能源配额制指导意见和可再生能源发电全额保障性收购管理办法等文件虽然已经出台，但在各种电源利益均衡的思路指引下，这些用以保障新能源发展的政策在地方政府层面难以落到实处。三是碳交易市场建设、碳税政策等未能及时跟进，导致煤电无须付出环境外部成本参与电力市场竞争，新能源相对竞争力下降，进而导致劣币驱逐良币现象在部分省市出现。

三、意见建议

当前，绿色、低碳发展已成为全球发展共识。2015年底全球170多个国家和地区签署了应对全球气候变化的《巴黎协定》，发展绿色能源已成为不可逆转的趋势。以新能源技术和互联网技术结合为特征的能源技术新突破开始显现，已影响到全球能源新技术及其产业技术竞争。从国内情况看，我国长期以来过分依赖化石能源来满足消费增长，环境承载能力已达到或接近上限；全国人大已于今年9月3日正式批准加入《巴黎协定》，这将作为未来我国能源发展的一个基本约束条件。能源消费革命、能源供给革命、能源体制革命、能源技术革命等能源革命势在必行。推进电力体制改革，应顺应时代潮流，强化系统性思维，坚持市场化方向，积极有序推进。

（一）强化战略引领，始终坚持低碳化发展战略。要坚定不移推动电力行业升级和供给侧结构性改革，坚决实施控制煤炭消费总量和碳排放总量举措，不仅要防止对于落后产能的变相补贴，推动煤炭、钢铁等领域去产能，而且要明确绿色低碳能源增量的主体地位，做出煤炭等化石能源逐步减少使用的渐进安排，坚决为新能源留足发展动力和空间。

（二）坚持科学推进，强调规划对电力行业发展的引领作用。

针对现实情况对能源、电力未来需求和区域布局做出更为科学的系统性分析，做好相关规划的衔接和执行，避免当前出现的能源各领域专项规划各说各话的局面；需求分析要结合我国经济转型升级的实际情况及时做出调整；及时出台和适时修订电力专项规划，防止在不合适的地方规划过多过早上项目，避免无效投资和系统性浪费。国家能源主管部门要注意加强能源布局优化，进行全局协调，避免局部失衡，优化发展，优化调度，调整好利益关系，防止地区间不合理竞争。

（三）加强依法行政，最大限度减少政府对市场的随意干预。各级政府应摒弃通过降价指令、下指导棋等行政手段直接干预市场，将工作重点放在促进企业自主经营、公平竞争，消费者自由选择、自主消费，商品和要素自由流动、平等交换等方面，制定规范的市场准入和退出机制，引导建立有效竞争的市场结构，根据改革实际情况构建并不断完善相关市场规则，引领电力市场体系健康发展，促进电力行业提质增效。

（四）注重政策统筹，尽快完善配套政策机制。一要在电力市场机制建设中全面落实新能源优先发电权和保障收购措施，设置化石能源发电市场份额的上限，避免市场机制下的恶性竞争。二要尽快推动建立全国碳市场和绿证市场交易机制，通过依法完善制度实现战略指引下的市场公平。三要有序推进和完善新能源电力市场制度，渐进式地推进新能源行业自主参与市场，促进行业提升竞争力。四要尽快完善电力行业投资管理制度，引导各类社会资本参与到电力行业转型发展中来；进一步完善国资国企监管，引导国有企业增强提质增效意识，防止盲目投资。

2016 年 10 月 26 日

进一步发挥财务公司的内部银行作用

冯晓岚

我国企业集团财务公司诞生于 20 世纪 80 年代，有企业集团的"内部银行"之称。财务公司的功能与国外企业的司库管理相似，是服务实体经济最直接、与产业融合度最高的非银行金融机构，发展潜力很大，但也面临一些困难和障碍。近期，我们就财务公司发展问题做了调研，现将有关情况和建议报告如下。

一、财务公司的独特优势

"十二五"期间，财务公司数量年均增长 16.39%，总资产、各项贷款和税后利润年均分别增长 20.59%、17.70% 和 23.65%。目前，我国已有 229 家财务公司，遍布石油化工、能源电力、铁路交通等关系国计民生的重要领域，可以为 6 万多家企业集团成员单位提供资金归集、投融资等金融服务。

——资金使用效率高。财务公司作为集团内设金融机构，了解集团成员单位的生产经营信息和信用状况，能够通过缩短流程、简化手续、免抵押担保贷款等方式提高支付结算效率，加快资金周转速度。据财务公司协会统计，2015 年财务公司行业共发放 1.69 万亿元贷款，其中抵质押贷款 937.26 亿元，仅占 5.6%，比同期商业银行的抵质押贷款比例低 40 个百分点。青岛啤酒集团通过银行对外付款，1—2 天才能到账，成立财务公司后对外付款实现了实时到账。

——企业融资成本低。对集团内成员单位，财务公司能够提供最优惠的存贷款利率，压低利差水平，减免中间业务手续费。对集团外商业银行，财务公司能够代理企业集团同商业银行谈判并组织银团贷款，通过开展统一的授信、融资和担保，为集团及成员单位争取比较优惠的外部融资。2015 年，财务公司行业平均净利差仅为 1.70%，比商业银行低 0.65 个百分点，为成员单位减免结算费用 106 亿元。兵工财务公司通过执行市场最高存款利率、贷款利率下浮、中间业务免费等方式，向成员单位让利近 4 亿元。

——金融服务多样化。经过多年发展，财务公司业务从传统的"存（款）、贷（款）、结（算）"向投融资服务、财务顾问、外汇资金管理等多元化国际化方向拓展，成为企业集团的资金归集平台、结算平台、监控平台和金融服务平台。截至 2015 年末，有 14 家财务公司开展衍生产品交易业务，5 家财务公司试点开展延伸产业链金融服务，5 家财务公司获得银行间市场债券承销资格。在配合企业走出去方面，57 家财务公司开展了外汇资金集中运营管理业务，服务境内外成员单位 2233 家；40 家财务公司开展了跨境人民币双向资金池业务，累计归集境外资金 213 亿元；4 家财务公司获得自贸区分账核算单元资质，可开展跨境直接投资等业务。

——风险管控能力强。财务公司业务具有两头在内的特点，不吸收公众存款，风险外溢性小，资金管控能力较强。一方面，通过精简成员单位的外部银行账户，实现统一开户、统一资金收付，避免集团资金体外循环和沉淀。陕西煤业化工财务公司将集

215

团内 300 多家成员单位的 874 个外部银行账户合并清理至 652 个，账户归集比例达到 90%。另一方面，协助集团实时监控成员单位账户、财务等信息，及时了解支付情况和现金流变化，防范资金"跑冒滴漏"的风险。目前，已有 45 家财务公司实现了对集团账户的全监控。

二、破除财务公司发展中的不必要束缚

不少财务公司反映，目前对财务公司的监管比较严，约束比较多，限制了财务公司的功能发挥，这种状况应抓紧改变，以利于把财务公司的潜力充分发挥出来。他们的意见建议主要集中在以下五个方面：

一是延长同业拆借期限。财务公司资金主要依靠成员单位的活期存款，外部融资渠道有限且稳定性差，同业拆入资金最长期限仅为 7 天，额度也偏低。而同为非银行金融机构，汽车金融公司和金融租赁公司同业拆入资金最长期限为 3 个月。由于缺乏期限较长的流动性管理工具，一些财务公司频繁使用短期拆借，加大了操作难度和流动性风险。在集团成员单位集中出现资金需求时，也容易造成头寸紧张。建议延长同业拆借期限，适当增加拆借额度，拓宽资金融通渠道，以降低流动性管理成本。

二是下调存款准备金率。财务公司主要服务集团成员单位，从集团整体看并未造成货币总量变动。目前对财务公司执行 7% 的存款准备金率，冻结了部分资金，增加了资金成本。建议将存款准备金率再降一些，以利于释放存量资金，支持实体企业。一些财务公司还反映，目前贷款额度不足，希望改进对财务公司的合意贷款规模管理，或者改为财务公司自主申报信贷规模、人民银行备案的管理模式。

三是加入人民银行支付清算系统。目前财务公司还不是人民银行支付清算系统成员，开展结算业务只能通过商业银行代理接入，在归集成员单位资金、收付款等方面存在不便，降低了支付结算效率。一方面，由于增加资金结算环节，在季末、半年末等银行业务量较多的关键时点容易出现排队支付现象，造成资金到账延误，发生违约或利息损失。另一方面，银行代理接入使资金被迫多点清算、分散备付，增加了资金占用。一些财务公司呼吁，逐步放开财务公司加入人民银行支付清算系统的限制，改变对外支付必须依靠商业银行的局面。

四是扩大延伸产业链金融服务试点。产业链金融是指金融机构以核心企业为依托，为上下游企业提供综合解决方案的金融服务模式。财务公司具备信息和信用优势，能有效管控上下游企业贷款风险，开展延伸产业链金融服务能够促进集团产品销售和整个产业链健康发展，也有利于缓解小微企业融资难融资贵问题。目前，全国仅有 5 家财务公司获得延伸产业链金融服务试点资格，开展与上游供应商的贴现、保理等业务。建议逐步扩大财务公司延伸产业链金融服务试点范围，加大对产业链上企业的金融支持。

五是减轻财务公司税负。财务公司协会调查显示[①]，税改后流转税及附加税增长的财务公司占 94.6%。沙钢集团财务公司反映，"营改增"后公司税负预计增加 20%。主要原因：（1）税率提高。财务公司所属的金融服务业由原来适用 5% 的营业税税率改为适用 6% 的增值税税率，提高 1 个百分点。（2）课税对象扩大。过去，

---

① 选取 186 家财务公司有效样本，以 2015 年财务数据为基础测算，且假设符合抵扣政策的业务支出均可取得增值税专用发票并完成抵扣。

保本理财产品收益、政策性金融债以外的其他金融债利息收入是免征营业税的，"营改增"后都要征缴增值税。（3）可抵扣进项税少。中铝财务公司反映，由于财务公司轻资产、无分支机构，不可抵扣项目占成本费用近75%。2015年财务公司行业可用于抵扣的进项税为3030万元，仅占收入总额的0.02%。不少财务公司呼吁调整有关税收政策，降低税负。

三、切实防范财务公司潜在风险

有人说，财务公司是最让人放心的金融机构。近年来，财务公司保持高拨备率、高资本充足率和高流动性，不良贷款额和不良贷款率持续"双降"。但是，受经济增速放缓、产业结构调整、利率市场化、金融脱媒等因素影响，财务公司面临信用、流动性、存贷款利差缩窄、利润增速放缓、海外项目汇率波动等潜在风险。建议把风险防范放在更加突出的位置，从多方面采取措施。

一是加大资金归集力度。2015年末，财务公司行业全口径资金集中度为42.7%，还有进一步提升的空间。企业集团应加强对成员单位资金集中度和账户归集比例的考核，按照依法合规、平等自愿的原则，推动企业集团资金跨账户、跨主体、跨地域集中，不断扩大财务公司的资金归集范围。财务公司应紧紧围绕集团内部资金池开展业务，为成员单位提供金融支持。

二是严格合规经营。过去曾出现一些财务公司因乱拆借、乱投资、关联交易、从事高风险金融活动等，导致风险上升、经营恶化甚至支付困难。建议总结经验教训，把风险管理覆盖到各个环节，确保各项内控措施得到有效执行，对违法违规行为严格追究责任。财务公司应强化对成员单位和各类型账户资金、票据的在线监控，严把资金"进口"和"出口"。

三是加强信息系统建设。加强财务公司资金结算信息系统建设，并与企业集团内部财务管理系统连接，实现信息双向流动、实时共享，提高资金管理的专业化、规范性和透明度。有条件的财务公司可以依托企业资源计划等信息技术，开发和运用好风险管理工具。

四是强化人才保障。一些财务公司受制于央企和国企的薪酬限制，激励机制不灵活，员工待遇和其他金融机构相比有不小差距，吸引不了高端人才。建议允许财务公司探索建立区别于集团内一般子公司的绩效考核和薪酬制度。加强人才培养，充分用好人才，为财务公司发展提供人才支撑。

2016 年 11 月 17 日

境外产融结合的典型案例

李继尊　冯晓岚

为深入研究规范产融结合特别是实体企业办金融的政策措施，我们从部分国家和地区选取了 7 个案例做了分析。主要情况如下。

案例一：美国通用电气公司（GE）

该公司成立于 1892 年，目前已发展成为集航空发动机、发电设备、医疗造影、金融服务等于一身的多元化公司，在《财富》杂志 2016 年公布的世界 500 强中排名第 26 位。通用电气自 1905 年起从事金融业务，当初仅限于商业信贷，1933 年开始涉足消费信贷，1943 年成立全资子公司通用电气资本公司（GE Capital，简称"通用资本"），专门负责通用电气的融资和资金运作。1960 年以来，通用资本的业务范围逐步扩展至商业贷款、融资租赁、消费金融、房地产金融、能源金融、航空金融等领域。

通用电气办金融产生了协同效应。主要包括：一是通用资本依托母公司的 3A 信用评级，以较低利率发行债券，为母公司提供了融资支持。二是借助母公司的专业知识和行业优势，为遍及全球的客户提供一揽子金融解决方案，将金融服务渗透到通用电气的各个产业环节。三是挖掘母公司客户的金融需求，延伸消费信贷、设备租赁、资产管理等业务，使通用电气产业部门在竞争中获得更多优势。四是母公司借助通用资本开展收购兼并或剥离出售，拓展高附加值业务。正是产融之间的密切关系，帮助通用电气在20世纪90年代创造了连续9年两位数利润增长的奇迹。

进入21世纪以来，通用资本出现了偏离实业的发展倾向，业务范围向房屋抵押贷款、个人信用卡、资产管理等领域延伸。在2008年国际金融危机爆发之前的五年，通用资本在通用电气总资产中占比达80%以上，收入占40%左右，利润占50%左右。危机爆发后，通用资本经营状况恶化，进而严重拖累了母公司。一是利润贡献大幅下降。2009年通用资本在通用电气的利润占比仅为8.1%，比2007年下降了近35个百分点，虽然2010年回升到16.7%，但远低于历史最高水平。二是信用评级下调。由于通用资本前期大量投资信用衍生产品，存在交易对手违约风险，2009年3月，标普将通用电气和通用资本的长期信用评级各下调一级。三是母公司股价大幅下挫。2008年跌幅达77%，远高于同期道琼斯工业指数44%的跌幅、标普500指数47%的跌幅。

为了走出困境，通用电气迅速调整金融发展战略，收缩金融业务范围，出售了房地产金融、消费贷款等非核心金融资产，保留飞机租赁、能源金融和医疗设备融资业务，专心服务于高端制造。同时，调整地域布局，剥离高风险和非战略性业务，包括收购美林资本、花旗集团北美商业贷款和租赁公司的大部分业务，出售日本、德国、爱尔兰、芬兰等国家部分业务，加强各层面风险管理。从2010年底开始，通用资本逐渐走出低谷。2015年4月10日，通用电气又宣布，将在2016年底前剥离通用资本旗下2000亿美元左右的金融业务，占其金融业务总量的一半以上。

案例二：美国波音公司（BOEING）

波音公司成立于 1916 年，目前是全球最大的航空航天公司，在世界 500 强中排名第 61 位。波音金融公司（简称"波音金融"）的前身是麦道金融公司，成立于 1968 年，最初主要提供飞机融资服务，后来业务扩展到民用设备和公务机领域。1997 年波音和麦道合并后，更名为波音金融公司。

波音金融的主要特点是专注于定制化服务。2004 年，波音金融将旗下的商业金融业务出售给通用电气，此后发挥在飞机销售中积累的融资、租赁经验和专业优势，为波音客户提供低成本融资。目前，波音金融以服务主业为目标，以"为客户寻找高效、低成本的融资渠道，提供综合融资方案"为宗旨，主要有飞机金融服务部、空间和防御金融服务部两个业务部门。借助波音金融，波音公司将业务链条由生产研发向流通服务领域延伸，不仅扩展了业务空间，也增加了收入，提高了利润。但波音金融总体规模不大，2013 年在波音公司总收入中占比不到 1%，利润占比约 2%。

案例三：英国乐购集团（TESCO）

乐购成立于 1919 年，目前已发展成为英国最大的超市连锁集团，也是全球三大零售商之一，在世界 500 强中排名第 72 位。20 世纪 90 年代末，乐购通过投资西敏寺银行（NatWest）涉足金融业。最初是为客户提供超市消费的贷记卡服务，后来逐步拓展到活期账户、住房抵押、个人贷款、年金及保险业务。1997年，乐购与苏格兰皇家银行联合成立乐购金融服务公司（TFS，简称"乐购金融"）。2008 年，乐购金融成为乐购的全资子公司。

2009 年取得银行业务牌照，更名为乐购银行。经营范围包括：存贷款、信用卡、住房抵押等零售银行业务，网上银行业务，人身险、家庭财产保险、车险、宠物险等保险业务。

超市连锁集团等工商企业开展金融业务，是英国产融结合的典型做法。目前，乐购银行客户账户达到 780 万个，储蓄存款余额 81 亿英镑，贷款余额 93 亿英镑，乐购信用卡月均消费额 13 亿英镑。乐购通过开办金融业务，延长了服务和业务链条，增加了客户黏性，提升了经营业绩，扩大了市场占有率。

案例四：德国西门子公司（SIEMENS）

西门子成立于 1847 年，在世界 500 强中排名第 71 位。1997年，西门子以其财务部为基础，成立金融服务公司（SFS，以下简称"西门子金融"）。在 2008 年国际金融危机之前的五年，西门子金融运作的资产平均为 100 亿欧元，占西门子总资产的 12%，税前收益保持在 3 亿欧元左右，占西门子全部税前收益的 10%。危机爆发后，西门子工业业务下滑，融资难度增加。2010 年 6 月，西门子向德国联邦金融监管局申请银行业务牌照，以拓展金融业务，同年 12 月获批。

西门子金融的定位是西门子公司的金融服务中心、金融运营中心，金融服务从技术投资端覆盖到销售端，其中销售端服务以项目融资、租赁为主。出于防范风险的考虑，西门子金融经营风格偏于保守，西门子全部项目中仅 10% 左右来自西门子金融。西门子银行作为西门子的全资子公司，独立运作，以西门子客户和其他企业客户为经营重点，不开展零售银行业务。

案例五：韩国三星集团（SAMSUNG）

三星成立于 1938 年，目前是韩国最大的企业集团。1958 年开始涉足金融，主要通过子公司形式开展金融业务。2013 年金融业务收入占全部收入的比重约 20%。

三星金融主要有六个板块：一是三星海上火灾保险。1958 年，三星收购安国火灾海上保险公司，1993 年更名为三星海上火灾保险公司，目前是韩国最大的财险公司，业务覆盖北美、欧洲、亚洲等地区。二是三星人寿保险。1963 年，三星收购东方生命保险，1989 年更名为三星人寿保险，目前是韩国最大的寿险公司，在世界 500 强中排名第 439 位。三是三星信用卡公司。1988 年成立，目前是韩国最大的独立信用卡发行公司之一。四是三星证券。1992 年，三星收购 Hanil 投资基金并更名为三星证券，目前是韩国证券业领头羊。五是三星资产管理公司。1998 年，三星人寿投资信托管理公司成立，2010 年更名为三星资产管理公司，目前是韩国顶尖投资管理公司。六是三星风险投资公司。成立于 1999 年，主要投资与三星有战略关联的高科技公司，涉及信息技术、通信、半导体、电子和生物技术等领域。

案例六：日本长期信用银行（LTCB）

二战后，日本国内资金极度匮乏，资本市场不发达，实体企业主要通过银行融资。银行业也通常直接持有企业股份，甚至派遣人员参与企业经营，银企之间逐渐形成了独具特色的主办银行制度。这一制度为日本战后经济迅速恢复发挥了重要作用，但在 20 世纪 90 年代日本经济泡沫破灭时，也暴露出产融风险交叉传染、相互放大的缺陷。日本长期信用银行（以下简称"长银"）

的破产就是例证。

长银成立于 1952 年，主要为重要产业部门提供长期贷款。成立之初，日本政府给予许多政策扶持，并以优先股形式提供了 50% 的资本金，此后 3 年内大藏省又陆续购买其 40% 的债券。在日本经济高速增长时期，长银以稳定的低利率为煤炭、电力、海运、造船、钢铁、化工等产业提供了大量资金，自身也得到快速发展。1989 年，长银市值高达 248 亿美元，成为当时全球第九大银行。但是，长银作为多家企业的主办银行，与关联企业之间相互持股，在日本泡沫经济破灭、关联企业陷入困境时，不仅没有采取措施锁定损失，反而继续向关联企业输血，导致不良贷款大幅攀升。之后，又不得不加速回收贷款，造成优质客户不断流失，盈利能力持续下降。1998 年 6 月末，长银已严重资不抵债，投资者大量抛售股票，导致股价狂泻，从 1994 年最高时 1230 日元／股跌至 50 日元／股以下。1998 年 10 月，日本政府被迫将长银临时国有化。

案例七：中国台湾力霸集团（REBAR）

力霸集团成立于 1959 年，涉足金融、制造业、通讯业、服务业、房地产等行业。鼎盛时期拥有 5 家上市公司，其中包括商业银行、财产保险公司，还参股控股 27 家企业，总资产超过 5000 亿元新台币。中华银行作为力霸集团的子公司，由于与其他实业子公司之间存在大量不当关联交易，集团爆发财务危机，导致银行呆坏账上升，2007 年发生严重挤兑事件。

事件起因是力霸集团旗下两家子公司连续 7 年大幅亏损，2007 年 1 月 5 日向法院申请重组。这两家子公司在中华银行的授信余额占该行全部贷款余额的 2.3%，使经营状况本就不佳的中华银行遭遇挤提，当天就提款近 200 亿元新台币。2007 年 1 月 6 日晚，台湾"金管会"宣布正式接管中华银行，1 月 7 日到该行提款的民众仍络绎不绝。随着对这一事件调查的深入，力霸集团内部大量不当关联交易浮出水面，特别是虚设了 60 多家皮包公司，通过复杂的交叉持股和财务运作，将金融子公司变成了"提款机"和"私人金库"，最终陷入全面倒闭的困境。

上述案例有成功的经验，也有失败的教训。总的来看，产融结合不能脱离实业主业，不能盲目扩张，而应明确准入标准，注重协同效应，加强风险隔离。

2016 年 11 月 23 日

主要发达国家规范实体企业办金融的做法

李继尊　史德信

从国际上看，美国、英国、德国、日本等发达国家实体企业办金融很有代表性，也形成了比较成熟的监管措施。这4个国家对实体企业成为金融机构股东没有特殊限制，但都要求持股达到一定比例时，必须由金融监管机构进行审批和持续监管，重点是强化风险隔离，规范关联交易。

美国：重视对实体企业办银行的监管

在美国，除阿肯色州外，其他州都允许企业集团下设非银行金融机构，一般不需申请牌照。这类机构通常由各州银行厅或专设监管机构进行监管，如果规模过大，则需要接受联邦层面的监管。比如，通用电气的金融子公司——通用电气资本公司（GE Capital）就要接受联邦储蓄监管局（OTS）和联邦存款保险公司（FDIC）的监管。2008年国际金融危机后，OTS被撤销，职能移交给货币监理署（OCC）、FDIC和美联储。美国规范实体企业办银行的措施包括三个方面：

一是对实体企业入股银行和银行控股公司进行审慎监管。根据美国《联邦储备法》等法律和规章的规定，任何个人或集团如果持有的银行股份占比超过 25%，必须由美联储审批。对于公开上市或股权分散的银行，当持股比例超过 10% 时，必须书面告知联邦监管机构。持有银行表决权股份 25% 以上的机构，将被视为银行控股公司并接受美联储监管。持有银行表决权股份 10% 以上的股东，由美联储进行严格审查，并接受与银行控股公司类似的监管要求。审查内容包括收购方自身经营状况、从事金融业的情况、管理层构成以及收购行为对被收购银行的影响等。

二是对实体企业设立产业银行进行专门监管。美国的产业银行又称产业贷款公司，是提供消费贷款和商业性贷款等有限银行业务的金融机构，通常由实体企业或非银行金融机构设立，由州监管机构签发牌照。目前，只有犹他、加利福尼亚、内华达、科罗拉多、明尼苏达、印第安纳、夏威夷等 7 个州发放产业银行牌照。从 1982 年起，FDIC 向产业银行提供存款保险，并与州监管机构共同进行监管。同时，获取 FDIC 保险也成为申领产业银行牌照的前提条件。

由于产业银行不能吸收活期存款，不符合美国《银行控股公司法》对银行的定义，设立产业银行的实体企业不能被视为银行控股公司接受美联储的监管。为弥补产业银行控股公司的监管真空，2010 年出台的《多德－弗兰克法案》规定，设立产业银行的实体企业须成立中间控股公司（IHC），由中间控股公司持有产业银行股权并接受美联储监管。实体企业作为母公司，对子公司具有资本补充义务和风险救助责任，并接受美联储的检查和强制执法。同时，该法生效 3 年内，不再批准金融业务占比低于 15% 的实体企业直接或间接控制产业银行，不再批准产业银行加入联邦存款保险的申请，不再受理实体企业对产业银行的控制权变更。

三是对关联交易设置防火墙。在这方面,《联邦储备法》第
23 条规定很细致。主要包括:银行对所有非银行附属机构、控股
公司的贷款合计不得超过银行资本的 20%;银行对内部非银行附
属机构、控股公司本身的贷款,收取与对外部机构贷款同样的利
率;银行购买非银行附属机构、控股公司资产不能超过被购买方
资产的 10%;银行不能对内部非银行附属机构、控股公司的证券
发行提供担保;限制银行购买内部非银行附属机构、控股公司发
行的债券;限制银行通过第三方对内部非银行附属机构、控股公
司提供资金。

英国:审慎监管与行为监管并重

在英国,对实体企业投资或设立金融机构没有特殊限制,
对持股比例没有上限要求。英国 2000 年《金融服务与市场法》
规定,自然人或法人持有金融机构 10% 以上的股权且为第一大
股东,须经金融服务局(FSA)审批。FSA 主要评估投资方
的声誉、财务状况、遵守审慎监管要求以及洗钱和恐怖融资
等情况。

2012 年英国新的《金融服务法》颁布后,FSA 被撤销,监管
职能被分拆至金融行为局(FCA)和英格兰银行下设的审慎监管
局(PRA)。投资或设立银行、保险公司、系统重要性投资公司
等机构,需向 PRA 提出申请,由 PRA 审查资本实力、股东资格、
公司治理等,并在征求 FCA 意见的基础上决定是否批准,同时接
受 PRA 的审慎监管和 FCA 的行为监管。投资或设立其他类型金
融机构,由 FCA 负责审批并统一监管。

德国：对金融业务规模较大的集团实施统一监管

德国对实体企业持有金融机构股权没有明确限制，也没有特殊的审查批准程序。大型企业集团主营资金运营、金融服务的机构，如内设的金融服务公司，绝大部分业务不需要申请金融牌照，企业年金管理及咨询业务除外，也不必接受德国央行或其他金融监管机构的监管。

德国《银行法》规定，至少持有一家银行、保险或证券类子公司的企业为混合业务型控股公司。如果其金融资产占比超过40%，经联邦金融管理局（BaFin）认定，可与子公司一并作为金融集团进行监管。按照欧盟《金融集团监管指引》的要求，德国《银行法》对金融集团自有资金的充足性、资本计算方法、流动性、内部交易、风险集中度以及公司治理等作了专门规定，要求从集团层面进行整体监管。如果金融集团具有系统重要性，需接受更严格的监管。

日本：对金融机构主要股东进行资质审查和监管

日本《银行法》规定，持有银行5%以上表决权股份必须披露。拥有20%以上表决权或拥有15%以上表决权但对金融机构经营活动有重大影响的股东，为主要股东。任何个人或法人成为主要股东，都需要监管机构批准。如果银行经营效益不好，监管机构可以要求持股50%以上的主要股东增资或采取其他措施改善经营状况。对保险公司股东也有类似要求。日本《保险业务法》规定，除政府、本地公共组织或经内阁授权外，任何个人或法人持有单个保险公司5%以上表决权股份，需向监管机构报备，成为保险公司主要股东需经监管机构批准。

　　一旦实体企业成为银行的主要股东，将进一步考察其"是否过度依赖借款，是否有损银行业务的稳健性，是否会因其战略需求而损害银行经营的独立性"等。2007 年 3 月，日本金融厅（FSA）发布《金融集团监管指引》，提出了事实性控股公司的概念。其定义是，由非金融机构作为管理公司，旗下拥有至少两个金融子公司的控股集团。对此，要求在集团层面建立完善的管理体系。

2016 年 11 月 23 日

关于加快工业产品生产许可证制度改革的建议

李钊　朱艳华

工业产品生产许可证作为一项涉及面广、影响大的行政许可制度，实施 32 年来，对保障质量安全、落实产业政策、促进行业发展发挥了重要作用。但随着市场机制的不断发展完善，这项制度与工业转型升级不适应、不协调的问题日益突出，亟待通过改革消除弊端，应作为当前深化"放管服"改革的重要内容。近期，我们就此开展专题研究，并赴河北、山西等地进行调研。通过了解，相关问题主要集中在以下方面：

一是许可范围过宽。多年来，工业产品生产许可证目录经过多次改革精简，已从高峰时期的 487 类减少到目前的 60 大类，但大类套小类（85 个）、小类套单元（430 个）、单元套品种（近千个），涉及产品种类依然偏多。部分与公共安全、人体健康、生命财产安全关系并不十分紧密，或可以通过市场机制保障质量安全的产品，仍纳入生产许可证目录管理，例如制冷设备、饲料粉碎机械、棉花加工机械、空气压缩机、机动脱粒机、人造板、泵、化肥、橡胶制品，等等。

二是多头重复许可。目前，除质检部门审批发放工业产品生产许可证外，食药监、工信、发改、卫计、农业、公安、安监等部门也承担类似生产准入许可职能，且有些审批内容交叉或相近。一个企业不仅要跑多个部门办理许可，有时候一个部门还设置多项许可。例如，在获得工业产品生产许可证的同时，肥料生产企业还要取得农业部门的肥料登记证，特殊劳保用品生产企业还得取得安监部门的安全生产许可证；农药企业的部分产品要办理工业产品生产许可证，部分产品要取得工信部门的生产批准证书和农业部门的农药登记证。电缆、机械等多类产品进入煤矿、铁路、通信、电力、消防行业时，必须分别获得这些行业指定的证书。一个证就是一道坎，一个证就得有一套繁杂的申报程序和管理体系文件。现在有的中小型工业企业要办二三十个证，每年各类审核检查应接不暇，极大增加了企业成本，成为企业的沉重负担。

三是程序细则有待优化。工业产品生产许可证的审核发放需要历经企业申报、部门审查、产品检验、材料初审、材料审核、核准发证6个流程，办理耗时少则3个月、多则半年。每类产品都有一套详细的实施细则，对企业的厂房设施、生产装备、检验设备乃至工艺流程作出具体要求，直接规定企业的生产经营行为，不仅管得过细，而且制约企业创新。工业领域新材料、新技术、新工艺、新设备快速发展，相对静态的实施细则无法跟上创新步伐，致使企业耗时耗力搞创新，却因为不符合实施细则的滞后规定，不能及时拿到生产许可证，贻误市场先机。

四是与认证功能重叠。我国《工业产品生产许可证管理条例》规定，工业产品的质量安全通过认证认可制度能够有效保证的，不实行生产许可证制度。主管部门也对实行这两种制度的工业产品范围进行过行政划分，但划分方式有待优化。例如，额定电压相近的电线电缆产品，用于日常生活的要通过强制性3C认证，用于工业生产的要获得生产许可证；容量大于500升的冰箱，要具有生产许可证，小于500升的要通过3C认证。这些产品在工艺和材料等方面并没有本质差别，甚至出自同一条生产线，却要申报不同的证书、实施不同的管理制度，企业热切期盼一类产品实行一种许可制度。

五是证后监管难以到位。生产许可证实行国家、省级两级发证，市、县级质监部门负责证后监管。在大部分地区，县级质监部门负责许可证监管的工作人员一般只有1—2人，面对行业众多、技术复杂的生产企业，监管人员在时间精力上、专业能力上往往很难保障，很多时候都是依靠查看相关记录了解企业执行情况。在基层质监部门属地化管理后，监管人员即便发现问题，碍于各方面压力，也很难依规作出让企业停产整顿等处理，导致有关规定流于形式。

对重要工业产品实施质量准入管理是国际通行做法。但与我国实行生产前准入许可不同，发达国家一般对开办企业、开展生产不设门槛，主要依靠强制性认证严把市场准入关，积极鼓励市场化检测认证机构参与质量安全监管，政府则负责认证机构监管和市场监督执法，即企业宽进、市场严入、社会监管。例如，涉及卫生和安全等要求的产品进入欧盟市场必须全部要获得CE强制认证标志；日本电气安全法规定进入日本市场的"特定电器及材料类"产品必须取得PSE第三方认证，等等。与行政许可模式相比，强制性认证制度有利于将行政准入审批转变为专业技术核验，实现产品认证与证后监管职能分离，克服部门权力寻租，增强准入管理的科学性、有效性。同时，也有利于引入市场竞争机制，打破部门垄断，降低企业制度性成本。

综合来看，目前我国生产准入许可数量过多、管得过细，既增加了企业负担，也在一定程度上制约了企业创新发展，加快改革意义重大、势在必行。但对这项制度的功能及作用应客观看待，在尚未健全更加科学有效的替代制度之前，不宜一废了之，以免引起部分重要工业产品的系统性质量安全风险甚至质量滑坡。对此，我们建议应"减、简、并、转、管"多措并举，积极稳妥推进这项重大改革。

一是最大限度"减"。按照《工业产品生产许可证管理条例》规定，对目前实施生产许可证管理的 60 类产品逐一开展论证。凡通过消费者自我判断、企业自律和市场竞争，或认证认可制度能有效保证质量安全的，均取消生产许可管理；凡不直接涉及安全、环保及产业政策的产品，以及危险化学品等质量问题不明显而安全生产问题严峻的产品，均从工业产品生产许可目录中删除。坚持能减则减、能减尽减，而不仅是下放权限，以实现管理目录瘦身，确保剩下都是该管的、能管住的。

二是最大程度"简"。对于确需保留的，要简化手续、优化流程，减少不必要的审批环节和材料申报，压缩办证周期，降低企业成本。应简化对企业工艺、设备、流程的具体规定，特别是阻碍企业采用新技术、新装备、新工艺的有关限制。对技术相对成熟且企业可以有效管控质量的产品，可实行"先证后核"，即企业在递交申请材料和承诺后，快速领取许可证开工生产，发证机关在规定期限内到企业现场核查。对生产条件未发生重大变化的企业，实行换证免核查。积极推行"互联网＋行政审批"，对审批发证系统进行数字化改造，实现网上受理、审查、审批、核发，提高审批工作效率。

三是最大范围"并"。全面梳理各相关主管部门生产准入许可，合并内容相近的许可审批，减少对企业的多头管理。应借鉴部门联合监管模式，探索多部门联合审批许可，实现企业一次申报、并联审批、同时发证。规范各行业认证，优化认证规则，提倡证书互认，对于已取得相关许可证或已通过类似认证的，不应再要求重复认证，尽量避免同一类产品多次检测认证。严格禁止各行业以认证为由，设置行业进入门槛，或为指定认证机构、中介组织谋利等行为。

四是最大跨度"转"。要加快建立健全工业产品质量安全强制标准体系，推动以强制性认证逐步替代生产许可证制度，充分发挥市场化认证机构对企业质量安全的监测监督作用，政府主管部门加强对认证机构资质评定和监管。推动第三方机构和行业协会逐步减少对政府部门的依赖，由政府部门的附属机构转变为独立的中介组织，并由行政指导型过渡为市场服务型，真正发挥桥梁纽带作用。

五是最大力度"管"。生产许可证制度改革既要"放"，更要"管"，做到放而有序、监管有力，实现"有证有保障"才是根本目的。要强化监管力量，将管理重心由事前许可转向证后监管，完善风险评估、风险预警、风险处置、缺陷产品召回等制度，综合运用"双随机"监管、联合监管、"飞检"等方式，加强对企业的质量安全监管，特别是加强对无证生产的查处力度。要创新监管手段，广泛推行信息化、智能化监管，健全质量失信"黑名单"和第三方信用评价制度，探索将生产许可审批与企业信用挂钩，完善企业退出机制。要鼓励社会监管，拓展社会力量参与质量安全治理的有效途径，健全公众参与监管的激励机制，营造"人人关注质量安全，共同维护质量安全"的社会氛围。

此外，目前江苏宿迁等地已启动工业产品生产许可证改革试点，建议相关部门加大对试点工作的支持力度，帮助基层解决后顾之忧，及时总结试点经验，修订完善法律法规，尽快在全国推广实施这项重大改革，为更多的企业松绑减负助力。

2016 年 11 月 29 日

金融创新要谨防片面化倾向及相关风险

宋立　牛慕鸿　仇书勇

近年来，在实体经济需求拉动、新技术应用推动、金融机构自身利益驱动三重因素综合作用下，我国金融创新进入快车道，产品、服务和管理等创新加快，有力提升了金融机构的经营管理水平，强化了金融风险管控能力，增强了核心竞争力，对改进金融服务、降低融资成本、支持实体经济持续健康发展发挥了重要作用。但与经济发展新常态和实体经济转型升级的客观要求相比，仍存在不少问题和差距。实施创新驱动发展战略、推动大众创业、万众创新，以及推动绿色发展等，都需要进一步加快金融创新，探索金融服务新模式，不断完善金融产品和服务体系。

一、始终坚持金融创新的正确方向

金融创新既是金融发展的不竭动力，也是支持经济发展创新的有力武器。破解发展难题，离不开金融创新的有力支持。金融创新要以支持实体经济发展为出发点和落脚点，一方面要大力推进改进薄弱环节金融服务的金融创新。重点领域和薄弱环节是金融服务实体经济的关键所在，也是金融创新的重点方向。要切实改进小微企业金融服务，优化"三农"金融支持，实施金融精准扶贫。同时积极推进服务转型升级的金融创新，大力发展科技金融、积极发展绿色金融。另一方面要稳妥推进运用新技术的金融创新。既要鼓励传统金融机构运用互联网和大数据等新技术，进行业务和流程改造，发展新兴业务，实现传统金融业务与服务转型升级；也要引导规范互联网等新技术企业和平台，规范发展新型金融业态，更好满足中小微企业、创业型企业和个人的投融资需求。

稳健审慎推进金融产品与服务创新，关键在于金融机构。各类金融机构都要按照"合理、合身、合规"要求，自觉坚持正确的创新方向。一要坚持市场导向、遵循经济规律，努力做到创新"合理"高效。要坚持满足市场需求的创新定位和商业可持续的创新原则，不能不计成本地大干快上，不能只求规模不讲效益，也不能只重收益不顾风险。二要与金融机构自身发展定位、战略目标与风险管理水平相适应，努力做到创新"合身"合用。一方面，创新要从金融机构的实际需要出发，根据机构自身特点、发展战略定位、经营目标等选择创新模式，进行特色化、专业化、差异化的业务创新。另一方面，创新要与机构自身的风险管理能力相适应，将创新可能带来的风险控制在自身的管控范围之内，实现创新收益与风险平衡。三要与法律法规和监管要求相一致，努力做到创新"合规"有序。金融创新要坚持法治化原则，不违法、不越界、不逾矩，清清白白创新、规规矩矩服务。

二、进一步加强和改进对金融创新的监管

对金融创新的监管滞后与监管不足，既是当前金融监管存在的短板之一，也是金融创新面临的突出问题。监管部门要加快推动监管转型，实现从以机构监管为主向机构监管与功能监管并重

的转变，加强审慎监管和行为监管，按照鼓励创新与加强监管协调统一原则，实现对金融产品和服务创新的全流程有效监管，切实保护金融消费者合法权益。

切实把好"边界关、准入关、标准关、协作关"。一要厘清金融与非金融的边界。金融是特许经营行业，非金融企业利用新技术进行创新活动、实质从事金融业务，必须取得相应的金融牌照。要将包括创新在内的一切金融业务全部纳入有效监管范围，坚决杜绝金融领域"无照驾驶"行为。二要加强对创新的市场准入监管。对符合倡导方向又合理合规、科学审慎的金融创新，要给予支持和鼓励。对虽然符合倡导方向、但不够合理合规的创新，要认真把关、审慎准入，并加以引导和规范。对不符合倡导方向和合理合规要求的虚假"创新"，要坚决制止、及时纠正。三要实现对同类金融创新产品监管标准和规则的统一。对不同金融机构、互联网金融平台等开发的功能相同或相似的金融创新产品，要依照"穿透"原则，适用统一规则和标准进行监管，消除监管套利，做到"不让合规者吃亏，不让违规者获利"。四要加强对跨领域金融创新产品的监管协调。金融监管部门要强化责任意识和协调意识，淡化"地盘"意识，避免相互推诿，杜绝以邻为壑的监管行为，加强金融创新领域的监管资源共享和监管协作，不仅要做到"谁的孩子谁抱"，也要做到"没妈的孩子也有人抱"，实现对金融创新活动及相关金融风险的监管全覆盖。

及早发现并制止金融创新中的片面化倾向。一要防止创新产品同质化。当前金融创新中的简单模仿、复制现象比较普遍，多样性、差异化不足，导致机构之间简单重复和同质竞争，要注意引导金融机构及时加以改变。二要防止创新模式粗放化。部分金融机构创新流于形式化，缺乏深度个性化和精细化创新，又过度承担风险，金融创新的审慎性有待提高。三要防止创新动机套利化。部分金融创新出于套利目的，提高产品结构复杂度，规避资本、拨备和流动性等监管，或借助各种通道将信贷业务表外化，增加交易环节、延长增值链条，转嫁或隐匿真实风险。这类"创新"并未改进对实体经济的服务，也未改善消费者福利，反而提高了融资成本、增加了金融风险隐患，必须尽早发现并加以纠正。

三、高度重视、及早防范化解金融创新相关风险

金融创新是一把双刃剑，既能够优化资源配置，又可能带来新的不确定性。2008 年美国次贷危机就与金融衍生品高度相关，部分源于"过度创新"。虽然针对金融创新带来的正常风险，大都形成了比较成熟的应对办法、风险相对可控，但对打着"金融创新"旗号，进行监管套利、甚至违法违规的产品或活动，则缺乏有效监管。这类产品或活动常常具有远比传统金融风险突出的隐蔽性、突发性和传染性，往往在发生风险事件时才受到关注，其危害性、破坏性不容忽视，必须引起高度重视。当前，创新相关风险极易与周期性、结构性和体制机制因素带来的风险相互交织，并与其他领域风险相互影响，造成跨市场、跨行业、跨机构交叉传染。2013 年以来，我国多个金融市场相继异动就是前车之鉴，不能不引以为戒。

着力防范化解金融创新带来的风险。一要提早防范化解金融创新的正常风险。金融创新之初，出现一定的风险是正常的、合乎规律的，对此，要防患未然，在产品设计和审查阶段要预设风险防控机制，强化风险定价、风险评估、风险对冲等。特殊情况下要按程序暂停创新，并及时予以整改。二要有效防范过度创新

的"加强"风险。当前，金融创新在部分领域有"泛化"、甚至"滥化"的苗头或趋势，加强或放大了创新的正常风险，并有可能带来新的风险，在非正规金融和互联网金融领域尤为突出。对此，要加快改革完善监管规则，弥补监管漏洞，提升风险识别和应急响应效率，确保创新规范有序开展。三要坚决遏制虚假"创新"的隐含风险。虚假金融"创新"，往往在创新的名目之下，隐藏着一些不合法、不合规的内容，其中不乏金融风险隐患。因此，必须严格把握金融创新的本质，去粗取精、去伪存真。对违反法律法规、规避监管、损害消费者权益的所谓"新产品""新业务"，监管部门要明确其不属于金融创新范畴，加强监测分析和风险警示，加大查处惩治力度，坚决驱逐劣币。四要及早防范创新风险与其他风险交叉传染，相互放大。以影子银行、资产管理业务为代表的金融创新，致使创新风险与信贷、股票市场、保险市场风险高度关联，容易导致跨市场、跨行业、跨机构的风险传染，甚至可能发生"多米诺骨牌效应"，诱发系统性风险，必须及早发现并严格加以防范。

2016 年 12 月 5 日

稳汇率：功夫可更多在汇率外

宋立

一、人民币汇率贬值是多种因素综合作用结果

2015 年 8 月 "汇改" 以来，人民币汇率顺应市场供求变化，弹性进一步增强，汇率走势也发生了转折性变化，由缓慢波动升值转变为明显贬值。近期，人民币兑美元汇率回到了 2008 年 5 月的水平。人民币成为今年以来贬值幅度仅次于英镑的货币，也是没有重大事件影响的贬值幅度最大的货币。人民币汇率之所以明显贬值，是短期和长期因素结合、实际和预期因素互动等多方面原因共同作用的结果。

从短期因素看，美国经济复苏加快、美元指数持续走强导致其他货币贬值。受美国经济强劲复苏、美联储加息预期持续升温，以及特朗普当选美国总统等因素影响，美元指数持续上涨，多个国家货币对美元贬值，人民币也未能幸免，但近期贬值幅度相对较小。

从市场供求看，企业和居民用汇需求快速扩张加大了人民币汇率贬值。一方面，企业 "走出去" 投资进入加速阶段，今年1—10 月，企业对外投资增速超过 50%，除了理性投资外，也包

含一些盲目跟风，以及规避风险、转移资产等复杂因素。另一方面，个人出国留学进修、旅游观光、医疗保健等需求不断上升，也是不可忽略的影响因素。

从趋势变化看，人民币持续升值"超调"后适度回调。2005—2014年，人民币汇率连续升值近10年时间，尤其是2010年以后，我国经济增速放缓、经常项目顺差持续收窄，但人民币汇率仍保持升值态势，出现了比较明显的"超调"，之后的回调不可避免，只是时机早晚和触发因素问题。从一定意义上说，"8·11"汇改给已处强弩之末的人民币汇率上升行情提供了逆转机会，成为压倒骆驼的最后一根稻草。

从资产配置看，企业和居民的海外资产配置需求强化了人民币汇率贬值。由于美元升值、人民币贬值，以及我国资产价格大幅度上涨，企业和居民的海外资产配置需求随之逐步扩大。越来越多的企业购置高收益资产，偿还美元和其他外币债务。同时，居民移民、留学或投奔子女养老等需求逐步提高，居民海外投资置业等步伐也趋于加快。

从预期看，对中国经济的悲观预期加剧了人民币贬值势头。近年来国际上不时出现看空、甚至唱衰中国的声音，国内也出现了不少自我看空的观点和做法，包括抓住一点不计其余的悲观预测等。长期持续且不加区分的宣传，一方面将悲观预期深入传递到了企业家和广大群众之中，另一方面客观上配合并佐证了境外唱衰中国的声音。悲观预期与其他因素结合，加剧了资本外流，助长了海外资产配置需求，甚至可以说是当前资本外流和人民币汇率贬值的第一大因素。

二、人民币汇率仍然面临新挑战，止跌回升尚需时日

汇率贬值是经济减速"水落石出"的表现之一。汇率作为一国货币的相对价格，表面上反映的是货币本身的供求状况，实际上或者说深层次上则是国家经济的综合反映。在我国经济增长由高速转为中高速的背景下，高速增长时期产生、伴生或派生的各种问题和矛盾陆续显现出来，虽然从根本上属于经济问题，但其中一些表现为金融问题，比如银行不良贷款上升，债券违约增加，以及人民币汇率贬值等。过去的经济高速增长带来了汇率的长期升值趋势，伴随经济增速明显减缓，超调汇率的适当贬值在所难免。

汇率更多由"边际"因素而不是基本面决定。从基本面看，中国经济长期向好的趋势没有变，我们依然拥有诸多优势，包括经济增速保持在世界各国前列，经常项目长期保持顺差，外汇储备居于世界第一，理论上似乎并不支持汇率较长时间、较大幅度贬值。但也要看到，市场价格由边际变化决定而不是基本面决定，"边际"因素主要决定当期变化，基本面更多影响长期趋势。基本面向好没有变更多反映的是过去的情况，而不是最新的变化。汇率决定也不例外，可以说基本面没有变只是汇率稳定的必要条件，而非充分条件。只有在经济出现比较明显和确定的回稳趋势之后，人民币汇率振荡期才可能逐渐结束、并形成新的均衡。

短期内汇率仍然面临新挑战，回稳转升可能性不大。虽然我们说中国经济总体平稳、稳中有好、稳中有进，一些指标好于预期，但汇率变化与经济形势变化之间存在一定的时滞，境内外投资者接受中国经济向好的边际变化，还有一个观察、验证、确认

的过程，就像之前汇率由升转降与经济形势变化之间存在时滞一样。从外部因素看，美国经济复苏强劲，美元年底前加息可能性越来越大。英国脱欧事件仍在发酵，美国当选总统的施政方针有待观察，法德两国大选在即，国际政治格局演变尚难预料，国际市场避险需求看涨，美元存在进一步升值可能。加上我国外汇管理制度方面的因素，人民币汇率面临一系列新的挑战甚至考验。汇率要实现由跌转稳尚需要一定的条件，实现由稳转升可能需要更长的时间和努力，回稳可能性存在、转升可能性不大。

三、稳定汇率需要标本兼治、综合施策

应对汇率贬值压力，可以遵循"完善管理、规范投资、坚定引资、改善预期、健全机制"的思路。当务之急是充分利用我国资本项目尚未完全开放的条件，加强并改进资本项目管理。治本之策是平衡"引进来"和"走出去"，规范企业对外投资，坚定不移招商引资，扭转一边倒的市场预期，并着力完善汇率形成机制。

一要加大外汇管理力度、着力堵塞漏洞。要从贸易项下和资本项下同时着手，加强外汇流出的真实性管理。要认真排查制度漏洞，及时堵上，严格防范资本无序流出。对于顶风作案、从事违法违规地下跨境交易活动的，坚决予以打击。

二要加快完善汇率形成机制，尽量减少干预。以外汇储备入市方式干预汇率，虽然短期可行，但毕竟代价太高。我们的外汇储备不仅要满足经常性需要，还负有战略性使命，且我国已经明显跨过了出口高峰期，创汇能力明显下降，需要把握好稳汇率与稳储备的平衡。汇率超跌必反弹，外储失去不复来。要保持外汇储备基本稳定，稳定市场预期和信心，避免为了稳定本币而抛售

美元，减少外汇储备消耗。在美国新总统即将上任，有可能盯上人民币汇率的情况下，为了不授人以柄，也有必要适当减少干预。同时，要顺应市场变化，加快完善市场化汇率形成机制。就像应该先在水池里学会游泳，再去大海里畅游，而不是直接推到海里再慢慢学习游泳一样。要在实现人民币可兑换之前，实现汇率形成机制的市场化，形成比较成熟的汇率决定机制，再逐渐开放市场。

三要规范企业"走出去"，避免盲目对外投资。近年来我国跨境资本流动由长期以来的大规模流入转变为流出，主要源于境内主体主动对外投资和偿还外债。规范对外投资不是单纯地为了控制资本流出，而是促进对外投资行稳致远，避免付出不必要的代价。"一带一路"是世纪性的特大战略，不可能毕其功于一役，不能急于求成。企业"走出去"和国际产能合作不同于外援，要遵循成本收益比较原则，按照市场规律办事，不能搞运动化、一阵风，须避免一哄而上。要切实按照有关规定对一些企业对外投资项目进行核实，有些项目不仅不能支持鼓励，还要适当限制和规范。

四要高水平"引进来"，坚定不移招商引资。我国现阶段已从资金短缺转变为资金过剩，但资金转化为资本的渠道不畅、机制不健全。国内过剩的资金和产能需要也可以"走出去"，国内短缺的资本和技术等必须"引进来"，"引进来"与"走出去"客观上有一个并存交替的过程，不可能一下子从"引进来"切换为大规模"走出去"。招商引资尤其是高水平"引进来"还是我们所需要的，在一定意义上也是促进国内资金转化为资本的重要条件。对"引进来"不能一刀切，对招商引资不能一概放弃。要重申招商引资政策没有也不会变，进一步改善营商环境包括外资企业发展环境。

五要进一步深化改革，扭转人民币贬值预期。气可鼓不可泄，预期对汇率变化的影响不可忽略。一方面，要深化改革，去除后顾之忧。坚持两个毫不动摇，坚决保护好企业家和个人的财产权利，增强群众财产安全感和企业家投资信心，从根子上消除国内资本外流避险动机。另一方面，要有的放矢、做好舆论引导。舆论宣传要提高针对性，要深入宣传中央关于产权保护的文件精神，更多宣传我国经济的新变化、新动能。一些悲观论调既不严谨，也缺乏依据，不宜广泛传播。同时，要注意内外有别，对外释放坚定不移深化改革、扩大开放，建设高层次开放型经济的积极信号。

2016 年 12 月 8 日

四、创新驱动培育发展新动能

大力促进"品质电商"发展的建议

孙慧峰

鼓励电商企业增品种、提品质、创品牌,是供给侧结构性改革的重要方面,也是推动经济增长的持久动力。随着经济社会发展,消费者越来越重视商品质量、品牌和服务,这将对电商竞争和发展模式产生深刻影响。为此,一些电商企业在座谈时提出,应加快打造"品质电商",走品质化、品牌化的道路。

一、当前电商发展中部分企业质量问题突出

质量是企业和产品的生命线。就目前我国电子商务行业发展现状来看,一些企业存在的产品质量不高、侵犯知识产权、诚信度缺失等问题,仍然是制约电商行业长期健康发展的明显"短板"。突出表现为:

一是"三无"产品、质量不合格产品比例较高。这方面,每年消费者投诉量都超过 10 万余件。从总体看,我国电子商务产品质量集中表现为"三低三高",即产品抽查合格率偏低,假冒伪劣产品比例较高;规范标识标注产品比例较低,"三无"产品比例较高;耐用品类产品可靠性水平较低,小家电类产品安全风险较高。根据质检总局的抽查,2013 年全国电子商务产品合格率仅为

46.9%，2014 年"双十一"电子商务产品质量合格率仅为 46%。2015 年，质检总局对网络销售的玩具、服装等五大类 11 种产品开展了专项抽查，合格率为 71.3%。虽然国家有七天无理由退货的相关规定，但落实起来很难，商家和消费者对哪些商品适用于七天无理由退换货，以及怎样算"商品完好"都有争议，部分商家对七天无理由退换货有抵制、拖延现象。

二是侵犯知识产权现象屡禁不止。一些网店经营者为了谋取利益，通过仿名牌的方式制假售假，许多远远低于合理市场价格的"山寨"侵权商品公然在网络交易平台长期展示。比如一个价格上万元的 LV 正品包，有些网店的仿品只卖 1000 元，甚至两三百元。一些电商平台存在的假货"顽疾"，长期得不到根治，社会反映较多，也严重损害中国电商企业的国际形象。法国开云集团等知名企业和组织，曾多次在境外起诉国内网络交易平台，美国《福布斯》甚至将阿里巴巴称为"建立在假货上的 2000 亿帝国"。

三是失信经营和欺诈行为防不胜防。电子商务领域交易双方信息不对称现象比较普遍，使得经营主体容易伪装和逃匿。因此，一些不法商家就利用网络的虚拟性和信息的不易追查性，从事诸如恶意诋毁其他商家信誉、虚构交易"刷信用"、虚假促销等活动。诚信缺失和恶性竞争对电商生态环境造成了极大负面影响，劣币驱逐良币现象时有发生。比如今年"3·15"晚会曝光的二手车交易平台车易拍，设计了两套后台，买家和卖家的入口不同，所能看到的竞拍价格相差数千元，截留出来的差价被以"渠道服务费"的名义留给了 4S 店。还有的网店为了提高信誉等级，请专业公司"刷信用"（即店家付款请人假扮顾客，以提高网店排名和销量），这已经成了一个灰色产业链。还有的店家搞不正当竞争，利用"网络水军""职业差评师"，诋毁其他经营者的声誉，实施虚假宣传，一定程度上扰乱了市场秩序。

出现这些问题的原因是多方面的：一是竞争激烈、一些电商拼命压低成本。由于电子商务初期进入门槛较低，经营者大量涌入，很多领域利润迅速被摊薄。一些领域经营者的数量出现几十倍、甚至上百倍的增长，而市场容量却没有同步扩张，有限的购买力被不断分摊。商家之间相互跟风经营、比拼价格，甚至为了冲销量而赔本促销，迫使生产企业不断压低成本，使质量成为退而求其次的牺牲对象。一些试图打造自己品牌的经营者，在浮躁的网店竞争环境下纷纷夭折，使网络市场陷入低端过剩、高端短缺，高品质商品供给不足的困境。二是过度关注推广营销，忽视产品品质。网店之间的竞争没有地段优劣的差别，除了比价格，顾客多寡很大程度上依赖于网络交易平台的"引流"。为争夺客户资源，快速提高销量，经营者往往把精力用于外部导流、店铺包装、购买广告位、定向推送等方面的"创新"，花费大量资金购买"直通车""拍卖"等引流服务。这就导致许多网店经营者侧重商务运营，忽视产品质量，不愿花时间和精力在提高产品品质上下功夫。三是许多电商平台的质量管控不到位。一些电商平台质量控制体系不完善，在市场准入、日常管理、质量宣传培训等方面专业性不强、控制力不够，影响了对平台交易产品的质量控制。此外，对假冒伪劣和质量失信问题的约束惩罚机制也不健全，执行落实不力，达不到有效防控和斩草除根的目的。

二、打造品质电商是电商行业持续健康发展的必然趋势

部分电商不注重产品品质的危害是多方面的，既损害了消费者的合法权益，也一定程度上鼓励剽窃、遏制创新，常常导致不

正当竞争和恶性价格竞争，使合法经营企业面临压力，影响电商行业的长远健康发展。我国电子商务发展到今天，必须顺应时代要求，摒弃"野蛮生长"，克服浮躁情绪和粗放型发展路径的依赖，推动电商由数量扩张和价格竞争为主，转向质量型、差异化竞争为主，打造"品质电商"，提高产品服务质量和核心竞争力。

一方面，消费者对品质越来越关注。随着国民收入水平不断提高，一支规模庞大的中等收入阶层迅速形成。他们的购买力强，更加追求生活品质，成为消费升级的重要推动力。还有 80 后、90 后、"千禧一代"，具有更高的受教育程度，品牌意识更强。中等收入群体迅速崛起、千禧一代蓄势待发，他们成为消费市场的主导力量，使消费经济加速由小康型向品质型跨越。以家电消费为例，今年京东"6·18"活动中，购买高端手机、高配置电脑、高品质数码产品的用户比例大幅增长 50% 左右，人均消费金额同比增长 61.4%，改善型、高品质消费正呈持续扩张之势。另据贝恩咨询一项研究发现，2011—2014 年阿里巴巴中国零售平台上的品牌消费率从 58% 提升到 65%。

另一方面，电商自身发展也到了必须提高品质的阶段。如果说需求侧消费升级在提速，供给侧调整的要求也同样迫切。经过近 20 年的高速扩张，我国电子商务爆发式的增长速度也逐渐回落，粗放发展中伴生的规则缺失、竞争失序、品质偏低等问题不断显现，结构调整、优化升级的呼声日益高涨。在此背景下，许多电商企业主动提出要打造"品质电商"，加强优质产品供给，以扭转"供需错配"的问题。许多电商企业反映，提高品质不仅能为消费者提供更多、更好的选择，满足消费者多样化、高品质的需求，也能让企业自己走得远，同时也有利于促进供给侧结构性改革和质量提升，为经济发展持续增添强劲动力。

京东是较早提出并积极推动"品质电商"建设的，他们的一些做法很具有代表性。比如，坚持自营直采、自建物流、精准化服务。截至 2015 年底，京东平台上交易流水额达 4600 亿元，其中 60% 是京东自营。平台上 90% 的商品都由厂家和一级代理商直供，保证了正品行货。京东还自建 200 多个大型仓库，致力打造完整的供应链体系，大大提升了配送效率，当日达、次日达比例超过 85%。这些做法都显著改善了客户购物体验，一定程度上树立了品质电商的新标准。

三、打造品质电商的内涵和具体建议

品质电商是电子商务发展走向成熟的必经阶段，品质化、品牌化是其基本特征。品质电商不仅要向消费者提供优质商品，还要为消费者提供高品质服务。具体而言，至少包括三个层次内涵：产品质量方面，首先必须保证是正品，不是假冒伪劣，而且是高质量、高品质的产品；经营行为方面，必须依法诚信经营、依法纳税，电商平台还要认真履行对平台上商家的监督把关职责；企业形象方面，品质电商要努力做"质量中国"的先导，树立正面典型和榜样，树立良好信誉，积极承担社会责任，增加社会正能量。打造品质电商，重在强化四方面举措：

第一，电商企业要认真履行主体责任，加强品质管理。打造品质电商的主体责任在企业自身。对于自营电商，要加强源头控制，严格把控供应链，确保所有商品都来自正规渠道，为消费者提供优质商品和服务。一要通过源头直采来管控品质。要最大程度减少中间环节，保证正品行货。同时建立完善的、科学的品控体系，完善品控措施，增强品控实效。二要注重全程管理，使产品质量可追溯。有条件的电商可自建物流体系，实现商品从出厂

到消费者的物流闭环，掌控整个流通过程，实现全程可追溯，提升商品在途保管水平，全程保证品质。三要改进服务、提高消费者满意度。大力提升配送速度，打通从线上到线下的"最后一公里"，提高效率。加强售后服务管理，完善退换货制度，努力为消费者营造放心、愉悦的购物体验。

对于平台型电商企业，要严控招商准入，认真审核企业营业执照、品牌授权、生产许可证、CCC认证等相关资质，确保入驻平台的企业资质符合相关法律法规要求。积极运用大数据等技术手段，对平台上的店铺及商品进行日常排查，对发现的假冒伪劣、山寨品牌等要坚决进行删除、下架、关店等处理，决不姑息。同时，要积极配合政府部门监管，及时提供质量违法线索，实现"线上发现、线下打击"。

第二，政府部门要严格执法，保护知识产权，严厉打击假冒伪劣。要完善"风险监测、网上抽查、源头追溯、属地查处、信用管理"的电子商务产品质量监管机制。加强对电商企业的双随机抽查，对发现的假冒伪劣、侵犯知识产权等违法行为，要加大处罚力度，使违法者付出高昂成本、不敢心存侥幸。同时"顺藤摸瓜"，采取措施打掉制假售假的灰色产业链条。特别是对经营C2C业务的电商平台，更要严格管理，防止其成为网上售假的重灾区。要将违法企业和个人的信息纳入社会信用体系，使失信者处处受限，防止其改头换面、卷土重来。对质量管控不严的电商平台，要督促其加强自查自纠，发现问题及时整改，促进合法诚信经营。

第三，加强行业自律，创造条件让社会和舆论监督。电子商务行业组织要加强行业自律，制定并推行电商行业质量公约、企业诚信公约、企业诚信守法等级评估等，引导电商企业增强质量意识、信用意识。加强舆论和社会监督，借助各类媒体和网络信息平台，及时发布网络购物消费警示，曝光侵权假冒行为。畅通网络举报投诉渠道，鼓励和引导消费者、权利人积极举报投诉侵权假冒等违法犯罪行为。将用户的商品评论作为质控体系的重要内容，制定有效的激励措施鼓励消费者对产品质量进行真实反馈。

第四，完善有利于促进品质电商发展的相关政策。一要跟踪研究电子商务发展趋势和需求，推进国家标准研制工作，加快制定电子商务信用、电子发票、电子合同、电子商务质量管理、跨境电子商务等关键标准。以组织机构代码和商品条码为实名制基础，建立电子商务交易产品统一分类和编码体系，加强基于物品编码的电商企业服务认证。二要加快建设全国电子商务售后服务质量监测平台，制定发布电子商务满意度指数。三要研究制定鼓励品质电商发展的税收和政府采购等支持政策。进一步完善落实已有的税收优惠政策，为电商企业合理降税减负。加大利用电子商务平台进行政府采购的力度。

2016 年 7 月 22 日

发展农村电商应加快解决瓶颈制约

乔尚奎　刘军民

农村电子商务是信息化时代推进农业现代化的重要抓手。当前我国农村电商发展势头良好，但受城乡二元体制和发展模式制约，前行中还存在一些突出问题和困难，亟须采取针对性措施加以解决。

一、农村电子商务潜力巨大、前景广阔

发展农村电子商务，通过"互联网+"，对推动农业转型发展、促进农民增收致富、带动农村创业就业、助推城乡一体化等多方面，都具有重大现实意义。

电子商务为农产品销售开辟了"直通车"。长期以来，"买难卖难"是困扰农民的老大难问题。常常一边是蔬菜瓜果烂在地里没人收，一边是市民买不起买不到。电子商务压缩了流通的中间环节，实现产销直接联通，为农产品打开了便捷的销路。农民在家动动手指就可以在网上赶集了，实现"卖全国、买全国"，使小农户可以低成本地对接大市场，并融入现代产业体系。以前乡下无人问津的"土产、土味"，如今在网上成了城里人争相抢购的"香饽饽"。比如，湖南洞口县一名养鸡户在淘宝

上注册了"土山土鸡"网店，并通过微信群晒养鸡场、直播斗鸡和烹鸡厨艺，引来网上围观者无数，以前在农贸市场上叫价三四十元都卖不动的土鸡，现在通过网销标价上百元轻轻松松一天就卖掉几百只。

电子商务为农业转型升级提供了"加速器"。电子商务有助于将供应链、产业链、价值链等现代经营管理理念融入农业，推动农业生产向以市场为导向、以消费为中心转变，向优质高效、绿色生态农业方向发展，助推农业发展方式的根本转变。在电子商务推动下，传统农业生产模式与现代信息技术深度融合，农民不再局限于"锄头＋镰刀"闷头搞生产，还通过"键盘＋鼠标"主动找市场，并根据市场反馈不断调整农业种植结构和优化生产布局，从而推动农业生产经营的产业化、规模化、集约化。同时，农村电子商务的蓬勃发展无疑还会加速将互联网意识和现代文明向农村渗透，使农村居民的消费习惯、生活方式以及思维观念发生深刻变革，从而推动农村更快融入现代社会，加速城乡一体化进程。

电子商务为农民脱贫致富提供了"金钥匙"。我国农村贫困很多是因为地处偏远、交通和信息闭塞、市场化程度低，但这些地区仍有不少特色农产品和优势资源，发展电子商务可以突破购销的时空限制，有效解决贫困地区特色产品市场不畅、渠道闭塞等问题。通过"互联网＋"的电商扶贫开发新模式，授人以渔，可充分挖掘贫困地区优质资源、提升资源价值，打造特色产业、培育支柱财源，在这个过程中既可增强贫困农户的技能，提高其致富能力，还能带动当地交通、仓储、物流等基础设施发展，实现"造血式扶贫"，有力地助推打赢脱贫攻坚战。山东菏泽曹县是省级贫困县，长久以来一直没有找到脱贫的有效路子。2009年以来，当地兴起了演出服饰加工网销产业，该县大集镇90%以上的农户都开了淘宝店，2014年销售额达到5亿元。在"六一"儿童节前的繁忙季，有的商户一个晚上就能收到上万元的网络订单，赚到数千元的利润，可以说是"一夜脱贫"。

电子商务为农村创业创新提供了"大舞台"。电商具有门槛低、风险小、灵活度高等优势，能为农村青年、返乡农民工等提供良好的创业平台和广阔的创业空间，让他们在家门口就可以创业就业。比如，江苏睢宁县沙集镇东风村通过"农户＋网络＋公司"的模式，仅4年时间就从一个从事废旧塑料收购加工的"垃圾村"变成了网上主营家具定制年营业额过3亿元的"淘宝村"，村里1000多户人家大多数都成了店老板，被称为"网络时代的小岗村"。山东菏泽市大力支持农村电商发展，短短几年全市电商企业发展到2.5万多家，零售网店发展到13万多个，其中80%都是由返乡创业者创办，直接从业人员22万多人，间接带动就业100多万人。

2014年以来，财政部会同商务部支持256个县开展电子商务进农村综合示范，两年共建成县级电商服务中心（电商产业园）94个、配送中心61个，乡、村级电商服务站4000多个，支持示范县新开办网店14万个，培训电商从业人员26万人次，实现农产品网络销售额约320亿元，工业品网络销售额约1000亿元，乡村旅游网络销售额约860亿元。在浙江义乌，青岩刘村作为"淘宝第一村"，年网销额超过20亿元。粗略估算，若全国2000多个县有条件的都开通农村电子商务，将会撬动上万亿元的大市场，发展前景十分广阔。

二、农村电子商务发展面临的主要问题和困难

总体而言，我国农村电子商务发展仍处于起步阶段，存在着基础设施条件差、流通链条不完整、农产品标准化程度低等突出问题，尤其农村物流末端配送难、专业人才缺是制约当前农村电子商务发展的短板。

一是物流等基础设施的"硬瓶颈"。物流配送是电子商务发展的重要基础。农村物流网络不发达、链条不完整、配送成本高，特别是末端"最后一公里"配送难度大，成为制约农村电商发展的"硬瓶颈"。目前全国仍有 400 多个乡镇和 3.9 万个建制村不通硬化路，有近 4000 个村庄不通电。受成本和交通基础设施等限制，除中国邮政外，顺丰、"四通一达"等主要第三方快递企业的营业网点大多只建到县城，乡镇快递服务覆盖率只有 30%—40% 左右，绝大部分没有延伸到村。国家统计局 2015 年公布的一份数据显示，高达六成的农村居民认为快递收发不方便。物流配送难不仅造成农村居民网购不方便，影响其消费热情，也导致很多优质、特色农产品"卖得出，运不出"。特别是，由于没有形成系统、完整的冷链物流，运输过程中损耗过高，极大地制约了生鲜农产品的线上销售。

二是农村信息化程度低的"软肋骨"。目前全国仍有 5 万多个行政村（约占 10%）没有通宽带，农村居民电脑拥有率不高，信息化程度较低。根据中国互联网络信息中心（CNNIC）数据，截至 2015 年底农村互联网普及率仅为 32.3%，与城镇相差 31.6 个百分点。与此同时，广大农民触网意识不强，对网络购物一定程度上存在陌生感和不信任感。

三是专业技术人才严重匮乏的"老难题"。当前农村人口结构

发生很大变化，大多数有知识、有技能、懂互联网的年轻人都不愿留农村，有的农村仅剩下"386199部队"。发展农村电子商务，特别是把农产品通过互联网外销，既要开发市场、网上营销，又要维持运营和提供售后服务，还要熟悉电子化支付，需要卖家全面掌握电子商务知识和技术。现实中，大多数从事农业生产的劳动者受教育程度较低，不会操作电脑和网络，对新事物的接受与理解能力也有限。但也要看到，这种障碍并非不可逾越。在互联网时代，人们掌握信息技术的能力可以突飞猛进，这方面滴滴出行提供了一个很好的案例。2012年滴滴打车开始推广时，只有不到10%的出租车司机使用智能手机，更不会操作软件，但仅仅只过了两年，2014年底时，80%以上的出租车司机都能通过智能手机娴熟地使用APP来接单，出租车司机已从一个最不接触互联网的群体变成了使用移动互联网程度最高的群体。

四是农产品标准化程度低的"新掣肘"。电子商务的远程交易属性要求产品在质量等级、形状成色、品质规格等方面形成一定的标准，尽可能实现标准化、品牌化。目前大部分农副产品多处于非标品状态，标准化建设严重滞后。缺乏标准和等级分级势必使消费者在网上很难甄别和选购，这在很大程度上制约着农产品的线上销售，成为发展农村电商的痛点。

三、支持农村电子商务发展的对策建议

推进农村电子商务加快发展，应适应信息化要求，以农业流通现代化为目标，紧紧扭住"信息、物流、人才、标准"四个关键要素，抓好补短板、破瓶颈、增能力、建标准四方面重点，实现通路、通电、通网，形成线上线下融合、农产品进城与农资和消费品下乡双向流通格局，更好地促进供需对接。

（一）加快补齐农村信息、仓储等基础设施短板。加快农村信息基础设施建设和宽带普及，推进行政村宽带全覆盖，扩大农村 4G 移动通信网络覆盖面，推进农村互联网提速降费，实施电信农村优惠费率标准，完善电信普遍服务补偿机制。进一步提高农村信息化终端拥有率，推动实施手机下乡、电脑下乡等惠农行动。加强部省 12316 三农综合信息服务体系建设，加快村级信息服务站建设，为农民提供信息咨询、代购代销服务，解决农产品分散化生产和信息不对称等问题。鼓励有条件的地区建设农业电子商务产业基地、物流园、创业园，支持电商企业在农村建设仓储、冷链、分拣包装、物流配货等设施设备。加大平台建设支持力度，支持建立具备运营服务中心和仓储配送中心功能的县域农村电子商务服务中心。

（二）着力突破农村末端物流配送的瓶颈。电子商务发展必须依托快捷高效的物流体系，要大力支持县、乡、村三级物流配送体系建设。一方面，要加快农村公路建设，对目前尚未通硬化路的 1.5%（占全国乡镇总数）的乡镇和 5.5%（占全国建制村总数）的建制村，确保到 2020 年全部通硬化路，具备条件的建制村通客车比例达到 100%，加快推进城乡客运一体化，有条件的地区实施公交化改造。另一方面，充分整合农村基层流通网络和物流资源，调动各方面参与农村物流配送的积极性，以"下行"带动"上行"，打造"工业品下乡"和"农产品进城"的双向流通渠道。支持第三方快递企业将物流快递服务向下延伸到乡、村，鼓励物流快递企业采取服务外包方式，与邮政、农村客货运交通、通勤班车、供销、商贸企业密切合作，推动农村综合服务社、超市、"三农"服务站、村邮站、快递网点等多站合一、渠道共享、服务同网，大力发展集约配送、共同配送等，降低物流配送成本。特别是要充分发挥邮政点多面广、物流、资金流、信息流合一及普遍服务的优势，切实解决由乡镇到村"最后一公里"的物流瓶颈问题。同时，对于鲜活农产品，应支持大力发展标准化冷链物流，打造冷藏、冷冻、仓储、配送一体化网络，最大程度减少运输中的损耗。

（三）大力开展电子商务技能培训。开展新型农业经营主体电子商务技能培训，县乡政府可多层面地组织提供免费视频培训。结合新型职业农民教育、农村实用人才培训等项目，对村镇电商服务站人员、家庭农场、专业大户等进行电子商务实操技能培训，使其掌握网上营销推广、与顾客交流、收发货物、电子支付、售后服务等实用技能，在此基础上进一步提升其市场研判、需求分析、市场培育能力，培养一批懂市场、会经营网店、能带头致富的新型农村商务人才。大力扶持农村电商创业创新，指导新型职业农民、大学生村官、返乡农民工依托电子商务创业，实施农村电商创新创业大赛和农村电商百万英才计划，促进草根创业。在能力培训支持上，可更多地采取委托、代培等方式与电商企业合作，充分发挥其专业优势，增强培训效果和政府资金支持的绩效。

（四）加快农产品标准体系建设。建立健全适应农村电商发展的农产品质量分级、采后处理、包装配送等标准体系，通过电子商务促进农产品的标准化、优质化、科技化发展。一是加快农产品、农业生产资料产品质量国家、行业标准和生产技术规程的制定修订，加强鲜活农产品和特色农产品标准化、品牌培育和质量保障体系建设。二是鼓励支持电子商务企业制定适应电子商务的农产品质量、分等分级、分拣包装等标准，推行无公害农产品、绿色食品、有机农产品和地理标志认定和品牌化建设，保证农产

品质量安全和信用度。三是支持农业龙头企业加快生产基地标准
化专业化建设、参与相关标准制定、开展农产品质量管理体系认
证，引导各类主体执行农产品生产加工、包装储运等标准。

2016 年 7 月 22 日

国外电子商务监管的做法与特点

刘军民

电子商务具有虚拟性、泛在性、跨域性等特点，如何对其进行科学审慎监管，做到既营造有利发展环境，又切实保障交易规范有序，是一个新的课题。他山之石，可以攻玉。我们重点了解梳理了美欧日等电子商务比较发达国家对电子商务监管的主要做法与特点，现简要报告如下。

一、全球电子商务市场蓬勃发展

随着互联网技术广泛应用，全球电子商务发展迅猛。2015 年全球网络零售额达 1.67 万亿美元，比上年增长 20.9%，预计到 2020 年将达 4 万亿美元，年均复合增长率达 18.4%。电子商务快速发展对缓解全球经济减速和贸易下滑发挥了积极作用。

根据全球知名机构 eMarketer 的数据，中、美、英、日、德、法是电子商务交易额全球排名前六位的国家。中国自 2014 年起超过美国，成为全球规模最大、增长最快的电子商务市场，中国网络购物用户已达 4.13 亿，2015 年全国网上零售额为 3.88 万亿元（约合 5980 亿美元），比上年增长 33.3%，占当年社会消费品零售总额的 12.9%。摩根士丹利预测，到 2018 年中国电商市场规模将超过全球其他所有国家市场规模的总和。美国是全球第二大电子商务市场，2015 年网络在线零售额达到 3417 亿美元，占全社会零售总额的 10.6%，过去 5 年年均复合增长率为 15.4%。在欧洲，8.2 亿居民中有 2.59 亿在线购物用户。英国是欧洲最大的电子商务市场，2014 年网络零售额达 994 亿英镑，人均网络消费额达 1884 英镑（超过美国居全球第一）。德国 2015 年网络零售额达 599 亿欧元，网购消费者约 5100 万。法国 2014 年电商市场规模达到 568 亿欧元，网购人群约 3470 万。在亚洲，日本电子商务起步较晚，但发展较快，2014 年网上零售额 12.8 万亿日元（约合 1084 亿美元）。

二、奉行管制最小化的监管原则

英美等国自由市场经济思想根基深厚，对电子商务奉行干预或管制最小化原则，尽可能地放松管制，政府职责主要是提供边界清晰的制度框架，营造规范有序的市场环境。

美国政府关于电子商务治理的主要思想集中体现在 1997 年 7 月 1 日颁布的《全球电子商务框架》（A Framework for Global Electronic Commerce）。该框架提出了五项基本原则，包括：（1）私营部门须发挥主导作用。互联网经济发展应以市场为驱动，因为创新、拓展服务、广泛参与、降低价格等只有在市场主导而非管制化的环境下才可能实现。（2）政府应避免对电子商务的不当限制。买卖双方在通过互联网进行产品或服务交易并达成协议的过程中，政府应尽可能干预最小化，简化行政程序、避免征收新的国内税收和关税。（3）当政府必须参与时，应是支持和创造一种可预测的、受影响最小的、持续简化的法律环境。在确需要政府介入的领域，政府作用应是促进竞争、保障履约、保护知识产权、防止假冒、增强透明度、促进争端解决。（4）政府须认清互联网特性。互联网的优势和获得的巨大成功在一定程度上应该归功于其分散的本质，以及自下而上的管理方式。对已有的一些可能阻碍电子商务发展的法律法规应重新审议、修改或者废止，以满足电子时代的新要求。（5）应在全球范围内促进电子商务发展。互联网是一个全球性市场，网上交易的法律框架必须打破地区、国家之间的界限，采取一致管理原则，对互联网进行不同和多重管理只会阻碍自由贸易和全球商业发展。《全球电子商务框架》作为美国政府发展电子商务的纲领性框架文件，其核心在于厘清政府职责边界、促进市场环境与制度建设，体现了美国政府力促电子商务发展的战略意图，也集中反映了产业部门、商业界、消费者及社会各界的广泛意见与诉求。

在欧盟，电子商务被定义为"由电子化技术驱动的远程销售"，对电子商务奉行干预或管制最小化原则。1997 年 7 月，欧洲各国在波恩通过了支持电子商务的欧盟部长级会议宣言，主张官方应尽量减少不必要的限制，以促进互联网商业竞争和自主发展，扩大商业应用。2000 年 5 月，欧洲议会通过了第 2000/31/EC 号《电子商务指令》，主要内容包括明确成员国开放在线服务市场、成员国不得对电子商务合同使用加以限制等，主要目的是确保电子商务在线服务能够在共同体内自由地提供。

德国信奉"市场至上主义"，政府对市场尽量不干预，发生侵权、欺诈等纠纷后主要通过法律机制解决。德国对电子商务监管的基本理念为：通过增加透明度促进解决问题；让消费者充分知悉自己的权利和解决的措施；重视私立标准设定机构的参与，重在形成自我约束机制；形成多元化的市场监督手段和环境，鼓励第三方认证和维权机构的积极参与等。监管主要原则包括：私法自治、契约自由、信息自由、重视消费者保护、重视数据保护。

三、遵循包容创新发展的监管理念

欧美等国对电子商务的监管主要侧重事后纠正或惩罚，尽可能为创新预留空间。

美国认为对于电子商务等新兴业态，人们还未能完全揭示其发展规律和潜在问题，因此其立法重点主要在于事后惩罚或补救，出了问题才介入，再有针对性地完善制度机制，而非事前预设条条框框进行规制，否则就会限制其发展。

欧盟认为电子商务作为一个新生事物还处在变化发展中，电子商务的框架必须是灵活的，有一定的前瞻性，而不能僵化，需要循序渐进地制定相关政策。为此，《欧盟电子商务行动方案》仅对电子商务的定义进行阐述，从电子商务发展的基本原则入手制定框架，框架细化是随着电子商务的发展而逐步完成的。亚洲一些国家虽然也支持电商创新发展，但实施了较严格准入及身份确认的做法。

日本建立了电商交易商准入制度和身份确认制度，实施严格的准入标准。进入电子交易平台的商户必须履行工商登记手续，凭登记证方可申请网上商品交易业务。与此同时，从事电商交易的商家还需接受第三方认证。信用调查机构对参与电商交易的商户进行信用调查，并根据调查结果对商户经营活动进行信用等级评估。

韩国对电子商务市场的经营者也实行市场准入制度，通过设定准入标准，实行电子证书强制使用制度，买家在韩国网上购物也必须下载 ActiveX 控件或公共证书才能操作。

四、充分发挥行业自律的重要作用

欧美等国高度重视发挥商会等行业协会的自律作用，注重加强企业诚信管理。

在美国，电子商务监管部门主要有联邦贸易委员会、司法部、白宫高科技办公室等政府部门，以及非官方协会的行业管理。但通常美国政府并不直接介入电子商务行业管理，而是通过行业组织"电子商务协会"，由协会制定行业的经营和竞争规则，包括登记域名、注册网站、仲裁纠纷和调查公布网站信用等，督促企业自我约束和严格自律。如著名的 E—trust 和 D and B 公司，就是由政府支持、企业出资设立的非营利性机构，负责行业管理和协调工作。对于违法行为，主要通过司法予以制裁。

在英国，政府适度监管、行业高度自律和消费者依法维权三方面共同营造了适宜的监管环境。英国对电子商务的监管除公平交易办公室、商业创新与技能部、交易标准办公室、竞争和市场管理局等政府监管外，还有行业自律组织以及准官方的标准委员会，如英国网络零售商协会负责颁发安全网购资格给合规的企业，英国交易标准协会则对网店进行安全与信用认证，对合格的网店颁发信用章以便消费者甄别。

五、注重完善相关法律规范

与传统商业模式相比，电子商务涉及数字签名、电子发票、电子合同的法律地位和效力、信息安全、隐私权保护、交易程式规范和数据交换标准等诸多问题，需要健全完善的法律规范体系提供保障。

美国对电子商务除适用《统一商法典》等一般性法律法规外，

还制定了一些专项法律法规，如《全球电子商务框架》《互联网商务标准》《互联网税收自由法案》《网上电子支付安全标准》《统一电子交易法》等，许多州还通过了《电子签名法》和《互联网保护个人隐私法案》，这些法律法规较好地规范了电子商务行为。

欧盟一直致力于促进联盟内部电子商务的发展，欧洲议会于1999年12月13日通过了《电子签名指令》，2000年5月又通过了《电子商务指令》，这两部法律构成了欧盟国家电子商务立法的核心和基础。《电子商务指令》是欧盟关于发展电子商务的核心法规，它确立了欧洲单一市场（single market）准则同样适用于电子商务，以防止出现因各国制度不同而导致欧洲电子商务发展受限的局面，推动泛欧在线服务的开展。

英国在脱欧之前，以遵循欧盟法规框架为基础制定本国法规，2000年出台了《消费者保护（远程销售）规章》，界定电子商务售买的权利义务，明确电子商务合同等有关要素。2002年，英国政府根据欧盟《电子商务指令》（2000/31/EC）制定了《电子商务条例》，就网上信息和服务提供者的要求、对网上商品和服务的描述、互联网广告、在线合同订立原则、在线争端解决等事项作出具体规定。此外，在电商运营、消费者保护、信息保护和隐私安全、电子支付保障等方面，英国都制定一系列专项法律法规。

德国虽然法律体系完备健全，但并未出台一部专门的电子商务法，有关规定散见于相关法律法规中，如《民法典》《电信媒体法》《联邦信息保护法》《电子签名框架条件法》和《电子签名条例》等。除此之外，德国刑法、商标法、反不正当竞争法、著作权法、价格标注法、各州广播合作法中也包含关于电子商务的规定。

日本在商品传统交易监管上有一套比较完整的法律法规，不少条款拓展应用到电商交易中。同时，日本还制定了一系列规范电子商务的专门法律法规，包括《日本电商与信息交易准则》《电商消费者合同法》《关于消费者在电商中发生纠纷的解决框架》《特定交易商相关法律》《完善跨境电商交易环境》《关于跨境电商交易纠纷的解决框架》，以及《电子消费者协议以及电子承诺通知相关民法特例法律》等，对电商交易行为进行系统详细的规范。比如，《日本电商与信息交易准则》规定，网络交易平台的经营者必须将网络交易记录至少保存一年，以供相关部门核查。

六、高度重视消费者权益保护

电子商务的数字化、技术化和虚拟化特征，往往使消费者处于不利的弱势地位，为此各国都十分重视电子商务交易中对消费者权益的保护。

欧盟在电子商务规则中要求：一是电子商务经营者必须承担网络经营服务的特殊义务，在遵守欧盟一般经营者义务的基础上，还应以诚信为基础提供详细的商品信息，提供可靠的商品质量保障及售后服务，以及严密保护消费者个人数据不被泄露；二是完善消费安全保障，电子商务经营者要提供一个安全的交易虚拟环境和交易过程；三是提高公平交易权，避免信息不对称导致消费者受虚假信息误导而发生的不公平交易；四是加强电子商务中资格认证和市场准入制度，比如利用网络公示系统对损害消费者权益的经营者曝光，直至撤销其电子商务营业执照等。2016 年5 月，欧盟委员会推出了多个议案，其中包括修订《欧盟消费者保护合作条例》，加大向各成员国监管部门授权，更好地保护消费者权益。2014 年 10 月 17 日，英格兰和威尔士高等法院第一次发出"阻隔命令"，即商家有权要求电商阻断假货网站的链接。

这一决定源自几个月前瑞士奢侈品公司历峰集团的起诉，该公司要求英国五大互联网服务供应商屏蔽 6 家销售历峰品牌假冒商品的网站。

日本对电子商务交易中的不良或不法行为，主要有三种处罚：首先是由电商平台运营商对商户进行处罚，形式有警告、取消交易资格等；其次是政府对电商平台运营商进行处罚，主要有警告、约谈和罚款等方式，严重的甚至关闭交易平台；第三，涉嫌欺瞒、诈骗等情节严重的，由警方介入调查，并根据调查结果决定是否起诉，由法院作出刑事处罚等最终判决。

2016 年 7 月 22 日

在互促共进中推动新经济发展和
传统产业转型升级

——首钢打造创业公社情况调研

王巍　林恩全

当前，面对复杂多变的国内外经济形势，煤炭钢铁等传统行业发展遭遇较大困境。在各级政府着力稳增长、调结构、惠民生的同时，一些传统企业也积极作为，主动应对新形势、新挑战，把握新旧动能转换接续的时代特征，抓住大众创业、万众创新的政策机遇，挖掘既有资源优势，瞄准新技术、新需求，发展新模式、新业态，同时也依托新经济促进传统产业自身转型升级，在这种"新""旧"相互促进、"老""少"融合共生中逐渐赢得发展主动，拓宽发展空间。近期，我们赴首钢创业公社调研，实地了解他们的成熟经验和运作模式，形成初步认识，供领导参考。

一、首钢创业公社是典型的"老树上长出的新枝"

首钢创业公社是一家新近崛起的、行业品牌认可度较高的创业服务运营公司，2013 年诞生于北京石景山首钢老工业区，由首钢集团下属企业发起设立，目前拥有 12 万平方米运营面积，入驻企业 1200 家，市场估值达到 5 亿元人民币。创业公社采用市场化的运营机制，既有京西创投（首钢控股）、首钢基金、北京股权交易所等国有股东，又有小米科技、西部证券、顺隆基金等市场化投资人，且运营团队持股21%，充分调动了各方的积极性和资源配置效率。

创业公社虽由首钢发起设立，但并无涉钢业务，主要是作为众创空间和孵化器，为众多创业者及初创企业提供办公空间和金融、法律、数据、培训、上市挂牌等服务，并获得相应收益，属于新经济。以数据服务为例，他们搭建了专门的"水滴数据平台"，应用大数据技术记录服务对象的日常活动、财务报表、融资、政策支持等基本信息，全程跟踪企业的成长过程，同时还面向全国，汇总了超过500万家企业、2500家投资机构、1700位投资人和超过1万条投资行为的数据，通过海量数据分析挖掘，进而为企业提供信用管理、创新能力评价、授信融资等精准服务，针对初创企业"等不起、亏不起、错不起"的客观现实，帮助他们打赢创业创新关键的"第一战"。

二、创业公社促进首钢的资产盘活和转型发展

通过创业公社设立，首钢集团原有老旧厂房和职工宿舍得到有效利用，相关下属企业也与其形成战略共生关系，从中获取不少转型发展的机会。如首钢搬迁调整后，北京市内职工人数减少，单身宿舍空置率提高，负责企业宿舍物业的首钢实业公司与创业公社合作，将位于石景山古城地区的首钢单身宿舍改造为"37度公寓"（该名称源于人体处于热情状态下的体温大约是37摄氏度，寓意用温情为创客们提供创业和休憩的港湾）。"37度公寓"有150间公寓，每间20平方米左右，月租金1600—2000元不等，配套建设咖啡厅、图书馆、影视艺术沙龙、创客沙龙、运

动健身房、美食厨房等公共设施，较好满足了创业者群体的需要，市场供不应求。"37 度公寓"的成功运营和可复制可推广模式也为首钢实业公司发展开辟了新天地，随着创业公社的业务不断向全国其他地方拓展，首钢实业公司正逐渐转型为跨区域的专业化生活后勤服务商。

更为重要的是，创业公社加速了各种创新创业要素在首钢老工业区聚集。截至目前，已举办 1000 余场创业活动，成功孵化 8 家新三板企业、125 家北京四板挂牌展示企业，还有一大批有前景的创新性小企业胚胎正在孕育，这些都为首钢旗下的京西创投、首钢基金提供充足的投资标的，也为首钢老工业区转型发展提供了新的发展动能和创新源泉。如正在规划建设的首钢协同创新小镇，突出"硬科技创业"主题，围绕新材料、高端制造、VR 等前沿科技进行深度孵化，将为未来首钢主导产业链发展提供可持续的技术支撑。

三、创业公社助推传统老工业区城市功能优化提升

首钢所在的石景山区是传统老工业基地，多年来当地发展主要依赖首钢及其附属企业，城市功能单一。随着首钢搬迁和新的发展要素涌入，在产业腾笼换鸟、转型升级的同时，以创业创新和创意为特色的功能集聚，使城市建设和城乡面貌呈现不少新气象。聚集创造机会、共享产生价值，创业者住在一起就会相互启发碰撞，带来意想不到的效果。创业公社运营的创业公寓项目大都位于产业园区和众创空间附近，实现了办公和居住的紧凑化、一体化，既通过要素集聚和资源共享优化了人口结构、提升了区域的创新创造潜能，也由于职住距离缩短和交通出行减少，有效提高了城市的运行效率。另一方面，创业公社在降低创业者成

本、给他们更多更优选择的同时，对低端房屋租赁供给也产生一定冲击和替代，有利于城乡结合部"瓦片经济"治理、群租房整治和城市流动人口的服务管理，成为推动区域人口和功能相协调的积极力量。

四、创业公社借助首钢渠道资源加速全国布局

首钢是跨地区经营的大型企业集团，先后与水钢、贵钢、长钢、通钢、伊钢公司联合重组，产业布局拓展到沿海和资源富集地区，目前在全国 8 个省市自治区拥有 20 多家分公司。创业公社借助首钢集团的渠道优势，站在巨人肩膀上不断开疆拓土，加速业务的跨地区布局。比如，创业公社正在加强与贵钢合作落户贵阳，与通钢合作落户长春，通过运营哈尔滨乐业众创空间进军东北老工业基地，通过入驻厦门海沧自贸区服务台湾青年创业者。而首钢的品牌、信用和资源是创业公社快速发展的潜在担保和关键因素。同时，创业公社也通过成体系全方位的创新创业服务，有效激活闲置低效的国有资产，在力争多赢中形成自身良性循环的发展路径。

五、几点启示

1. 借新经济东风释放无效低效占用资源，是国有企业瘦身健体提质增效的一个突破口。由于历史原因，不少国企家大业大冗员多，主业产能过剩，非主业资产富余，体制僵化不能适应市场变化。当前推动国企瘦身健体提质增效，一个重要方面就是要把企业低效无效占用的资源释放出来，把非主业的附属功能剥离出去。首钢打造创业公社的经验表明，只要传统行业和国有企业主动作为，积极拥抱新经济，在市场机制作用下，通过引入外部创

业创新力量，把握好"去"和"进"的平衡点，土地、厂房等有形资产将得到更好利用和"快速变现"，附属企业和职工也将获取更大发展机遇和空间，企业内部资源配置效率显著提升的同时，瘦身健体的改革目标有望更扎实顺利推进。

2. 实现新经济发展和传统产业转型升级要立足实际找准"双创"路径。目前国有企业推动"双创"主要有两种模式，一种是以海尔为代表的"内生型双创"，通过破除企业内部藩篱，激发员工创业创新潜能，更好实现生产要素优化配置，在增加员工个人收益的同时也使企业获取更大生产价值。另一种是"外溢型双创"，企业拿出低效利用或闲置资源，与社会力量结合推动创业创新，通过发展新技术新产业新业态，获取传统行业以外的增值收益。首钢打造创业公社就是这一类的典型。国企推动"双创"关键是要立足自身禀赋优势，从实际出发，人力资源相对丰富的可以侧重"内生型双创"，物质资本相对丰富的则应当侧重"外溢型双创"，从而更好发挥大众创业、万众创新力量，真正实现转型发展。

3. 传统企业的品牌、渠道等无形资产积累对新经济发展很重要。当前各地创业创新热潮涌动，但区域间缺乏合作和引荐机制，各地政府都希望好的项目留在本地，致使一些初创企业向外扩张受限，新经济发展的行政性壁垒短期内难以破除。创业公社之所以能实现跨地区快速扩张，主要是因为背靠国企大树而更易获得发展的便捷通道。这种"顺藤发展"的模式可以推而广之，在传统行业和国有企业培育壮大新经济过程中，除了着力发展新技术、新产业、新业态，也要更加重视"旧瓶装新酒"的成功经验，发挥好国企网络的载体和渠道优势，有效降低各类制度性成本，为推动新经济快速发展提供有力支撑。

4. 新经济和传统产业互促共进将形成推动相关区域功能优化升级的强大合力。我国有很多煤炭钢铁为主的资源型城市，多年来形成了单一产业甚至单一企业依赖型经济，随着市场变化和环境制约，目前大都面临转型发展压力。可以借鉴首钢打造创业公社的成熟经验，把发展新经济和推动传统产业转型升级相结合，着眼可持续发展做好人口资源环境的统筹协调，通过大力吸引新的高端的发展要素入驻，在产业升级、城市建设、公共服务等方面实施全方位的更新再造，在新旧动能转换中增强发展后劲，促进本地区功能优化提升，增进社会福祉。

2016 年 7 月 26 日

（林恩全，北京市发改委供职）

深化人才发展体制机制改革
助力大众创业万众创新

全刚

今年年初，中央印发《关于深化人才发展体制机制改革的意见》（以下简称《意见》），大力激发人才创新创业活力。近日，我们赴江苏省常州市、上海市张江高科技园区、浙江省绍兴市柯桥区，就《意见》落实情况进行调研。总的感受是，各地改革动力增强，政策部署得力，人才事业发展势头良好，同时也存在一些突出矛盾和问题。要进一步推动创新创业取得突破性进展，就必须以更大决心和力度，破除束缚人才发展的思想观念和体制机制障碍，切实把改革举措落到实处。

一、各地积极贯彻落实《意见》精神，创新创业热情高涨

从调研了解的情况看，目前浙江省、绍兴市和柯桥区三级均已出台落实《意见》的相关办法，内容实、力度大；江苏省发文拟在全省范围内遴选一批人才发展体制机制改革试点单位或地区；上海市和浦东新区正抓紧制定完善相关文件。

随着人才发展体制机制改革不断深入，各地创新创业活力不断释放。江苏常州利用区位优势、上海张江发挥平台优势、浙江

绍兴市柯桥区依托纺织产业，出台引才政策，优化人才环境，集聚了大量创新创业人才，为当地经济转型升级提供了强有力的人才保障和智力支撑。通过下放科技成果使用权、处置权、收益权，部分科研院所、高校转化的科技成果逐渐增多，人才创新创业氛围日渐浓厚。另外，国有、民间资本纷纷参与创新创业人才服务平台建设，众创空间在数量上有了大幅增长，截至 2016 年 5 月，常州市拥有各类众创空间 155 家，相比"十二五"期间增长了 1 倍；上海张江目前拥有各类孵化器 63 家、加速器 3 家。在金融服务保障方面，地方也积极探索有益经验，比如柯桥区在人才新政中对创业投资风险补偿机制进行了明确规定，同时还积极与保险公司洽谈，尝试引入保险机制分散企业风险。

二、目前人才发展体制机制存在的主要问题

调研中，相关政府部门、企业、科研院所等也提出，当前形势下，我国人才发展体制机制改革仍面临不少问题和挑战，需要尽快研究拿出解决方案。主要有以下几个方面：

（一）企业引才成本不断上升。企业普遍反映，当前"千人计划""万人计划"等高层次人才计划及政策对科研院所、高校支持较多，大部分高层次科技工作者都将科研院所、高校作为首选，企业引进高层次人才比较困难。而在世界发达国家，特别是创新型国家，研发经费和人员配置都是以企业为主体，最优秀的工程师、技术创新引领者都在企业。在与上海张江部分企业家和科技管理人才座谈中，大家强烈反映，当前房价非理性上涨，严重扰乱人才的心理预期，而企业效益增长很难满足员工对工资增长的渴求，人才跳槽频繁，导致企业看好的人才留不住、想引进的人才引不来，企业和人才的焦虑感普遍增加，极大影响了潜心创新

创业的氛围。

（二）海外引才政策落实有待加强。目前，海外人才引进涉及公安出入境、人社、外专、外事、商务、检验检疫等相关部门，部门之间信息共享不充分，证件办理时限等要求统筹不够，造成海外人才申请办理耗时较长、手续不够简便。上海市反映，新政实施以来永久居留证申请人数增长一倍，但审批时间仍在半年甚至 1 年以上；另外，绿卡的国民待遇还没有很好落实，在银行账号申请、在线支付、在线购买火车票等方面还不能实现直接对接。柯桥区提出，《关于为外籍高层次人才来华提供签证及居留便利有关问题的通知》仅适用国家"千人计划"范围内的人才，区县一级引进的海外高层次人才大多为市级评审，无法享受政策红利。

（三）人才激励面临诸多难题。调研中，大家普遍认为，关于科技人才收益分配的激励机制和措施改革还不到位，重点需要解决三方面问题：一是科研人员股权激励纳税问题。根据相关规定，科研人员通过科技成果转化取得股权奖励收入时，原则上在 5 年内分期缴纳个人所得税。高科技创业公司本身风险就大，股权价值要在未来才能体现，科研人员在没有任何回报时就要先支付所得税，很多工薪阶层家庭很难承受，即使分 5 年缴纳压力也很大。二是高校、科研院所推动科技成果转化动力不足、顾虑较多的问题。虽然《实施〈中华人民共和国促进科技成果转化法〉若干规定》已经明确"单位领导在履行勤勉尽责义务、没有牟取非法利益的前提下，免除其在科技成果定价中因科技成果转化后续价值变化产生的决策责任"，但如何界定勤勉尽责不够明确，缺乏书面规定，难以打消决策者对承担后续责任的顾虑。三是中间层次人才激励问题。国家蛋白质中心反映，当前政策向高层次人才倾斜较多，对于操作类、技术支持类等中间层次人才，政策扶持较少。由于受工资总额限制,国有企事业单位可用于激励的资源非常有限,不利于调动中间层次人才创新创业的积极性。

(四)创新创业人才培养和服务亟待加强。在与中小企业人才座谈中,多名青年科技创新人才提出,希望政府多提供与同行交流的学习机会。民营企业家也反映,政府部门组织的培训机会给他们的还是太少了。另外,众创空间人才规模、能力难以适应创新创业的需要。据上海市有关方面调查,包括科技企业孵化器在内的各类众创空间工作人员只有 2000 余人,具有专业服务机构工作经历的仅占 10%,能够真正驾驭高层次创业的复合型众创空间运营人才更是少之又少。由于人才储备不够,专业指导能力有限,众创空间特别是一些国有投资的孵化器专业化服务水平无法满足创业企业成长需求,存在"重引进、轻服务""重物业管理、轻孵化服务""重扩张、轻运营"等问题,没有真正做到扶持、服务人才。

(五)离岗创业政策落地尚需配套支持。一方面,高校、科研院所工作比较稳定,而离岗创业不确定性大,具有创新成果、具备创业能力的人才真正创业的意愿不强烈;另一方面,一些高校、科研院所编制紧张,每个岗位都有相应教学科研任务,加之科研经费竞争压力大,科研单位对离岗人员的经费支持力度有限。这些现实问题导致高校、科研院所在推动科技人才离岗创业方面动力不足,难以全力支持。

(六)人才创新创业项目评价仍需改进。目前,虽然各级政府的引才理念进一步开放,政策支持力度进一步加大,但在实际工作中,非一线人才工作者对人才工作,尤其是对高层次人才的引育还存在一定的误解和偏见。他们往往把人才创新创业项目当作一般产业项目来评价,重短期产出效益和对地方的贡献,导致本来具有长期战略意义的人才引进工作变成一种短期行为。

三、相关建议

根据调研中反映的情况，我们就进一步深化人才发展体制机制改革，推动大众创业万众创新，提出一些建议如下：

（一）多措并举，降低企业引才成本。针对一线城市和部分省会城市房价过快上涨问题，应因城施策，加强调控，稳定企业和人才的心理预期。同时，加大人才公寓供应量，优先为各类人才提供稳定的住房保障。各级政府在执行"千人计划""万人计划"等高层次人才计划时，名额分配应适当向企业倾斜，尤其是增加创新类（短期）人才名额，重点支持中小企业。研究制定企业招才引智投入实行税前扣除的具体操作办法，积极为中小企业柔性引才搭建平台。

（二）加强统筹协调，提高海外引才效率。建议进一步强化海外人才引进相关部门的协调配合，加强信息共享、政策统筹，逐步研究解决绿卡的国民待遇问题，尽可能为海外引才提供便利。针对永久居留证审批慢的问题，相关部门应加强人员配备、优化工作流程、提高审批效率。建议修订《关于为外籍高层次人才来华提供签证及居留便利有关问题的通知》等相关规定，适当扩大政策受益面。

（三）完善激励制度，调动人才创新创业积极性。尽快出台股权激励递延纳税优惠政策，加强相关部门协调配合，减轻科研人员负担。建议从制度上明确无形资产协议定价的实际可操作性，并研究建立权威的科技成果价值评估体系，扶持、培育权威的知识产权评估机构。针对操作类、技术支持类等中间层次人才激励问题，建议核定工资总额时，可根据单位具体情况，在财政可承受的前提下适当调增。

（四）加大人才培养力度，增加创新创业人才有效供给。以企业高层次、急需紧缺专业技术人才和创新型人才为重点，加大中小企业科技创新人才培养资助力度。发挥我国政治制度优势，充分利用各类资源，加大民营企业家培养力度，努力构建"清""亲"新型政商关系。鼓励高校开设创新创业课程，培养众创空间所需人才，鼓励有相关经验的公务员、大型科研院校工作人员到创新创业平台任职或兼职工作。

（五）制定配套政策，调动科研人员离岗创业积极性。尽快落实科研人员离岗创业保障政策，比如：明确保留人事关系、代缴社会保险和住房公积金、专业技术职务正常晋升、工龄连续计算等，解除科研人员后顾之忧。同时，赋予高校、科研院所更多自主权，允许各单位结合自身实际制定科研人员离岗创业实施办法，建立离岗创业人员与所在单位利益共享机制。鼓励更多科研人员以技术入股形式参与创新创业，为企业提供技术攻关、科技咨询、科技成果转化等服务。

（六）加强宣传和引导，树立开放包容的人才理念。建立人才工作常态化宣传制度，既要宣传人才事迹，更要宣讲最新人才理念、人才政策，特别是要营造"鼓励成功、宽容失败"的社会氛围。尽快研究修订《审计法》和《审计法实施条例》，从制度层面规范项目审计，建立符合人才创新创业项目特点的评价机制，既看单个项目的产出，更看整体项目的产出，既关注项目的短期效益，更关注项目的长期效益。

2016 年 8 月 12 日

（"根在基层"青年干部调查组，全刚执笔）

应积极发挥"悬赏制"在科研
创新中的杠杆作用

郑真江

近年来，随着全社会创新热潮的兴起和互联网对各行各业的广泛渗透，传统的科研创新模式发生了深刻变化。悬赏制作为一种古老的奖励机制，与现代社会互联网众包、开放式创新深度融合，形成独特而高效的创新激励模式，越来越成为汇聚大众智慧、撬动全社会创新的重要杠杆。

一、科研悬赏制点燃了创新激情，是推动大众创业、万众创新的"加速器"

悬赏制自古有之，"悬赏以待功，序爵以俟贤"。科研悬赏制是针对特定难题，通过设定赏格面向社会征集解决方案的竞争性科研奖励制度。近代以来，美国、英国、法国、德国、澳大利亚、印度等先后探索设置了大批科研悬赏奖励，取得了意想不到的效果。其主要模式是：

一是"技术标准＋悬赏奖金"模式。这是早期悬赏制科研的常用模式，通过划定技术标准，采取"谁先突破谁得奖金"的方式，面向社会征集解决方案。比如，早在1714年，英国政府就设立"经度奖",悬赏 2 万英镑,寻找经度测量装置,要求设计的装置在经 6 星期航海后,所测定经度的误差在 30 海里以内,最后英国钟表匠约翰·哈里森设计的航海钟突破了这一难题,获得了奖金。300 年后的 2014 年,英国技术战略委员会受"经度奖"的启发,宣布悬赏 1000 万英镑,给解决"世界最大难题"的人,并组建了专门筛选世界最大难题的委员会。美国宇航局在 2003 年启动一系列"百年挑战"项目,面向社会征集各类技术瓶颈解决方案。比如,2013 年的"夜晚漫游者"挑战,向社会征集让月球车在长达两周的月球黑夜期间保持运行电能的方案,获胜者将获得 150 万美元奖金。

二是"竞赛模式 + 悬赏奖金"模式。对一些尚无法明确技术标准或无特定预期成果的项目,通过组织竞赛、相互较量,采取"谁最优秀谁获奖金"的方式,以奖励竞赛的优胜者推动科技创新。比如,机器人制造需要综合的技术集成,最终呈现形态和实际效果很难设定具体标准,采取竞赛奖励模式有利于充分发挥创新主体想象力,让他们各显神通。2012 年,美国国防部先进研究项目局(DARPA)启动面向全球的机器人挑战赛,冠军奖金达 200 万美元,这一赛事汇聚了全世界最先进的机器人,被称为"机器人的奥林匹克"。以 200 万美元为"诱饵",吸引全球顶级的机器人制造智慧,堪称"一本万利的买卖"。美国能源部的照明设计大赛、宇航局的宇航员手套设计挑战赛、德州的消除棉子象鼻子虫奖等,都是这种模式的典型代表。再比如,为寻求绿色发展方案,英国国家科技艺术基金会(NESTA)推出奖金为 100 万英镑的"绿色大挑战奖",向全球征集二氧化碳减排方案,4 个获胜者在其所在社区实践减排方案后,减少了 10%—46% 的二氧化碳排放量。

三是"用户导向＋悬赏奖金"。这与互联网时代众筹、众创、众包平台的兴起紧密相关，用户发布创新需求、设定悬赏金额，征集社会方案，针对各方提交的不同方案，采取"谁被采纳谁获奖金"的方式，奖励最契合用户需求的解决方案。比如，美国"创新中心"网站（INNOCENTIVE），为有科研咨询需求的公司和科研创新人才搭建供求衔接平台，该网站目前发布了2000多个涉及各领域的科技难题，全球200多个国家37.5万各领域人才提供了近6万个解决方案，超过4800万美元颁发给破题者。我国也有类似的服务众包平台，比如"猪八戒网"提供品牌创意、工业设计、软件开发等供需对接服务，汇聚了1500万用户，2015年累计成交金额超过75亿元，该网站短短几年市值超百亿元。

二、科研悬赏制冲破封闭运行的传统科研体制，形成激励创新的"鲶鱼效应"

创新的力量蕴藏在全社会之中，创新的资源理应向全社会开放。适应大众创业、万众创新的发展，政府应改革封闭运行的传统科研体制，探索更加开放、更加灵活的科研资助模式，这不仅能调动全社会参与创新的积极性，反过来也能倒逼传统科研活动提高创新质量和绩效。从各国实践看，推行科研悬赏制，主要有以下几个优势：

一是推动科研创新"零门槛"，有效激发了社会每一个"创新细胞"活力。随着现代社会创新创造的平民化、大众化发展，传统科研活动的精英化、专业化发展模式越来越暴露出其局限性。比如，传统科研资助中对申请人的职称要求，一定程度上限制了资历尚浅的青年人发展。国家自然科学基金项目，一般要求申请者具有高级专业技术职务（职称）或博士学位。2015年该基金面上项目资助金额超过 102 亿元、资助项目近 1.7 万个，93% 的项目负责人是副教授以上职称。过高的科研"门槛"和过度集中的科技资源，容易导致科研机会不平等，抑制潜在创新人才的发展。有的知名学者教授身兼数个甚至数十个项目负责人，被称为"包工头""老板"，活多得干不过来，但亟须支持的新人却"等米下锅"。一些富有创新能力的青年研究人员当不了"顶梁柱"，只能参与别人的项目"干点儿零活"，科研"主力"成"苦力"。探索悬赏制等灵活多样的资助模式，破除资格资历限制、开放公共资源，把宝贵的科研经费用到最能实现创新突破的人才上，有利于激发全社会的创新热情。

二是促进创新创造"零束缚"，彻底绕开了传统科研管理体制的"繁文缛节"。传统的科研资助偏重过程管理，悬赏制资助模式注重目标管理，只看结果，不问过程。创新特别是颠覆性创新需要打破陈规、跳出框框。有学者分析美国创新中心网站时发现，被采用的方案往往不是某个领域的专业人士，越是对某个领域不熟悉，越容易另辟蹊径，提出更优的解决方案，这种互联网开放式创新被称为"松绑的力量"，能够让多元知识、不同专业相互碰撞、激发灵感。相比之下，传统科研资助中不必要的干预太多、卡得太死的问题更加突显，一项科研活动从申报、研究到立项，科学家大量精力被消耗在烦琐的表格填报、复杂的经费报销和各类的检查评估中，把科学家逼成"社交家""会计专家"，而且其创新活动也被局限在各种有形或无形的制度框架内。悬赏制以结果为导向，科研资助关口后移，有人将之比作"一根悬着的萝卜"，让创新主体各展其能、竞相争夺，即便悬赏不到可行的方案，也可以避免科研经费的浪费。悬赏制压缩不必要管理环节，聚焦最终创新成果，对科研人员的支持更加便捷，更能直接体现科研劳动和创新成果价值，促进科研活动从"找项目""拼关系"转向"拼能力""拼创意"。

三是实现成果转化"零距离"，把"解决难题"作为评价标准将有力推动高质量科技创新。与传统科研的周期性或长线性资助模式不同，悬赏制科研以需求为导向，突出竞争性，征集的是一个个具体难题，寻求的都是能够解决难题的最有效或最优方案。对悬赏制科研而言，发起方并不在意领赏者是不是教授、专业水准高不高，而是只看提出的解决方案是不是有用管用实用。一些以企业为主体的悬赏科研项目，直接将是否采纳应用作为获得奖励的标准。这种从提出难题、征集方案到实践应用的"一条龙"创新模式，让创新活动和生产生活实践无缝衔接，也能切实发挥现实需求对科研创新的强大拉动力。

总之，将科研悬赏制引入到传统科研资助体系，以开放性取代封闭性，以结果导向取代过程导向，将倒逼传统科研活动加快创新步伐，形成"鲶鱼效应"。当然也应当看到，悬赏制这种后补助模式也有局限性：一是应用范围的局限。比如基础研究项目需要更多稳定支持，不宜采用悬赏制这种竞争机制。二是前期投入的局限。对一些研发投入较大、需要大量科研仪器支撑的项目，独立的个体或者中小微企业往往缺乏参与竞争的条件。三是后期评价的局限。悬赏制虽然省去了科研项目管理烦琐环节，但反过来对最终创新成果的评价和认定的工作量也随之增加，需要权威和有公信力的评价主体。悬赏制优势很突出，不足之处也很明显，关键是要合理定位、扬长避短。

三、几点建议

创新需要科技创新和体制创新双轮驱动。科研悬赏制虽不是包治百病的"灵丹妙药",但其在开放创新时代呈现出的生命力足以引起我们的高度重视。

一是应积极鼓励探索悬赏制科研。科研创新不能只有"一条赛道",应开辟"多条赛道"。我国科技人力资源总量 7100 万、在校大学生 3500 多万,企业研发人员 398 万(占全国科技研发人员近八成),还有千千万万的社会创客,这些都是推动创新创造的主体力量。但传统科研资助主要面向高校教师、科研机构研发人员,"高职称、高学历、高职务"导向使绝大部分社会创新力量被拒在国家科研资助体系之外。科研悬赏制虽不能取代传统的科研资助模式,但哪怕从科研资助经费总盘子中切出 1% 用于探索悬赏制,让普通人获得一张通往国家科研资助体系的"门票",不仅可以丰富科研资助模式,改变我国相对单一的科研资助模式,本身也是一个重要的政策导向,可以大大激发创新活力。

二是聚焦"短平快"的应用型科研难题突破。悬赏制科研因"难事"而设"悬赏",这种"难题"与传统的科研选题不同。传统的科研选题采取的是专业人员推荐选题的办法,比如教育部哲学社会科学项目选题主要面向高校、科研机构等专业人员,这种选题方式难免受限于推荐人的专业领域,是为专业科研人员设计的选题。而悬赏制中的"难事"源自生产生活实践,是现实中碰到的、难以跨越的问题,即便是技术标准模式的悬赏科研,也体现为对面临困难或挑战的描述,是基于应用提出的。聚焦具体难题、具体应用,也能有效冲破"专业壁垒"、促进多元知识融合创新,使社会参与更加便捷更加可行。

三是推动政府和企事业合作开展悬赏制科研。悬赏制科研源自于生产生活实践难题,其成果也直接应用于生产生活实践,这是推动政府和社会合作的天然基础。我们应推动政府科研资助机构与企事业单位加强合作，围绕企业关键技术难题、行业共性技术、公益科技技术等难题，共同出资、共同谋划，通过悬赏制调动社会力量突破各类技术发展瓶颈，引导个人科学探索与国家需求、行业需求、企业需求的有机统一，放大科研资助的社会效应。

四是尽快出台推进悬赏制科研的政策措施。作为一种商业模式，悬赏制科研在企业中已广泛应用。但作为一种国家科研资助模式，目前尚无相关的政策制度支持。我们应加快制定相关制度，明确悬赏方向范围、项目征集机制、悬赏定价机制、经费支持渠道以及知识产权归属等问题，鼓励、推动和指导各级各类科研资助机构加快探索。

2016 年 9 月 5 日

大众创业万众创新的发展情况及政策建议

苑衍刚　郑真江

9月23日，我们邀请国家发改委宏观经济研究院、科技部中国科技战略研究院、国务院发展研究中心、国家行政学院、中国社科院、中国国际经济交流中心、中国科协创新战略研究院、中关村管委会等部门有关同志，就大众创业万众创新的发展态势、理论意义、存在问题、政策建议等进行了座谈交流。现将有关情况报告如下。

一、关于当前双创发展态势

大家认为，在党中央、国务院大力推动下，我国正迎来新一轮创业创新热潮，初步形成了以创业带动创新、以创新支撑创业的态势，中国进入大众创业万众创新的"黄金期"。

一是创业创新群体迅速壮大。国际经济交流中心战略研究部部长徐占忱认为，中央简政放权、放管结合、优化服务等改革"组合拳"极大激发了全社会创业创新活力，使市场主体爆发式增长。据对全国248个城市初创企业的招聘需求信息统计，近年来我国初创企业用人需求快速上升，今年6月份比去年同期增长213%，这表明新增主体保持了很高的市场活跃度。社科院人口与劳动经济研究所研究员高文书指出，大学毕业生、海外留学人员和返乡农民工等成为双创的主要群体，大学毕业生自主创业比例从 2% 提高到 3%，归国留学人员自主创业者达到 15%，返乡农民工有创业意愿的占到两成以上，实际创业者约占 2%。

二是创造大量新就业岗位。国务院发展研究中心技术经济研究部副部长田杰棠提出，据调查，目前我国个体工商户平均吸纳就业 2.6 人，私营企业平均吸纳就业 12.6 人。按照目前双创企业吸纳就业人数测算，上半年新设企业和个体工商户只要开业率达到 40%，新创造的就业超过 1300 万人。发改委宏观经济研究院企业室主任刘国艳指出，按照国际经验估算，2015 年全国新增创业者超过 1500 万人，吸纳了至少 2000 万人就业，大大抵消了经济增速下降对就业带来的冲击。中国科技战略研究院科技与社会发展研究所所长赵延东指出，过去十年中，OECD 成员国每年 45% 的新增就业机会由初创企业提供。

三是形成新的投资动力。刘国艳说，2014 年以来我国创业投资、天使投资井喷式增长，我国已成为仅次于美国的世界第二大创业投资集聚地。中关村管委会宣传处副处长董长青指出，2015 年中关村新创办科技型企业 2.4 万家，平均每天诞生 66 家，技术合同成交额 3453 亿元，占全国 35.1%，创业投资占全国近 1/3。

四是"四新"经济迅猛发展。刘国艳指出，近年来云计算、物联网、3D 打印、大数据等新技术产业化加快，互联网教育、互联网金融、移动医疗等新业态迅猛发展，线上线下融合（O2O）、移动支付、个性定制等新模式蓬勃涌现，新一代信息技术、节能环保、新能源、生物医药等新兴产业快速发展壮大，这些都与双创密不可分。

五是各地双创积极性空前提高。刘国艳说，科技部火炬中心统计显示，2014 年各地科技企业孵化器仅 1748 家，到 2015 年全国科技企业孵化器数量近 3000 家，众创空间 2300 多家。田杰棠估计，目前我国双创平台达到 1.6 万多家。中国科协创新战略研究院院务委员陈锐说，云南和宁夏成立双创部门联动机制，甘肃和广西分别成立双创工作领导小组和双创专题会议，山西和吉林建立双创联席会议制度，山东建立省市区三级联动协同机制。陈锐指出，一些地方推出财金合作、财担互动、多方参与的金融"组合拳"，为创新创业提供了有力的投融资支持。

六是双创出现国际化趋势。董长青介绍，中关村已在硅谷、伦敦等地设立 11 个海外联络处，海外人才创业园达到 37 家，聚集留学归国人员及外籍从业人员超过 3.5 万名。天使汇、瀚海科技园、启迪之星等 20 余家创新型孵化器在全球主要发达国家设立分支机构。

值得强调的是，对于一些媒体看到今年以来天使投资和创业投资略有下降，部分双创平台不景气，就称"孵化器泡沫破裂""资本寒冬""中关村的咖啡凉了"等，专家们认为，这与实际不符。刘国艳指出，一部分估值过高且不具备创业前景的初创企业、同质性强或服务功能弱的双创平台有序退出，这是双创自我完善、优胜劣汰的自然过程，是市场机制发挥作用、双创主体更趋理性的必然结果。实践中，好企业、好项目仍然是被热捧的"香饽饽"。她强调，从反映我国双创发展的创业企业、创业融资、并购与上市、专利与技术转移、创业带动就业等主要指标看，大部分仍保持上升势头，表明当前双创发展态势总体良好。田杰棠认为，双创充分利用我国庞大人力资源和巨大市场，与发展新常态相适应，契合现阶段创新特点，具有远大前途。要站在更宏观、更全面的角度把握双创发展大势，不能仅仅关注个别指标数据的短期波动。从国际经验来看，创业一般都呈现波浪式发展态势。在经历 2014—2015 年规模化快速跃升后，我国双创正迈向更注重科技内涵和可持续发展的新阶段。

二、关于双创存在的问题

一是部分双创平台同质化、低水平、粗放型。刘国艳说，一些地方把建设双创平台等同于搞基建、拉项目，忽视创业创新服务优化和整合，个别地方甚至将平台数量作为硬性指标进行绩效考核、层层摊派。一些平台出现了功能趋同、入驻率低、市场化运作水平低、可持续性不强等问题。在腾挪空闲厂房置换双创空间的过程中，一些中西部欠发达地市和县域地区，在不具备项目来源、人才聚集、融资机制等维持创业创新生态的基本要素的情况下建设双创平台，造成功能同质化、服务低水平的平台扎堆，进而错过了承接产业转移的时机。赵延东认为，目前各地双创平台硬件建设有余，软件服务不足，一些平台好项目不多、入驻企业数量不够，甚至出现"鸡比蛋多"的现象。田杰棠指出，要防止用工业化和运动式思维来推进双创，部分地区用跑马圈地的方式建了很多双创园区，用招商引资的方式引进创客或平台，急着树典型、出业绩，缺乏完备创业创新生态和持续发展能力。

二是大部分双创处于"微笑曲线"中低端。陈锐指出，目前双创活动整体有"三个中低端"，也就是处于技术链中低端、产业链中低端和价值链中低端，质量效益和能力水平亟待提升。尤其是，高端科研人员、大企业核心骨干、高层管理人员的创业热情还需进一步激发。

三是政策落地还有不少障碍。陈锐说，目前全国地市级以上的双创政策有 3700 多项，但存在"上下一般粗"现象，内容碎片化，实操性、配套性、精准性亟待加强。刘国艳认为，近年来国家针对中小微企业出台了不少优惠政策，但不少政策双创企业难以有效惠及。比如，对不少轻资产的科技型中小企业来说，研发人员工资是最大成本，而企业一般需要为其代缴 27.5% 的个人所得税，再加上五险一金，对企业无疑是一笔沉重负担。再如，营改增后孵化服务类企业通常不能获得进项税发票，因而不能抵扣。再如，平台属于服务行业，用水用电即使享受财政补贴，价格也明显高于工业企业。还有初创企业需要缴纳至少几百元的银行开户费。

四是现行监管方式遭遇尴尬。刘国艳指出，现行监管方式严重不适应双创与新技术、新产品、新业态和新模式发展要求。一些孵化器企业，如十分咖啡、蓉创茶馆等注册时，都遇到了无法归类的困扰，而有关部门监管时还按餐饮业要求办理卫生证等。再如互联网"+医疗"、"+教育"、"+健康"、"+保险"、"+农业"等平台类企业，实际监管中都出现了资质资格等问题，而且归入不同门类直接影响企业的税负。赵延东说，双创型企业往往具有跨界、融合等特征，使得其经常面临现行法律、法规、管理体系在市场准入、行业监管等方面的约束，一些创业者不得不行走于灰色地带，想办法打擦边球。监管中同时存在错位和缺位，监管方式和松紧程度也存在拿捏失当的问题。

五是行业准入仍存在壁垒。随着双创的发展，越来越多的创客将目光投向社会和民生事业领域。刘国艳指出，创业企业进入金融、教育、医疗、电力、交通、文化、航空航天、能源等领域仍存在难题。

六是投融资服务仍是短板。刘国艳认为，近几年以房地产为代表的资产价格不断上涨，吸引了更多资金，使双创企业融资难度加大。高文书提出，近九成大学生、八成农民工认为资金不足是创业的最主要的障碍。田杰棠认为，双创短板主要体现在金融、人才、政府办事三个方面，资本市场、金融产品创新和社会资本在支持双创中的作用还不够。

七是面临社保新难题。高文书提出，创新创业者通常是"灵活就业者"，因没有正式的劳动关系难以被现行社会保障体系所覆盖。2011年《社会保险法》颁布后，社会保险对城镇灵活就业者开放，但仅限于城镇本地户籍人员，户籍不在本地的外来人员无法参加职工基本医疗保险等。现行《生育保险法》也没有将无雇工的个体工商户、家庭帮工等灵活就业人员包括进去。

三、关于双创的理论研究

大家认为，双创抓住了生产关系变革中的核心要素，顺应了科技发展的潮流，契合了我国国情发展的阶段特征，体现了民生公平正义的愿望诉求。赵延东指出，生产关系的变革要从人的解放中去找到答案，现代市场经济的发展史就是一部激发全社会创新创业热情，赋予更多人创新创业能力的历史。中国国际经济交流中心对双创的理论和实践意义进行了研究。徐占忱认为，大众创业万众创新蕴含着中国经济转型升级的真正动力，昭示着中国改革的前进方向。大众创业万众创新具有基础性、大众性、开放性、泛在性和前沿性特点，它体现了当代以互联网和大数据为特点的科技革命带来的生产方式新变革，是人们摆脱相对保守的思想意识和原有体制束缚的又一次解放。它的重大意义体现在五个方面：第一，大众创业万众创新体现人作为生产力系统中最活跃要素的巨大能动作用，正是千百万大众的实践探索成为推进经济社会发展的原动力。第二，大众创业万众创新以其草根性，成为普通大众收获新一轮改革开放制度红利的最直接最现实的方式。第三，大众创业万众创新顺应了当代社会生产力和生产方式新变革，是对传统经济条件下创业创新的超越和"扬弃"。第四，大众创业万众创新以其前沿性，反映了当代信息化高度发展条件下技术范式的深刻变化。第五，社会服务化和商业模式创新为大众创业万众创新提供了巨量空间，把人重新组织进新的财富创造体系之中。

关于双创与共享经济。赵延东指出，双创是共享经济的创意源泉和社会基础，是抢占共享经济"风口"的核心前提。近年来，共享经济已成为一种新的经济发展趋势，它正逐渐取代过时、落伍的传统模式。2015年我国共享经济市场规模将近2万亿元，参与提供服务者约为5000万。共享经济让生产者和消费者的边界变得模糊，越来越多的人成为生产者和消费者合一的"产消者"，也同步实现了民众收入增加和支出减少。目前还有大量潜在的"共享要素"（比如时间、知识技能等）没有被开发，还有大量未知的"共享边界"可以探索，这个探索、试错过程需要具有创新创业精神和实践的大众的广泛深度参与。作为一种"创造性破坏"，共享经济涉及对现有利益分配结构和社会结构的调整，涉及所有权制度、安全观念、社会信任等一系列经济社会运行的深层次逻辑，必须依靠双创实践来探索突破。对我国来说，发展共享经济，既有利于将人口规模优势转化成经济发展优势，更是实现经济转型升级、获得国际竞争新优势的重大机遇。

四、关于大企业搞双创

大家普遍认为，发挥大企业在双创中的"领头雁"作用十分关键。国家行政学院决策咨询部蒲实认为，大企业的资源动员能力更强大、汇聚的创新要素更高质、市场渠道更成熟，占据产业链的顶端优势，优势得天独厚，双创潜力远超初创企业。目前我国央企牵头的技术创新联盟 141 个，搭建了 247 个"双创"平台，这些平台有的具有全要素开放特征，有的面向全球开放，有的形成了产业链研发共同体。同时，地方大企业也在加快建设双创平台。如广东共有 35 家大企业参与众创空间建设，孵化项目 3500 多个，扶持创业人员超过 25 万人。其龙头公司腾讯公司在全国 20 多个城市建设众创空间，成为中国最大创业平台之一。赵延东指出，很多国企不缺少高素质的科技人才和管理人才，不缺少先进的技术和科研制造平台，也不缺少资金，但缺少的是把这些资源整合盘活的激励机制。陈锐提出，大企业的资源潜力和双创活力尚未充分激发，主要是其内部管理体制偏向于行政化，任期制和绩效考核制促使企业领导者追求短期行为，缺乏足够的动力开展双创。蒲实认为，大企业的多层级制难以适应双创的灵活性，亟须深化内部体制改革，打造有利于双创的管理方法、组织架构、体制机制。赵延东指出，国企要结合混合所有制改革，建设更多专业化、开放式的双创平台，利用股权期权分红等机制，支持员工自主创业、内部创业。蒲实强调，要尽快出台鼓励大企业推进双创的指导性意见；支持大企业内部建立众创激励机制；支持大企业与大学、科研院所或国外领军孵化机构合作，建设高端孵化平台；完善大企业尤其是承担国家级科研项目平台的科技资源开放共享的实施细则。

五、关于政策建议

大家认为，应主动作为、顺势而为，采取更加积极有力的措施，推动我国迈入"双创 2.0"时代。

一是进一步优化政策。田杰棠建议，打破条块分割，加强科技政策、财税政策、产业政策、金融政策、政府采购政策、知识产权政策、教育政策、人才政策、中小企业政策等的协调配套，对现有双创政策体系进行再整合、再梳理和再优化，提升政策的质量和实效。刘国艳建议，对西部地区实行差别化双创扶持政策，在中央预算内投资、专项建设基金等方面给予倾斜；针对地方普遍反映当前中央双创支持资金被要求主要用于双创平台或设施建设，而对引进人才的补贴、创业者融资支持相对较少的情况，建议允许双创扶持资金在人才方面列支，尤其是在欠发达地区；进一步降低双创平台和初创企业用水、用电价格和银行开户费等相关成本。

二是提升双创平台质量。赵延东建议，下一步要引导平台向专业化、市场化、功能化方向发展，提高平台综合服务供给能力。田杰棠建议，要重点支持发展民营孵化器，同时促进孵化器与产业集群更紧密结合。刘国艳建议，针对平台类企业特点，探索建立特殊监管规则，将部门抽查、信用监管、用户举报结合起来。陈锐建议，要整合现有双创平台，采取星级评定等办法，加强对平台建设质量的考核。

三是扩大开放领域。刘国艳建议，要打通社会事业与新经济增长点壁垒，对大健康、教育、金融、旅游、文化等领域加大开放力度。田杰棠建议，建立产业准入标准，对自然垄断性质的产业实行必要的规制，打破地方保护主义，让各种所有制、不同类型的企业可以公平地获得各种创新要素。加强产权保护，完善征信体系，统一执法标准。陈锐强调，建立放管服改革跨部门协同机制，系统解决"准入不准营"的问题。

四是发展多层次资本市场。田杰棠建议，根据创业创新各环节的特点和需求，适度扩容中小企业板和创业板，开展区域性非上市证券交易所试点，扩大政策性中小企业信用担保、再担保规模，为创新创业企业增信。高文书提出，借鉴发达国家做法，政府引导加上社会捐助，实施一批类似"青年创业专项计划"等创业创新项目。

五是开展创新创业教育。高文书建议，充分利用各种媒体广泛宣传促进创新创业的政策和成功案例，营造开放包容的社会氛围。可借鉴瑞典等发达国家的成功做法，将创新创业教育纳入初中、高中、大学直到研究生整个教育体系之中，提高学生创业综合素质。

2016 年 10 月 10 日

培育新动能 走上"双中高"

——深圳经济转型升级调研报告

苑衍刚　陈光华

国际金融危机曾给深圳经济带来严重冲击，经济增速几乎拦腰砍。8 年来，深圳没有等靠要、没有搞"强刺激"，而是坚定不移推进改革创新和结构升级，取得了明显成效，经济增长保持中高速、产业达到中高端水平，发展质量和效益同步提升。可以说，深圳已经走出了国际金融危机的阴影，正在释放出新一轮强劲发展动能。过去深圳产业以中低端和加工制造为主，他们能够成功转型升级，证明我国经济完全能够实现新旧动能接续转换，走上双中高发展之路。

8 月 23 日至 26 日，我们赴深圳就经济转型升级问题进行了调研，召开了相关政府部门座谈会，到深圳国家自主创新示范区、前海自由贸易试验区、金融改革创新试验区、行政审批制度和企业投资体制试点区以及相关产业园区等进行了考察，与 20 余家创新型企业、传统行业企业负责人和中小创业者，8 家高校、科研机构和众创平台等负责人进行了座谈交流。现将有关情况和建议报告如下。

一、深圳市经济转型升级的成效

（一）经济保持中高速增长。2008 年国际金融危机来袭，深圳经济增速由前 30 年平均增长 25% 一度跌至个位数，外贸出现断崖式下跌。2010 年起逐步回升，"十二五"时期平均增速为 10%，目前稳定在 8.5% 至 9% 区间。人均 GDP 由 2008 年 8.3 万元增至 2015 年 15.79 万元，达到高收入水平。"三驾马车"动力强劲，投资增速经历了 V 型反转，近年来保持在 20% 以上，消费增长保持在 10% 左右，外贸表现整体好于全国。

（二）产业结构迈向中高端。深圳产业经过"腾笼换鸟"，已经实现了"凤凰涅槃"，主要体现为"三个为主"：经济增量以新兴产业为主，增加值占 GDP 的 40%；工业以先进制造业为主，占规模以上工业的 75%；三产以现代服务业为主，占服务业的 70%。服务业占 GDP 的比重由 51% 提高到 61%。

（三）质量效益型增长特征鲜明。8 年来，深圳市财政、民生、收入、就业同步提升，指标匹配性强。财政收入增速近年来保持在 20% 以上，规模以上工业企业利润增速回升到两位数。城乡居民收入增速始终高于经济增速。单位 GDP 能耗、水耗下降和主要污染物减排力度超过全国平均水平，PM2.5 平均浓度 26 微克 / 立方米，实现了"深圳蓝、天天见"。

（四）新经济占据"半壁江山"。近 3 年来深圳累计新增市场主体 140 多万户，超过改革开放前 30 年的总和，占现有市场主体总量的 60%。平均不到 20 人就有一家企业，每 9 个深圳人中就有一个在创业，创业密度居全国首位。深圳有 3 万多家科技型企业，1 万多种高技术产品，其中半数以上有自主知识产权，同时拥有各类创新载体 1300 多家。战略性新兴产业和未来产业增速分别是 GDP 增速的 1.5 倍和 2 倍以上，占 GDP 的 40% 以上，加上电子商务、外贸服务、"互联网＋"等新业态，新经济已经成为深圳经济的主要支撑。

（五）民营经济动力强劲。深圳民营经济遍布各个领域，自由开放度最高，上市企业最多。既有华为、腾讯、中兴、比亚迪、万科等前辈级的"大咖"，也有华大基因、光启、大疆、迈瑞、大族激光等中生代的"新贵"，还有柔宇科技、华讯方舟等一批虎视眈眈的"黑科技企业"，以及更多不断涌现、潜力无穷的小微企业，真是"一波未落、一波又起"。今年上半年深圳民营投资增长 77.7%，比全国高出 74.9 个百分点。截至目前，深圳民营企业诞生了 4 个世界 500 强、20 多个中国 500 强，主营收入超百亿企业 60 余家。

（六）创新型经济体初步成型。深圳已经提前达到或超过"十三五"国家科技创新规划的若干重要指标，科技进步贡献达到 60.1%，研发投入强度达到 4.05%，相当于世界排名第二的韩国水平。PCT 专利申请量占全国的近一半，每万人发明专利拥有量 73.73 件，平均每天创造 46 件专利，代表着"新深圳速度"。高新技术产业增加值占 GDP 的比重达到 30%。一些领军型龙头企业年均增长 20% 以上，新兴企业则年均增长 100%，甚至更高。

深圳经济的升级发展，体现了工业化、城镇化、信息化的必然趋势，反映出改革开放进入新阶段的新态势，展现了我国经济结构调整与大众创业、万众创新所蕴藏的巨大潜能。深圳作为我国改革开放的"试验田"和创新发展的"新高地"，它的探索实践为我国其他地方经济转型升级提供了有益经验。

二、深圳市的主要做法

（一）以华山一条路的勇气，持续释放创新势能。深圳市认识到，就像当年小平同志说"不搞改革开放，只能是死路一条"一样，现在不搞创新，同样是死路一条。这些年，深圳市抓创新动手早、力度大、持续久，多年耕耘到了"摘果子"的时候。他们出台了全国首部国家创新型城市规划、自主创新 33 条、促进科技创新 62 条等一系列"科技新政"。同时还紧盯国家创新政策动态，及时加码出台地方政策。比如，《促进科技成果转化法》规定科技成果转化收益奖励比例不低于 50%，他们就将市属高校科技成果转化收益奖励比例提高到 70% 以上；国家规定科研人员离岗创业保留人事关系期限为 3 年，他们分两期提高到 6 年；国家规定研发费用加计扣除比例为 150%，他们提高到 200% 并实施追溯和递延扣除，差额由地方财力补足。深圳市下决心将财力向科技创新倾斜，同时撬动银行、保险、证券等资本市场。如设立 200 亿元的创新创业引导基金，以银政企合作贴息项目拉动银行授信近 100 亿元，实施覆盖大中小学的创新专项计划，等等。企业家们说，市政府是创业创新最大的"天使投资人"。

深圳市注重以法治保障创新，强调创新与立法"同频共振"。他们充分用好特区立法权，先后出台了深圳经济特区技术秘密保护条例、创业投资条例、技术转移条例、知识产权保护工作规定等地方性法规。这些法规针对性操作性强，能够有效保护财产权和知识产权，对政府、企业和个人来说都既是约束又是权利。对每项法规和政策的实施，深圳都注重合法性审查，反之，除此之外的不合理审查一律取消，不给部门自身留下操作空间，使改革创新者对自己的权益和红线都清清楚楚。不论谁违反法规和政策，都可以拿对应的条款来"说事"。

深圳市没有大院大所，国家级创新载体少、学科布局系统性不够，他们就把功夫下在培育新型创新主体上。大致分为四类：

第一类是新型研发机构。近年来，深圳涌现出大批新型研发机构，有的是科研院所和高校设立的，有的是院校与企业、政府联合设立的，有的是从企业研发机构分离出来的，有的是基金投资成立的，有的是海外人才团队创立的，等等。其性质也是事业单位、企业、非营利机构、混合经济、产业创新联盟等五花八门。这些新型研发机构在技术、产业、资本和应用集成等方面探索新模式，源头创新与成果转化效率极高，有利于促进产学研一体化，破解科研成果产业化的瓶颈难题。深圳以灵活机制和优厚条件，鼓励这些"外来的和尚念好经"。比如中科院先进技术研究院，由中科院、深圳市政府、香港中文大学三方共建的所谓"四不像"机构，实现了机制、目标、功能、文化四个创新，其专利数量在广东科研机构中排名第一，在中科院各院所中也名列前茅。

第二类是超常规布局的创新载体。建设国家、省、市级重点实验室、工程实验室、工程技术中心和企业技术中心等共1283家，在智能机器人、4G及5G技术、基因免疫治疗、大数据、石墨烯等领域建成一批创新中心或研究机构，成为强化原始创新、实现重点跨越的重要支撑。

第三类是研发型企业。深圳企业有"四个90%"：90%以上的研发投入来自企业，90%的创新载体、90%的研发人员和90%以上的职务发明专利集中在企业。深圳市建设国家超算深圳中心、国家基因库、大亚湾中微子实验室等重大科技基础设施，都是依托企业。

　　第四类是数量众多的众创空间。深圳市是创客最早兴起的地方，他们实施孵化器倍增计划和促进创客发展三年行动计划，促进创新载体蓬勃发展。比如，依托信息产业优势，推动创新、创业、创投、创客"四创联动"，打造集专业孵化、投融资、种子交易市场于一体的深圳湾创业广场。目前深圳共有各类创客服务机构 78 家、孵化载体 144 家，在孵企业 8000 多家，累计毕业5000 多家。大疆无人机等知名企业就是从这些不起眼的孵化器孵化出来的。创业创新者一旦遇到合适土壤、将势不可挡地萌芽、成长、壮大，成为未来发展的中坚力量。

　　创新力量要转化为现实生产力，就一刻也离不开资本的支持。很多创业者说，我们之所以选择在深圳创业，就因为这里有一套市场化的、全链条的投融资体系。在成长起步阶段，目前深圳市有股权投资、风险投资机构超过 4.6 万家，注册资本超过 2.7万亿元，占全国的 1/3 以上，还有大量的个人投资者、私募基金等，满足几乎一无所有的种子期初创期企业需求。这个阶段上政府投入主要是引导性投入，既不能与民争利又要恰到好处，在产业兴起时以补贴、股权、债权等方式给予支持，等企业成熟后立即退出。在产业化阶段，充分利用深圳的中小板和创业板市场优势，大力发展资本市场融资，支撑中小科技型企业成长。一项技术从实验成功到中试，投入还需增加 10 倍以上，而到产业化还需100 倍以上投入，很多中小企业死在后两个"黑洞"阶段。而在深圳，很多中小企业能够在天使轮、种子轮之后，依托资本市场完成 A 轮、B 轮融资，从而顺利壮大。同时，完善股权转让、上市、分红、并购、退出等机制。在高速成长阶段，这时候就需要银行、保险、信托、债券、基金等长期的、大规模的价值投资主体介入。为此，深圳市实施科技金融计划，大力发展科技银行、科技保险、科技债券等，完善股权债权等联动机制，发展投贷联动、投保联动、投债联动等方式，使金融机构与创投风投企业建立了长期的市场化合作机制。还依托前海开展跨境贷、跨境债等业务，设立股权交易中心，降低海内外金融资本进入门槛。

（二）以海纳百川的姿态，实施积极开放的人才政策。创新驱动实质是人力资本质量驱动。深圳把"人"看作最重要的资源和城市活力的象征，千方百计营造聚才、爱才、用才的环境，把经济特区建成"人才高地、智力宝地"。

一是不拘一格吸引各路人才。与一些大城市出台人口限制政策不同，深圳放宽人口准入，增强人口流动性。近五年新增人口分别是 11 万、8 万、8.2 万、15 万、60 万，尤其是年轻人年均增长率高达 22.5%。目前深圳 1480 万常住人口平均年龄 30 岁，在所有大城市中最年轻，而且户籍与非户籍人口在基本待遇上没有太大差别。深圳还注重人才结构平衡。实践证明，并不是只有高端人才才是城市的栋梁，高中低端人才合理搭配，才能使城市最有效率。深圳引进人才既覆盖院士等高精尖缺人才，也覆盖高校毕业生等中初级人才、工匠等技能人才以及创客等社会人才，各类人才都可以"对号入座"。

二是不惜成本引进高端人才。深圳对高端人才投入敢下血本、上不封顶，出现了国内"孔雀东南飞"、海归"群雁结伴来"的新景象。每年投入 10 亿—20 亿元实施海外高层次人才"孔雀计划"，设立企业引才"伯乐奖"，下大力引进国内外知名大学和科研院所，鼓励知名高校来深联合办学，如深圳北理工－莫斯科大学分校、清华－伯克利深圳分院、天大－佐治亚理工深圳分院，等等。预计 5 年后深圳高端人才比重将翻一番，高校在校生将超过 20 万人，人才自给率将大幅提升，为新产业发展做好充分准备。媒体评论认为，今天的深圳不再是"文化的沙漠"，而是"人才的摇篮"。

三是不遗余力激励保障人才。在深圳，用人不扣帽子、不抓辫子、不求全责备，靠自己的能力和业绩赚钱，财富再多别人也不会眼红，更不会出现个人获奖而奖金由单位人员瓜分的现象。深圳市努力建立以知识价值为导向的分配激励机制，探索人才资本产权机制，建立多元化人才评价体系。如全面推行科研院所、高科技企业管理层与核心骨干持股，上市公司相关人才持股比例放宽至 30%，还在安家补助、创业就业扶持、住房、子女入学、配偶就业等方面出台有力度、有温度的贴心政策。为防止"高房价挤走人才"，深圳实施人才安居工程，租、售、补结合全力保障。比如来深院士可享受 600 万元住房奖励补贴或 10 年免租住房甚至获赠住房，新毕业大学生可获得 1.5 万元至 3 万元一次性住房补贴，还可以立即申请公租房轮候。

四是"不择手段"培养所需人才。作为产业升级先行者，深圳首先遇到了人才结构不适应新产业结构的矛盾。为此，他们大力发展科教、产教融合，一些科技、教育、资本、产业"四位一体"的新型机构涌现出来。同时支持企业加大培训力度。一些企业瞄准新兴产业领域人才培训业务商机，干脆转型成为培训机构，如连硕机器人教育公司、优必选机器人公司，为全国数千家企业提供机器人操作应用培训，柴火创客空间由创业平台转向为大中小学提供创客教育服务。深圳还着力推进"深港创新圈"建设，与芬兰等 9 个国家签署科技合作协议，推动企业在境外新设研发机构 255 家，拓展人才培养渠道。

（三）以壮士断腕的决心，全力推进改革重点突破。深圳市的改革与创新一脉相承，他们将新一轮改革重点聚焦于激发各类主体创新创造活力上。因此，他们下大力抓"简政放权、放管结合、优化服务"，强调为政要简、要静，着力建立市场化、法治化、国际化的营商环境。

"放"要放得到位。自 2013 年起，深圳在全国率先推开商事登记制度改革，改"先证后照"为"先照后证"，大幅削减前置审批事项 92% 以上，推行经营范围和场所自行申报、注册资本认缴登记等。目前已经向全社会公布商事主体行政审批事项权责清单，明确全市共 129 项许可审批项目，其中前置审批 12 项，后置审批 117 项，在副省级城市里是最少的。同时，社会投资项目核准审批减少 90%、市级核准备案权限下放 90%，备案项目占比 95% 以上。应当说，这一套简政放权"组合拳"，深圳走在了全国前列，也最先尝到了甜头。不到 3 年时间市场主体一下子由 100 多万户增加到 240 万户，居全国城市首位。"放"还体现在政府对新事物的态度上，对分享经济、众创平台、造物中心等新业态新模式，政府不懂的，绝对不拦着，不设前提、不打棍子，先"放水养鱼"再"蓄坝引流"。他们认为政府职责就是为企业开资财之道、为人才开致用之道，增强社会活力，防止阶层固化。各个部门都要争当束缚创新藩篱的拆除者，拒绝事不关己、高高挂起。"处处推倒冷漠的墙，给革新者、创造者开路，这就是管理机关和领导人的任务"，一位深圳作家写道。在深圳，企业家们想得最多的是怎么对接市场，而不是怎么和政府部门打交道。

"管"要管得合理。深圳把重点放在科学监管、依法监管、信用监管上。全面推开市场准入负面清单和部门权责清单，将政府所有权力"晒在阳光下"，并完善与权责清单配套的监管办法，建立起"谁审批、谁监管"和行业监管相结合的联动监管机制。全面推行"双随机、一公开"，统一的商事主体信用信息公示平台已经向各部门推送信息 44 万条，并方便公众进行信息查询和信用监督。政府履职要该放的要放，该管的要管，但管的方式要从重事前审批向重事中事后监管、从管主体向管行为、从强调政府监管向政府监管与社会监督并重转变。这三个转变，既是现代政府所必须的自我约束和规范，更涉及行政管理体制权力结构和权力关系的调整，关系政府与社会结构性共治的塑造，因而是一场深刻的政府自我革命。从这个意义上说，"革命"尚未成功，深圳仍需努力。

"服"要服得高效。深圳市创造性推行了"一网、一微、一端"公共服务模式。"一网"，就是全面实行全业务全流程网上商事登记，实现"一个部门登记、多个部门共享"，使 95% 以上的商业主体设立登记和 70% 以上的变更登记可以网上办理。"一微"，就是公民可以微信登录"信用深圳"公共平台。市民在办事、旅游、就餐、娱乐需要搜索周边商户，查询企业信用，或遇到商家"挂羊头卖狗肉"的现象，只要通过手机微信"摇一摇"，就对企业信息一目了然，企业也可以据此改进服务。平台还与鹏元征信公司签订合作协议，使政府与企业实现信息共享。"一端"，就是在前海试点的利用 APP 客户端办理业务，试点成熟后迅速推开。总之，就是要打造"审批最简、管制最少、服务最优"的城市，使大家愿意来、来得了、能创业、善创新。

（四）以稳扎稳打的战略定力，持续推进"结构闯关"。国际金融危机时，不少产业陷入困境，这是外部环境使然，但也有其内在必然性。深圳没有一味救产业，也没有在"腾笼换鸟""双转移"中抛弃传统行业，他们积极谋划产业升级，更加注重产业集群化发展和产业链供应链分工协作，通过"实施一批、布局一批、发现一批"实现滚动发展。2009 年先后出台生物医药、互联网、新能源、新材料、文化创意、新一代信息技术和节能环保等战略性新兴产业发展规划,"十二五"期间战略性新兴产业规模年均增长17%,达到2.3万亿元,占GDP比重由28%提高到40%。2013年又率先布局生命健康、海洋产业、航空航天、机器人、可穿戴设备和智能装备等未来产业,到2015年规模已经超过4000亿元。同时,密切关注新产业新业态,从中发现新增长点。目前已经形成了战略性新兴产业、未来产业、现代服务业、传统优势产业"四路纵队"并进的局面。

传统工业在经济升级中位置怎么摆?我国一些地方如北京、上海等在升级中都出现了工业增速明显下降,而深圳8年来规模以上工业增加值平均增速为10%,工业企业利润增速则保持在10%以上,今年上半年更是达到23.1%。这表明深圳发展不是以工业下降为代价的,传统产业逆势实现了内涵式提质增效。深圳的经验表明,对传统工业只进行一般性技术改造是不行的,必须系统设计、整体改造。具体来讲是"五化":

一是信息化。深圳大力实施"互联网+"行动计划、落实《中国制造2025》、推进"宽带深圳"行动计划等,促进互联网"+工业"、"+商贸"、"+物流"等,注重用互联网思维、大数据和云计算的架构打造新的经济形态,以信息经济的渗透性和倍增性促进传统产业垂直整合、横向跨界、融合发展。2015年信息经济规模突破1.9万亿元,占全国的1/9以上。

二是智能化。促进智能技术与工业化深度融合,建设一体化智能制造工厂。如雷柏科技公司引进机器人生产线,改造传统的鼠标、键盘制造流程,效率提高70%,用工成本下降40%以上。易尚展示公司利用3D和VR技术重塑传统展览业,实现了起死回生。

三是服务化。鼓励大型企业将生产性服务业剥离出来，转向为整个行业提供服务，甚至大企业自身也从制造商变成服务商。

四是标准化。在服装、家具、电子产品等领域率先实施深圳标准认证及标识制度，同时积极推动细分龙头领域制定高规格标准。到 2015 年底，深圳累计研制国际国内标准 4212 项，其中国际标准 1135 项，组建 20 家标准联盟。

五是时尚化。积极推动传统产业"拥抱设计、拥抱品牌、拥抱时尚"，如飞亚达公司利用互联网和智能制造等科技，将审美、情感、人文等要素嵌入手表，提升了人机互动质量，一跃而成为时尚产业。

未来产品什么样，产品结构怎么调？众多企业家和政府官员都在思考。消费品根本是为了满足人们的需求，在我们这样一个发展中大国，一方面，要利用新技术新工艺新模式，提高劳动生产率，推进精益生产，用少的资源产出更多优质产品。另一方面，人们对待产品正从主要满足功能性需求，转向融合品质、技术、审美、人性等要素的综合性需求。这种形势下，单靠提高效率无异于"刻舟求剑"。这既需要个性化设计、柔性化制造，更要加入文化的力量。法国作家福楼拜说过，"科学与文化在山脚下分手，又在山顶会合"。欧洲企业打造百年老店，其产品体现了欧洲人的美学观念和探究本源、追求极致的哲学思维；美国的苹果手机、迪士尼等产品都深刻体现美国的价值观。我国产品的弱点在于缺乏人文精神和传统文化价值体现，因而只能跟着别人亦步亦趋，或者"海淘热"或者争当"果粉"。这些年，深圳市针对产品供给侧的"痛点"，全面推进标准、质量、品牌、信誉"四位一体"建设，从数量经济向质量经济、品牌经济转变。同时，用创客文化深度挖掘消费者需求，将企业家精神和工匠精神融入产品创意设计和生产制造。只有这样，才能逐步使"中国制造"带着中国文化走向世界、影响世界，因为只有民族的才是世界的。

（五）以"两个毫不动摇"的坚定态度，促进民营经济和国有经济相融并进。深圳民营经济成长速度快、发展质量好、创新活力强、上市企业多，形成了领军骨干企业队伍、上市及拟上市企业队伍、成长型中小企业队伍、创新中微企业队伍"四支队伍"梯队发展的格局。有人统计，每10年深圳就会诞生一批具有行业竞争力的领军型科技企业。之所以如此，首先得益于深圳市几乎每年都出台支持民营经济的新政。在这里，各个领域市场准入都参照负面清单执行，绝没有对民间资本单独设置的附加条件和歧视性条款。同时，大力支持中小企业发展，设立60亿元中小企业发展基金，给予改制中小企业与大企业一样的服务，对中小企业设立银行贷款坏账损失和担保代偿损失的风险补偿，对年增加值增速超过15%的重点工业企业给予奖励，等等。

深圳国有经济在危机期间也遭受了重创，但依靠改革创新，率先走出低谷，实现了平稳快速增长。"十二五"时期，深圳国企总资产、利润总额等主要指标都实现了倍增，企业效益年均增长17%，利润率、净资产收益率分别排名全国第1位和第3位。

一是改革起步早、力度大。深圳率先实现直管企业董事会建设"全覆盖"，将副总以下人员选聘权、主业投资决策权等下放给董事会；编制24项出资人履职权责清单；构建短中长期激励与约束相结合的绩效考核薪酬体系；完成一批国企向国有资本投资公司和运营公司转型，构建以国资委为主、投控公司辅助的监管运营新体制；市属国资系统混合所有制企业比例超过75%，员工持股迈出实质性步伐。

二是定位清晰、运作高效。深圳市认为，国企不能笼统讲"做强做优做大"，要按照基础性、公益性、先导性原则，区分情况，专注主业，大力推进国企结构调整和产业整合，不能乱铺摊子盲目扩张。在基础产业领域，主要是做大做强，投控、地铁、特区建发等3家企业资产规模超过1000亿元，公交、机场、能源、农产品、水务、盐田港、燃气、粮食等国企的利润增长率、劳动生产率、风险控制水平等主要竞争力指标在国内同行业中领先。在重点产业方面，主要是做优做强，有力推进了并购重组和转型升级。设立了重大产业发展基金、并购基金等国资"基金群"，预计到2020年规模将达到3000亿元。在新兴产业方面，主要是按照市场规律发掘和培育新增长点。采取预算资本金注入等方式支持国企创新，设立创新专项资金支持重大技术攻关，创新投、高新投、担保集团等3家创业投资机构，累计扶持创新企业和项目3.6万个、金额4060亿元，扶持373家企业上市。深圳的经验证明，国有经济与民营经济完全能够和谐共生、相得益彰，更好保障经济发展和民生改善。

三、几点建议

（一）宏观政策要和产业政策、创新政策、消费政策形成叠加效应。过去搞宏观调控主要从需求出发，采取财政、货币等总量性政策，现在我们推进供给侧结构性改革，要求发改、财政、金融等宏观部门要与科技、工业和信息化、交通等部门密切合作，出台更多跨部门交叉性政策，强化宏观政策、创新政策与产业政策、消费政策的协调联动。科技、工业等部门应当成为综合经济部门，防止由于部门分割造成产业发展分割。深圳市成立科技创新委以来，出台了一批综合性创新和人才法规政策，成效显著，值得借鉴。

（二）鼓励地区间开展创新竞争。改革开放以来我国形成了各地你追我赶、竞相发展的局面，至今各地仍很看重 GDP、人均收入等排名。建议在此基础上，借鉴瑞士洛桑管理学院竞争力排名、世界知识产权组织全球创新指数等，结合"十三五"规划和我国科技与产业发展状况，委托第三方机构，编制各地创新发展与核心竞争力指数。指数主要考核创新和人才，将 R&D 强度、专利申请量、科技进步贡献率、劳动生产率、新经济新业态发展、技术和产权市场、人均受教育年限及人才、科研机构和创新型企业数量等创新型国家建设相关指标，纳入地方政府官员政绩考核评价和离任审计范围。通过对各地区进行核心竞争力排名，反映一个地方发展后劲和可持续能力。

（三）完善新产品新业态审批制度。当前新技术新产业新业态新产品层出不穷，很多颠覆性、交叉性、融合性产品大量涌现，而不少监管部门对此有不适感。尤其是生物医药等新药品审批监管滞后、时间过长，导致企业辛苦研制出来的产品在国内外市场失去先机。建议研究明确新经济新业态新产品的上市审批原则和操作办法，加快完善负面清单和权责清单管理。对新药等事关人民健康的特殊产品，可借鉴美国等国做法，在三个委员会（科学委员会、法律委员会、伦理委员会）鉴定基础上，建立快速审批通道，同时完善事中事后监管。实施药品上市许可和生产许可分离制度，允许上市许可持有人委托有资质的企业生产，以快速占领市场。

（四）支持新型研发机构发展。我国有大量研究机构和上游科研成果，但产业化研究和市场转化服务薄弱，而新型研发机构能够很好解决这个问题。建议出台支持新型研发机构发展的意见，促进其在申报和牵头组织国家科研项目、重点实验室和重大科研基础设施布局、人才引进中，与国有企事业单位享有同等待遇；鼓励每个省市设立先进技术研究院，介于研究机构和企业之间，专门从事应用研究和成果转化；给予新型研发机构更大自主权，可放宽编制、职称等限制；享受税收优惠、场地设施等扶持政策，国家和地方设立的创新创业基金优先给予支持。

2016 年 10 月 27 日

积极引导支持网约自行车健康发展

张凯竣

随着移动互联网快速发展，共享经济已广泛渗透到从生产到消费的各个环节，给人们的生活方式带来了深刻变革。在"互联网＋交通"领域，继出现了"互联网＋出租车"（网约车）之后，又出现了一个新趋势，这就是"互联网＋自行车"（网约自行车）的快速发展。一种新型智能公共自行车，加载了手机APP约车租车、GPS定位找车、扫二维码开锁取车、无车桩还车等功能特性，在上海、北京等大城市一经推出，迅速受到热捧。以目前该领域某主要运营商为例，今年4月份率先在上海投放，运营100天内注册用户就快速达到20万；8月份开始进入北京，目前累计投放自行车近3万辆，注册用户已达数十万，自行车日均周转6.2次，平均骑行距离约5.6公里，而北京市政公共自行车自2012年启动以来，已投放自行车6.8万辆，工作日日均周转5次，平均骑行距离约2.6公里，网约自行车的使用效率和覆盖范围更具优势。

近年来，"绿色出行"的理念和实践在世界各国快速发展。自行车作为绿色交通工具，越来越受到重视和欢迎。目前，全球至少已有50个国家将自行车"请回"城市，纳入了公共交通系统。

丹麦哥本哈根自行车专用道超过 400 公里，36% 的人以自行车作为主要交通工具；法国巴黎把机动车最高行驶速度限定为 30 公里 / 小时，发展"慢行交通"，每年公共自行车使用总次数达 1.3 亿；日本积极建设自行车智能化停放设施，方便人们骑车出行，人均拥有自行车 0.7 辆，位列亚洲第一。我国很多城市也开展了公共自行车服务，为市民绿色出行提供更多便利。

自行车出行灵活方便、经济环保，可以与其他交通工具无缝衔接，是缓解交通拥堵，治理环境污染，降低能源消耗，解决出行"最后一公里"等城市发展难题的重要出路，也代表了一种健康绿色的生活方式。与私人自行车和传统公共自行车相比，新近流行的网约自行车又重点解决了"新车易丢、租借烦琐、找车费时、还车不便"等"痛点"，对于进一步优化交通出行结构、有效治理"城市病"等具有积极作用。网约自行车具有以下几个优点：

一是企业主体，运营管理市场化。公共自行车项目由政府出资建设和维护，由于网点分布不均、管理方式粗放等原因，不少城市的公共自行车使用效率较低，有的甚至成为摆设、无人问津，造成了财政资源浪费。与之相比，网约自行车由社会资本承担车辆购置和运营维护费用，不需要政府资金投入，同时有效增加和改善了公共交通的服务供给，缓解了出行压力。

二是功能互补，服务场景差异化。从使用情况看，网约自行车与传统公共自行车形成了互补发展的态势。一方面是使用人群互补，网约自行车主要用户是年轻人，用手机租车更加符合 80 后、90 后的生活方式，而传统公共自行车覆盖人群较为广泛，特别是中老年人更习惯刷卡租车的传统形式；另一方面是使用区域互补，传统公共自行车网点主要集中在交通枢纽、大型商圈和居住小区附近，而网约自行车则聚焦细分市场，例如某运营商从解决校园出行问题起步，目前已覆盖全国 200 余所高校。数据显示，很多网约自行车被骑到了传统公共自行车的"服务盲区"。

三是技术领先，操作模块智能化。与传统公共自行车相比，用户无需到固定场所办理租赁卡，只需下载手机 APP，几分钟即可完成注册。借助物联网技术，用户通过手机就可以实时了解周围车辆情况，提前进行预约，找到后扫描二维码开锁，租用简单快捷，避免了传统公共自行车到固定网点却可能无车可用的尴尬。内置 GPS 和数据芯片实时记录使用信息，方便结算，同时可以准确锁定自行车位置，防盗性强。

四是停放灵活，资源匹配精准化。网约自行车取消了"统一停放、统一入锁"的要求，从而将自行车真正变成了随用随骑、随停随锁的"共享品"。没有固定停车桩的限制，使用结束后将自行车就近停放即可，不会因为车位停满而无法还车。无需占地新建停放点，既节约了空间又减少了投入。自行车从"静态分布"变为实时"动态分布"，让用户可以精确找到离自己最近的自行车，最大限度满足了人们骑行需求。

五是变废为宝，车辆利用集约化。有的网约自行车运营商通过回收废旧闲置的老旧自行车，对其进行维修改造和智能升级后再次投入使用，有效降低了企业运营成本，促进了闲置资源循环利用、社会共享，还腾退出了宝贵的自行车停放空间，使得学校、社区、街头存在的大量"僵尸自行车"重新焕发生机。

网约自行车作为一个"互联网＋"时代下的新生事物，已经展现出巨大的商业价值和社会价值。市场热度持续升温，涌现出一大批创业企业，融资规模屡创新高，已成为新的投资风口，业内人士分析网约自行车领域或将诞生下一个"滴滴"。根据咨询公司罗兰贝格报告，全球网约自行车市场每年增长近20%，预计到2020年可产生58亿美元的收入。同时，网约自行车探索出了一条以市场力量发展城市公共自行车的道路，对于完善绿色出行体系、改善城市生态环境和交通秩序意义重大，具有显著的公益特性。政府有关部门应高度重视网约自行车发展，通过完善相关政策、优化发展环境，引导和支持其健康成长。

第一，尽快制定网约自行车行业标准。与前几年网约出租车的发展历程相似，目前由于缺少相关准入标准，网约自行车尚处于"野蛮生长"阶段。在发展过程中，也已暴露出随意停放、加装私锁、暴力损坏等城市管理和社会公德方面的问题，有必要及时加强行业监管，通过政府合理引导和企业规范运营，建立起良性健康的网约自行车行业秩序。

第二，促进网约自行车与现有公共自行车融合发展。一方面，加快传统公共自行车技术升级，提高智能化水平，扩展手机APP等租还车方式，在硬件技术和外观设计上吸收网约自行车成功经验；另一方面，科学有效调整公共自行车的投放数量和布局区域，鼓励网约自行车利用技术优势和市场经验参与公共自行车运营。

第三，着力改善自行车骑行环境。我国很多城市存在自行车"出行难"问题，自行车专用道施划不合理、自行车路权被侵占、防护设施不健全等现象十分普遍。城市管理部门在分配道路资源时，应做好各类道路的统筹规划，给自行车留出足够空间。加大对违规占用自行车道行为的执法处罚力度，保障自行车优先通行，让人们骑车出行更加安全方便。

第四，加强自行车配套停放设施的建设管理。由于自行车公共停放点数量不足、管理不到位，特别是大量商场、写字楼等公共建筑没有提供专门停车位和看管服务，导致自行车无处存取、无序停放，既影响城市形象，又占用公共资源。应大力推进自行车停放场所的规划建设，明确公共建筑自行车停车位的设计标准，不断提高服务和管理水平，切实解决自行车"停车难""停车乱"问题。

2016 年 11 月 22 日

五、促进农业稳定发展和农民持续增收

关于补齐城乡防汛短板和开展
灾后恢复重建的几点建议

林琳

今年我国洪涝灾害偏重发生，南北方大部地区先后出现大范围强降雨，引发不少城市积水内涝、部分中小河流漫堤溃堤、一些中小水库出险和局部山洪地质灾害，造成重大人员伤亡和财产损失。"高风险的城市、不设防的农村""淹不起的中小河流、垮不得的病险水库"等问题引发强烈关注，加大城乡基础设施建设投资力度、加快补齐防汛抗洪短板和开展灾后恢复重建、全面提高防灾减灾能力，是一项重大而紧迫的任务。

城市内涝灾害影响偏重，排水防涝设施建设滞后是主因。入汛以来，我国城市内涝呈南北并发、多地齐发态势，武汉、广州、北京、太原等地频繁"看海"。据统计，近年来洪涝灾害造成的直接经济损失中，城市洪涝灾害损失呈显著上升态势。主要原因是城市排水防涝设施建设明显落后，疏排"肠梗阻"问题严重。一方面，我国城镇排水标准不高且难以达标，虽然标准规范设计暴雨重现期为 2—5 年一遇，重要地段 5—10 年一遇。但在实施过程中，大部分城市普遍采取标准规范的下限。调查显示，我国 70% 以上的城市系统建设的暴雨重现期小于 1 年，90% 的老城区的重点区域甚至比规定下限还要低。地下城市管廊在内的排水管渠建设更是严重不足。另一方面，泵站、蓄滞设施建设滞后，导致城市排涝能力不强。当外洪高于内涝水位，排水难度加大，排水时间延长，使城市内涝灾害"雪上加霜"。

中小河流和小型病险水库问题偏多，部分河段仍处于不设防的自然状态。入汛至今，我国大江大河"主动脉"险情可控，而星罗棋布的中小河流"毛细血管"却灾害频发、损失严重。水利部统计数字显示，与 1998 年长江干堤出现 9000 多处险情相比，截至 7 月底，今年同样遭遇流域性大洪水的长江沿线干堤仅发生险情 50 处，但洞庭湖、鄱阳湖圩垸和中小河流堤防险情仍有 3300 多处。目前，我们规划内的 3000 平方公里以上的主要支流治理率为 42%，流域面积在 200—3000 平方公里的中小河流治理率为 40% 左右。还有很多规划外的中小河流只能防御 3—5 年一遇洪水，远未达到国家规定的 10—20 年一遇以上防洪标准，有的甚至没有设防。今年的洪涝灾害又导致中小河流堤防出现大量损毁。一旦突遇强降雨，就可能形成灾害。河北邢台七里河洪水事件就是鉴戒。

小 II 型水库是库容在 10 万立方米到 100 万立方米之间的小型水库，多建于 20 世纪 50—70 年代期间，点多面广量大、致灾隐患突出。从 1954 年有溃坝记录以来，全国溃坝水库约 3500 多座，其中 80% 以上是小 II 型水库。1998 年以来，我们下大气力基本完成了大中型和近 6 万座小型病险水库的除险加固任务，但仍有近 1 万座左右存在病险。今年汛期尚未结束，又有 1300 余座小型病险水库出现新的损毁。这类水库防洪标准不高、坝体基础不牢、结构稳定性差，一旦出险，将对下游群众生命安全造成巨大威胁。

　　灾后恢复重建任务偏重，长江经济带建设、京津冀协同发展等核心区域需求迫切。今年各类自然灾害灾情明显偏重。仅6—7月，全国30个省（区、市）和新疆生产建设兵团的301个市（州）2126个县（市、区）和团场共计1亿人次受灾，837人死亡，242人失踪，576万人次紧急转移安置，37万间房屋倒塌，155万间不同程度损坏，直接经济损失2528亿元。同时，大量道路、桥梁、电力、通信等基础设施和部分学校、医院等公共服务机构受损。无论是受灾范围、受灾程度，还是造成的直接经济损失，都是2011年以来同期最高值。特别是此次受灾最严重地区主要集中在华中、华东和华北，正是长江经济带建设、京津冀协同发展等核心区域，也是物质财富大量聚集、人口密度高度集中区域。如果灾后恢复重建不能迅速、有效展开，将影响到今年乃至更长一段时间经济社会发展。

　　加强城乡防汛基础设施建设和灾后恢复重建，事关人民群众生命安全和城乡可持续发展，也有利于增加有效投资、扩大就业、促进经济增长，还有利于消化钢铁、水泥等过剩产能，具有一举多得之效。以地下城市管廊建设为例，据有关部门测算，如果每年能建8000公里的管廊，每公里1.2亿元，就是1万亿投资。而中小河流治理、病险水库除险加固可以就地取材，对吸纳农村剩余劳力、增加农民收入具有积极作用。为此，我们建议，针对防汛抗洪中暴露的突出问题，统筹做好规划，出台支持城乡防汛基础设施建设和灾后重建的政策措施，在增加政府投资的同时，积极鼓励和引导社会资本参与，合力推进防灾减灾基础设施建设，有效增强城乡防灾抗灾减灾能力。

　　第一，加快推进"高速水路"建设，完善城市排水防涝体系。按照"滞、蓄、渗、疏、排"并举原则，仿效高速公路建设模式，重点加快城市排水防涝体系建设，形成"高速水路"，提升排水能力，解决积水难题。要研究增加中央财政对地下城市管廊等排水防涝设施建设投资力度，对于项目边界清晰的大型项目给予支持，对达到国家建设标准要求的城市适当进行以奖代补。扩大中央财政对地下综合管廊试点城市专项资金补助范围，延长补贴年限，重点支持具备排水功能的管廊。对采用 PPP 模式达到一定比例的，给予不低于补助基数 10% 的奖励。地方政府也要加大投资力度。要通过特许经营、投资补贴、贷款贴息等方式，鼓励社会资本参与地下管廊等排水防涝设施建设和运营管理。充分发挥开发性金融作用，扩大专项金融债支持规模。要抓好地下空间"多规合一"，促进城市防洪规划、城市排水规划、市政管线规划、城市地下综合管廊规划等有效衔接。要尽快出台地下综合管廊收费标准，入廊管线单位要交纳适当的入廊费和日常维护费，像高速公路收取过路过桥费一样，形成合理的收费机制。

第二，加快启动新一轮中小河流综合治理和小型病险水库除险加固。中小河流和小型水库是我国水利工程体系的重要组成部分，承担着防洪、供水、灌溉等重要功能。要统筹规划中小河流治理和小型病险水库除险加固，力争用 3 年左右时间，基本完成规划内主要支流和中小河流治理任务，实现病险水库除险加固全覆盖。经过治理的中小河流要达到 10 年一遇以上防洪标准。要加大投资力度，扩大中小河流治理和小型病险水库除险加固中央财政资金规模，针对中西部地区、贫困地区地方配套资金困难的实际情况，适当提高中央补助比例。考虑合理利用各类专项资金，多渠道筹集地方配套资金，研究设立水利投资基金，创造条件鼓励和吸引各类社会资金。要深化小型水利工程管理体制改革，落实好工程建成后的管理责任、管理人员和管护经费，长久发挥基础水利工程效益。此外，由于历史原因，很多已建成的小型水库属于边勘察、边设计、边施工的"三边"工程，缺乏原始设计和运行管理等基础资料，水利部门应加强指导，县级政府应纳入考核，确保工程保质保量完成。

第三，加大灾后恢复重建力度，争取一年内恢复或超过灾前水平。要着眼长远，立足当前，统筹安排，有效实施，全面开展灾后恢复重建工作。要加快灾损评估审核，立即组织对民房、道路、桥梁、电力、通信等基础设施因灾损失情况和灾后重建需求进行评估，摸清底数、核定灾情。要抓紧制定灾区重建规划及具体实施方案并向全社会公布，以明确方向、吸引投资、稳定人心。要加大转移支付力度，受灾地区通过调整支出结构集中财力用于恢复重建。考虑适时发行一定规模的灾后重建国债，建立灾后恢复重建基金，运用资本市场筹集部分所需资金。加大简政放权力度，研究制定适当放宽灾区重建和灾区有关企业的信贷条件，安排政策性信贷资金，加大信贷投入规模。

2016 年 8 月 10 日

应高度重视做好秋季玉米收储工作

郭玮　方华

　　玉米是最大的粮食品种，上下游产业关联度高，对农民收入影响大。为解决玉米库存过多、价格扭曲等问题，从今年起国家取消了玉米临时收储，这是完善农产品价格形成机制迈出的重大步伐，也是农业供给侧结构性改革的重大举措。这项改革的成败，关系主产区农业可持续发展和农产品加工业的生死存亡，也直接关系国家粮食安全和保护农民利益。

　　为推进这项改革，中央财政以价补分离的方式对生产者进行补贴，并已将补贴资金分解划拨到东北三省和内蒙古自治区，三省一区也分别出台了对农民进行补贴的初步方案。今年农资、种子价格都有下降，特别是租地成本下降较多，加上国际市场玉米价格回升，玉米进口到岸价每斤保持在 0.8 元以上，这些为改革创造了良好的环境。按照现有改革方案，种粮农民的利益能够得到保障，只要工作到位，改革的目标完全能够实现。但从目前情况看，有两个问题需要引起高度重视。

　　一是粮食多元收购主体收购意愿不强。这次改革的核心是市场定价、价补分离。要做到市场定价，必须有多元市场主体参与。近几年东北地区的玉米收购，中储粮一家独大，其他收购企业要么成了中储粮的委托收购商，靠收粮、存粮赚取保管费，只收储不经营；要么干脆退出收购市场，原料采购主要靠政策性粮食拍卖。现在一下子放开，这些企业和市场主体如何参与还缺乏准备。不少企业认为，这次改革只是取消了国家临储价格，收购主体仍然是中储粮，他们仍然是中储粮委托收购商。有的企业多年只存粮、不销粮，没有销售渠道，不敢贸然入市收粮。有的企业包括部分用粮企业认为，大量玉米库存需要消化，后期玉米价格可能持续走低，入市收购风险大，加工企业偏向于原料低库存运行，随用随买。总体看，企业自主入市收购的意识和准备明显不足，不少企业既没有做收购计划，也没有做资金、仓容等准备。有的粮库多年不发一车粮，运输专线杂草丛生，不具备贸易外运条件。在取消临时收储的条件下，如果多元收购主体不积极参与，就有可能出现农民卖粮难的局面。

二是秋粮收储仓容缺口大。经过前几年的大量收储，加上产销价格倒挂，粮食进得多、出得少，产量都变成了库存，一些地方粮食收储甚至陷入"只进不出、唯有建仓"的恶性循环，仓容爆满、无处建仓的问题十分突出。为了腾出仓容，去年底的中央农村工作会议就提出要加快去库存，今年国务院领导同志也多次提出明确要求，但现在看，去库存的进展不如人意，这可以从玉米市场价格变化得到印证。三四月份时，受去库存预期影响，玉米市场价格出现回落，但由于预期的政策性销售没有出现，直到5月27日才开始启动超期储存和席茓囤储存玉米的定向销售。由于拍卖力度没有明显加大，部分地区甚至一度出现粮源紧张，6月份不论是东北、华北还是南方销区，玉米批发价格都出现不同程度上涨，其中华北黄淮产区的玉米价格更是上涨7.7%。在玉米供给总量显著超过需求，粮源又主要被中储粮控制的情况下，粮价还出现明显上涨，显然是去库存不利。当前，东北地区库存爆满的状况并没有大的改观。尽管今年东北玉米种植面积有所下调，但从当前情况看玉米产量仍会保持在较高水平，收储仓容不足的问题将会更加突出。多元主体入市不积极，国家粮库无仓容，这将会给玉米收储制度改革带来严峻挑战。

我们认为，要保证玉米收储制度改革顺利推进，真正形成"市场定价、价补分离"的机制，保护好农民利益，避免出现"卖粮难"，要特别重视做好以下几个方面的工作。

第一，鼓励多元收购主体入市，培育玉米收购市场。只有多元收购主体入市，秋粮收购才能形成有效竞争的市场格局，才可能真正实现"市场定价"。要不断向市场释放信号，让更多的收储、加工和贸易企业对玉米收储制度改革有准确清楚的认识，对市场有正确的预期。要抓紧研究制定支持相关企业收购玉米的政策措施，特别是要帮助他们解决好收购资金问题。在玉米的市场化收购中，对符合一定资质条件的企业，应让其享受与中储粮市场收购同等的信贷等政策。相关政策必须尽快出台，以充分调动多元主体入市收粮的积极性，坚决避免出现玉米上市时无人收购的局面。要坚定不移地推进市场化改革，不能再走中储粮一家收购的老路，如果是那样，最后都会成为财政负担，改革就不会成功。

第二，抓住秋粮上市前有限窗口期，加快去库存进度。高库存是玉米市场的"堰塞湖"，去库存节奏快慢直接影响玉米价格走势。加大玉米出库力度，有利于抑制玉米及相关替代品的进口，有利于促进东北等地粮食加工业的发展，也有利于市场的平稳运行。不然，现在价格憋在高位，新粮上市后就可能出现断崖式暴跌，库存玉米的亏损也会更大。应抓住主产区玉米上市前难得的去库存窗口期加大去库存力度，一方面让玉米现货价格彻底出清，另一方面也为新粮收购腾出宝贵的仓容。建议适当降低拍卖底价，对存储期超过3年的临储玉米随行就市拍卖。打破按照收购年份顺序竞拍出库的规定限制，围绕饲料和深加工企业合理采购半径内，尽快启动临储玉米拍卖。同时，简化粮食出库手续，缩短出库时间，加快玉米库存消化。

第三，研究完善临储玉米去库存的机制。由于库存总量过大，消化掉不合理的玉米库存需要一个较长的时期，而库存的消化又直接影响玉米市场的正常运行。因此，要认真研究去库存机制，努力做到公开透明，以使多元市场主体对去库存节奏、市场价格走势可预期、能预判，为其参与经营提供公平竞争的环境。将库存消化任务包干给中储粮，有利于调动中储粮的积极性，有利于控制去库存成本。但在给中储粮去库存进行补贴的同时，应该对其粮食收购提出相应的要求，这既可防止玉米上市无人收购，又能摊低中储粮粮食成本；同时，对其粮食拍卖行为也应有所约束。在近期政策性玉米销售过程中，多次出现临储拍卖成交率低于1%的状况，也多次出现高溢价、高成交率的情况。当成交率低于一定比例时，应降低拍卖底价；当拍卖出现高溢价、高成交率时，应扩大拍卖规模。

第四，做好政策宣传与市场引导。东北四省区刚刚出台玉米生产者补贴方案，要认真做好政策方案的宣传，让农民广泛知晓政策内容，清楚知道一亩地能获得多少补贴，给农民以"定心丸"，稳定他们的收入预期。同时，要重视向农民提供玉米供求、库存等市场信息，让农民理解政策，了解市场，支持改革。只有这样，才能让农民心中有底，粮食收获后，根据市场情况适时出售粮食，并合理安排生产。

2016 年 8 月 12 日

农村社保体系对工业化城镇化的
贡献和进一步完善的建议

方松海　顾严　高强

经过多年努力，我国逐步建立起覆盖广大农村的社会保障体系，给农民带来了实实在在的好处，也为国家经济社会发展全局做出了重大贡献。特别是在农民工参加职工社会保险比例严重偏低的情况下，农村社会保障体系发挥着托底、补位的关键作用，实际上为城镇、为企业买了单。这个贡献有多大，我们进行了初步测算，现将结果报告如下。

一、大多数外出农民工没有"五险"，企业 10 年少缴保费约 5 万亿元

《社会保险法》规定，进城务工的农村居民依法参加基本养老、基本医疗、工伤、失业、生育五项社会保险。2015 年，全国农民工为 27747 万人，其中外出农民工 16884 万人。外出农民工五项社会保险的参保率分别为 20.1%、18.6%、15.2%、27.0% 和 7.1%（2014）。由于大部分外出农民工没有参保职工"五险"，企业少为农民工缴纳的保费数额巨大。2015 年一年，企业少缴保费合计约 1.2 万亿元。其中：

养老保险企业少缴费约 8300 亿元。农民工月均工资收入是 3072 元，年从业时间平均 10 个月，年平均工资约 3.1 万元。养老保险单位缴费标准多为工资水平的 20%，平均每位外出农民工单位应缴部分 6144 元，未参加职工养老保险的外出农民工 13490 万人，合计约 8300 亿元。

医疗保险企业少缴约 2500 亿元。职工医疗保险单位缴费标准为工资水平的 6%，平均每人单位应缴部分约 1850 元，未参加职工医疗保险的外出农民工 13744 万人，合计约 2500 亿元。

失业保险企业少缴约 440 亿元。失业保险单位缴费标准为工资水平的 1%，平均每人单位应缴部分约 310 元，未参加失业保险的外出农民工 14318 万人，合计约 440 亿元。

工伤保险企业少缴约 380 亿元。工伤保险全部由单位缴费，不同行业费率有所不同，大体在 0.5%—2% 之间，平均按 1% 计算，人均单位应缴约 310 元，未参加工伤保险的外出农民工 12325 万人，合计约 380 亿元。

生育保险企业少缴约 390 亿元。生育保险也是全部由单位缴费，费率 0.8%，人均单位应缴约 248 元，未参加生育保险的外出农民工 15685 万人，合计约 390 亿元。

当然，有部分外出农民工以自我经营方式就业，没有单位为其缴纳，"五险"缴费需全部自己支付。根据中国就业网相关资料，这部分农民工比例约为 1/3。如果扣除这部分农民工，则 2015 年企业少缴"五险"大约 8000 亿元。

2006 年 1 月国务院出台《关于解决农民工问题的若干意见》，指出"积极稳妥地解决农民工社会保障问题"。按相同方式计算，不含自我经营方式就业的农民工，2006 年到 2015 年，企业为外出农民工少缴的"五险"保费累计约 5 万亿元（详见附表 1）。

二、农村社会保障体系为工业化城镇化分担了部分成本

未参加"五险"的农民工，社保权益从农村社会保障体系获得部分补偿。未参加职工基本医疗保险的，绝大部分参加了新型农村合作医疗（新农合）；未参加职工基本养老保险的，部分参加了新型农村社会养老保险（已合并为城乡居民社会养老保险）；未参加失业、工伤、生育险的，在农村也没有相应险种保障，只能通过最低生活保障、社会救济或回家种地等方式兜住最后的底线。这意味着，农村为工业化城镇化垫付了相当一部分的社会保障成本。

一是新农合直接为多数外出农民工看病就医提供补助。新农合 2003 年开始试点，2008 年全面推开，当年参合率就达到 91.5%，2015 年为 98.8%，倍受群众欢迎。新农合参保以家庭为单位，家庭成员是否参保由各家自行决定，很多外出农民工都选择参加，有部分在城镇参加了职工医保的农民工在农村也同时参加新农合。我们估计，1.7 亿外出农民工中有 1.53 亿人左右参加新农合，约占新农合参保总人数 20%。新农合基金加上已经实行城乡医保统筹省份的医保基金，2015 年共为农民医疗报销支出约 3500 亿元。假如外出农民工就医通过新农合报销总额占基金支出的 20%，则 2015 年农村医保有 700 亿元左右的支出是为外出农民工支付的。2008—2015 年 8 年累计，农村医保为外出农民工直接支付医疗保险 3300 亿元左右。

二是农村养老保险直接为部分外出农民工提供养老保障。新型农村养老保险从 2010 年 10 月开始试点，2012 年 8 月启动全覆盖，并与城镇居民社会养老保险合并为城乡居民社会养老保险。2015 年，城乡居民参保人数 5.0 亿人，已领取养老金的 1.48 亿

人，领取人数比例约30%。养老保险基金支出2117亿元，人均支出1430元。如果参保比例按照全国平均75%的比例算，外出农民工应有约1.27亿人参加养老保险，除去参加职工养老保险的约3400万人，有约9300万人在农村参加社会养老保险。按照城乡居民社会养老保险30%的平均领取比率算，2015年有2790万外出农民工从农村养老基金领取约400亿元养老金。从2012年城乡居民社会养老保险全覆盖工作启动开始到2015年，农村社会养老保险直接支付给外出农民工的养老金4年累计约1900亿元。

三是农村各类保障间接为外出农民工失业、工伤和生育等风险兜底。失业、工伤和生育三项保险，在农村并无直接对应的险种。外出农民工一旦出现相应问题，只能由农村最低生活保障、专项及临时社会救助等保障体系予以支撑。因失业或工伤返乡，生活出现困难的，农村最低生活保障等在一定程度上还能兜底。许多还能继续务农，农村土地制度的保障功能也发挥了作用。这些保障体系对工业化、城镇化的价值有多大，没法准确估量。但城镇仅从失业保险、工伤保险和生育保险三方面，2015年就少为农民工支付保险赔偿1300亿元，近10年间累计约8000亿元。

失业保险，2015年全国参保1.73亿人，领取失业保险金人数456.8万人，比例为2.64%，失业保险基金支出人均1.6万元。按相同失业比例和支出标准测算，未参加失业保险的1.43亿农民工，约380万人符合失业保险金领取条件，他们因为没有参加失业保险未能获得补偿，城镇少为外出农民工支付失业保险金约600多亿元。2006—2015年累计4000多亿元。

工伤保险，2015年有0.94%的参保人员得到工伤保险补偿，工伤保险基金支出人均2.97万元，未参加工伤保险的1.23亿外出农民工，估计有116万人符合补助条件而未获得补偿，城镇少为外出农民工支付工伤保险补助约 340 多亿元，10 年累计近 2000 亿元。

生育保险，2015 年有 3.61% 的参保人员得到生育保险补助，人均补助 6402 元，未参加生育险的 1.57 亿外出农民工，估计有 567 万人符合补助条件，城镇少为外出农民工支付生育保险补助约 360 多亿元，10 年累计近 1900 亿元（详见附表 2）。

需要说明的是，以上分析仅限于外出农民工，即在本乡镇以外从业 6 个月及以上的农村劳动力。本乡镇就业的本地农民工，没有纳入分析范围，主要是因为早期调查监测没有本地农民工的参保数据。如果将这部分人群也纳入估算，总量数据大体还要增加 60%。

三、两点建议

农民工大部分没有享受到职工社会保险的福利，是特殊的发展进程和阶段形成的结果。当前我们已初步建立起保障水平虽然不高、但覆盖面较广的农村社会保障体系，这为整个社会保障体系的逐步完善提供了回旋余地，让我国工业化城镇化更有韧性，也为用较低成本实现工业化、城镇化提供了有效支撑。

一要从工业化城镇化全局高度，更加重视农村社会保障体系建设。解决农民工社会保障问题的要求是 2006 年提出的，社会保险法也是 2011 年才开始施行的，从无到有就是巨大进步，取得当前进展已殊为不易。现阶段，让农民工一步到位全部纳入"五险"，主客观条件都不成熟。比较可行的办法是，提高农村社会保障水平与扩大"五险"覆盖面双管齐下、相向而行。特别是利用好我国农村社会保障体系这个基础，继续加大对农村的投入，逐步提高农村养老、医疗、低保等保障标准，缩小保障差距。近两年城乡居民社会保险的统筹整合迈出了较大的步伐，这是实现城乡协调发展、实现共享发展的重要步骤。但在推进城乡居民社会保险统筹的过程中，要特别重视扩大对农村的社保覆盖。农村社保首先要做到广覆盖。城乡居民基本养老保险整合四年来，城乡合计参保人数只增加 2000 万人，特别是最近两年，每年只增加 300 多万人，扩面速度明显降低，这种苗头值得注意。

二要从促进劳动力自由流动角度，更加重视各类社会保障的有效衔接。农民工就业，最大的特点就是不稳定、流动性强。许多人可能今天在一个企业，明天就到了另一个企业；今天在一个城市，明天就到了另一个城市；今天外出打工，明天就返乡务农。如果不能把职工社保与城乡居民社保对接起来，不能实现跨区域、跨行业的有效衔接，社保对农民工的吸引力就会大打折扣。据我们了解，一些农民工不愿意参加职工养老、职工医疗等保险，就是因为不能方便地进行结转、衔接，所以他们宁可折现，让企业多付工资、不交保险，企业为了节约成本，也乐于这么做。要在推进社保城乡整合的基础上，加快推进社会保障服务大数据建设，简化跨地区、跨类别结转手续，实现灵活、高效、便捷的"保随人走"，让农民工自由流动进退有据。

2016 年 10 月 16 日

（顾严，国家发改委社会所供职　高强，农业部农研中心供职）

附表1　2006—2015年外出农民工"五险"企业应缴未缴估算（单位：亿人、亿元）

年份	外出农民工人数	年平均工资（万元）	基本养老保险		基本医疗保险		失业保险		工伤保险		生育保险		单位少缴费估算
			未参保人数	单位少缴费估算	未参保人数	单位少缴费估算	未参保人数	单位少缴费估算	未参保人数	单位少缴费估算	未参保人数	单位少缴费估算	
2006	1.318	0.86	1.18	2024.5	1.08	558.4	1.32	113.4	1.07	91.6	1.32	90.7	2878.6
2007	1.370	0.95	1.23	2324.6	1.13	641.4	1.28	121.3	1.06	100.7	1.37	103.7	3291.6
2008	1.404	1.34	1.27	3394.2	1.22	981.0	1.35	181.2	1.07	142.8	1.38	147.5	4846.7
2009	1.453	1.42	1.34	3805.6	1.28	1084.9	1.40	197.9	1.14	161.0	1.42	160.8	5410.2
2010	1.534	1.69	1.39	4690.8	1.31	1332.6	1.46	246.5	1.16	196.7	1.49	201.3	6667.9
2011	1.586	2.05	1.37	5597.1	1.32	1624.5	1.46	299.0	1.21	248.3	1.50	245.5	8014.4
2012	1.634	2.29	1.40	6412.0	1.36	1865.2	1.50	342.7	1.24	284.3	1.53	281.0	9185.2
2013	1.661	2.61	1.40	7306.4	1.37	2142.5	1.51	393.9	1.19	309.8	1.55	323.8	10476.4
2014	1.682	2.86	1.41	8054.9	1.38	2364.4	1.52	434.5	1.18	338.7	1.56	358.0	11550.6
2015	1.688	3.07	1.35	8288.5	1.37	2533.2	1.43	439.8	1.23	378.6	1.57	385.5	12025.6
十年累计			—	51898.5	—	15128.2	—	2770.2	—	2252.6	—	2297.8	74347.3
十年累计（不含自我经营）			—	34599.0	—	10085.4	—	1846.8	—	1501.7	—	1531.8	49564.9

注：根据国家统计局发布的2006—2015年《全国农民工监测调查报告》数据整理。自我经营的农民工约占1/3，他们不参加"五险"的单位缴费部分也需要自己支付。计算未参保人数依据的参保比例中，2015年的生育保险比例为2014年比例。

附表2　2006—2015年外出农民工因未参加失业、工伤、生育险少获保险补助情况推算

年份	失业保险				工伤保险				生育保险			
	参保人员获保险补助比（%）	人均补助失业金额（元）	未参保人数（亿人）	未参保少获失业金（亿元）	参保人员获保险补助比（%）	人均补助金额（元）	未参保人数（亿人）	未参保险少获补助（亿元）	参保人员获保险补助比（%）	人均补助金额（元）	未参保人数（亿人）	未参保险少获补助（亿元）
2006	5.35	3226.9	1.32	227.6	0.76	8804.6	1.07	71.3	1.67	3425.9	1.32	75.4
2007	4.62	4048.3	1.28	239.8	0.79	9167.6	1.06	77.1	1.45	4955.8	1.37	98.4
2008	4.17	4915.8	1.35	277.2	0.85	10783.9	1.07	97.7	1.51	5071.4	1.38	105.4
2009	3.81	7584.4	1.40	403.6	0.87	12039.4	1.14	119.0	1.6	5057.5	1.42	114.8
2010	3.23	9800.7	1.46	461.7	0.91	13021.3	1.16	137.9	1.71	5213.3	1.49	132.7
2011	2.75	10978.7	1.46	440.6	0.92	17544.9	1.21	195.6	1.91	5245.3	1.50	150.0
2012	2.56	11562.5	1.50	442.9	1	21311.1	1.24	264.6	2.29	6204	1.53	217.9
2013	2.54	12765.6	1.51	489.6	0.98	24698.7	1.19	287.5	3.18	5421.5	1.55	267.5
2014	2.48	14565.2	1.52	548.1	0.96	28261.3	1.18	320.8	3.6	6003.3	1.56	337.7
2015	2.64	16112.1	1.43	609.0	0.94	29653.5	1.23	343.6	3.61	6401.9	1.57	362.5
合计	—	—	—	4139.9	—	—	—	1915.0	—	—	—	1862.4

注：未参保少获保险补助＝未参保人数×参保人员获保险补助比×人均补助金额。参保人员获保险补助比＝全年发放保险金人数／参保人数，人均补助金额＝全年基金支出／全年发放保险金人数，根据历年《中国统计年鉴》和《人力资源和社会保障事业发展统计公报》数据计算。

339

农业供给侧结构性改革：
目标、任务与实现路径

方华

近些年来，我国农业发展取得了举世瞩目的成就，为经济和社会发展奠定了坚实基础。但是，当前农业结构性矛盾日益凸显，突出表现在阶段性的部分供过于求与部分供给不足并存，农业质量效益和竞争力不高，农业资源环境约束越来越紧，农业长远发展动力不足。推进农业供给侧结构性改革，是经济发展新常态下我国农业转型升级的重大任务，是瞄准农业农村发展问题所提出的针对性、战略性举措。

11 月 12—13 日中国农业经济学会在苏州举行 2016 年年会，380 多名与会代表以"推进农业供给侧结构性改革、大力发展现代农业"为主题，进行了深入交流研讨。现将主要观点摘编如下：

一、农业供给侧结构性改革的目标

农业供给侧结构性改革，要推动农业发展从"生产主导"向"消费主导"转变，从主要追求数量增长向更加注重质量、效益和生态转变，真正走出一条产出高效、产品安全、资源节约、环境友好的农业现代化道路。按照"农业供给侧＋结构性＋改革"

的公式来理解，农业供给侧结构性改革的内涵就是，在农业的供给侧，通过改革的办法推进结构调整，提高供给质量，达到与需求侧相适应的水平。具体来看，其目标有三个：一是着眼于产品，降低成本增效益、适应消费需求；二是着眼于产业，实现绿色发展、可持续发展；三是着眼于主体，培育各类新型经营主体，提升人力资本。

二、农业供给侧结构性改革的重点任务

推进农业供给侧结构性改革，要从农业发展阶段和各地实际出发，重点抓好"两个创新""三项任务"。

两个创新，一是科技创新。重在加快农业科技进步，进一步提高农业科技贡献率，充分发挥科技创新引领作用。顺应国内农业现代化发展的规律和需求，在产业导向下加强重点领域科技创新和成果应用。要立足全球视野，积极应对全球农业加快转型升级、农业新兴产业异军突起的外部挑战，系统部署基础领域和前沿技术领域的原始创新，谋划组织一批现代农业科技行动，推动我国农业科技创新和原始创新，降低农业技术对外依存度。二是政策创新。要秉持"三农"政策的普惠共享理念，把普惠共享贯穿"三农"政策制定和执行的始终，在巩固完善已有的强农惠农富农政策的基础上，制定一系列更为体现普惠共享理念的新政策和新措施。要调整优化政策扶持方向，建立健全促进一二三产业融合发展、培育新型农业经营主体、扶持农业社会化服务体系、支持循环农业发展、农业走出去等的政策措施。借鉴发达国家农业补贴政策实践，发挥市场配置资源作用，致力于提高农业竞争力，用好用足"黄箱"政策，建立健全符合WTO规则的农业支持保护政策体系。

"三项任务"，一是多种举措去库存。优化生产结构和区域布局，调减非优势产区籽粒玉米面积。改革收储制度，实行市场定价、价补分离。大力发展加工转化和过腹转化，推动农产品加工业转型升级。二是多种办法降成本。应用现代技术手段降成本，大力发展现代农业技术，推动农业节本增效。创新经营方式降成本，通过土地规模经营和服务规模经营来降低成本。推动产业融合降成本，促进一二三产业融合，降低交易成本，提升农业的价值创造能力。三是多种途径补短板。加强农业基础设施建设，加强农业生态环境保护，提升农产品质量安全水平，增强可持续发展能力。

三、农业供给侧结构性改革的主要内容

农业的供给侧结构性改革是一场深刻的变革，不仅涉及产业的结构调整和优化，还涉及体制机制的改革创新。

一是通过土地制度改革，形成适应市场需求的、生机勃发的新型农业经营主体。落实承包地"三权分置"改革，完善农村基本经营制度，依法规范推进土地流转，发展多种形式的适度规模经营。把握规模经营的"度"，注重提高规模经营的效率和质量。注意研究土地流转中的合约短期化与"空合约"的问题，加强土地流转过程管理。

二是通过结构调整，实现农业领域稳产能、降成本、补短板。在经营结构调整上，应通过改革形成高效率的新型农业经营主体和新型农业社会化服务体系。在农业生产结构调整上，应树立大粮食和大国土观念，促进粮食作物、经济作物、饲草料三元种植结构协调发展，通过畜牧业带动、促进一二三产业融合互动，充分利用国内国际两种资源、两个市场。

三是通过粮食价格形成机制和补贴制度改革，形成具有国际竞争力的粮食产业。理顺粮食价格机制，使市场机制在农产品价格形成中发挥决定性作用，设计好和粮食价格脱钩的粮食补贴政策，树立全新的粮食安全观。

四、农业供给侧结构性改革的实现路径

我国农业供给侧结构性改革的实现路径，可归纳为夯实供给侧基础，提升供给侧质量，提高供给侧效率，开拓供给侧空间，保障供给侧安全和增加供给侧价值。

应针对产业发展短板和产品形态短板，构建现代农业产业体系，发挥乘数效应，提高农业综合效益和竞争力。应对产业发展之短，在纵向延伸方面，农业内部要通过产业化、组织化、规模化经营，构建从田间到餐桌的完整产业链，延长农业供应链和价值链。在横向拓展方面，应加快农村产业融合，推进休闲农业和观光旅游业发展；在广度和深度推进方面，使农业对接互联网、信息化、数据化、智能化、个性化、社群化等发展形态，催生新产业和新业态。

应对产品形态之短，依托农村产业融合发展，使农业产出的初级产品形态向中高级产品形态迈进。通过调减玉米、增加大豆、提升牛奶品质，补足农业产品形态的品种结构之短。

2016 年 12 月 26 日

（中国农业经济学会供稿，方华摘编）

应高度重视涉贫负面舆情

贺达水　张伟宾

脱贫攻坚一年来，涉贫舆情总体保持积极、健康的态势，为打赢脱贫攻坚战营造了良好的舆论氛围。但随着脱贫攻坚不断深入，涉贫负面舆情事件也时有发生。实事求是反映问题的负面舆情，属于正常舆论监督，有利于改进扶贫工作。但有些负面舆情，蓄意夸大、歪曲、伪造事实，不仅影响贫困地区干部群众脱贫的积极性，影响社会各界参与扶贫的热情，也影响党和政府的信誉和形象。对一年来主要涉贫舆情事件（见附表）初步梳理发现，几类负面舆情值得重视。

第一，"戴着有色眼镜"诋毁扶贫。尽管我国减贫成绩得到国际社会尤其是联合国、世界银行等国际组织的普遍赞誉，但仍有一些别有用心的境外媒体，对我国扶贫工作进行不客观报道，试图影响国际社会对我们脱贫成绩的正确认知。例如，2016 年 10 月，纽约时报以"无望的迁徙：中国的生态移民"为题，报道宁夏西海固易地扶贫搬迁。该报道刻意裁剪事实，曲解干部群众表述，妄称"（移民村）更像是难民营，而不是有机社区""感觉像是被圈起来的动物，没有活力，对自己的未来毫无把握"。脱贫攻坚是我们党对全体人民、国际社会做出的庄严承诺，充分体现中国共产党领导和中国特色社会主义制度的优越性。一些长期对华挑刺找茬的外媒，凭借其话语权和传播力，通过戴着有色眼镜的宣传，诋毁抹黑扶贫工作，这方面的破坏性不容小觑。

第二，肆意渲染事实炒作扶贫。脱贫攻坚成为贫困地区头等大事和第一民生工程，很容易被放在"放大镜""显微镜"下来审视。特别是在"人人都有麦克风"的新媒体时代，一些涉贫报道采用感性色彩较浓的词语，片面夸大问题的严重性，目的是制造舆论冲击。如评论甘肃康乐县村民一家六口身亡事件的《盛世中的蝼蚁》，报道"小马云"撞脸获救助的《"小马云"背后是沉重的现实》，报道常熟服装加工作坊涉嫌非法雇用童工事件的《实拍常熟童工产业：被榨尽的青春》等，都采用了"局部客观问题＋感性升华"的方式，以"标题党"手法博取高点击率，影响了社会舆论的发酵方向。这类报道肆意炒作扶贫，迎合部分受众的心理预期，造成的危害是隐性的、巨大的，影响人们对扶贫工作的客观认识。

第三，制造虚假事件消费扶贫。贫困和扶贫并非可以任意消费的标签符号。无论是贫困群众相对落后的生产生活状况，还是贫困地区干部群众为摆脱贫困付出的艰苦努力，都值得被尊重和认真对待。但一些不良自媒体出于赚眼球、追求知名度的目的，把贫困或扶贫作为噱头，虚构事实或炒作旧闻，骗取点击量。例如，2016 年 11 月，快手视频直播平台某直播账号在大凉山某村直播发放慈善资金，直播结束后收回资金，为达到直播效果，甚至给贫困儿童脸上抹泥。这类伪慈善直播，把贫困群众当作道具，不仅矮化了他人人格，愚弄了公众善心，更伤害了慈善生态。又如，前不久一篇题为《四川最穷的地方有多穷？孩子十年没吃过肉》的网帖引发海量点击，虽然网帖反映情况最后被证明是虚假信息，但碎片化信息通过网络广泛传播，造成了难以挽回的负面影响。

第四，捆绑其他问题归咎扶贫。脱贫攻坚点多、线长、面广，涉及主体众多，加之在农村经济社会文化环境中实施帮扶，情况极为复杂。一些涉贫报道，将不是贫困或扶贫的问题简单归因于贫困，把农村经济社会文化存在的普遍问题强行与贫困挂钩，进而做出泛贫困化解读。以甘肃康乐事件为例，经各方调查，事件发生的主要原因是家庭和个体原因，但很多媒体以"因贫穷致死""取消低保致死"为题报道，给个案事件贴上贫困标签并不断引申放大，引发网民对贫富差距、社会不公进行热议，形成对扶贫的不利舆情。在山西闻喜奶奶杀孙、"小马云"撞脸获救助等涉贫事件中，概念扩大化的情况也都不同程度存在。

脱贫攻坚进入啃硬骨头、攻城拔寨的关键时期，一些深层次矛盾和困难将逐步暴露，一些苗头性、倾向性问题将逐步显现，同时社会公众对贫困地区、贫困群众及帮扶工作的关注度不断提高，涉贫舆情将更趋复杂。必须高度重视涉贫负面舆情，加强对重要时间节点、重点人群、重点区域和主要脱贫工作等涉贫舆情点的监测，加快完善涉贫舆情应对和处置机制，有效疏导涉贫负面舆情，为打赢脱贫攻坚战创造有利的舆论环境。

2016 年 12 月 29 日

（张伟宾，农民日报社供职）

附表　脱贫攻坚一年来主要涉贫舆情事件分析

舆情事件	时间	地点	事件概述	报道媒体	典型标题	舆情特征
甘肃康乐一家六口身亡	9月8日	甘肃康乐	甘肃康乐县景古镇阿姑山村村民杨改兰残杀4个孩子后自杀身亡。9月4日，杨改兰的丈夫亦服毒身亡	微博、西部商报、澎湃新闻网	一家六口因贫穷服毒身亡；盛世中的蝼蚁	微博发酵、媒体热议、微信高潮
凉山学生爬悬崖上学	5月24日	四川凉山州	凉山州支尔莫乡阿土勒尔村的孩子们，徒手爬800米悬崖上下学	新京报	悬崖上的村庄	媒体集中报道、政府紧急回应处置
移民搬迁被称无望的迁徙	10月25日	宁夏西海固	"（移民村）更像是难民营，而不是有机社区""感觉像是被圈起来的动物，没有活力，对自己的未来毫无把握"	纽约时报	无望的迁徙：中国的生态移民	外媒刻意裁剪事实、扭曲真相、抹黑成绩
山西闻喜奶奶杀孙	10月3日	山西闻喜	52岁奶奶吴良彦用铁锤锤杀8岁孙子	网络媒体"北京时间"	"山西版"杨改兰：奶奶锤杀8岁孙子称其不愿受苦	网络媒体报道、恶性杀人事件归因贫困
凉山伪慈善直播	11月6日	四川凉山州	两男子在某直播平台直播给凉山州某村村民发放慈善资金，往小孩脸上抹泥，直播结束后收回资金	成都商报快手直播平台	"伪慈善直播"伤害公众善心	直播平台、消费贫困、新传播方式
"小马云"撞脸获救助	11月	江西永丰	范小勤因与马云长相酷似被拍摄视频上传网络之后被传获马云资助	网络媒体	"小马云"背后是沉重的现实	村民回乡发现素材、网友借力"双十一"接力发酵
学生扮羊迎接检查	15年12月	—	有地方为展示扶贫成绩派小学生披白塑料扮羊	人民日报	人民日报批作秀式扶贫学生趴山上扮羊	问题导向的议程设置

续表

舆情事件	时间	地点	事件概述	报道媒体	典型标题	舆情特征
贫困县拦路收费	5月1日	河北张北	国家贫困县张北县对"草原天路"收费引发争议	澎湃新闻、新京报	贫困县如何念好旅游经	节假日前爆发
雇佣童工	5月2日，11月28日	佛山/常熟	广东佛山1名14岁童工猝死；江苏常熟服装加工作坊涉嫌雇佣童工，政府紧急排查	广州日报、梨视频平台	童工之死谁之过？不是家里穷，谁愿做童工？	视频平台、归因贫困
贫困母亲儿童节偷鸡腿	5月30日	江苏南京	刘姓女子为给患病孩子准备儿童节礼物在超市偷盗杂粮、鸡腿和两本儿童读物	微信朋友圈	最心酸的儿童节礼物，她偷了个鸡腿给生病的女儿	微信朋友圈、引发贫困和道德争议
公布扶贫资金审计报告	6月29日	—	国家审计署公布2015年审计报告，发现1.38亿扶贫资金被骗取套取或违规使用，8.43亿元扶贫资金长时间闲置	新华社	8.7亿扶贫资金闲置或浪费	主动设置议程、权威发布信息
贫困县逼捐扶贫款	10月28日	云南永胜	云南永胜发文要求干部职工捐扶贫款，每名职工最低捐款1000元	网络爆料	这样的脱贫攻坚太霸气	网络爆料、媒体跟进、县长致歉
干部嫌贫困群众手脏	10月29日	安徽灵璧	原安徽灵璧副县长李长峰称自己扶贫下乡和百姓握手后"洗手多次还担心脏"	澎湃新闻	嫌百姓手脏只能证明其心灵脏	网友举报、与官员作风问题捆绑
网红书记谈感恩教育	11月4日	湖北巴东	优秀县委书记发文讨论精准扶贫过程中精神扶贫和内生动力问题	微信公众号	"网红书记"批贫困户不懂感恩	主动设置议程、问题导向、个例和共性问题争议

加快完善涉贫舆情应对反馈机制

贺达水　张伟宾

涉贫舆情是脱贫攻坚战一个重要战场。当前，涉贫舆情事件呈现易发多发态势，新媒介加快改变媒体格局，涉贫舆情生态出现新的重大变化。但一些地方和部门涉贫舆情应对能力较弱，在主动发布信息、解读政策、回应问题、引导舆情方面做得不够。随着脱贫攻坚不断向前推进，不及时补齐涉贫舆情应对反馈机制这块短板，可能使扶贫工作陷入被动。建议多措并举，加快完善涉贫舆情应对反馈机制。

第一，与时俱进抢占"新阵地"。当前涉贫舆情越来越多以网络媒体、微博、微信等为主要传播途径。舆情事件经传统媒体报道或自媒体采集发布后，经过新媒体快速发酵扩大，短时间就可能形成"燎原之势"。像凉山伪慈善直播、常州童工事件等，都发轫于视频直播平台，在90后、00后等年轻受众中影响很大。而甘肃康乐一家六口身亡事件的初次舆情和舆情高潮，则分别与微博社交平台和微信公众号文章有直接重大关系。以自媒体和视频直播为代表的传播方式，未来将成为涉贫舆情多发的重点区域。做好涉贫舆情应对，要重视这些新媒介新渠道，避免形成舆论真空。建议相关部门和主流媒体更多借助新媒体做好涉贫报道，讲好扶贫故事。同时充分利用自媒体的纠偏机制和自我净化能力，有效引导舆论。甘肃康乐事件因微信公众号文章《盛世中的蝼蚁》"因贫致死"的观点再次掀起舆情高潮后，当地传统新闻发布方式一时无力扭转舆情。相反，随着后续批评反驳该文的自媒体观点不断涌现，舆情才逐渐平息。这充分说明，打好涉贫舆情战，必须抢占新阵地，善用新方式。

第二，主动出击引导议程设置。一些舆情事件的发生，与权威信息发布和回应不及时导致信息真空有直接关系。主动出击，既要加强正面宣传报道，牢牢把握话语权，也要敢于主动暴露问题，引导涉贫舆情在正确可控的轨道上发展。2016年6月，审计署在全国人大常委会上介绍扶贫资金审计情况，主动暴露滥用浪费、虚报冒领扶贫资金等问题，短时间内形成对扶贫资金问题的高度关注。但媒体在报道时相对客观，让公众看到政府在脱贫攻坚一开始就加强扶贫资金监管的力度和决心，以往易发高发的扶贫资金管理使用方面的舆情事件今年明显减少。主动出击，还要进一步建立健全涉贫舆情"发布—解读—回应"机制。建议扶贫系统增加新闻发布频率，牵头组织有关部门及时公布扶贫重点工作进展情况，组织专家学者以更容易传播的方式解读扶贫重大政策，组织有影响力的自媒体看真贫、听真贫、写真贫。在重大舆情出现时迅速发声，及时公布信息，回应社会公众关切，实现有效"止沸"。

第三，分类施策提升应对能力。当前涉贫领域的负面舆情，既有概念不清的捆绑兜售，也有片面夸张的过度解读，还有虚构事实的吸引眼球。舆情制造手法多种多样，将不是贫困地区独有的问题、不是农村贫困导致的问题、不是扶贫引发的问题与脱贫攻坚挂上钩，达到混淆视听目的。因此，对涉贫负面舆情要分类施策，提高舆情应对的精准度和有效性。组织扶贫、宣传、媒体领域专家全面诊断当前涉贫舆情规律趋势，研究提出应对策略和操作办法，提高扶贫系统监测、分析、应对负面舆情的能力。加强涉贫舆情监管和处置，规范弄虚造假、夸大事实、以偏概全等各类舆情事件，对违反相关法律和新闻业从业准则的行为要依法依规严肃处理。

第四，加强外宣破除"有色眼镜"。针对别有用心的境外媒体，要加强对外宣传，摆事实、讲道理，让不实报道难以立足。这方面，既要鼓励"走出去"，也要强调"引进来"；既要注重发挥"主力军挑大梁"作用，也要充分调动国内外各方面力量。"走出去"，就是加强扶贫领域的对外交流，积极推介全球减贫治理的"中国方案"，讲好能引发共鸣、具有丰富细节的中国脱贫典型事例，不仅要在发展中国家讲好，更要在国际舆情中心所在的发达国家讲好。"引进来"，就是根据我国脱贫攻坚进程，主动引进在国际上有影响力的媒体参与脱贫攻坚报道，全面客观展现我国脱贫攻坚进展。针对扶贫领域外媒别有用心的不实报道，要注重发挥传统主流媒体作用，及时组织新闻报道进行针锋相对的回应。如针对纽约时报《无望的迁徙：中国的生态移民》不实报道，人民日报和观察者网的微信公众号通过有理有力的回应，及时消除了在国内的负面影响。此外，要重视发挥驻外使领馆、留学生、海外中资企业等力量，通过多种形式加强扶贫正面宣传，戳穿不实报道，展现中国脱贫的真实形象。

第五，因势利导用好反馈机制。脱贫攻坚是一场大考，只有在过程中主动接受媒体监督，到 2020 年交卷时才不至于陷入被动。一些政府自身不易发现的扶贫盲区、不易解决的扶贫问题，通过媒体报道，可能促进发现和解决问题契机的形成。要把涉贫舆情作为促进扶贫工作不断完善的重要力量，因势利导发挥其正面作用，有则改之，无则加勉。一方面，要举一反三，认真分析涉贫舆情暴露出来的问题和工作的不足，将其反馈到扶贫政策制定和工作落实中，该补充的补充，该改进的改进，该加强的加强。另一方面，可考虑建立主要媒体参与脱贫攻坚监测评估的机制，对重点扶贫工作开展跟踪暗访，及时解决媒体发现的问题，确保最终脱贫成果真实、可检验。

2016 年 12 月 29 日

（张伟宾，农民日报社供职）

六、加强以保障和改善民生为重点的社会建设

应积极发挥公益众筹在文物保护中的作用

郑真江

　　保护文物是全社会的共同责任。随着互联网的迅速发展，公益活动开始从传统公益模式向新型公益模式转变，文物保护公益众筹模式在国内外逐步兴起，极大拓展了社会参与文物保护的空间，对此应高度重视、积极引导。

一、公益众筹开启了社会参与文物保护的广阔空间

　　互联网众筹起源于美国，最初只是为有创造力的艺术家募集创作资金，后来逐步演化为企业或个人的融资渠道。众筹从诞生开始，就具有一定的公益属性。公益众筹是将公益活动与现代众筹理念结合起来，通过互联网平台发布筹资项目并募集资金的新型筹资方式。这一方式打破了传统的相对小众、封闭和低效的募资体制，形成了大众化、开放化和高效化的运营模式。

　　从国外实践看，越来越多的博物馆和文物单位将公益众筹作为获取社会资金支持的有效途径。众筹面向公众筹募资金，与"集众人之力、兴众人之事"的公益活动具有天然的契合度。2012年，美国一位漫画网站创始人在众筹平台发起了建造尼古拉·特斯拉博物馆的公益众筹项目，先后筹得了800万美元的建

设资金。2014 年，英国慈善机构"艺术基金"成立了互联网众筹平台（Kickstarter），目的是动员最广泛的社会力量为博物馆和艺术机构筹款。法国罗浮宫从 2010 年就开始尝试文物保护公益众筹，数万人参与该博物馆的各类众筹计划，募集资金超过 400 万欧元。2014 年，罗浮宫为购买一件 18 世纪的"和平桌"艺术品发起 100 万欧元的众筹计划，法国奥德赛博物馆为修复 19 世纪法国画家库尔贝名作《艺术家的画室》发起 3 万欧元的众筹计划，等等。可以说，文物保护公益众筹已覆盖馆舍建造、藏品购买、文物修复等方方面面，开启了文物保护的崭新视野。

从国内的实践看，文物保护众筹项目得到越来越多社会公众的关注支持。中国自古以来就有齐心协力、共襄善举的公益情怀，流传至今的大量寺庙、祠堂、牌楼等古迹都是老百姓捐钱捐物的众人之功。比如，岳麓书院经费的重要来源就是民间捐钱捐物捐田，捐给书院的田被称为"学田"；去年，故宫养心殿研究性保护项目需 2.2 亿元，全部来自社会捐赠。在互联网时代，"鼠标下的公益"让更多的普通民众能够更加便捷地参与文物保护公益活动。比如，2014 年淘宝众筹发布"万人众筹，重建中国最美古村落"项目，该项目由安徽绩溪县仁里村百岁老人和村委会共同发起，旨在为拥有 1460 多年历史的仁里古村落群募集维修改造资金，受到了公众的高度关注，认购率超过 1000%。2015 年，万科集团和山西省文物局等单位发起"龙计划"公益众筹，为国家重点文物保护单位五龙庙周边环境整治筹资。今年全国"两会"期间，全国人大代表雷艳发起"9+1 接力保护千年苗寨"的公益众筹，动员社会力量参加贵州苗寨古村落的芦笙场建设、文化博物馆改造等，得到了社会公众的积极响应。

二、文物保护公益众筹的优势和面临的挑战

我国文物资源丰富、保护任务繁重，扩大社会参与是推动文物事业健康、可持续发展的必然选择。近十年来，全国不可移动文物从约 40 万处增加到 76 万处，全国重点文保单位从 2352 处增加到 4296 处，馆藏文物从 2000 多万件增加到 4000 多万件，数量几乎都翻了一番。但同时，第三次全国文物普查也发现，20 年间有 4.4 万处不可移动文物消失。在政府财政投入相对有限的情况下，如何探索一个更加有效的社会组织模式，吸引更多社会力量参与文物保护是必须破解的重要命题。

（一）文物保护公益众筹的优势明显、前景广阔。文物保护公益众筹借助互联网平台，形成了更加广泛、更加高效的新型社会动员机制。

1. 参与门槛低。文物保护的资金需求相对较大，传统的募集机制更多是面向经济实力较强的民众，而公益众筹将文物保护需求资金分解为小到 1 元、大到数万元不等的份额，通过互联网众筹平台向社会发布，给捐赠者自由选择、量力而行的空间。参与文物保护不再是"高大上"，更加便利可及，公众的参与热情得到极大激发，有利于推动"平民慈善、人人公益"发展。

2. 透明程度高。与传统的募资方式相比，互联网众筹使募资者和捐赠者的距离大大缩短，公众可以通过真实的图片、生动的文字、直观的视频，清晰地了解文物保护项目的意义价值、捐资使用方向等内容，极大消除信息不对称，有助于调动捐赠者的积极性。同时，文物保护项目蕴藏丰富的历史信息、艺术价值，本身就是绝佳的故事题材，借助互联网平台无疑会更加吸引公众眼球。

3.组织效率高。与传统的公益募资"四处化缘"相比，互联网众筹增强了募资者和捐赠者之间的互动，为捐赠者提供一个近似自由市场的选择空间，让募资者和捐赠者"自动配对"，避免传统募资中募资者找不到合适的捐赠者或捐赠者找不到感兴趣项目的问题。同时，这种小额的、海量的捐赠恰恰形成"长尾效应"，有效调动更多潜在的捐赠者。

4.影响范围广。相比传统募捐活动中一个捐赠箱、一个扩音器而言，互联网众筹集合了众筹平台、大众传媒、公益组织等各方的力量，借助新型的网络传播工具，影响力和渗透力都大大提升。可以说，文物保护公益众筹不论是否募集到所需全部资金，其实施本身就是对社会公众开展的一次很好的文物保护教育活动。

（二）文物保护公益众筹面临"三大困境"。新事物的诞生和发展总会伴随着各种新问题新挑战，文物保护公益众筹也不例外。

1."法律困境"。今年3月16日刚刚颁布的《慈善法》第22条规定，"慈善组织开展公开募捐，应当取得募捐资格。依法登记满二年的慈善组织，可以向其登记的民政部门申请公开募捐资格"。也就是说，发起人必须是具有募捐资格的慈善组织。从目前文物保护公益众筹实践看，并没有限定特殊的发起人，如安徽绩溪县仁里村百岁老人作为发起人。下一步，发起人资格将是文物公益众筹必须解决的一个重要问题。

2."诚信困境"。这是慈善或公益事业发展的一大困境，在互联网公益众筹中表现得尤为突出。相比传统的慈善公益组织而言，互联网众筹平台的监管监督体系尚处空白，一些商业众筹平台对项目执行情况并不承担责任，存在一定道德风险。为此，加强制度建设十分紧迫，一旦公益众筹滑入"失信漩涡"，重建诚信将会付出更大的代价。

3."运营困境"。与商业性众筹的盈利模式相比，公益众筹平台尚缺乏持续发展的"造血"能力，运营资金是其生存发展的现实问题。公益众筹发起人的能力水平参差不齐，众筹平台知名度和活跃度参差不齐，众筹项目的可行性和执行方案质量参差不齐，这都影响公益众筹的发展。从目前发展较好的公益众筹看，大多"寄生"在大型商业性众筹平台，而这些平台的公益众筹只是占比很小的"副业"。可以说，公益众筹既面临传统公益慈善的制度框架约束，也面临各类商业性众筹的挤压，存在一定生存困境。

三、几点建议

目前，社会公众对"公益＋众筹"的热度逐步升温，各界对这种新型公益模式的发展前景充满期待。从大趋势看，互联网对各行各业的渗透和改造是不可阻挡的潮流，社会参与文物保护等公益活动的途径和方式正在悄然发生变化。我们应顺势而为、主动谋划、规范引导，积极推动文物保护公益众筹这种"新事物"的发展，探索文物保护的新路子。

（一）积极探索新型社会参与模式。应主动适应互联网时代公益组织模式的发展变化，积极探索文物保护公益组织新模式。针对普通百姓或者企业单位发起公益众筹面临身份和资格限制的问题，应当发挥好中国文物保护基金会、各类博物馆等公益组织的积极性，改革传统公益活动组织体制，探索"公益组织＋公益众筹"新模式，调动最广泛的社会公众积极性。

（二）打造文物保护众筹权威平台。面对公益众筹平台良莠不齐、生存堪忧的问题，文化文物部门、文物保护公益组织应主动出击、主动谋划，既要善于借助各种公益众筹平台的力量，也应积极探索建立统一的文物保护众筹平台，为全国各类博物馆、文保单位提供众筹服务，提高众筹项目的权威性和公信力。

（三）完善公益众筹的监督制度。不论是文物保护公益众筹，还是扶贫、助学、救急等公益众筹，都亟待有完善的监管体系。文物从保护、修缮到维护等，是一项专业性很强的工作。文物保护公益众筹应当在立项、审批、施工、验收等方面，加强全过程管理，健全诚信监督体系。对个人或企业自愿发起的众筹项目，也不应"一竿子"打死，在保护好积极性的同时，有关部门应加强项目审核与过程监管，提高文物保护公益众筹的公信力和透明度。同时，我们应当认真分析文物保护公益众筹实践中的做法、经验和教训，完善发布主体、发布流程、项目运行等方面的制度设计，加强政策指导，推动文物保护公益众筹有序健康发展。

2016 年 7 月 26 日

把发展健康产业作为培育新动能的重要抓手

王天龙

近年来，健康产业成为我国重要的新兴产业，发展势头很好，吸纳了大量就业，涌现出很多特色鲜明的企业和"双创"典型。但总的来看，我国健康产业发展仍比较滞后，产业规模小、层次低，与发达国家相比有很大差距。这有认识方面的原因，更有体制和政策上的障碍，民间资本进入健康产业困难重重。应抓住当前全球产业变革的重大战略机遇，出台有力的政策措施，推动健康产业发展，助力实现我国经济"双中高"目标和"健康中国"建设。

一、发展健康产业前景广阔、意义重大

拥有健康是享受美好生活的前提。随着人们生活水平提高和健康观念提升，健康产业迎来了发展的春天。国际上普遍认为，健康产业是继信息产业之后可能引发全球"财富第五波"的朝阳产业。预计到 2020 年，全球健康产业总产值将达到 14 万亿美元，我国的市场规模也将高达 8 万亿—10 万亿人民币。大力发展健康产业具有多方面重要意义。

首先，有利于扩大内需、稳定经济增长。发展新产业是培育新动能、应对经济下行压力的重要途径。健康产业量大面广，不

仅能够有效增加投资、拉动消费，还能为大众创业、万众创新提供广阔舞台。在当前民间投资低迷的背景下，发展健康产业，大力破除政策桎梏，能为民间资本开辟新的投资领域，激发投资活力，有助于稳定并引导市场预期。

其次，有利于调整经济结构、促进转型升级。健康产业技术含量高、附加值高，资源消耗低、环境污染少，拉动就业力强，符合我国产业升级方向，还能为传统产业技术改造提供强大的"技术创新发动机"。目前看，把健康产业培育成我国的新支柱产业，具备基础和条件，能够为我国经济保持长期持续健康发展提供有力的支撑。

再次，有利于改善民生、深化医改进程。健康产业直接面向人民群众的身心健康，提供个性化、高质量的产品和服务，能够满足人们日益增长的多样化、多层次健康需求，提高人民健康水平，是重要的民生事业。此外，健康产业发展的"增量"，也能够有效增加医疗卫生领域的资源供给，从而为我国深入推进"医改"创造条件，增加改革的回旋余地。

最后，有利于新技术发展、参与国际竞争。当前全球新一轮科技革命风起云涌，以脑科学、基因技术、微生物组计划、人工智能、医疗大数据等为代表的前沿领域，正成为国际科技新高地，处于大规模产业化的"前夜"，具有重大战略意义。各国纷纷布局，抢占制高点。在这些战略必争领域加快发展，大力改革滞后的监管和政策体制，就有可能使我国在新一轮激烈的全球竞争中占据有利位置，提高国家科技实力和社会生产力。

二、我国健康产业发展面临多重障碍

目前，发达国家健康产业增加值占国内生产总值的比重一般在 10%—20% 左右，是其最重要的产业之一，而我国这一比例仅为 4%—5%，差距非常明显。从调研情况看，我国健康产业发展主要面临四大障碍。

第一，健康产业发展存在认识上的障碍。现在大家对健康产业的概念还有分歧，还没有形成支持产业发展的合力。从发达国家的经验看，健康产业不仅包括药品、医疗器械、食品、保健品等健康产品的生产经营，还包括医疗服务、健康管理、休闲健身、营养保健等健康服务。由于其覆盖面广、产业链长，主要发达国家普遍对这一产业进行了系统的布局规划。我国 2013 年出台了《促进健康服务业发展的若干意见》，但到目前还没有系统的产业规划。顶层设计缺失，导致我国健康产业无序发展，"小散乱"问题严重，缺乏竞争力。此外，健康产业的统计体系也没有建立，产业发展底数不清，很难进行跟踪研究、分析判断。

第二，民间资本进入健康产业面临审批障碍。健康产业事关百姓的生命健康安全，有些审批是必要的。但从实际情况看，由于多头管理、政出多门，行政审批程序过于冗繁。有些投资需要医疗、民政、食品、环保、消防等很多资质许可，手续审批难度很大。据新华社调查，有地方投资者投资医养结合项目，规划部门要求先去发改委立项，需要选址等手续，要证明是干养老的。发改委又推回到规划部门，说干养老需要先有政府规划。跑了两个多月，才在规划局的选址意见书上盖了第一枚公章。随后到发改委立项，做可行性研究报告、证明资金到位，再回到规划部门盖规划用地许可和工程建设规划许可章，之后到市政办道路审核，土地局办测绘、土地划拨决定书，再跑环保、文物、消防、自来水、热力、天然气、供电等手续。前后跑了三年多，盖了五六十枚公章仍难开业，而且每一枚公章背后都有或明或暗的花费。审批时管理部门很多，需要监管时又出现"空位"和"缺位"，行业经营乱象丛生，给产业长远发展带来隐忧。

第三，健康产业发展存在体制和政策障碍。一些领域在管理体制上实行"双轨"制，对产业化发展形成很大制约。有投资者反映，企业注册为营利性质还是非营利性质，在政策待遇上差别很大。以养老产业为例，在民政部门登记的民办非企业，可以得到划拨土地、建设运营补贴、水电气暖与居民同价、免税等优惠政策；而在工商部门登记的营利性企业则没有这些待遇。因此，行业大多数都在民政部门注册成为民办非企业性质。注册成为民办非企业性质后，则面临"融资难"问题。非企业性质无法与资本市场对接、不能上市融资；银行不接受划拨土地作为抵押，不发放贷款。融资障碍使得企业很难做大做强，社会资本进入的积极性不高。

第四，还存在人才、技术、产品质量等障碍。一是人才短缺。产业发展所需要的专门人才、看护人员等供给不足。比如，一些养老机构因为难以招聘到足够的专业看护人员，无法满足强劲的市场需求。现在我国每200名老人只有1名看护人员，而同样存在人员不足问题的日本，这一比例也仅为5:1。二是关键技术受制于人。比如，可穿戴智能设备核心技术，像核心芯片、核心传感器等，都掌握在国外企业手里，我国缺少能够实现技术自主自控的企业。三是产品设计和质量落后。比如，我国药品在质量和人性化设计方面还有差距，出现中国游客到日本抢购价格不便宜，有些还是"汉方"的感冒药、创可贴等家庭常备药。

三、发展我国健康产业的几点建议

应坚持问题导向，大力推进改革创新，出台有针对性的政策举措，大力发展我国健康产业。

第一，加强健康产业发展的总体设计。我国是人口大国，健康产业市场规模巨大，应及早对这一产业发展进行科学布局和规划。一是研究提出我国健康产业发展总体方案。建议由国家发改委牵头，国家卫计委、食药监总局、财政部、人民银行等相关部门共同参加，研究提出我国健康产业发展的目标定位、发展思路、总体布局和政策措施，科学引导产业发展。二是加快研究建立健康产业发展的统计体系和统计制度。

第二，加大对产业发展的政策支持力度。一是加大改革力度。严格落实"非禁即入"原则，新增医疗资源优先由社会资本提供。清理并大幅减少行政审批，审批环节全部进入行政服务大厅。吸引外资投资我国健康产业，在行政审批、土地供给、人才吸引等方面给予合理待遇。二是制定实施有利的财税金融政策。制定税收优惠政策，鼓励健康产业发展。鼓励、引导金融机构积极为健康产业提供信贷资金，探索无形资产质押和收益权质押贷款业务，鼓励发展健康消费信贷。三是创新投融资政策。支持符合条件的企业利用资本市场直接融资、发行债券和开展并购。成立政府和社会资本合作基金，鼓励引导风险投资。

第三，推动健康产业集群化发展。借鉴国际经验，走产业集群发展道路，形成集聚和规模效应。要提高对现代健康产业体系的认识。一是发展健康农业。把健康农业作为重要方向，发展优质、高效、生态、安全农业及相关产业。鼓励中药材种植规范化、规模化。二是发展健康工业。推动医药工业向中高端迈进，大力发展我国中医药产业，提高医疗器械的创新能力和产业化水平，发展智能健康医疗装备。三是积极发展健康服务业。重点发展社会办医、医养结合、医疗旅游、体育产业和健康保险业等服务业态，积极发展基于互联网的健康服务业。

第四，加强监管，为产业发展立好"规矩"。一是完善监管体制。建立监管主体的统筹协调机制。把更多力量由事前审批、事中调查、事后处罚，转到事前监管上。出台配套法律法规，建立退出机制和黑名单制度，提高违法成本。二是严格规范健康广告信息发布。明确新媒体等网络传播渠道的广告性质，将其纳入广告法律监管体系之中，对传播虚假内容的平台进行严厉处罚。三是建立健康产业质量标准体系。分类制定国内统一、与国际接轨的规范和标准体系。

第五，支持重点领域和方向实现突破。集中优势资源，支持一批健康产业发展的重大项目。一是实施精准医疗计划。我国在基因测序、微生物组学、医疗大数据等方面的研究，现在基本上与全球同步，应加大对这些领域的支持力度，确保研究成果能快速应用到临床和产业化，既要"醒得早"、也要"起得早"。二是制定实施人才培养计划。以"双一流"建设为契机，建设一批高水平的医学院和医学研究机构。大力发展健康产业职业教育和培训，培养专门人才。三是建设高水平中医药产业基地。"中医药学是一个伟大宝库"，应加以发掘，加以提高，将中医药产业打造成为我国的"国家名片"。四是实施"互联网＋健康"产业工程。促进云计划、大数据、物联网等信息技术与健康产业深度融合。

2016 年 7 月 27 日

关于建设世界科技强国的几点思考

侯万军　　王敏瑶　　陈光华

纵观历史，特别是近代以来，在综合国力竞争中占据明显优势的国家都是科技强国。今年颁布的《国家创新驱动发展战略纲要》提出了"三步走"战略目标，即到 2020 年进入创新型国家行列，到 2030 年跻身创新型国家前列，到 2050 年建成世界科技创新强国。全国科技创新大会、两院院士大会、中国科协第九次全国代表大会，对建设世界科技强国进行了总动员、总部署。本文围绕什么是世界科技强国、怎样建设世界科技强国，作了一些粗浅研究。

一、什么是世界科技强国

科技强国并没有一个统一的概念。近代以来，世界公认的科技强国有意大利、英国、法国、德国、美国等，他们分别在不同的历史时期跨入世界科技强国的行列。这些国家虽各有所长，但也具备一些共性特征。

第一，世界科技强国要能够产生一批具有世界影响力的重大科技成果。第一次科技革命，意大利和英国作为当时的世界科技强国发挥了核心引领作用。伽利略在力学和天文学研究中取得重大突破，牛顿归纳了物质世界运动与相互作用的基本规律，建立了近代科学体系。世界科技强国所产生的重大科技成果不仅有"质"的飞跃，更在"量"上遥遥领先。如20世纪的美国产出了世界重要科技成果的60%以上，在基础科学和应用科学的绝大多数领域多年保持领先地位。需要指出的是，颠覆式的科技突破往往需要前瞻性的创新思想引领。一般而言，在科学革命出现之前，哲学领域的革命要领先数十年出现，为科技发展扫清思想障碍、发挥启蒙作用。如英国的培根、霍布斯、洛克，法国的孟德斯鸠、伏尔泰、卢梭，德国的康德、费希特等，都是引领科技强国诞生的哲学大师和思想先锋。

第二，世界科技强国要能够持续驱动和引领世界产业革命。世界科技强国不仅是"创造"科技成果的先行者，更是"应用"科技成果的引领者，是促进生产力解放、催生产业革命的弄潮儿。18世纪前后，牛顿力学的突破为蒸汽动力的发展提供了知识源泉，同时英国产生了大批既掌握基本的近现代技术手段、又与工业实践有紧密联系的工厂主、技师和熟练工人，推动英国工业革命从纺织业拓展到交通、造船、采煤等诸多领域，以蒸汽机代替人力、畜力，极大推动了人类第一次工业革命的蓬勃发展。

第三，世界科技强国要能够产生和汇聚大批世界顶尖人才。世界科技强国首先是人才强国。德国于19世纪上半叶涌现出一大批世界顶级科学家，包括数学家高斯，物理学家欧姆、楞次，化学家维勒、李比希，生物学家施旺、柯立克等。二战期间，爱因斯坦、费米等德国科学家集体流向美国，大大强化了美国作为人才高地的优势。今天，各国都在竞相出台政策，不遗余力吸引世界顶尖人才。如美国新的《移民改革法案》取消了科技、工程等领域的移民配额，取得博士学位的外国人获得绿卡可不受数额限制。据统计，美国以外出生的人口占硅谷总人口的 1/3，在 20—45 岁青年中更达到了一半。

第四，世界科技强国要具有众多世界一流的大学、科研机构、创新型企业等研发平台和创新中心。世界一流大学往往都是一流的科研机构，是创新成果的孕育地。从排名看，虽然不同的排行榜名次顺序有差别，但是像美国的哈佛、斯坦福、麻省理工、普林斯顿，英国的剑桥、牛津等都位居主要榜单的前 10 名。一流的国家实验室是国家综合科技实力的重要标志，是促进各类创新资源综合集成、开放共享的平台，是保持国家战略优势的排头兵。如美国的劳伦斯国家实验室 20 世纪 50 年代在高速运算研究领域、60 年代在生命科学领域、80 年在并行处理科学计算技术领域、90 年代在国家安全领域、21 世纪在反恐领域、能源安全领域一直保持优势。一流的创新型企业是科技强国的基础支撑，它们不仅是新技术、新产品、新业态的发源地，更是国家科技整体水平提升、产业转型升级的风向标。如亚马逊、苹果、谷歌、脸书等著名企业，可谓第四次工业革命的探路者。一流的创新中心是科技资源集聚和辐射中心，预示着一个国家在世界分工体系中所能达到的最大高度。如以美国加州硅谷为代表的创新中心，不断催生着科技和产业变革。

第五，世界科技强国都具有开放包容、相对稳定可预期的制度环境。建设世界科技强国不仅需要好的社会氛围，同时需要强有力的政府作为。所谓好的社会氛围，就是崇尚科学、尊重创新成为社会的主流价值观，兼收并蓄、宽容失败成为大众的常态认知；所谓强有力的政府作为，就是说科技强国是依靠国家意志和力量建成的，是不可能自发形成的，方向正确、目标清晰、政策稳定的科技创新战略和制度体系至关重要。"社会氛围"和"政府作为"相辅相成，缺一不可，共同构成有利于科技创新的制度环境。没有好的社会氛围，科学发现的种子很难孕育和产生，意大利之所以能够成为世界科技强国，与文艺复兴营造的社会氛围密不可分。没有强有力的政府作为，科技创新的幼苗很难成长为引领创新发展的参天大树。政府作为的核心是打通科学研究、技术进步、成果转化之间的制度通道。一般而言，基础研究主要通过政府资助、大学和国立科研机构承担，商业性技术开发的主体是企业，二者之间的过渡地带容易出现断层，又被称作"死亡之谷"，制约科技成果的顺利转化。2012年3月，美国联邦政府宣布投资10亿美元成立国家制造业创新网络，主要支持介于"发明"和"商业化前"这个阶段的研究，目标就是填补中间断层。同时，政府还要制定前瞻性的科研战略规划。欧盟继"石墨烯"和"人脑计划"两个10亿欧元的旗舰项目后，2016年4月宣布启动10亿欧元的量子技术项目。另外，世界科技强国往往结合自身需要，建立各具特色的资源聚集和流动的科研组织模式。如英国皇家学会在开展实验科学、吸纳科学精英、开办科学刊物等方面奠定了现代科学院的基础。德国在大型工业企业内设立工业实验室，成为解决工业问题、开拓发展领域的一种常规性发展手段。

由上可见，突破性的研究成果和引领型的产业发展是科技强国的显著标志，人才队伍、研发平台、制度环境是科技强国的关键支撑。这些也可作为我国建设世界科技强国的基本参照。

二、怎样建设世界科技强国

应当看到，改革开放以来，我国的科技实力有了大幅度提升，但若以世界科技强国的标准来衡量，尚有较大差距。缩小这些差距绝非一日之功，需要绵绵用力、久久为功。必须坚持"多轮驱动"，加快体制机制改革创新，破除制约科技创新的各种障碍，营造宽松、包容的社会环境，让创新的星星之火尽快形成燎原之势。

一要靠制度优势保证。制度优势始终是我们成就事业的一大法宝。正是依靠社会主义集中力量办大事的制度优势，我们取得了以"两弹一星"为标志的一批重大科技成果。新形势下，如何把我们的制度优势更好地发挥出来，是建设世界科技强国的最大课题。要培育新的制度优势，核心是处理好"破"和"立"的关系，探索社会主义市场经济条件下科技创新的新型举国体制。一方面，要发挥好市场配置创新资源的决定性作用和企业的主体作用，采取财政引导、税收优惠、金融支持、风险分担等针对性更强、力度更大的措施，激励企业加大研发投入、提升创新能力，促进企业间形成合理分工、优势互补、合作共赢的创新链。另一方面，要强化政府的公共服务职能，在战略规划、环境营造、监督评估等方面发挥主导作用，特别要着力在市场配置资源不足的方面"查缺补漏"。比如，针对企业共性技术缺失问题，建立产业公地，即中小企业可以共用的设备、工具等有形设施，以及知识、技术等无形资产，为区域内所有企业提供普惠服务。

二要靠改革增添动力。科技强国不是一成不变的，要保持科技强国的地位，就必须要有科技创新永远在路上的清醒认识和坚定行动。可以说，改革创新是建设科技强国的不竭动力。当前，我国科技改革的核心依然是促进科技创新与经济发展的深度融合，打通二者之间的"双向快车道"。一方面，要构建从科技成果转化的"最先一公里"到"最后一公里"的"接力棒"体系，促进科技成果更快转化为现实生产力。支持科研人员迈出科技成果转化的"最先一公里",就是要提供全链条、全方位的资金支持、创业培训、制度保障、评价激励等政策措施,特别是为那些不能通过任何常规渠道得到资助的早期研究提供种子资金;打通科技成果转化"最后一公里",就是要围绕产业链部署创新链,围绕创新链完善资金链,搭建科技成果转化集成平台。另一方面,要让科研机构更加精准地把握市场脉搏,使市场需求成为科技创新的催化剂和动力源。要改变科研计划的"出题"机制,从由政府"出题"向由企业和市场"出题"转变,保证研发项目在启动时就有明确的目标导向。政府与科研机构要根据市场需求,按照共同投资、共担风险、共享收益的原则,实现科研项目"从市场需求中产生、到市场应用中检验"。

三要靠人才支撑引领。建设世界科技强国,教育是基础,人才是关键。必须树立在全球范围选人用人的观念和胸怀,真正做到引得进、留得住、用得好、流得动。引得进,就是要实行更加开放的人才政策,按照创新规律吸引人才,把针对特定人选的"挖人"和主动上门的"挑人"结合起来。要特别注重引进领军人才,发挥其特有的凝聚力。留得住,就是要围绕人才的需要和诉求,动之以情、待之以礼、安之以利,提供具有吸引力的薪酬待遇和生活环境,消除后顾之忧。用得好,就是要坚持以用为本、注重绩效,打破条条框框和繁文缛节的束缚,注重人才使用的长期效果,提供宽松、稳定的工作环境和考核机制。流得动,就是要按照市场规律让人才自由流动,盘活现有人力资本,减少人才的闲置和浪费,促进人才结构在动态调整中不断优化,始终保持旺盛活力。

四要靠国际交流合作。充分利用全球创新资源、开门搞科研,这是所有科技强国最基本的经验。当前的国际环境对我开展国际科技合作总体有利，我们应抓住机遇，瞄准制高点，深度参与国际科技合作，争夺更大的话语权和影响力。应充分利用现有的高级别人文交流机制，优化国际科技创新合作布局。要准确把握与发达国家和发展中国家的合作关系，特别是抢抓一些国家优质科技资源外流的机遇，加大合作力度。要统筹考虑"引进来"和"走出去"，规范技术引进行为，引导国内企业或地区形成错位有序的技术引进格局，避免恶性竞争，推动技术引进向高层次发展；为科研院所和企业"走出去"搭建平台，提供技术支持和信息服务，力争在国际科技规则制定方面掌握更多话语权。

五要靠全民广泛参与。根深才能叶茂。全体国民的科学素质是建设科技强国最丰厚的土壤。建设世界科技强国必须形成全民尊重科学、崇尚创新、宽容失败的浓厚氛围，让科普工作进学校、进社区、进企业，融入群众日常生活。科技工作者特别是领军人物在普及科技知识方面具有无可比拟的优势，应采取更多鼓励措施，建立科研与科普相结合的机制。大学、科研机构、创新型企业都应自觉承担培育科学精神的重任。对高校、科研机构、企业等创新主体的评价，也要充分体现面向全社会的科普服务效果。同时还要完善促进公民科学素质建设的政策法规，落实有关鼓励科普事业发展的税收优惠等政策，为提高全民科学素质提供有力保障。

2016 年 7 月 28 日

加强风险研判和应对
发挥全面二孩政策的综合效应

范绪锋　郑真江

实施全面二孩政策是党中央、国务院着眼人口与经济社会全局做出的重大决策。最近，围绕全面二孩政策落实进度、存在问题和政策建议等问题，我们和国家卫生计生委有关部门共同组织了调研，并召开座谈会邀请北京、天津、河北、山东、湖南等省市以及区县卫生计生部门负责同志和专家学者，进行了交流研讨。现将有关情况整理报告如下：

一、全面二孩政策平稳实施，今年预计出生人口上升趋势明显

自去年底党中央、国务院颁布《关于实施全面二孩政策改革完善计划生育服务管理的决定》（以下简称《决定》）以来，各地各有关部门贯彻落实中央决策部署，各项工作有序推进。截至 7 月底，除西藏和新疆，29 个省份已完成人口与计划生育条例修订工作，12 个省（区、市）出台了实施意见，加大计划生育管理和引导服务。根据各地对生育登记、建档立卡、住院分娩等数据的监测分析，目前全面二孩政策实施平稳，人口生育情况与政策调整前预判基本吻合。

今年，受生育政策调整、生肖年份等因素的叠加影响，申报再生育数量明显增加，出生人数呈现明显增长势头。上半年全国住院分娩总量比去年同期增加 6.9%，二孩出生比重为 44.59%，同比上升 6.71 个百分点。北京市预计 2017—2021 年常住人口年均新增出生约 11 万，年度出生人口总量突破 30 万，总和生育率将从 1.1% 上升到 1.6%，出生堆积基本在 3—5 年内释放完成，2021 年后人口出生回归常态。天津市预计未来 3 年每年新增 2 万—3 万出生人口，全面二孩政策效应将在 2017—2019 年集中释放，"十三五"期间全市出生人口规模将上升达两成以上。河北省预计政策实施 3—5 年内，全省年均新增出生人口 20 万—40 万人。

总体看，全面二孩政策实施后，出生人口明显增加，政策效应将在"十三五"期间集中释放。据测算，全国符合全面二孩政策的目标人群为 9100 万人。政策调整后，预计未来五年内在原来基础上将多出生 1700 万人。从长期看，有利于增加劳动力供给、稳定经济增长，有人测算 2020 年新增出生人口消费将使社会总消费增加 3000 多亿元。从短期看，出生人口的增加直接拉动妇幼健康、婴幼用品、托育服务、教育培训等领域消费。前几年，我国出生人口都在 1600 万以上，去年为 1650 万，今年估计能到 1750 万。有专家提出，在婴幼儿阶段，"产业跟着人口走"。我国年均出生人口总量是美国二战后"婴儿潮"的 4 倍多，如果相关产业升级和技术创新跟得上，所驱动的经济规模将不止 4 万亿。

二、落实全面二孩政策面临的主要困难和问题

与会人员普遍认为，社会各方面对调整完善生育政策总体是欢迎和支持的。虽然有一些"杂音"，如有人借机攻击计划生育基本国策，认为应全面放开，但主流意见还是继续坚持计划生育基本国策不动摇，密切跟踪，加强研判，推进同地同策，适度提高生育水平，促进人口均衡发展。大家反映，在生育政策调整和衔接过程中，仍然存在很多亟待解决的困难和问题。概括起来，主要面临"三大压力""三种风险"：

首先是稳定生育预期的压力。从整体看，东部生育水平回升幅度不大，中西部则明显回升，大城市生育意愿较低与农村特别是少数民族地区超生问题并存，各地生育水平不平衡现象更为突出，依法按政策生育的压力还将长期存在。从个体看，随着80后、90后人群进入婚育年龄，"421"家庭模式十分普遍，"上有老、下有小"的育龄人群身处中间，原本就承受着巨大压力。实现家庭模式从"421"到"422"的转变，中间育龄人群的压力更大，一些女性存在因生育子女而主动放弃工作或者被动离职的情况。有问卷调查显示，近六成人群因为没人照顾孩子、就业发展受影响原因，不愿意生二孩。

其次是医疗保健资源紧缺的压力。全面二孩政策实施后，助产机构与分娩的供需矛盾日趋紧张，这种情况在大城市尤为突出。据测算，北京市产科床位缺口1100张左右，北京通过暂停特需病床、压缩妇科及相关外科床位、把单人间改造为双人间等措施，尽力缓解产科床位压力。由于产科医务人员劳动强度大、风险高，待遇与之不匹配，留不住人，产科医务人员的缺口也比较大。同时，为保证二胎的生育安全，需要更加严格控制剖宫产率，这对助产士、儿科大夫也提出了更高要求。目前，我国儿科执业（助理）医师为11.8万名，缺口在10万名左右，普遍超负荷工作，但整体待遇不高，队伍很不稳定。现有儿科医师中，具备本科及以上学历的仅为1/3。可以说，儿科医务人员队伍也面临"量"的扩充和"质"的提升双重任务。

第三是公共服务供给的压力。生育政策调整后，首先是妇幼保健、幼儿教育等出现需求"小高峰"；随着时间的推移，六七年后将对小学教育产生较大影响，再往后还会对中学、大学教育以及社会就业等逐步产生"涟漪"效应。有关研究表明，0—3 岁的"1000 天"是儿童智力开发的一个"黄金期"。现在发达国家平均入托率超过 50%，新加坡高达 90%。而我国 3 岁以下入托率不足 5%，无论早期教育还是托育服务都十分短缺，80% 由祖辈提供托育服务。全面二孩政策实施后，1975—1980 年之间的城镇人口生育意愿较强，但这部分人群父母年纪基本接近 70 岁，缺乏抚养第三代的能力。有人测算，如果我国入托率提高到 25%，将可能释放超过 2000 亿的消费需求。同时，优生养育、妇幼助产、婴儿照料、婴儿食品、妇幼用品、再生育技术、教育培训等发展空间巨大。

生育政策调整牵一发动全身，不仅要变压力为动力，统筹经济社会政策，有效释放生育势能，还要密切关注"风险点"，预防和消除隐患，促进社会和谐稳定。

一是母婴安全的"两高"风险。全面二孩政策实施后，累积生育需求集中释放，高龄产妇和高剖宫率的"两高"状况对二胎生育安全造成影响，发生孕产期合并症、并发症的风险增加。河北省全面二孩政策目标人群为 440 万，35 岁以上的育龄妇女占56%。山东省淄博市临淄区有生育意愿的育龄产妇登记入录数量4700 多人，35—40 岁的占四成。随着高龄产妇的增加，孕产妇死亡率有抬升的迹象，如北京今年以来就有 16 例孕产妇死亡，比往年明显增多。同时，我国剖宫产率居高不下，在 40% 以上，远高于世界卫生组织设置的 15% 警戒线，这也对二胎生育安全埋下隐患。

二是社会抚养费征收的"两难"风险。新修订的《人口与计划生育法》实施后，对之前不符合法定条件生育二孩且行政机关尚未处理或处理不到位的，是否继续征收社会抚养费一直是困扰基层的两难选择。一方面，如果不征收，已交纳社会抚养费的群众认为"吃了亏"，心里不平衡，可能要求退还。但另一方面，如果征收，没有享受到新政策福利的人群反映强烈，个别地区甚至造成群访事件。这种"收也不是、不收也不是"的状况令基层左右为难。同时，不同部门、不同地区对此看法和做法不一，也加剧了社会抚养费征收的矛盾。比如，天津市反映，审计部门在对社会抚养费进行审计时，将实际征收比例过低作为重要整改问题。河北省反映，该省已出现一起检察院起诉计生干部征收社会抚养费不作为案件，计生干部面临因渎职被追责的风险。为此，如何在政策过渡阶段，加强有关政策执行的沟通和衔接十分紧迫，否则容易给社会稳定埋下隐患。

三是基层队伍网络的"弱化"风险。目前，计划生育基层机构职能定位、经费保障、服务功能、人员配备标准等没有比较完善的法律、法规保障和支持。随着政策的调整变化，一些地方和部门对计生工作重视程度下降，一些基层干部畏难情绪加重，工作劲头有所弱化，工作态度有所松懈。多地反映，早期参加计划生育的老专干、村级专干基本待遇低、退休无保障，政策调整后职责不清晰、工作量相对减少，积极性逐步降低，基层工作队伍的稳定性受到较大冲击。

三、相关政策建议

人口政策是具有战略性、长远性的大政策，全面实施二孩不仅能对我国老龄化进程形成缓冲作用，对经济社会发展也将产生重要的提振作用，"二孩杠杆"对相关产业发展的带动作用不容小视。我们认为，应进一步完善政策制度，加强统筹协调，确保政策实施过程风险可控，确保人口总量保持在规划目标之内，实现政策调整的预期目标，促进人口与经济社会的协调发展。

一要加强统筹协调，完善相关配套政策。实现全面二孩政策保持适度生育水平、促进人口长期均衡发展的政策预期，不仅需要落实产假、陪产假等政策措施，还需要在社会保障、就业等方面出台相关配套支持措施。要进一步推动各地各有关部门按照中央《决定》重点任务分工方案，细化相关政策措施，加强部门协同，统筹推进生育政策、服务管理制度、家庭发展支持体系和治理机制综合改革。针对社会抚养费征收等问题，卫生计生、审计、司法等部门应当加强沟通、统一认识，妥善处理好政策过渡阶段存在的问题。做好社会抚养费征收的衔接工作，既要维护法律的权威，又要考虑社会效果，必须注重发挥地方的主动性，因地制宜、因人施策，实现平稳过渡，防止连锁反应。加强督查落实，围绕生育登记服务制度的落实、出生人口性别比综合治理、生育健康全程服务、流动人口卫生计生服务、计生宣传工作情况等开展调研督查，推动各地调整完善相关政策措施。落实《关于坚持和完善计划生育目标管理责任制的意见》，结合实际，明确新时期计划生育目标管理的指导思想、主要内容和工作要求，使全面二孩政策平稳落地。

二要实行动态监测，推进信息共建共享。实施全面二孩后，生育由"审批"改为"自愿登记"，数据统计难度加大。目前，城市的住院分娩率接近100%，农村住院分娩率95%以上。加强信息互通，首先应实现医疗卫生信息与计划生育信息的互联互通。要逐步建立覆盖省、市、县的全国出生人口数据库，加强生育登记、孕产期保健、住院分娩、出生医学证明、儿童预防接种等信息的共享。要依托信息系统,加强对人口大省生育水平变动研判,定期开展生育登记、孕妇建档和出生人口变动分析,完善人口发展战略研究,建立出生人口监测预警体系,为保障和改善民生、推动产业发展提供数据支撑和决策支持。

三要改进公共服务,建设生育友好型社会。随着生育政策的调整,新增出生人口对公共服务需求更大。应区分和把握轻重缓急,对当前亟须的公共服务要扩大供给力度,对今后可能形成的需求要针对人口变化情况相机调整。从目前情况看,应着力加强产科、儿科服务能力建设,出台托育等政策,探索婴幼儿1000天健康服务,加大对婴幼儿日常照料、智力开发等投入,鼓励社会力量积极参与妇幼保健、托育服务、基础教育等公共服务。完善计划生育特殊家庭信息档案制度和联系人制度,为计划生育特殊家庭成员开通医疗服务"绿色通道"。加强流动人口管理服务,深入开展流动人口及农村留守儿童关怀关爱活动。鼓励用人单位制定有利于职工平衡工作与家庭关系的措施,加强宣传引导,解决符合政策育龄人口的后顾之忧,促进人口均衡发展,建设生育友好型社会。

四要稳定基层队伍,推动服务创新转型。计划生育工作实践中形成的完整网络和可靠队伍,是我们的独特优势,也是不能丢的宝贵资源。生育政策调整后,基层的工作力量不仅不能弱化,反而应当在具体职责设计和工作机制上进一步强化,巩固基层网络,转变队伍职能,面向群众需求,实施精准服务。充分发挥卫生的技术服务优势和计生的管理协调优势,采取职能合并、设立计生卫生专员等多种形式,统筹计生管理服务与提供公共卫生服务,探索制定生育服务、母婴保健、预防接种等多证合一的支持政策。比如，河北省整合乡镇卫生院与乡镇计生生育服务机构职能，让老专干在承担计划生育工作的同时，进一步承担起公共卫生服务、健康宣传等方面职责。今年，石家庄遭遇特大洪涝灾害，计生卫生专干就发挥了很大作用，他们对基层民情、灾情、疫情了如指掌，甚至对洪灾之后"哪口井的水能用哪口井的水不能用"也很清楚，几乎第一时间就赶到需要救助的特困家庭，受到群众好评。

2016 年 9 月 5 日

提振消费者对食品安全的信心
需过好"四道关"

林琳　曹裕

食品安全，是"产"出来和"管"出来的，也是"规范"出来和"科普"出来的。近几年，我们采取各种措施狠抓食品安全，一个核心目标就是改善食品安全现状，提振消费者信心。截至 2016 年第二季度，我国加工食品监督抽查合格率已由 2009 年的 91.1% 上升至 97.6%，其中乳制品以 99.7% 的抽检合格率位列食品行业之首，但消费者对食品安全的信任程度却没有随之"水涨船高"。

中南大学食品安全治理研究团队开展的问卷调查显示，目前我国食品安全消费者信心呈现"总体偏低、趋势向好、缓慢恢复"的态势。其中，15.3% 的受访者认为食品安全状况有所提高，40.1% 的受访者感觉与前几年差不多，还有 24.8% 的受访者表示越来越差。如何从消费者最为关注的食品安全问题入手，尽快通过标准规范、生产供给、综合监管、文化诚信"四道关"考验，打破食品安全困局，提升消费者信任水平，是我国食品安全治理需要关注的重要问题。

一、健全食品安全质量技术体系，过好"标准关"

从三聚氰胺事件到"乳品新国标"，从饮用水的国标地标之争到食物抗生素残留量内外有别，一系列关于食品安全标准问题的争论，让很多消费者忧心忡忡、无所适从。据中南大学食品安全治理研究团队对 11 个省（区）26 个市（县）2386 名消费者的食品安全问卷调查，64.3% 的消费者认为食品安全标准有问题，71.5% 的少数民族地区消费者认为地方特色食品生产、销售等标准不完善。进一步健全具有"统一性、前瞻性、动态性"的国家食品安全标准体系，解决指标有缺失、结构不合理、调整不及时等问题，提高食品安全标准水平，是提振食品安全消费者信心的"第一道关"。

食品安全标准是影响消费者信心的风向标，也是食品安全监管的技术依据。要坚持问题导向，落实最严谨的标准要求，织大织牢织密标准体系网络。一要提高统一性。目前，卫计委已牵头将过去 30 年各部门制定的 4934 个食品安全国家标准缩减到 1000 个左右，但大量行标、地标、企标的规范整合刚刚起步，重复交叉、时有冲突还未有效解决，也导致"农夫山泉产品标准不如自来水"等事件的屡屡发生。要继续健全统一的食品安全国家标准体系，建立食品安全标准基础数据库，特别是加强消费者关心的污染物限量、农兽药禁限用、食品营养等标准的制定与修订。二要增强前瞻性。有关数据显示，我国食品安全标准采用国际标准和国外先进标准的比例约 60%，低于国家标准采标率 80% 以上的总体水平，行业标准国际采标率就更低。要加大对国际食品安全标准的跟踪和转化力度，推进国内标准与国际标准的有效合理接轨。三要注重动态性。建立健全滚动式的食品安全标准评估反馈机制，清理废止滞后标准，整合修订矛盾标准，完善标准信息发布平台，让消费者第一时间掌握最权威的食品安全标准信息。

二、推进食品产业供给侧结构性改革，过好"生产关"

据《中国食品安全发展报告》统计，2005—2014 年的十年间，全国共发生食品安全事件 227386 起，这意味着平均每天发生 62 起食品安全事件。其中，60.2% 的事件发生在食品生产与加工环节，75.5% 的事件是由人为因素所导致，而不规范使用添加剂引发的事件最多，占到 31.2%。中南大学调查数据显示，最受消费者质疑的五类食品依次为乳制品、食品添加剂、水产及水产制品、肉及肉制品、保健食品。最令消费者在生产环节不放心的三个因素是转基因技术、抗生素滥用、农药违规使用。加强源头治理，实现食品行业产能和质量"双提高"，是提振食品安全消费者信心的"第二道关"。

2015 年，全国食品工业行业主营业务收入 11.35 万亿元，同比增长 4.6%，增速较上年降低了 3.4 个百分点，首次低于全国工业经济 6.1% 的增速。食品工业连续 5 年换挡降速，利润率下跌，也显示出不断契合消费需求变化，推进食品产业供给侧结构性改革的紧迫性。一要贴近"百姓心头"。围绕如何让老百姓"吃得好""吃得健康"，加快食品科技创新驱动，做优做精食品产业，开发中高档的绿色食品、有机食品、功能食品等，特别是备受关注的婴幼儿奶粉等乳制品，为消费者提供品种多样、质量优良的产品供给。二要紧盯"田间地头"。加强农业投入品管理，下大力气解决高毒剧毒农药违规使用、抗生素激素滥用、非法添加有毒有害物质等突出问题。大力扶持农业规模化、标准化生产，推进园艺作物标准园、畜禽规模养殖、水产健康养殖等创建活动。开展农业面源污染防治，治地治水、控肥控药，净化产地环境。三要抓好"生产源头"。强化企业主体责任，大力培育龙头企业、连锁企业、品牌企业，保护和传承食品行业老字号，发挥其质量管理示范带动作用。一个品牌一旦在消费者心目中确立起来，就可以成为质量的象征、安全的象征，消费者才会放心购买。

三、完善食品安全监督管理体制，过好"监管关"

在"九龙治水"的多部门食品安全监管有效整合后，在号称"史上最严"的新《食品安全法》颁布和实施后，我国食品安全消费者信心逐渐回升。中南大学调查数据显示，近九成的消费者对食品安全监管充满信心。其中，65.8%的消费者表示对食品溯源体系的建立最为关注和期待，61.3%的消费者表示最希望加大对"三小"（小作坊、小摊贩、小餐饮）问题的监管力度。进一步完善食品安全监管体制，提高食品安全监管部门的法治性、权威性，是提振食品安全消费者信心的"第三道关"。

食品产业链长、风险点多、业态复杂，任何一个监管环节出问题，都会带来巨大影响。必须用最严格的监管、最严厉的处罚、最严肃的问责，捍卫消费者信心。一要强化法治监管。保障食品安全，法治是根本。要继续加快推进食品安全法及其实施条例、农产品质量安全法等法律法规修订，积极推动相关配套制度的立、改、废，这是提振消费者信心的重要基础。二要注重过程监管。建立以随机抽查为重点的日常监督检查制度，实施生产经营者责任约谈制度，加快建立从"农田到餐桌"的全程追溯体系，落实产品召回、退市下架等措施，严防问题食品流入市场、进入餐桌。三要严格执法监管。不安全食品往往都是"逃过"监管发生的。要守住食品安全每一道防线，围绕重点品种、重点领域深入开展专项整治，尤其对消费者十分关注的制售假冒伪劣婴幼儿乳粉、加工销售病死畜禽及肉制品、添加非食用物质等违法行为，要重拳出击、重典治乱。

四、营造食品安全良好舆论环境，过好"诚信关"

有效应对负面舆情和虚假信息，是另一场互联网阵营的食品安全保卫战。中南大学调查数据显示，近90%的消费者主要从媒体获取食品安全相关信息，81.6%的消费者相信媒体关于食品安全负面报道新闻，88.7%的消费者相信网络上未经证实的食品言论。而仅有24.7%的消费者表示会主动了解食品安全知识，这其中，农村地区的消费者仅占3.8%，少数民族地区消费者仅占1.9%。当前，在消费者信心易受影响且恢复缓慢的情况下，利用好媒体这把双刃剑，营造良好舆论氛围，积极培育食品安全文化，是提振食品安全消费者信心的"第四道关"。

信息不对称是造成消费者食品安全信心缺失的重要原因。为了吸引眼球，负面舆情和虚假信息往往在传播过程中被有意无意放大，在大量难以准确甄别的信息面前，消费者往往"宁可信其有、不可信其无"，容易产生认知偏差和心理恐慌。一要补上公众食品安全课。将食品安全科普宣传教育放在重要位置，新媒体、传统媒体共同发力，提升消费者对食品安全信息的独立判断能力，扭转对食品安全"只定性、不定量"的"非黑即白"的简单认知心理，进而对食品安全谣言进行过滤。二要密切关注舆情动态。食品安全网络舆情事件发生后，要及时、准确地进行信息评估，从公众利益出发去分析问题、表明观点，以参与者态度来处理舆情，引导公众理性看待。加强与媒体的沟通，尽量避免出现监管部门与大众媒体声音不一致的现象。三要畅通官方渠道。堵旁门必须开正门。要建立多途径、多形式、"接地气"的信息发布机制，利用微博、微信、APP 应用等新媒体平台，让消费者从官方渠道及时获知食品安全信息。总之，要发挥多元主体作用，地方政府"守土有责"，监管部门履职尽责，企业承担主责，消费者提高自我保护能力，汇聚维护食品安全的强大合力。

2016 年 9 月 6 日

（曹裕，中南大学供职）

建议实行免费强制婚检

范绪锋

以 2003 年《婚姻登记条例》修订为分界点，全国婚检率呈现一个 V 形变化：之前在法律的有力推动下，全国婚检人数逐年上升，2002 年婚检率达 68%，疾病检出率高达 10%；其后，2004 年底全国婚检率骤降至 2.7%，个别地方甚至为零，直到 2006 年都低于 5%；近年来，各地采取了健全工作机制、"一站式"婚育服务平台、免费婚检等多种措施，2015 年全国婚检率提高到 58.7%。与此相对照，虽然我国出生缺陷率一直呈上升态势，但在婚检由"强制"变"自愿"后却出现一个陡升，从 2004 年的 128‰上升至 2007 年的 147.9‰，增加了近 20 个万分点。这引起社会强烈反响，对于是否恢复强制婚检的争论一直延续至今。一种观点认为，《婚姻登记条例》修订致使婚检率大幅下降，一些地区出生人口缺陷率明显提高，主张恢复"强制婚检"；另一种观点则认为，取消"强制婚检"体现了充分尊重人权要求，而且婚检与减少出生人口缺陷没有必然关系，主张"自愿婚检"。

为全面深入了解我国婚检工作的有关情况，我们邀请国家卫生计生委、民政部、财政部、国务院法制办以及北京市有关部门负责同志座谈，共同研讨婚检制度的现状、存在问题和对策建议。总的感觉是，完善婚检制度是关系家庭幸福、关系子孙后代、关系民族健康素质的大事，开展婚检有法律依据，各方对加强婚检、降低出生缺陷的重要性有共识，但在法律的具体执行方式上有分歧。应本着对家庭、对社会、对民族未来负责的态度，进一步统一思想、加强协调配合，推动相关法律政策的衔接落地，全面推行"免费＋强制"婚检，真正发挥对促进母婴健康、提高人口素质的预防关口作用。

一、实行婚检对健康促进具有积极意义

婚前医学检查是减少疾病传播、预防出生缺陷的"第一道防线"。世界上，婚检作为一项公共卫生服务在许多国家和地区实施，大部分国家婚检结果与婚姻关系的确认相互独立。目前，将婚检作为婚姻登记必备条件的有法国、意大利、塞浦路斯、沙特等。也有一些国家和地区，如美国、加拿大和印度的大多数州（邦）、日本、英国、俄罗斯、葡萄牙、港澳台地区等，由当事人自行决定是否婚检。少部分国家实行婚检全部免费，如俄罗斯和沙特。大部分国家实行部分免费，如法国、日本等。

我国婚检制度经历了从无到有、从强制到自愿的演变过程。1986 年《婚姻登记办法》第一次将婚检写入了法规，1994 年《母婴保健法》《婚姻登记管理条例》对婚检都有明文规定。2003 年新修订的《婚姻登记管理条例》不再将婚检作为结婚登记的形式要件，开始提倡自愿婚检。但同时，《母婴保健法》及其实施办法依然延续以前内容。

从多年实践看，应该说实行婚检是国家健康事业的一个重大进步，接受婚检也是民众健康意识的一个重要标志。这道防线有没有，效果大不一样，而且关口越前移、效益越显著。1992—

2003 年 12 年间，全国婚检共检出各类疾病患者近 600 万人。广西在全区实施免费婚检，从 2010 年起推行"一站式"婚育综合服务，将当地高发的地中海贫血病纳入婚检项目，婚检率由 2008 年的 7.04% 提高到 2014 年的 97.67%，重型地贫患儿发生率明显降低，从 26.36 ‰ 下降到 7.12 ‰，体现了"早发现、早干预"的优势。

二、下决心把婚检作为婚姻登记的形式要件

2005 年，国务院曾对婚检问题进行专题研究，认为婚检率大幅下降的原因是多方面的，既有法律法规衔接方面的原因，也有对法律法规以及婚检重要性宣传不够，过去婚检工作中检查项目多、乱收费、服务不到位，以及一些群众对婚检作用的疑惑和不正确理解等方面的原因。总的意见是，应慎重对待恢复"强制婚检"的意见，综合考虑预防出生人口缺陷、提高人口素质的措施。在我们组织的座谈中，不论是民政部门还是卫生计生部门，依然对强制婚检持审慎态度。主要的顾虑，一是认为经过《婚姻登记条例》修订过程的争议，立法部门已有结论，现阶段不宜继续在是否强制婚检上做文章；二是担心部分群众反感，引起社会舆论反弹。

我们认为，在当前社会环境下，民众整体健康意识不强，主动婚检的内在动力不足，实施自愿婚检的内外条件并不够成熟。婚检作为一级预防措施，多一道总比少一道好，应该把免费强制婚检作为政府和个人的一项义务。一些地区因实际需要，如艾滋病高发地区、地方性遗传病严重及毒品流行的地区，采取了一些必要的强制性婚检措施，实践证明效果是好的。所谓"强制"，是指婚姻登记时应当出具婚检证明，而不是把婚检结果与是否准

予登记相挂钩。各有关部门应尽快形成统一的认识，将婚检作为婚姻登记的必备程序，积极介入、主动作为，为结婚当事人提供人性化、个性化的健康指导和服务，筑牢公共卫生防线。

三、用柔性政策落实刚性要求

如何提高民众对婚检的积极性和参与度是当务之急。目前，北京、浙江、安徽、福建、河南、湖南、广西、云南 8 个省份在全省范围实行了免费婚检，其他多数省份婚检还需自费，只在省内部分市县实行免费。免费的补助标准不一，一般在 150—200 元左右，最高的如北京为 480 元，最低的如黑龙江有县市仅 47 元。从实际效果看，免费婚检在中西部的效果最明显，初步建立了"政府买单、部门协作、群众参与"的免费婚检工作机制。如云南的婚检率从 2004 年低于 10% 上升至 2015 年 83.3%，安徽、广西则上升至 90% 以上。曾经与云南处于同一水平的贵州，同样也是地中海贫血高发地区，没有实行免费婚检，加上妇幼保健工作的基础本来就弱，2015 年婚检率仅为 4.45%。青海更低，为 2.11%。

相比而言，免费婚检在大城市效果就不是那么明显，最典型的就是北京。北京市从 1982 年起就开展婚前保健服务，1995 年以后婚检率曾高达 100%，2003 年以后降至 5%。北京市采取了加大健康教育力度、加强专业技术培训、推行免费婚检政策等，但婚检率始终低于 10%，去年仅为 9.44%，处于全国低水平。其中原因比较复杂，主要可能在于北京的医疗保健资源丰富、体系健全，民众体检的渠道和机会多，免费婚检的吸引力不强，需要有刚性的要求。

总体看，推行免费婚检在各地有较好实践基础，经费筹集渠道及补偿额度不尽相同。一些贫困地区由于经费保障不足，使得一些基本婚检项目也无法正常开展。为此，应将婚检作为一项基本公共卫生服务，建立经费保障机制，向群众免费提供。强化各级政府筹资主体责任，加大财政投入，结合当地人群健康状况和疾病特点，优化整合婚检项目，促进婚检服务的可及性和均等化。长远来看可考虑将其纳入医保支付范围，以更好节约医保经费。中央财政应当着力加大对中西部地区的支持，缩小地区间差异。

四、提高婚检率需要部门协同、综合施策

完善婚检制度是一项社会系统工程。近年来，很多地方为加强婚检工作进行了积极探索。如广西、云南、江苏等成立婚检工作领导小组，将婚检纳入政府重点工作和考核目标，推动多个部门合作。广西、湖南、云南等省级政府专门印发相关文件，明确各部门职责，进一步推进婚检工作。各地还从便民利民角度出发，优化婚检流程，形成了"一站式"服务、联系卡制度等模式，取得了较好成效。

从法律层面讲，《母婴保健法》及其实施办法与《婚姻法》关于婚检的相关规定并无根本冲突。但各地婚检工作进展很不平衡，一个重要根源就在于政府的重视程度和部门的配合力度有差别。在调研中，我们明显感觉，卫生计生与民政部门在对法律的解释、政策的执行方面仍然存在较大分歧。卫生计生部门更多强调贯彻《母婴保健法》，希望借助婚姻登记的平台，为开展婚检提供抓手；而民政部门则依据《婚姻法》和《婚姻登记条例》，强调公民个人选择权。在一些开展"一站式"服务的地方，因为婚检嵌入婚姻登记流程，被误以为强制要求，遭到了少数当事人

的投诉举报。去年民政部甚至出台规定，要求婚姻登记处不得设在医疗等机构场所，医疗机构不得设置在婚姻登记场所内。这对开展"一站式"服务造成了困扰和阻碍。

为此，应加大各级政府对婚检工作的主导力度，推进卫生计生、民政、财政及宣传等多个部门通力合作。卫生计生部门与民政部门加强合作尤为重要，建议适时联合印发加强婚检工作有关文件，明确部门职责和义务。卫生计生部门应切实把好婚检质量关，推动婚检与孕检项目、流程优化整合，完善涵盖婚前、孕前、孕期、新生儿各阶段的出生缺陷综合防治免费基本服务政策，提高规范管理水平，更好体现健康服务的人性化、便利化。民政部门应负起责任，协助卫生计生部门积极进行宣传引导，做好询问、告知和提醒当事人积极主动进行婚检。还要广泛动员社会力量，充分利用互联网、微信等新媒介，采取群众喜闻乐见的多种形式，加大婚检相关知识的宣传教育，引导群众增强健康意识和责任意识，从"要我婚检"转变为"我要婚检"，在全社会树立健康婚育新风尚。

2016 年 10 月 11 日

加快发展我国国际性社会组织
提高国际影响力和话语权

孙慧峰　余永龙

国际性社会组织又称国际性非政府组织，其名称通常冠以"国际""世界""亚太"等字样。与国内社会组织相比，国际性社会组织具有国际资源多、联络范围广、作用影响大等优势。以我方为主导的国际性社会组织是指，由我方单位发起，总部设在我国境内，有外国组织或者个人作为会员参加，以开展国际活动为主的非营利性社会组织。加快发展以我方主导的国际性社会组织，对于提高我国国际影响力和话语权，更好地服务对外开放整体战略，营造于我有利的国际环境，具有重要意义。

一、国际性社会组织地位作用特殊、发展潜力巨大

当前，全球治理体系加快变革，国际性非政府组织日益成为全球治理的积极参与者和重要协助者，而且是国际社会中一支非常活跃的力量，具有特殊的地位和作用。随着国际秩序深刻调整、国际力量对比深刻变化、世界多极化进一步发展，在传统国际政治领域竞争博弈的同时，各国尤其是西方发达国家加强了对新兴国际政治力量和治理主体的培育扶持和争取拉拢，力图在国

际政治格局重组、国际经济秩序重构中抢占先机，国际性非政府组织日益成为各国竞相争夺的对象。有研究表明，参与国际性非政府组织最积极的是欧洲发达国家以及美国和日本，目前60%以上国际性非政府组织总部设在欧美。以美国为首的西方大国支配和影响着当今国际性非政府组织的存在和发展，少数发达国家长期掌控着重要国际性非政府组织，对发展中国家战略上围堵、发展上牵制、责任上施压。

一定程度上讲，对国际性非政府组织的影响和掌控，是大国力量和大国地位的重要组成部分。对我国而言，既要积极参与现有国际非政府组织体系的活动，更重要的是，要加快推进以我方为主的国际性非政府组织体系建设，这样才能化被动参与为主动掌控，积累优势，增加我国参与全球治理的有生力量和话语权。现在看，加快发展我国国际性社会组织十分必要而紧迫，既有外部需求，也有内部动力。

一是国际社会有期待。随着我国经济实力和对外开放程度的提升，国际社会对我国发挥更大作用的期待明显增强，希望我国投入更多力量，贡献更多中国智慧和中国方案。事实上，国际上诸多问题的解决也越来越离不开中国的参与，而且也日益关系到我国的切身利益。在国际性社会组织领域，许多国家或地区的组织和个人，都愿意积极支持或者加入我方发起的国际性社会组织，与我方一道解决共同发展难题，创造共同发展机遇，分享共同发展成就。

二是相关行业有呼吁。随着我国推进新一轮高水平对外开放和发展更高层次开放型经济，我国经济与世界经济的联系更紧、融合加深。我国一些经济行业、产业技术、学科研究正在从跟随者变为并行者甚至领跑者，国际影响逐步加强。"一带一路"建设的推进和国际产能合作的扩大，也为我国企业走出去创造了更多参与国际合作的机会。在此背景下，越来越多的经济组织、社会组织呼吁我国成立国际性社会组织，希望利用其联系内外、双向沟通、多方协调的独特优势，在促进各国间互利合作、制定行业标准规则、保护企业权益、防范投资风险、提高国际话语权等方面发挥作用，逐步构建于我有益的利益共同体。

三是地方政府有需求。目前，认识到国际性社会组织重要性的省市越来越多，各地都愿意大力支持我国国际性社会组织发展。他们希望通过成立国际性社会组织或者吸引国际组织总部落户，推动引资引智引技术与引进重要国际组织相结合，发挥国际组织在带动产业、促进就业、提升消费、增加税收、扩大城市和区域影响力等方面的综合作用，更好地利用国内国外两个市场、两种资源，从而促进总部经济发展、建设国际都市。

二、我国国际性社会组织亟待培育壮大

我国国际性社会组织登记始于20世纪90年代，但一直以来是零星增长，发展缓慢，总体上还比较弱小，与我国世界第二大经济体的地位极不相称。我国国际性社会组织的基本情况，可以概括为以下几个特点：

（一）数量少。经过25年登记，我国目前共有国际性社会组织34个。按照国际协会联盟的标准计算，全球共有各类国际性非政府组织约6000个，我国仅占0.5%。美国、英国、德国、法国、日本、比利时等国的国际性非政府组织数量都远超我国，在重要的国际城市如日内瓦、布鲁塞尔、纽约、华盛顿、维也纳等，都有数百个国际非政府组织。发展中国家如南非有85个，巴西有79个，数量也在我国之上。

（二）规模小。我国国际性社会组织中，资产最多的是博鳌亚洲论坛，约有资产 3.27 亿元；聘用工作人员最多的是世界中医药学会联合会，有 60 人；普遍没有设立海外机构。这与国际上一些组织差距较大，像总部设在美国的大自然保护协会，全球资产达 37 亿美元，工作人员 3800 多人，全球分支机构和办事处 400 个，会员数量 100 万之多。

（三）能力弱、国际影响力低。目前，国际上享有联合国谘商地位的非政府组织约 4400 个，而我国 34 个国际性社会组织中，尚没有一个获得谘商地位。我国的国际性社会组织参与国际事务和活动所需的人才、资金和管理运作经验都很缺乏，国际认同度不高，参与制定国际准则、引导国际舆论的能力欠缺，在重要的国际场合很少能听到我方国际性社会组织的声音。

制约我国国际性社会组织发展的主要原因：

一是社会认识还不足。我国长期以来是国际性非政府组织的输入国，社会上形成了只有发达国家，甚至联合国才能成立国际性非政府组织的错误认识。许多人不了解，我国同样可以发起成立或者主导运作国际性社会组织。

二是发展战略缺失。我国应当优先发展哪些国际性社会组织、采取什么步骤发展、在哪些领域开展国际活动、给予哪些资源配置、提供什么支持和促进政策、如何配合国家对外工作、各部门如何共同行动等，这些问题都还需要逐一研究、总体规划、形成战略。

三是登记管理制度很不完善。目前，我国对国际性社会组织的登记程序采取"两上两下"的个案审批方式进行。首先由业务主管单位会签外交部，向国务院上报请示，国务院批转民政部受理审核，这是第一次"一上一下"；民政部审核通过后报国务院审批，国务院同意后，民政部办理法人登记，这是第二次"一上一下"。由于登记审批程序较为复杂、耗时长，制约了我国国际性社会组织发展速度。由于《社会团体登记管理条例》没有关于国际性社会团体登记的规定，目前的行政许可也面临合法性不足的问题。此外，国际性社会组织需有业务主管单位，而有些部门因种种原因不愿承担此项职责，导致一些于我有益的国际性社会组织卡在登记环节无法成立。

三、相关政策建议

借鉴国际经验，结合我国实际，提出以下建议：

第一，选取若干领域优先支持发展国际性社会组织。发展国际性社会组织本质上也是国与国之间竞争的延伸。一个好汉三个帮。要避免在国际事务中自弹自唱演"独角戏"，必须培育几家我方主导的国际性社会组织，使其成为我传递对外政策的重要渠道和参与国际治理的帮手。我方主动发起设立国际性社会组织，有利于获得主场优势，抢得先期机遇。当前，应结合我国对外开放整体战略、结合"一带一路"建设，优选若干有国际影响力、有行业产业优势、亟须我方发声的领域，比如金融清算、能源互联网、港口服务等，支持设立我国国际性社会组织。有关部门应整合政策、资金、人才、信息、技术等资源，对这些关键环节、重要行业予以重点扶持，争取有所突破。

第二，健全国际性社会组织的登记管理制度。目前我国对国际性社会组织的登记管理，还没有明确公开的法律法规规定，这是制约其发展的一个重要瓶颈。建议尽快修订《社会团体登记管理条例》，将国际性社会组织纳入条例范围，明确国际性社会组织的管理体制、登记程序、治理结构、行为规范、国际规则适用等重大问题，为细化制定国际性社会组织登记管理制度提供上位法依据。同时，建议对现行的登记管理体制进行改革完善，将"两上两下"个案审批的制度，改为公开的行政许可制度，将双重管理制度改为直接登记和双重管理并存的制度，并进一步优化和加快审批流程，从根本上改变当前国际性社会组织不为人知、发展过慢的问题。此外，应明确部门职责分工，加强对国际性社会组织的事中事后监管，完善业务部门主管和属地管理结合的监管体制，健全第三方外部评价机制和安全内部评估机制，促进国际性社会组织依法规范发展。

第三，完善国际性社会组织治理机制。我国国际性社会组织应在坚持以我为主的基础上，借鉴其他国际性组织的先进管理经验，完善国际化的内部治理结构和管理制度，提升自身管理运行水平。要加强人才队伍建设，建立多渠道的专业人才培养和推送机制，不断提高利用国际规则、设置国际议题、引导国际话语权、运作国际项目的能力。同时，畅通完善政府与国际性社会组织的沟通联系机制，引导国际性社会组织更好服务于我国对外开放整体利益。

2016 年 10 月 19 日

（金永龙，民政部供职）

加快补齐医疗服务领域立法的"短板"

王敏瑶　曹艳林

　　医疗服务事关群众生命健康，又具有专业性强、信息不对称程度高等特点，医疗服务领域的立法始终是各国健康立法的重要内容。改革开放以来，我国加快了医疗服务领域的立法工作，制定的主要法律有《执业医师法》《医疗机构管理条例》（以下简称《机构条例》）和《护士条例》等。但由于尚未制定一部《医疗法》，使得我国医疗服务领域的制度设计在法律层面缺乏系统完善的规范。同时，主要的法律法规多为20世纪90年代制定的，如《机构条例》由国务院1994年颁布实施，《执业医师法》于1998年颁布、1999年实施，未能根据医疗事业改革发展需要及时修订，医疗法律制度与现实之间存在严重脱节。总体而言，医疗服务领域立法是健康立法中一块亟待补齐的"短板"。

一、我国医疗服务领域立法的主要问题

　　目前，我国医疗服务领域的基本制度安排分散在不同法律法规、部门规章乃至行政规范性文件中，法律效力参差不齐，甚至缺乏对一些重大制度的系统阐述。主要问题包括：

　　（一）法律位阶低。目前，我国已颁布了11部健康方面的法

律，其中只有《执业医师法》是医疗服务领域的专门法，其余法律只在内容上对医疗服务有部分涉及，基本不承担建构医疗制度的责任。《机构条例》《护士条例》等均为国务院颁布的行政法规，其法律效力低于全国人大和人大常委会颁布的法律。根据我国《立法法》的规定，涉及犯罪、刑罚、基本民事制度、税收等为法律保留的事项，只能由法律作出规定。因此，诸如医疗法人的设立、医疗相关的税收政策、涉及医疗机构的犯罪行为等事项，行政法规无权进行规定，这是我国医疗基本制度在立法层面上缺乏规范的一个重要原因。

（二）缺乏系统的制度安排。一是缺乏医疗主体的制度安排。《机构条例》作为我国医疗机构法律规制的基本制度，将医疗机构分为各类医院、妇幼保健院、卫生院、疗养院、门诊部、诊所、村卫生室、急救中心、临床检验中心、专科疾病防治院、护理院等。这种分类方式不是民法意义上的分类，而是根据医疗机构的具体服务职能、从便于行政管理角度划分的。在我国，医师开办个人诊所与医院等适用相同的法律制度。但按照法理和国际惯例，前者医师以自然人身份执业，医师获得执业许可后、诊所不必再审批，但需要对医疗损害承担无限责任；医院等以法人身份执业，需要取得相应的行政许可，二者应适用不同制度。

二是缺乏医疗法人的制度安排。建立医疗法人制度是医疗机构以独立法人身份处理各种社会、经济、法律事务的前提条件。目前我国医疗机构法人地位确认的法律依据是《民法通则》。《民法通则》将法人分为机关法人、事业单位法人、企业法人和社会团体法人四类。公立医院属于事业单位法人，其依据是国务院颁布的《事业单位登记管理暂行条例》；民办非营利性医疗机构依据《民办非企业单位登记管理暂行条例》为民办非企业法人；而民办营利性医疗机构按照《公司法》为公司法人。目前我国关于医疗机构法人制度的规定分散在不同的法律制度中，没有体现医疗行业的特殊规律和本质特征。

三是缺乏医疗机构分类管理的制度安排。医疗机构分类管理是优化医疗资源结构布局、完善政府调控机制的一项重要制度安排。我国于2000年提出建立医疗机构分类管理制度，将医疗机构分为非营利性和营利性两类进行管理。但法律层面尚未引入分类管理制度，也就无法将相应的财政、价格、税收、投融资等经济政策予以规范。与此同时，我国尚未对公立医院单独立法。一方面，由于法律上没有对"公立医院"这个概念进行清晰界定，地方在推进公立医院改革时，对改革对象的界定具有很大的不确定性。另一方面，对公立医院简单套用行政许可、行政罚款等法律制度，实际上是将政府与公立医院的关系定位于外部行政关系，与公立医院作为事业单位法人存在矛盾。

四是缺乏政府责任的制度安排。基本医疗卫生权益是健康权的核心部分，应作为基本权利进行保护。基本权利的一个重要特征就是具有受益权功能，即公民据此可以请求国家做出某种行为，从而享受一定的利益。基本医疗卫生权的受益权功能，要求国家要有积极作为，包括为基本医疗卫生制度建立和实施筹措足够的经费，积极组织基本医疗卫生服务的有效供应，确保基本医疗卫生服务质量等。但现有法律法规绝大多数属于纯粹的监管法律，涉及政府提供资金或公共服务等积极给付方面法律明显缺失。

五是缺乏医疗风险分担的制度安排。医疗损害风险是客观存在的，可以降低，但不可能绝对避免。当前，我国正处于社会转型的重要阶段，各种社会矛盾凸现。医疗纠纷作为各种社会矛盾在医疗领域的集中体现，呈现日益多样化、复杂化趋势。医疗风险分担机制是医疗机构法律规制的重要内容之一，既要合法保护患者权益，又要给医务人员提供一个宽松的执业环境，但现有法律制度没有作出规定。

（三）程序性规定不明确。程序的不清晰，会带来操作的不确定。例如，《机构条例》明确区域卫生规划是医疗机构设置审批的重要依据，但并没有规定规划的具体制定程序，这就导致了区域卫生规划制定过程中公众参与机制缺乏，公开性与透明性不够；行政机构对区域卫生规划的自由裁量权过大，个别地区甚至产生权力寻租、为利益集团代言等不良后果；区域卫生规划的制定不够及时，变更、废止程序过于笼统等。又如，《机构条例》没有明确民营医疗机构执业登记的程序，是先接受卫生行政部门的准入审批取得执业许可证，还是先接受民政部门或工商部门的审批取得营业执照。虽然实践以先照后证为主，但由于缺乏明确的上位法程序性规定，在具体执行层面仍面临不少问题。

二、国（境）内外医疗服务领域立法的经验介绍

（一）国（境）外医疗立法经验。医疗立法既植根于一国历史文化、法律传统之中，又体现了当代经济社会、医学科学和法治发展水平，更彰显了国家保障公民健康权益的根本宗旨和基本理念，各国各有千秋。比如美国、英国等英美法系国家虽有某些方面的法案或者某些法案中有相关条文，但没有关于医疗服务领域的专门成文法。德国联邦政府层面没有专门的《医疗法》，但部分州有相关的立法，如《柏林州医院法》。日本制定了专门的《医疗法》，其特点包括：一是明确发展医疗事业的目标。《医疗法》第 1 条即提出"确保建立一个能保护受诊者利益，有效提供

优质、切实的医疗体制，从而保证国民的健康"。第7条进一步明确，"不允许成立以营利为目的的医疗机构"。二是明确政府责任。《医疗法》规定，为确保有效提供优质、切实的医疗体制，厚生劳动大臣需制定基本方针，包括医疗服务体系应有的基本措施，确保落实医疗机构和医务人员的功能职责、业务协作及信息公开等相关目标，有关医疗计划的编制及实施状况评价，以及其他与医疗服务体系有关的重要事项。三是明确医疗规划的法律地位。《医疗法》规定都道府县制定医疗规划，开设医院、增加病床、变更病床种类等，必须符合医疗规划。四是明确医疗机构分类管理制度。在日本，民间医疗机构包含医疗财团法人、医疗社团法人和个体经营，前两种统称为"医疗法人"。对医疗法人的规制占据了《医疗法》近1/3的条款，对医疗法人的设立、合并、解散以及解散后财产归属等都有明确规定。特别是为了确保医疗法人的非营利性，规定收支结余不能进行分成；但为了鼓励民间投资，减免医疗法人的继承税和赠与税，缴纳的法人税低于企业法人，允许投资人在医疗法人解散，或者投资人退出时收回投资。五是明确医疗质量安全保障。《医疗法》明确了各级政府、医疗机构在确保医疗安全方面的责任。除此以外，我国台湾地区也制定了"医疗法"，对落实政府责任、建立医疗法人制度、保障医疗治疗安全等方面作出了明确规定。

（二）国内部分地方医疗服务领域立法探索。目前，我国只有深圳市制定了地方性医疗法规。2016年8月25日，《深圳经济特区医疗条例》（以下简称《深圳条例》）正式颁布，其亮点包括：一是明确政府各部门职责。除卫生计生部门外，要求发展改革、财政、国土、教育、公安、民政、司法、人社、住房建设、市场监管、食药监等部门在各自职责范围内保障和促进医疗卫生事业发展，从法律上明确将健康融入所有政策。二是明确区域医疗卫生规划制定权限和制定程序。卫生计生会同发展改革部门制定规划，由市人民政府提请市人民代表大会常务委员会批准后实施，实施情况定期向社会公布。三是强调医疗秩序与纠纷处理。将医疗秩序作为立法的重要目标，以一种积极、主动的态度维护医疗秩序，处理医疗纠纷，保护患者权利，有利于和谐医患关系的形成和良性发展。四是强化法律责任。《深圳条例》设法律责任专章，对违反规定的医疗执业行为给予处罚，加上其他条款中对医疗机构和医师的处罚规定，相关处罚条文达 15 条，较《机构条例》的处罚范围更广、力度更大。此外，《深圳条例》在医师多点执业、鼓励社会办医、医疗监管、行业自律等方面的规定也为我国医疗立法提供了有益借鉴。

三、加快我国医疗服务领域立法的政策建议

医疗立法是一项复杂而庞大的系统工程。伴随着我国医药卫生体制改革的不断深化和医疗技术的快速发展，迫切需要加快推动医疗服务领域的立法工作，为健康中国建设奠定坚实基础。

（一）完善医疗主体的制度安排。可以借鉴德国、日本、美国和我国台湾地区的经验，将医疗机构按照所有权形式和法律责任承担主体分为公立医疗机构、法人医疗机构和私人医疗机构，法人医疗机构又细分为非营利性法人医疗机构与营利性法人医疗机构两种。将政府、事业单位和国有企业举办的为职工提供服务的医疗机构明确为公立医疗机构，为公立医院改革界定清晰范畴。私人医疗机构主要由医师举办的医疗机构，由其负责人或发起人承担无限连带责任。创设医疗法人制度，将社会举办的非营利性和营利性医疗机构，分别正式确定为非营利性和营利性医疗

法人。建立与上述医疗机构分类管理相配套的财政税收、财务会计、组织领导、监督认证和法律责任等方面的制度。比如对非营利性医疗法人，要按照章程设置董事会或理事会，实行介于事业单位和企业之间的财务制度，享受税收优惠政策，定期向社会公布财务报告与工作报告，收支结余不得分红。

（二）明确政府责任。主要包括调控、监管、筹资和举办（直接提供）四方面责任，都应在医疗立法中予以体现。在调控方面，要通过立法，明确制定区域卫生规划和医疗机构设置规划的主体和程序，建立规划制定、实施、变更相关的论证制度、听证制度、公示制度，确保规划的科学性和权威性。在监管方面，要以法律形式赋予行政机关保障医疗安全、建立医疗风险分担机制的权力和责任；通过制定法律法规和技术标准，建立完善的监管制度体系，包括医疗机构、人员、技术准入，医疗安全质量监管，财务管理、资产处置、收益分配等经济运行监管。在筹资方面，要明确各级政府对医疗机构的财政补助、医保支付等筹资责任，既确保全体公民享受公平的基本医疗服务，又能够适应不同地方的特点和要求。在举办方面，要明确各级政府举办医疗机构、为群众直接提供基本医疗服务的责任。需要指出的是，应当在法律中对卫生、发改、财政、人社、食药监、公安等各部门的职责均予以明确。

（三）建立医疗损害风险分担机制。统一医疗损害的法律概念，规范鉴定程序和赔偿制度，明确政府、社会、医疗机构和医务人员、患者在医疗损害风险分担机制中的职责和作用，多方协作，共担风险，构建符合国情的医疗损害风险分担机制。建立患者权利保障与救济机制，建立以政府医疗损害风险救助基金和强制医疗责任保险、医疗行业互助保险、医疗意外险等共同组成的医疗损害风险分担体系。构建高效的医疗纠纷化解途径，促进各种医疗损害风险保险救济制度与医疗纠纷人民调解的有机衔接。

（四）对互联网医疗、医疗大数据等新业态予以规范。这是适应医疗行业发展的必然要求。要明确线下医疗机构及其医务人员与线上医疗机构及其医务人员、线下医疗机构及其医务人员与患者、线上医疗机构及其医务人员与患者这三个方面的法律关系。保障患者在获得高质量医疗服务的同时，隐私权益也能得到保障，确保医疗机构和医务人员获得合理补偿。完善医疗大数据收集、管理和使用的法律制度，确保数据的有效应用、适度公开和信息安全。

2016 年 10 月 25 日

（曹艳林，中国医学科学院医学信息研究所供职）

"健康中国" 建设需要立法保障

王敏瑶

没有全民健康，就没有全面小康。不久前召开的全国卫生与健康大会，强调把人民健康放在优先发展战略地位，努力全方位全周期保障人民健康。实施好"健康中国"这一国家战略，需要完备的法律制度保驾护航。近日，我们围绕健康领域立法问题作了一些研究，认为虽然我国健康立法取得了长足进步，但与"健康中国"的目标相比还有不小差距，迫切需要立足新形势、新要求，加快推动健康立法工作。

一、我国健康立法的现状和问题

新中国成立特别是改革开放以来，我国在构建健康领域法律体系方面进行了不懈探索。目前，我国已经颁布《人口与计划生育法》《国境卫生检疫法》《传染病防治法》《药品管理法》《红十字会法》《母婴保健法》《食品安全法》《献血法》《执业医师法》《职业病防治法》《精神卫生法》等11部健康方面的法律；《医疗机构管理条例》《护士条例》《中医药条例》《突发公共卫生事件应急条例》等30多部卫生行政法规；除此之外，《残疾人保障法》《妇女权益保障法》《老年人权益保障法》《未成年人保护法》等对特殊人群的健康权作出了专门规定。然而，我国健康法律体系还很不完善，存在的主要问题包括：

（一）缺乏基本法。我国《宪法》"总纲"部分第21条规定国家发展医疗卫生事业的责任；公民"权利与义务"部分第45条规定公民在疾病的情况下，有从国家和社会获得物质帮助的权利等，这些内容通过规范国家义务的形式，体现了健康权是我国宪法保障的一项基本权利。基本权利需要相应位阶的法律予以保障，但我国尚未制定一部上接宪法、下连各部专项法的卫生基本法，这与全面依法治国的要求、与加快健康中国建设的形势是不相适应的，其带来的主要问题包括：一是无法对宪法确认的健康权利进行深入阐述。《民法通则》第98条规定"公民享有生命健康权"，主要是从私权角度加以保护的。《刑法》对损害健康权行为的处置，主要是事后惩罚和救济，难以做到事前预防和保障。这些都难以涵盖作为基本权利的健康权内涵。二是难以明确健康权的权利位阶。我国宪法规范了国家保障公民健康权的义务，也赋予了国家维护和促进公共健康的公权力。在实际行使过程中，公权力可能与人身自由权、决定权、隐私权等个人权利冲突。当个人权利与社会公共利益冲突时，个人权利应受公共权力限制。比如我国《传染病防治法》规定了对特定传染病的强制医疗，《刑法》《精神卫生法》等规定了对精神病人的强制医疗等。但类似规定分散于不同法律当中，整体上对健康权的权利位阶还不明确，缺乏健康权相对于其他权利的关系的系统规范，近年来社会上广泛争论的健康权、隐私权、知情权的冲突问题，就是一个鲜明例子。与此同时，对政府行使公权力，也缺乏完善的制约机制。三是难以对健康权进行全方位的实际保障。由于未能对保障健康权的国家体系和基本制度安排进行统一规范，导致各种制度分散于不同法律法规中，法律位阶参差不齐，甚至带来立法"碎片化"、过于庞杂等问题；有的重要制度在立法层面缺失，如基本医疗卫生制度仅在行政规范性文件中予以明确。

（二）卫生领域专项法的立法进展不平衡。我国医疗卫生体系主要包括公共卫生、医疗服务、医疗保障、药品供应保障等子系统，各个系统都制定了一些法律法规，总体而言，公共卫生和药品供应保障方面的立法取得了一定进展，医疗服务和医疗保障的立法相对滞后。公共卫生方面，"非典"后，我国加快了传染病防治和突发公共卫生事件应急处理方面的立法工作。比如2004年修订的《传染病防治法》，将地方各级人民政府作为传染病防治的首要责任人，进一步强化了政府在疾病预防控制、医疗救治和监督管理等方面的责任；要求国家建立传染病监测预警制度，建立疫情报告、通报和公布制度；增加了医疗救济、强制治疗等方面的内容。这些规定极大地提高了我国应对传染病突发疫情的能力。医疗服务方面，我国尚未制定《医疗法》，这使得医疗领域的基本制度没有完整建立。比如对医疗领域的行医主体，对于医师在个人诊所以自然人身份的行医权，和医疗机构以法人身份的行医权，在行政许可、医疗损害责任等方面都未加区分。又如医疗机构分类管理制度是2000年医改引入的一项重要制度，也是国际通行做法，但在法律层面始终未能得到确认，这导致与营利性和非营利性医疗机构分别对应的税收、监管等制度，也难以建立。新一轮医改将公立医院改革作为一项重点任务，但"公立医院"在法律层面甚至没有相应的概念阐释。再如政府在医疗服务方面的责任，现有法律法规绝大多数属于纯粹的监管法律，少部分兼顾监管与公共服务，要求政府积极给付（不管是提供资金还是公共服务）的法律明显缺失。医疗保障方面，2010年颁布的《社会保险法》是我国社会保障方面的基本法，其立法过程遵循了"先基本法、后精细化"的路径，本身综合性、原则性强，但操作性弱。具体在医疗保险领域，《社会保险法》将基本医疗保险分为城镇职工医疗保险、城镇居民医疗保险、新型农村合作医疗3类，分别只简单进行了规定，相关管理规范（特别是新农合）还需另行制定。应当承认，将三项医疗保险纳入统一的法律框架内调整，具有积极意义。但以法律形式确认了三项保险覆盖人群、筹资方式等的差异，不利于城乡居民公平享有基本医疗保险权益，与健康权所蕴含的平等精神相违背。我国台湾地区在推进全民健保的过程中，坚持立法先行，1994年颁布的"全民健康保险法"规定，"发展单一健康保险制度，使每个国民在同一制度下，公平分担保费及获得必要服务"。药品供应保障方面，2014年、2015年先后对《医疗器械监督管理条例》《药品管理法》进行了修订，将最新的立法理念、监管实践经验纳入法律规范体系中，具有积极意义。

（三）环境与健康立法亟待加强。现在，建设健康环境成为当前加快推进健康中国建设的一项重要任务。新修订的《环境保护法》在立法目的中，将"保障人体健康"修改为"保障公众健康"，提出"国家建立、健全环境与健康监测、调查和风险评估制度"，这些都是不小的进步。但我国环境方面的立法对健康影响关注不够，事后救济规范偏多，事前预防规范较少。风险管理、健康准入等重要制度，虽有法律提及，但操作性较差；环境健康标准、环境健康监测、环境健康事故应急、环境健康损害赔偿等虽有制度，但比较粗糙，内容上也不够完备。相比之下，美国很多州制定的环境法律都明确将提高公众健康水平作为目标，并把健康目标纳入设置标准和其他要求中。韩国2008年颁布的

《环境健康法》，将宪法中的"健康权"和"环境权"细化，规定
了政府和企业在环境与健康风险管理方面的主要义务，强调了对
儿童等特殊人群和特殊地域的保护。

二、推动我国健康立法的建议

党的十八大以来，党中央围绕维护和促进人民健康，提出了
一系列新思想新论断。如何将"健康是人全面发展的基础""把人
民健康放在优先发展战略地位""将健康融入所有政策""人民共
建共享"等，在法律层面予以确认和规范，是健康立法工作中需
要回答的重大理论问题。与此同时，近年来的改革发展实践，围
绕建立覆盖城乡的基本医疗卫生制度等健康领域的基本制度作了
大量探索，有必要在法律层面上对政府、社会和个人的相关权利
义务进行规范，确立较为完备的制度体系。

（一）以对健康权的深入阐释统领健康立法工作。健康权是健
康相关法律制度的立法基础，对健康权的阐释应当至少包括以下
几个方面：一是健康权的内涵和外延。要在结合两大法系主要国
家的立法情况、主要国际公约的表述以及我国立法实践，在宪法
规定的基础上，进行全面、系统、深入的阐述。二是保障健康权
的基本原则，如公平正义、预防为主、弱者优先保护、政府主导
等。三是健康权的权利位阶。要明确健康权与人身自由权、隐私
权、知情权、自由迁徙权、受教育权、知识产权等的关系，并对
健康领域强制权力的行使进行制约，平衡政府保护公众健康的公
权和保护个人自由的私权之间的关系。四是政府保障健康权的基
本职责。从宪法学看，健康权是以积极权利为主导，兼顾消极权
利的宪法权利。宪法明文规定政府需要积极履行保障公共健康的
义务，主要包括尊重、保护和实现等。其中，尊重主要指政府有

不干涉公众维护个人健康的义务；保护主要通过卫生行政监督检查、行政强制、行政处罚等方式，对危害健康的行为进行惩罚；实现要求政府采取积极措施，为公民健康提供保险、救济、服务等条件。

（二）尽快制定健康领域的基本法。如果说前一阶段对健康领域基本法的研究制定还局限在医疗卫生行业的话，下一步就应当立足"大健康"理念立法。一是要确认健康权的内涵外延、基本原则和权利位阶。二是要构建保障健康权的基本制度体系。包括健康监测、调查、风险评估制度、基本医疗卫生服务制度、基本医疗保障制度、各类保障健康权的监管制度（如食品安全、职业卫生、药品管理、国境卫生检疫、传染病防控等监管制度）等，真正体现"将健康融入所有政策"的目标。三是规范政府、社会和个人的权利义务。一方面，国家有保障公民健康的法定义务，确定政府职责应当是基本法的重要内容。这些职责包括宏观调控（制定卫生规划、实行健康产业政策等）、微观管制（包括对健康产品、健康服务、健康保障等的管制）、筹资支付（建立医疗保险、对药品等的集中采购制度、对弱势群体的转移支付和救济制度等）、公共生产（如直接提供医疗卫生服务、基本健身服务）等。同时明确保障健康的公权力在不同政府部门间、中央和地方各级政府间的分配制度。另一方面，也要确定社会、企业、个人等在保障健康方面的职责，将多元共治的思想引入健康领域，将"人民共建共享"的理念具体化。

（三）抓紧启动医疗法的立法工作。制定医疗法的主要目的是建立一整套医疗领域的基本制度。从国际经验上看，一些国家将医疗服务和医疗保障整合立法，也有一些国家分别立法。基于我国实际，短期内医疗法应主要涵盖医疗服务的基本制度安排，长远再考虑将医疗保障立法整合进来。医疗法至少应当包括以下主要内容：一是医疗领域主体的制度安排。对自然人和法人的行医权分别进行规范。在《民法通则》所规定法人制度的基础上，结合医疗行业特点，建立医疗法人制度。对公立医疗机构（事业单位法人）、非营利性医疗法人、营利性医疗法人，围绕组织架构、财税投融资、监督管理等方面，分别进行制度设计，在法律层面建立医疗机构分类管理制度。二是明确政府责任。主要有医疗服务监管责任，包括医疗机构、人员、技术准入，医疗安全质量监管，财务管理、资产处置、收益分配等经济运行监管；调控责任，包括设置规划、税收制度、信息披露等；筹资责任，包括针对不同类别医疗机构的财政补助、医保支付政策等；直接提供责任，主要是举办公立医院提供医疗服务。三是建立医疗损害风险分担制度。统一医疗损害的法律概念，明确鉴定程序和赔偿制度，完善政府、社会、医疗机构和医务人员、患者的风险分担机制，建立患者权利保障与救济机制。在制定医疗法的同时，也要基于其立法精神，紧密结合近年来我国医改及医疗事业发展实际，修订《执业医师法》《医疗机构管理条例》等法律法规。

（四）适时启动医疗保险专项立法工作。由于医疗保险有别于养老、工伤等社会保险的特殊性，大多数国家都对医疗保险单独立法。我国应在《社会保险法》的统领下，制定《基本医疗保险条例》。该条例应当以"确保城乡居民公平享有基本医疗保险权益"为立法目的，建立基本医疗保险的筹资、经办、支付、管理监督等制度，确定政府部门、保险经办机构、医疗机构、参保人员的权利和义务，将《社会保险法》中的原则性规定具体化、明确化、可操作化。

（五）推动环境与健康立法工作。从健康风险管理角度入手完善现有法律法规，将风险管理和损害赔偿相结合。遵循风险预防原则，构建风险识别、风险评估、风险控制体系，从源头上识别健康损害风险，建立健全环境健康风险评估制度和突发事件应急机制。完善环境健康损害救济制度，探索在环境健康侵权领域实行惩罚性赔偿，提高赔偿责任的威慑性。

2016 年 10 月 25 日

积极应对"银发浪潮"下的脑健康危机

——老年痴呆症的现状、问题及对策

李坤　王昕朋

阿尔茨海默病（Alzheimer disease），俗称老年痴呆症，是一种脑部神经退变性疾病，其明显的症状是记忆丧失，同时思维、定向、理解、计算、学习、语言和判断等能力都会不同程度紊乱，甚至出现人格和行为的改变，对老年人健康、正常生活和寿命均具有极大的威胁。随着我国人口老龄化进程加快，加之城镇化、工业化带来的一系列环境及健康问题，我国老年痴呆症患者迅速增加，总量已居全球首位。科学应对老年痴呆症及其相关问题，是我国卫生领域面临的一个重要课题。为此，我们做了相关研究，提出了一些建议。

一、老年痴呆症是家庭和社会的"不可承受之重"

老年痴呆症不仅成为影响人类脑健康的重大疾病，同时还引发一系列家庭及社会问题。主要表现在：

一是导致大批老年人失能失智。老年痴呆症的发病率约为5%，65岁后患病率每5年翻一番，85岁后达到30%以上。据推算，全球共有4600多万患者，且这一数量将以每20年翻一倍的速度迅速增加，预计 2050 年将突破 1.3 亿人。目前，我国的患病人数约为 1200 万人，并以每年三四十万人的数量增长。据欧洲《人口结构报告》"老年痴呆病专题"预测，2050 年中国老年痴呆症患者将达到 2700 多万人。一般情况下，随着年龄增长患者病情会不断加重，将不同程度出现失语、失认、视空间损害等功能障碍。重度阶段患者则难以与人交流，大小便失控，基本丧失行走、坐、微笑、咀嚼、吞咽等能力，常年卧床不起，直至完全失能或死亡，平均生存期仅为 5.9 年。有关评估报告显示，60 岁及以上的老年人残疾，11.2% 是由老年痴呆症引起。该病已成为继心血管疾病、恶性肿瘤、脑卒中之后，影响老年人健康的"第四大杀手"。美国已把老年痴呆症列为"最可怕的健康问题"。

二是产生巨额医疗及护理费用。老年痴呆症将对患者家庭及整个社会产生巨大的经济负担。据专家测算，理想模式下一个患者需要 2—3 名护理人员照料，从患病到死亡 5—11 年的治疗和照护成本在 112 万元左右。北京大学第六医院一项调查显示，我国城市老年痴呆症患者到医院接受正规治疗的比例仅为 20% 左右，月平均家庭收入在 3210 元，疾病相关花费占到 40% 以上，每年仅药费支出全国就接近 1000 亿元人民币。此外，由于诊疗护理花费大，不少家属提前退休或者辞职来照料患者，进一步加剧了家庭的经济困难。从地区典型案例看，以经济条件较好的北京市为例，老年痴呆症患者一般需服用进口药多奈哌齐（"安理申"）、石杉碱甲，加上其他心血管、精神症状类药物，每月花费在 2000 元左右，请个保姆每月平均在 4500 元左右，一年支出不少于 8 万元，这还尚未计算康复理疗等费用，远远超出普通城市家庭的经济负担能力。

三是给家庭造成难以承受的压力。许多家庭形容照顾一名重度老年痴呆患者之难，每天都相当于一场"战争"。由于发现和治疗不及时，很多老年痴呆症患者发现时已是中重度。家里患病老人不分昼夜地发脾气、闹腾，艰难地喂水喂饭，一晚十几次上厕所，经常一不留神就往外跑，时常出现意外伤害等，导致家人和照护人员往往不堪重负。据专业机构调查，我国老年痴呆症患者家庭中照料者约有 70% 出现了疲劳、失眠、易怒、烦躁，注意力不集中，记忆力和免疫功能下降，怀疑自己生病，丧失信心等情绪心理障碍，部分人甚至患上了抑郁和焦虑症。

二、防治老年痴呆症已成为应对人口老龄化亟须补上的一块"短板"

目前，我国在针对老年痴呆症的科研、诊疗、保障和服务方面都存在薄弱环节。

（一）科研力量及投入严重不足。有专家指出，在治疗老年痴呆症的科研领域，我国与发达国家的差距正在进一步拉大。目前国内尚没有专门从事老年痴呆症研究的机构和医院，政府每年投入的科研经费十分有限，至今未设立该病科研攻关的重大专项。而美国早已斥巨资建立政府专项基金，开发预防措施和有效治疗方法，仅 2011—2015 年就累计投入研究经费超 5 亿美元，2016 年更是将年度预算提高到 9.4 亿美元。同时，美国还提出在 2026 年前研究出能够治疗乃至治愈老年痴呆症的目标，计划未来十年每年投入 20 亿美元。不仅如此，与欧美日等发达国家和国际组织已有比较完善的诊疗指南、模型和数据库相比，国内还没有临床早期诊断标准，在该领域的技术研发很多尚处于空白阶段，难以与国际接轨，无法指导相关部门、医院和科研机构开展合乎规范、有可比性的诊疗工作。

（二）诊断、治疗和知晓率呈现"三低"。统计显示，我国老年痴呆症患者就诊率仅为 23.3%，而在发达国家这一比例已达到 40%，英国更高达 45%。患者治疗率仅为 21%，医生诊断符合率也只有 27%。公众对老年痴呆症多数不知晓、不了解，48.8% 的人群认为是正常衰老过程，使许多患者丧失了早期发现、干预的时机，往往发现时已到中重度，终生无法治愈。

（三）相关医保报销制度尚未健全。目前并不是所有的老年痴呆症治疗药物都能报销。有些便宜的国产药，比如石杉碱甲，虽然每粒仅 1 元多，却并不在医保中。患者常开的医保药物都是进口药，价格高昂，比如"安理申"，一天服用一片，一个月要花费 2000 元以上，这基本已是多数城镇职工医保门诊报销的上限，许多退休职工尤其是农村居民因负担不起而放弃治疗。

（四）康复护理及配套措施跟不上。老年痴呆症病程长，延缓病情发展，不仅要靠药物治疗，还需要专业的大脑康复训练，如认知、算术等训练，并能提供预防伴随性精神行为症状的专业护理，中度以上患者需要 24 小时全天候的照料。由于医院床位少、周转缓慢，患者多采取入住养老机构或居家照料方式，均只能提供日常生活方面的照护，且照料者 90% 以上未经过正规培训。由于我国尚未建立全国统一的老年护理补贴制度，面对专业机构的高昂收费，很多普通家庭只能"望养"兴叹。

三、对策及建议

要借鉴国际经验，结合我国国情，明确思路、完善政策、补上"短板"，加快构建政府、社会和家庭共同参与的老年痴呆症预防、治疗和长期照护综合服务保障体系。

第一，制定实施国家层面应对计划及行动。目前，美国、英国、法国、日本等国家已制定了国家阿尔茨海默病计划。我国作为世界上老年痴呆症人口最多、发展态势最快的国家，应高度重视并制定实施应对老年痴呆症问题策略。一要加强顶层设计。将其纳入"健康中国"建设同步推进，加快制定实施"老年痴呆症预防治疗及服务保障行动计划"。二要加大科研攻关力度。设立国家老年痴呆症重大专项科研基金，充分整合相关研究机构、医疗机构及医药行业企业等各方面力量共同参与科研攻关。三要健全工作机制。统筹协调有关部门，在 3—5 年内建立起以社区为支点、覆盖全民的脑健康测评筛查与健脑教育服务机制。四要进一步加大宣传培训力度。借助"全国助老日""全国助残日"等载体积极宣传老年痴呆症的相关知识，设立"全国老年痴呆症预防日"，普及公众对该病的认知和理解。定期组织开展医务人员专项培训，五年内执业医师知晓率要达到 100%。

第二，完善医保报销和护理保障相关制度。将老年痴呆症列入门诊慢性病报销病种范围，让一些价廉有效药物纳入医保目录，降低患者自付比例。将家庭困难的重症患者纳入社会救助范畴，并积极开展试点，对符合条件的家庭提供专项护理补贴。鼓励有条件的地方加快建立长期护理保险制度，积极探索多元化的保险筹资模式，保障患者长期护理服务需求。

第三，探索建立多层次长期照护服务体系。鼓励社会力量举办医养结合的老年痴呆症患者日托所、全托所，提供康复护理全方位服务。鼓励社会组织、企事业单位充分利用城乡社区现有设施及资源，建立小规模多功能、靠近社区、家庭生活化、收费较低的"宅老所""集体生活之家"，并配置康复训练设备，集中组织轻度老年患者开展脑疾病预防和康复训练。支持企业围绕老年痴呆症患者需求，开发安全有效的康复辅具、日常照护等用品用具和服务产品。借鉴欧美发达国家经验，为患者家庭成员提供相应假期，即由国家承担照顾患者费用。

第四，普及健康生活方式防病于未然。老年痴呆症迄今仍无有效药物可以治愈，因此全面普及老年人健康生活方式，是预防疾病发生的关键一环。建议与发展老龄事业、提供为老健康服务相结合，推动老年人普遍坚持适量运动，保持广泛兴趣爱好和社交活动，推广适宜的中医中药保健方式，健康合理饮食，远离对大脑记忆有损害的含铅铝油炸膨化食品，而降低患病风险。同时，积极在社区服务中心、社区医院、养老机构、老年大学等提供各类脑健康志愿服务，帮助老年人群体实现早预防、早发现、早治疗，并开展个性化的居家脑健康保健和健康生活方式训练。

2016 年 11 月 1 日

关于深化公立医院改革的思考和建议

王汉章

当前，公立医院改革到了攻坚克难的重要关口，下一步如何推进，社会各方面都非常关注。本文对国内外公立医院改革的主要做法进行了梳理，在此基础上提出了几点思考和建议，现报告如下。

一、国外公立医院改革的主要做法

公立医院是保障基本医疗服务公平性、解决医疗服务领域市场的失灵问题的重要途径，几乎所有的国家都建立了以公立医院或非营利性医院为主导的服务体系。但从实践上看，公立医院运行也出现了不少问题，引发了社会不满。各国政府都加快了公立医院的改革步伐，具体做法如下：

第一，引入竞争机制，提高服务效率，降低医疗费用。众所周知，英国医疗卫生保障制度是政府直接举办公立医院为全民提供基本医疗卫生服务，如何解决好公立医院管理运行效率低下问题是历届政府面临的一大难题。1991年撒切尔首相执政期间，对包括教育、医疗等社会领域进行了大刀阔斧的改革，将卫生服务的供需职能从体制上分离，政府从医院的出资者转变为医疗服务的购买者。各级政府卫生部门不再直接向医院分配医疗服务经费，而是将资金分配给地区卫生局和医疗基金持有者的全科医生，由他们作为区域居民的利益代理人，向医院购买医疗服务，双方进行谈判，签订服务合同。通过这种方式，使公立医院和私人医院之间、同级医院之间、不同级别的医院之间以及医院和全科医生之间，建立了市场竞争机制。这项改革对于降低医疗服务价格产生了明显的作用，在不到三年的时间内，公立医院运行成本下降了14%左右。

第二，简政放权，扩大医院经营自主权。这是大多数国家推进公立医院改革所采取的措施，其核心是实现政府职能的转变，增强公立医院的经营决策权。根据世界银行研究报告，医院管理体制改革按照由计划到市场推进程度和政府下放权力大小的不同，分为四种基本模式：预算管理、自主化管理、公司化管理和私有化。

预算管理模式，是最传统的公立医院管理方式，把医院作为政府的一个部门进行管理，医院几乎没有任何自主权去决定关键的运营问题，如人员的组成、提供服务的种类、员工的薪水等等。政府控制了所有的战略性问题，决定医院的日常运营管理。实行计划经济体制的社会主义国家都采取这种管理模式。总体上看，我国公立医院管理尚属于预算管理的模式，已经很难适应社会主义市场经济需要。

自主化管理模式，与预算管理模式相比，医院经营者获得一定的决策权，如可以任命、提升和解雇员工，在一定的投资预算内对设备和投资有更大的权力。医院可根据历史预算水平接受财政资助，有相当程度的自治权，医院可向病人或者保险机构提供收费服务，对医院收入的结余可以用于投资和维持。印度等国在

20世纪90年代开始对公立医院探索自主化管理模式。

公司化管理模式，借鉴了私立企业的管理方式，同时所有权仍保留在公共部门。公司化公立医院按照公司的组织结构进行组建，并成为一个独立的法人实体。在新加坡、新西兰和马来西亚，公立医院按照《私有企业法》建立医院公司，并且遵守竞争法和其他适用私有企业的商业法律。与自主化管理的医院相比，公司化公立医院的经营者拥有更多的对投入、产出的控制权，对医院收入结余有更大的支配权，同时也对医院的经营亏损负责。

第三，集团化改革，建立医疗联合体。我们又简称之为医联体。医院集团作为独立的法人实体，通过完善法人治理结构，监管和运作集团内各医疗机构，实现资源共享、技术交流、控制成本等策略，实现提高效率和竞争优势的目标。英国、新加坡、德国、香港、台湾等国家或地区都陆续实行了公立医院的集团化改革。英国政府鼓励医院之间重组为规模更大的组织，即医院托拉斯，使其有更大自治管理权利和竞争优势。目前，全英国有约300个医院托拉斯。2000年，新加坡按照公立医疗机构的地理位置和规模把所有的公立医疗机构划分为两个医疗集团，即位于东部的新加坡卫生保健服务集团和位于西部的国家卫生保健集团。德国柏林在2000年12月将所属的10家公立医院合并转制成一家有限责任公司。香港在1990年建立了一个非营利的法定公共组织——医院管理局，管理所有公立医院，并按照区域，把下属42家医院组建成7个医院集团。台北市政府在2005年1月，把下属的10家公立医院合并成台北市联合医院。

第四，实行公私合作。强调公立医院与私立医院的合作伙伴关系，而不是完全的竞争，这是国际上公立医院改革的新趋势。公立医院的筹资、管理和服务等各环节都引入私人部门，形成公私合作关系。这方面改革的典型代表包括澳大利亚、巴西、瑞典、英国等。澳大利亚联邦政府和州政府通过了 5 种不同方式进行公私合作，包括 4 家医院实行国有民营，4 家医院转制出售给私营公司，3 家实行私人公司建设新医院，然后租给政府，15 家公立医院由私人建设、拥有和运营，30 家医院公私同址。巴西巴伊亚州政府与私人公司签订了管理 12 家公立医院的合约，医院仍然由政府给予资金支持。瑞典斯德哥尔摩市政府在 1999 年将一家 240 张床位的医院租赁给了一家私人公司，政府根据收治的目标患者数确定资金补助额度。英国在过去 20 年间，对许多公立医院的融资、建设和设施管理方面采取了公私伙伴机制。这些改革都是在不改变公立医院产权的情况下建立的新的经营机制，避免了完全计划体制带来的效率低下，又防止了完全私有化所引发的公平不足，兼顾了公平与效率，特别是在技术、人才政策等方面促进不同所有制医疗机构的竞争与合作，激发了公立医院的活力。

第五，建立执业医师自由流动制度。这种改革以德国为代表。德国医生是"自由职业者"，医生和医院之间没有行政隶属关系，只是合同关系。他们每周有固定时间在公立医院上班，其他时间都到外面兼职。德国有 35.9 万名医生，其中 75% 以上的医生在两家以上的医疗机构出诊，许多同时在三四家医院兼职。这种改革有三方面的好处：一是使优质的医疗技术资源得到充分利用。把好的医生固定在一个地方，既限制了他们的技术发挥，也造成部分公立医院的人才拥挤。二是可以促进中小规模医院、私立医院以及社区医疗服务机构得到充分发展。医生流动以后，这些医疗机构可以聘请这些专家作兼职医生，吸引更多病人到中小医疗机构看病就医。三是政府在不增加投入的情况下，可以大大提高医生的收入，调动医务人员的积极性。在德国，兼职医生的薪金分为两部分，一部分是公立医院支付，比如在公立医院工作时间为七成，得到薪金也是七成，另一部分是兼职医院支付。

各国公立医院改革都取得了显著成效，集中表现在三个方面：一是运行效率显著提高。这主要因为改革后，医院拥有更多人事分配权，加强责任落实和绩效考核，产生了新的激励和约束机制。此外医院集团化改革以后，实现了规模效益，节约了成本。二是患者满意度显著提高。这缘于购买服务与提供服务分离之后，医院参与市场竞争的压力，不得不加强内部管理，改进服务质量。三是公立医院服务能力显著提高。这既得益于引进社会资金进行公私合作，改善了医院的设施设备，又与借鉴企业化管理提升了工作绩效有关。

二、对我国公立医院改革的几点思考

从国外公立医院改革实践看，主要是厘清政府和公立医院关系，充分借鉴企业管理的做法，朝着建立现代医院管理制度稳步推进，不断提高管理效率，控制运行成本。我国公立医院改革正处于关键节点，加快推动适合我国国情现代公立医院管理制度势在必行。

一是公立医院改革首先要转变政府职能。传统意义下，公立医院是政府部门的附属单位，进行改革的前提就首先意味着政府职能要转变。这种转变有四种方式：一是权力下放，改革之初多采用这种方式；二是管办分离，政府由直接举办医院转为间接监管；三是筹资者与服务者分离，即由直接组织提供服务转变为购买服务；四是决策者与执行者分离，即政策部门与具体执行机构分离，由第三方来进行专业化管理。不论采用何种方式，其目的都是使政府部门有更多的精力对各类医院进行公平监管，确保医疗服务的公平性和可见性，使医疗机构有更大经营自主权与更明确的责任，促进提高医疗服务效率和质量。政府职能转变的核心，不是卸包袱而是转机制。保障国民医疗服务的质量与可及性是政府不可推卸的责任，关键是引进更有效的管理机制。

二是坚持医疗卫生服务的公益性是公立医院改革的底线。人人享有基本卫生保健是医疗卫生体制改革的基本目标，公立医院是实现这一目标的重要基础。所以，公立医院改革前提是提高医疗服务的公平性和可及性，纠正市场失灵问题。如果破坏了这条底线，必将引起社会的不稳定。

三是加快建立科学合理的执业医师制度。医生的自主择业、自由流动是国际发展趋势，中国古代中医也是"自由职业者"。而现在执业医师制度却限制了医生的自由流动，不能很好地发挥他们的最大作用，也使中小医院以及社区卫生机构难以快速发展。因此，推进公立医院改革，必须深化执业医师制度改革，建立有利于促进医务人员合理流动、积极性得到充分调动和优质资源有效利用的执业医师制度。

四是公司化或集团化经营管理模式成为改革的主流走向。这种改革方式的优点是在不改变产权制度的情况下通过建立新的经营管理机制，提高运营的效率，既符合社会价值观，又有利于解决公立医院运营中存在的主要问题，既避免了完全计划体制带来的效率低下，又防止了完全私有所带来的公平不足，兼顾了公平与效率。实施集团化管理，也有利于实现资源的优化组合，提高资源利用效率。

五是必须建立有效监管制度。国际公立医院改革的经验表明，在缺乏有效社会管制的情况下，医院改革容易偏失方向，出现逐利倾向，忽视社会责任。国际趋势是在改革后，政府卫生管理部门对医院的直接监管能力逐渐削弱，但间接监督管理手段逐渐加强，监督主体从卫生行政部门的单一监管逐步转变为所有医疗活动参与者（卫生局、卫生执法者、医疗保险组织、患者、行业组织等）的共同监管。间接监管的手段主要有四个方面：一是政府部门通过医院理事会或董事会（政府任命理事会主席，或者政府官员是理事会的重要成员）的传递作用，在医院经营者任用及工作绩效评价上有发言权；二是建立由多方面人员组成的监事会；三是医疗服务购买合同，主要是医保部门对医院的制约；四是政府立法监督。

2016 年 11 月 18 日

补齐社区服务"短板"
打造"最近一公里"便民服务圈

朱峰

社区服务是政府和社会力量依托各类社区服务设施在老百姓家门口提供的公共服务和便民利民服务。完善社区服务，是保障和改善民生的迫切需要，也是当前拉动投资和消费的重要领域。我国社区服务经过多年发展，取得了长足进步，但总体发展滞后，有效供给不足，质量水平不高，亟待进一步改善。

一、社区小平台、提供大服务

我国有 10 万个城市社区，每个居民生活都离不开社区服务。随着社会转型的深入推进，机关企事业单位办社会的职能基本剥离，大量"单位人"转变为"社会人"，人们更加依赖社区服务。近年来，我国社区服务体系不断健全，在方便群众生活、完善社会治理、促进社会和谐等方面发挥着重要作用。

社区服务是居民日常生活的重要"帮手"。从买菜、吃早点到理发洗衣修鞋，从疏通下水道、垃圾回收到打气补胎配钥匙，都离不开社区里的服务门店或小商小贩。居民患头痛脑热的小病，儿童接种疫苗和保健，更是离不开社区卫生服务中心。在服务居民改善物质生活的同时,社区对满足居民越来越多的精神文化生活需求提供了支撑。多数社区配有健身室、棋牌室、图书室等设施,不少社区成立了合唱团、秧歌队、书画社、棋友会等文娱社团,组织居民开展各种文体活动,老人们唱歌、跳舞、下棋,孩子们尽情玩耍嬉戏,已成为社区的一道风景。一些社区还成立了志愿者组织,义工们积极从事着服务居民生活的各种公益活动。

社区服务为居民养老提供重要依托。目前我国有 2 亿多老年人,在家庭和社区里养老是他们养老的主要形式。随着"以居家为基础、社区为依托、机构为补充"的养老体系不断完善,社区为银发群体提供着越来越贴心的服务。不少社区开设了老年餐桌,提供专门针对老人的营养餐,解决了老年人,尤其是独居、空巢老年人的吃饭难题。一些社区建立了老年人日间照料中心或养老驿站,为包括失能老人在内的老年群体提供生活照料、健康指导、康复护理、文化娱乐、心理慰藉等服务。

社区服务为社会安全稳定提供重要保障。许多社区,既有社区片警、"小巷总理"、楼门院长和物业保安在守护平安,也有"朝阳群众""西城大妈""海淀网友"这样有社会责任感的街坊邻里在积极奉献,他们在社区共同筑起了维护社会和谐稳定的坚实堡垒。邻里之间的矛盾纠纷,可以找居委会大妈进行调解。社区治安的隐患可以就近向驻社区的民警反映。社区矫正、出租房屋管理等也都有社区相关力量负责。

社区服务帮助困难群众兜住民生"底线"。民生保障各项政策措施落地生效,离不开社区这个基层组织。现在,保就业的任务已经扎根进社区。社区通过职业介绍、就业岗位开发、"零就业家庭"一对一帮扶等措施,帮助就业困难群体渡过难关。对于生活困难的群众,社区居委会还常常通过组织募捐、申请救助金等途径，为他们献上爱心。

二、当前社区服务仍是亟待补齐的"短板"

随着城镇化和老龄化进程的加快，广大居民对社区服务提出了更高要求。目前的社区服务在覆盖面、便利度和品质等方面仍需要进一步提升。

第一，供需矛盾突出，大量公共服务没有延伸到社区。一些地方在编制城市总体规划时，未将社区的办公、活动用房和居民休闲、健身公益场所等纳入规划。在不少新建小区，高楼建起来了，但配套的治安、环卫、教育、医疗等公共服务迟迟跟不上，以至于许多新建住宅大量空置。在不少老旧社区，养老、医疗卫生、教育等方面的服务供不应求。据调查，北京市所有社区中，日间照料中心或托老所和老年餐桌的覆盖率仅分别为 42.5% 和 35.0%，已经建成的养老设施中 5.9% 的出现功能损坏，35.3% 长期闲置。同时，不少社区居民对社区提供的服务项目并不知晓，很多外来人口没有资格享受社区服务。

第二，服务主体单一，市场、社会组织、居民自治的作用发挥不足。目前，社区大量的公共服务事项仍主要由政府部门直接提供，社会力量参与社区服务空间有限，公益性社会组织发育不足，居民参与社区服务的程度低。一些发达国家居民的社区服务参与率达到 50% 以上。在国外的社区，人们经常能够看到义工的身影。我国居民参与社区志愿服务的比率很低，不少农村甚至没有志愿者组织。城市居民参与社区活动的多是老年和退休群体，工作群体的社区服务参与率明显不足。

第三，服务质量参差不齐，专业化、精细化、规范化程度亟待提升。由于社区服务多属薄利行业，社会单位参与社区服务的积极性不高,群众亟须的服务项目常常无人提供。据调查,北京市在社区从事便民服务的商家平均为每社区 20 家,而海淀区平均只有 5 家,远远不能满足居民日益增长的需求。并且,目前提供社区服务的社会单位多为个体私营"六小门店"(小餐馆、小理发馆、小洗浴、小店铺、小娱乐场所、小网吧),虽有其灵活性和便利性优势,但同时存在小、散、乱,流动性大,服务不规范,质量无保证等问题。

三、着力为社区居民打造便利温馨的"生活港湾"

针对社区服务存在的突出问题,应坚持政府沉下来、市场活起来、居民动起来,广泛凝聚政府、企业、社会组织和居民的力量,加快构建政府、市场和社会联动的多层次社区服务供给体系(详见附表),努力使居民在社区周围一公里范围内能享受到更多更好的服务。

(一)落实政府责任,完善社区基本公共服务。深入实施《城乡社区服务体系建设规划(2016—2020 年)》,加快明确社区基本公共服务的范围、标准和供给方式,加大投入力度,加快推动社区基本公共服务覆盖城乡所有社区、户籍人口和流动人口等各类人群。为此,可以推行"双目录""一评估"。一是推行社区基本公共服务目录。目前,有的地方制定了社区基本公共服务指导目录,详细列出了政府应提供的大类和若干小项社区公共服务项目,为推进社区基本公共服务全覆盖提供了重要指南。各地都应当制定出台社区基本公共服务目录,确定具体项目、建设标准和工作进度,并将外来人口纳入服务范围。二是推行政府购买社区公共服务目录。拓展政府向社会组织购买社区公共服务的范围,加大资金支持力度,加强购买服务全流程监管,鼓励和吸引志愿组织和社会单位参与基层公共服务。三是推行社区公共服务绩效评估。引入第三方评估机构，加强对政府提供服务过程与行为的监督和服务质量的评估，对于那些运转不良和"沉睡"的社区公共服务设施，要及时撤出或转为其他用途。

（二）完善扶持政策，调动市场力量参与社区服务的积极性。针对社区服务市场活力不足的问题，政府应当加大土地、政策、资金等方面的政策扶持力度，增加社区服务业的盈利空间，撬动社会投资，建立更加完善的社会化服务体系。一是推行公办民营服务模式。据调查，今年北京市拟试点建设150个社区养老驿站，这些驿站的建设采取公建民营方式，政府提供养老设施和一定标准的补贴，日常运营由企业或社会工作事务机构负责。从推进情况看，这种运作模式效果良好。社区养老、教育等服务完全可以采取公办民营或民办公助等方式开展。二是鼓励大型企业引领社区服务业品牌化连锁化发展。出台相应措施，引导国有或民营大型企业新设实体或收购、重组现有零散的社区服务企业，培育规模化社区服务骨干企业，实行规模经营、品牌连锁、规范化运营，解决社区服务业存在的小散乱问题。

（三）弘扬互助精神，动员居民自我服务。据调查，在广大城乡社区，许多居民具有志愿服务意愿，特别是社区生活着一大批离退休时间不长、身体健康、富有经验的55—65岁之间的"小老人"，不少有能力、有愿意就近为社区居民服务。要加强动员和激励，建设社区互助性服务体系，改进对社区居民特别是低收入及特殊群体的服务。一是政府提供场地等方面的支持，鼓励社区设立实体性互助合作社，实施志愿服务"时间储蓄银行"等机制，推动社区志愿服务常态化。二是政府给予经营补贴及社保补助等政策支持，鼓励下岗失业人员自办或合办社区服务互助组织，通过小时工、非全日制工和阶段性就业等灵活方式参与社区服务，这也有利于在社区内解决一部分再就业问题。三是鼓励"小老人"以兼职或弹性工作的形式帮助服务"老老人"，对参与服务者给予适当的、制度化的报酬或奖励，吸引他们长期从事社区互助服务。

2016 年 11 月 21 日

附表　政府、市场、社会联动的多层次社区服务供给体系

	基本公共服务体系	社会化服务体系	互助性服务体系
功能定位	不适合市场提供的基本公共服务	多层次、多样化服务	个性化、零散性服务
服务对象	全体社区居民	全体社区居民	低收入群体和特殊群体为重点的全体居民
组织形态	政府派驻社区的服务站（所）	社会工作事务所以及民营和国有的社会服务企业	社区互助服务社
雇员身份	政府雇员	社会人员	本社区居民
运作模式	行政机关制	公司制和事业单位制	居民互助制
定价收费	无偿	市场化收费	少量收费
经费来源	政府财政	服务收费以及政府奖励和补贴等	向服务对象少量收费和政府购买服务、社会捐赠等多元化经费来源
服务性质	公益性	营利性	公益性、微利性

七、国外考察报告和国际借鉴

牢牢把握中美战略合作与竞争关系大格局
持续推动双边经贸关系稳定发展

——专家学者对发展中美关系的看法和建议

党小卉　刘武通　张红晨　徐紫光　王检贵

8月26日，黄守宏主任主持召开座谈会，邀请国务院发展研究中心、中国社会科学院、北京大学、中国现代国际关系研究院、中国国际贸易学会、新华社世界问题研究中心等单位专家，就中美关系现状和走势、双方经贸发展，以及舆论关注的热点问题，进行分析讨论。现将主要观点综述如下。

一、对中美关系现状与未来走势的判断

与会专家普遍认为，近些年，随着中国"崛起"，中美综合实力此消彼长，战略博弈跌宕起伏，经贸摩擦冲突加剧，军事力量角逐升温，网络安全矛盾频现，中美关系发展日趋复杂多变，不断在合作、竞争、摩擦之间寻求新的动态平衡，并将朝着"双方都不满意但只能接受"的方向曲折发展。

——加强合作仍是中美关系发展的主流。北京大学国际战略研究院院长王缉思指出，近年来，中美领导人在双边和多边场合保持频繁接触，双方主张合作共赢的原则基本一致。习近平主席

和李克强总理多次强调：中国高度重视对美关系的稳定与发展，中美共同利益远远大于分歧。中国坚持走和平与发展道路，坚持改革开放；在周边国家关系中继续奉行睦邻友好的方针；中国是国际秩序的受益者、维护者、贡献者和建设者，不会在国际上"另起炉灶"。奥巴马政府 2009 年上台以来，积极调整内外政策：对外政策坚持"经济优先"原则，强调多边外交和巧实力，海外动武谨慎，缩减国防开支，奉行"不干蠢事"原则；奥巴马总统多次申明，"美国欢迎一个和平、稳定、成功的中国崛起，中国的社会政治稳定、经济成功符合美国利益，希望同中国加强合作"。

中国现代国际关系研究院副院长袁鹏说，中美双方合作正不断扩大与深化：两军建立多方面、多层次的对话交流机制；双边贸易持续增长带领世界贸易进入"中美双核"时代；网络安全在"五点共识"基础上开展合作，经贸合作和人文交流成为中美关系的"压舱石"和"推进器"。新华社世界问题研究中心研究员王发恩称，两国合作范畴已跨越双边、拓展至多边乃至全球范畴：在打击恐怖主义、阿富汗、朝核伊核等问题，海上安全、能源合作、疾病防治、能源合作、反腐等领域，尤其在气候变化等全球治理方面通力合作，赢得国际舆论的高度赞许。

——竞争加剧成为中美关系演化的"新常态"。国务院发展研究中心副主任隆国强指出，中国的"强势崛起"改变了全球经济格局和政治力量的对比版图，使中美关系发生质变，面临所谓的"修昔底德陷阱"：由普通大国之间的关系演化为新兴挑战大国和守成霸主大国之间的全球性战略博弈。中美在全球经济格局以及双边经贸关系中的较量将呈现新的竞争态势。

新华社世界问题研究中心副主任何君臣称，随着中国实力提升，两国竞争已涉及政治、经济、军事、科技、太空等多个领域，甚至延伸至全球治理范畴，美国已将与中国的竞争视为对美方的挑战。在中国人眼里，美国对中国主权和内政的干涉从未停止，特别是美国利用强化日韩等军事同盟构建围堵中国包围网的努力，使中国对美国的对华战略目标亦充满疑虑。

袁鹏说，目前中美关系处于敏感时期，美国舆论认为国际金融危机爆发放大了中国赶超美国的强度，"霸权国"与"崛起国"已成为西方媒体形容美中关系的"主流范式"。奥巴马政府的亚太战略从"战略重心转向亚太"到"重返亚太"，最终定位于"亚太再平衡"，不仅体现亚太国际关系新格局和美国的亚太战略意图，更反映了中美竞争关系的变化：一方想建构自己的话语体系而不希望引发争端，另一方则力守阵地但又希望对方承担责任。崛起的中国提出"一带一路"倡议、建立亚投行，力促中欧关系全面升温；而美国以构建多项"T"字头（TPP、TTIP 等）战略规则回应。

双方在战略层面更多表现互疑而非互信。中国社科院美国研究所副所长倪峰和王发恩分析说，美国对中国患上了"疑虑症"，从担心中国的发展潜力、增长能力、政治发展方向，到对中国的战略意图、发展模式、政治和社会体制、改革开放的战略目标、军事发展和现代化怀疑，最终甚至对中方提出的构建中美"新型大国关系"的构想都持否定排斥态度。中美之间战略疑虑升温与南海、钓鱼岛、萨德、网络安全等"第三方因素"累积叠加、集中发酵，使中美关系逐步滑向"冷和平"或"次冷战"状态。目前这一趋势在美国总统大选的对华政策大辩论中已有所表现，美国战略界甚至呼吁，当局应下定决心，担起"领袖角色"，"敢于与中国抗衡"，这不仅可能改变奥巴马政府的对华政策，还会对下任总统的对华政策产生重大影响。

——中美关系将在波动中持续发展。王缉思认为，中美关系虽逐步走向成熟，但仍呈现较大脆弱性且存在战略误判的风险。这主要表现在三个方面的强烈反差：一是中美双方在经贸、人文、全球治理等领域的合作加深，而在亚太地区安全领域的战略竞争性不断增强。二是尽管中美高层保持频繁顺畅的交流沟通，但民间舆论并"不买账"，双方媒体持续炒作"中美战略疑虑竞争关系加深"，民众不断要求双方政府处理双边关系更加"强势"。三是中美民间舆论均把对方视为最大的战略威胁，但事实上两国战略威胁并不像双方想象的那样强大且迫在眉睫。

新华社世界问题研究中心研究员徐长银判断，当前，中美两国既会因共同利益而加强合作，也会因战略疑虑而加剧竞争；基于双方对战略关系的误判，摩擦与竞争如影随形。在可以预见的未来，当合作超越竞争、分歧管控得当时，中美关系总体表现平稳向好；当竞争大于合作、摩擦加剧时，又会出现紧张恶化。好在双方对彼此实力此消彼长的趋势都有清醒的认识，会因担心摩擦冲突升级引发核战争而妥协缓和矛盾；只是美国常因焦虑中国发展太快而采取非理性打压，中国也不甘心像以往那样逆来顺受。中美关系将在这种合作与竞争并存、紧张与缓和循环、波动反复中缓慢发展，朝着双方都不满意但只能接受的方向曲折前行。

二、对中美经贸关系及舆论热点问题的看法

与会专家认为，中美建交以来，两国建立了相互依赖的经贸关系。近些年，随着中美综合实力对比演变，美国对华经贸政策日趋"强硬"，西方舆论将经贸问题政治化，双方经贸摩擦冲突频发，中美经贸关系两面性表现突出。但共同的利益是维护双方

合作的重要前提，中美经贸关系发展机遇仍大于挑战，短期内持续稳定向前的趋势不会逆转。

（一）强化利益融合仍是中美经贸关系发展的基本特征。国务院发展研究中心外经部副部长张琦说，中美两国经济互补性强，多年来合作不断扩大加深，已经成为全面互利的经贸伙伴。特别是国际金融危机以来，中美双边贸易和投资继续呈现增长态势，对促进彼此经济复苏发挥关键性作用。两国通过中美战略与经济对话及20国集团（G20）等双、多边机制，就各自国内经济事务及全球经济治理进行协调合作，引领全球经济金融稳定发展。

隆国强提出，近些年，中美经贸合作呈现三大新特点：一是中国的"后发"优势突出。中国已成为美国增长最快的出口市场之一，2002—2015年美国几乎所有商品对华出口额大幅增长，尤其在计算机、电子产品、机器设备等领域大大增加了美国产业和出口商利益。中国对美直接投资规模和速度大幅提高。2014年、2015年、2016年上半年，中国对美直接投资规模分别为52.4亿美元、83.9亿美元、106.6亿美元，目前中国投资已覆盖美国47个州，累计为美国贡献10万个直接就业机会，且中企提供的工资和福利远高于行业平均水平。中美投资协定（BIT）谈判取得重大进展。自2008年正式重启谈判至今，中美BIT已经历23轮谈判，并取得实质性进展。习近平主席去年访美期间，中美两国领导人就推进中美BIT谈判达成重要共识，同意强力推进谈判，以达成一项互利共赢的高水平投资协定。二是地方层级合作不断深化。国际贸易学会副会长李永称，近些年，中美经贸合作更加"接地气"，地方层级合作非常活跃，建立多个省州、城市间的合作机制。截至2016年上半年，中国投资位列前三的是加州、纽约州和德州。三是全球经济治理合作加强。国际金融危机以来，中美多边协调合作日益频繁，双方激活 20 国集团（G20），使其取代 8 国集团（G8）成为全球经济治理的主要平台；共同推动 IMF 等重要机构资金份额和投票权的改革，并在将人民币纳入 IMF 特别提款权（SDR）货币篮子问题上加强沟通和协调，促使 IMF 批准人民币加入 SDR 货币篮子。

（二）摩擦冲突频发凸显中美贸易关系的复杂性。王缉思认为，国际经济危机爆发以后，中美经济增速放缓，潜在经济增长率下降，两国同时进行经济结构调整并开始向趋同方向发展，这激化了双方在相同产业领域的竞争。随着中美综合实力对比演进，奥巴马政府加大对华的施压力度，恢复对华经贸政策的两面性，中美经贸关系竞争加剧，摩擦争端事件频发，加之全球化浪潮受阻、民族主义和民粹主义上升、地缘政治因素强化、美国总统大选、国内收入差距、贸易保护主义抬头，促使中美经贸关系更趋复杂。

经贸摩擦集中显现。袁鹏指出，美国除在经贸失衡、人民币汇率、知识产权保护等老问题上继续对华施压外，还不断扩大争端范围。比如，本来属于战略层面的网络安全问题，美国却将其列入知识产权等经贸范畴，声称中国政府针对美国企业进行网络经济间谍活动。反倾销、反补贴等传统贸易救济措施更是被频繁使用。中国钢铁产能过剩问题近来成为中美经贸摩擦的新热点。美国商务部认为，中国钢铁产能过剩导致美钢铁行业生存艰难，美国损失就业岗位 1.2 万个。美对华部分钢铁产品的惩罚性关税甚至高过 500%，且有向铝、铁等其他产品及行业蔓延趋势。

投资政治化壁垒增多。李永说，美国对中国直接投资频设置政治化壁垒，特别是对华在美高科技、能源等产业的投资尤为警惕，常以"国家安全"为由阻挠和干扰中企在美的商业投资活动。据最新数据，仅 2012—2014 年，中企被美国国外投资委员会（CFIUS）审查案件多达 68 起，判定中企涉及"涵盖交易" 23 起，中国已成为 CFIUS 审查最多的国家。此外，美方对我国经济政策不满、对华"要价"提高，导致中美 BIT 谈判"难产"，而美方舆论将谈判停滞的责任归于中国，流行说法是：因为中国不愿开放市场，淘汰国有"僵尸"企业力度太小，对美国市场倾销过剩产品。

规则竞争风起云涌。在新一轮国际贸易投资规则重构过程中，中美两国展开新的博弈：一是话语权之争。倪峰说，中国在国际经贸规则重构中不愿只当跟随者，对提高全球经济治理中制度性话语权的诉求增强，希望做参与者，甚至引领者。但美国以"中国不遵守经贸规则"为由，反对中国参与全球经贸规则的制定。奥巴马总统多次表示，全球经贸规则必须由美国、而不是中国这样的国家书写。袁鹏举例，美国将中国的产能过剩问题与遵守《中国加入世贸组织议定书》第 15 条规定相挂钩，美舆论的主流观点是：鉴于中国的产能过剩等问题损害美国利益，美方不应放弃反倾销中的替代国做法，即使中国在 WTO 起诉美方或与美国打贸易战，也不应改变美方的态度和立场。该问题或将导致年底的中美经贸摩擦全面升级。二是标准之争。李永提出，中国主张通过改善多边贸易体制和推进区域经贸安排这两个轮子，共同驱动国际经贸体系改革完善，形成公正、合理和透明国际经贸规则体系。近些年，中国加紧实施自贸区战略，逐步构筑起立足周边、辐射"一带一路"、面向全球的自由贸易区网络；积极推进区域或双边自贸区建设。而美国则加紧构建以美国为主导的亚太经贸体系乃至新的全球经贸体系，通过商签跨太平洋伙伴关系协定（TPP）和加快跨大西洋贸易投资伙伴关系协定（TTIP）谈判，在制定新一代亚太和全球贸易投资规则方面占据制高点，最终促使中国接受这些新规则。这折射出美国深层次的战略性考虑：虽然遏制不住中国崛起，但中国必须在美国制定的规则范围内发展。

营商条件之争激化。倪峰指出，两国企业都认为近些年对方投资环境趋于"恶化"，并要求尽快加以改进。中方企业认为，美国表面欢迎中企到美国投资，但对中企特别是国企设置种种歧视性限制，与中国企业在欧洲得到红地毯式待遇形成鲜明对比，要求美方减少政治干扰，以公平开放的政策对待中企。而美企抱怨，在华营商优惠大不如前。有调查显示，67%的美企对中国的政策和监管环境表示担忧，认为外资企业未从中国经济改革中获益，随着中国对市场准入的限制增多，外资企业在华投资大幅下滑，并戏称中国只改革不开放，并要求中国打开国门，允许其进入金融服务、农业产品、法律服务、信息通信技术等领域和行业。

（三）中美经贸问题成为美国舆论炒作的热点。袁鹏提出，国际金融危机爆发后，中美经济增长放缓，投资环境趋紧，贸易纷争加剧，两国之间正常的商业活动和经济问题被美国政客、利益集团、媒体炒作成政治问题，美国舆论"妖魔化"中国经济发展和中美经贸关系的表现屡见不鲜。

美方舆论关注的中国经贸问题主要包括：

质疑中国推动"一带一路"和建立亚投行背后的战略意图。袁鹏指出，美国学术界认为，中国推动"一带一路"建设和成立亚投行，不仅聚焦经济利益，还有深层次的战略考虑：这些行动是反制美国"重返亚太"战略的重要手段，是通过经济利益拉拢周边国家的政治工具，中国的"一带一路"战略倡议将打破美国在欧亚大陆的利益均衡态势，加剧中美地区经贸竞争。美方对此应高度关注，并从战略大局出发予以反制。

强调中美经贸关系的结构性风险。美国战略界普遍认为，中美经贸关系正面临新的结构性问题：美国总统大选后，无论谁当选，贸易保护主义抬头已成为新趋势。与此同时，中国国内政治和经济也面临"逆风因素",自由贸易和市场开放将退居次优选项。这意味着中美经贸关系的"触点"减少,分歧增多,而且至今双方并未找到管控分歧的有效办法。

关注中美贸易失衡及人民币汇率问题。新华社世界问题研究中心研究员陈如为说,美国总统大选使"人民币汇率问题"再次成为舆论炒作热点。一是两党候选人在辩论中都将矛头直指中国,认为中国通过"操纵汇率"使人民币贬值提振出口,获得比美国及其他国家更大的竞争优势,进而减少美国的就业岗位。二是美方认为人民币目前"依然低于合适的均衡价值"。美国商务部数据显示,2015 年中国对美贸易盈余达 3657 亿美元,仍是对美贸易顺差最多的国家。对此应当指出的是,2016 年上半年中国对美贸易顺差 1610 亿美元,比 2015 年同期下降 6.5%。而且,美国对华贸易逆差不是竞争性逆差,对美国有利而无害。如物美价廉的中国制造产品长期帮助美国抑制通货膨胀,支持美国中低收入家庭维持基本生活水平。

担心中国的金融风险可能引发经济危机,增加美国乃至全球经济的不确定性。今年以来,美国舆论一直炒作中国金融风险:一是中国债务快速膨胀。过去 7 年中国非金融私人部门债务增长 3 倍,总债务占 GDP 比重高达 250%—300%。二是中国经济增长高度依赖扩大新增贷款规模,而其中五分之二的资金并未进入实体经济用于生产,而是进入房地产、股市等资产市场,导致资产泡沫风险上升。三是影子银行问题愈发严重。过去 5 年中国影子银行规模占 GDP 的五分之二,此类借贷没有政府担保,蕴含金融风险。美国舆论认为,这些金融风险一旦爆发,产生连锁反应,可能引发中国经济增速快速下滑。虽然中国经济失速,通过贸易和金融等传统渠道向美国经济传导风险的直接影响有限,但从国际大宗商品价格走低、全球汇率市场波动等途径对美国产生的间接影响不容忽视。王缉思说，据国际货币基金组织测算，中国经济增速下降 1 个百分点，会导致全球 GDP 增速下降 0.2 个百分点。因此，美方密切关注中国经济减速对美国经济和全球经济带来的影响。

认为中国市场化改革放缓加剧对美不公平竞争。美国国会普遍认为，中国市场化改革的决心和进程将会因经济减速受阻，从而使美企对华经贸竞争处于更加不公平地位。当前，中国政府将国企视为经济增长的主要动力，进而加大对重要私营部门和关键领域的管控，加强针对非政府组织（NGO）等立法，对投资领域过度垄断、限制市场准入，干预汇市、股市，"纵容"钢铁等行业产能过剩。美企因此对华竞争正遭遇比以往更严重的歧视性待遇。

三、对稳定中美关系、发展双方经贸关系的建议

与会专家一致认为，中美两国虽不是盟友，但也不是敌人；既是竞争对手，也是合作伙伴，更是利益共同体。面对错综复杂的全球形势，两国需强化战略思维，"以经稳政、以政促经"，"绑定利益，管控分歧"，通过稳定中美关系为推进中美经贸关系健康持续发展创造良好的政治氛围。

第一，加强战略互信，实现合作共赢。袁鹏说，处理中美两国关系，说到底既是新兴挑战大国与霸权守成大国的竞争博弈之道，更是最大发展中国家与最大发达国家的和平相处之道。中美两国应摒弃冷战思维，构建新型大国关系。当两国关系陷入低潮时期，中美经贸合作应扮演"以经稳政"的角色，通过经济务实合作，做大共同利益的"蛋糕"；更要"以政促经"，从政治高度

看待经贸问题，从两国关系的全局角度考虑纷争和处理分歧，要加强战略互信，有效管控摩擦。李永认为，中美经贸合作是双边关系的"压舱石"。双方需要承认差异，努力建立一个更加"积极、合作、相互包容和信任"的经贸合作关系。"积极"就是要向前看，共同寻求可接受的解决方案，而不是采取"贸易限制"措施。"合作"是指避免"零和"思维，探讨双边合作机会，包括基础设施、新技术、新市场、新业态、新模式、双边多边合作、合作规则等。"相互包容"则指双方应放弃对立，既不必追求完美合作协议，也不需对所有问题都达成共识。"信任"就是双方不采取"对立"态度，在安全审查等关键问题上进行善意沟通，表达关切。短期不求全面信任，但从长期双边关系发展看，应逐步走向互信。

第二，积极协调沟通，妥善处理摩擦。中国国际问题研究院研究员甄炳禧说，面对双方经贸摩擦加剧的格局，中美两国应继续通过 S&ED 等协调机制妥善应对和处理，也可以诉诸 WTO 争端解决机制。要采取灵活措施，求同存异，注意照顾对方的重大关切。李永认为，我国应加强对美方关切问题的回应，并就双方关切问题加强沟通，管控分歧。应培养对我国舆论有利的"游说团体和亲华势力"：可加强与有影响力的美国在华企业的沟通，利用对华友好的社团和智库，形成对我有利的话语体系；关注"新生代"议员，建立沟通机制，逐渐影响其对华认识和态度；加强我国对美投资和所在选区议员的沟通，特别要减少"一边中企为选区经济发展做出税收和就业贡献、另一边选区议员却大言不惭地损害中美经贸关系"的现象。袁鹏建议，我国应未雨绸缪，提前布局大选后中美关系，特别要加强对美"反自由贸易、反全球化"趋势的研究，并就美国总统大选后两国经济环境、对外经贸政策等情况变化，早做政策评估与应急预案。成立跨部门协调机制，针对美国下届政府可能出现的孤立主义、保护主义倾向和中美经贸关系的结构性问题，布局大选后的两国关系，以确保中美经贸关系正常运行。

第三，推进制度建设，实现"利益绑定"。隆国强认为，在TPP可能成为未来国际经济关系新基准的趋势下，中国既要继续练好内功，办好自己的事情，又要创新模式调适国际规则新基准。加强对外开放和对内改革的互动，用国际新规则"倒逼"国内全面深化改革，以更积极和自信的姿态加快形成同国际贸易投资新规则相适应的体制机制。积极推进双边和多边经贸合作，加快区域全面经济伙伴关系（RCEP）、亚太自贸区、中美BIT、中欧BIT和中日韩自由贸易区等谈判，构建立足周边、面向全球的高标准自由贸易区网络。张琦提出，中美加强合作应从亚太地区做起。我国应争取加入美国主导的跨太平洋伙伴关系协定TPP谈判。这样不仅符合我国经济可持续发展和结构调整的长期利益，而且能够化解外部区域经济一体化的冲击，达到与美国"利益绑定"的战略需要。为此，一要表明我国愿意参加TPP一体化进程的积极态度，并着手展开相关磋商，适时加入谈判；二要倡导加快推动亚太自贸区进程，彰显中国作为区域经济一体化积极推动者的开放、包容理念；三要争取在已启动的"10+6"RCEP谈判中取得新的突破，对TPP成员形成牵制；四要组织力量对我国加入TPP谈判的可能性、时机选择和推进策略等问题开展深入研究，并结合我对外开放总体规划及阶段性目标提出预案。

第四，开展全面合作，完善全球治理。袁鹏说，中美两国关系、双边经贸关系都在全球体系之中，从某种意义上讲，两国已然成为命运共同体，相互尊敬、合作共赢成为必然的选择，特别是在关乎人类生存发展的全球重大问题上应进行全方位合作。陈如为认为，现行的世界经贸秩序和体系确实不够完善，需要世界各国，特别是中美两国提出建设性的改进方案和措施，使之适应今天和未来世界的发展趋势和方向。可行做法是：世界各国都可对现行世界秩序和体系提出建设性的建议和改进方案，中美两国作为世界最大的经济体，作为最大的发达国家和最大的发展中国家，理应拥有更大的发言权，同时也需承担更多的责任。李永认为，我国应密切关注当前"去全球化"动向，抓住重塑全球化"话语体系"和国际贸易规则的重大机遇，在全球舞台崭露头角：中国应坚定支持"多边贸易体制"，倡导以"包容世界经贸体系"为核心的"新全球化"理念。同时，充分利用"一带一路"倡议的机遇，积极推动双边和多边投资保护体系的形成。何君臣认为，中美两国关系影响已经远远超越双边关系范畴，不断向国际政治、经济、金融、安全等各个领域扩展，而且在应对金融危机、气候变化、能源安全、恐怖主义、疾病控制等全球性问题的合作更加密切。中美双方应将中美关系中的亮点和双边经贸发展的积极因素转化为"跨越太平洋的合作"的丰硕成果，助推双边政治与经贸关系的进一步发展。这对绑定中美两国利益、避免直接冲突与对抗、构建稳定的双边经贸关系、力争互利共赢的全球经济新格局具有重要意义。

2016 年 9 月 5 日

借鉴国际经验实施退出税制度的政策建议

肖炎舜

  征收"退出税"是一些发达国家为应对本国纳税人向外移居或移民导致税收流失而采取的重要税收措施，在打击跨境逃避税收、规范非正常移居移民行为方面起到了积极作用。中国人民大学教授、山东大学特聘一级教授安体富主持、上海财经大学樊丽明教授撰写的国家社科基金重大项目阶段性成果《退出税制度的国际比较及我国应对策略》，梳理了美、英、法、日等八国的退出税制度，对其发展历程及制度要素进行了比较研究，分析了我国实施退出税制度的必要性及可行性，提出了相关政策建议。现择要整理报告如下。

一、退出税制度在国际上的实施情况及主要功能

  退出税（Exit Tax），又称"退籍税"或"移民税"，是西方国家为防范资产外逃、打击逃避税行为而制定的特别税收制度，主要面向退出国籍或移居他国的富人征收。其通行做法是：在富人申请移民或移居时，对其已滋生但尚未变现的资本收益，提前征收所得税。它属于个人所得税的一个项目，在有的国家还被纳入到遗产与赠与税中，不是独立税种，故可统称为"退出税制度"。

退出税制度于 1966 年在美国产生，20 世纪 90 年代被密集应用到欧盟各国，并在欧盟产生了关于这一制度的区域性协定。值得一提的是，退出税制度在 2008 年金融危机后迎来新一轮发展，征收范围扩大、施行国家增多，如日本即于 2015 年 7 月 1 日开始征收退出税。目前约有 20 个国家施行退出税制度，除南非外均为发达国家。

这一制度之所以能够在这些国家产生并广泛实行，有四方面原因值得关注：一是经济原因。相较于发展中国家，发达国家较早融入国际化浪潮，要素流动更为频繁，同时资本市场开放程度高、流动性强，因而纳税人向境外转移资产的情况比较普遍。二是财政税收原因。研究发现，征收退出税国家或是整体税负较高，或是整体税负虽然不高但个人所得税边际税率较高。富裕人士逃避税现象背后是较高税负的制度，由此便引发了阻止这种跨国逃避税行为而设立退出税制度的必要。三是征管条件。实施退出税制度要求税务机关全面掌握国内外涉税信息，征管条件的约束可能是发展中国家较少施行这一制度的主要原因。四是政治因素。各国推行退出税改革时多数处于更重视社会福利和公平的偏左翼政党或领导人执政时期。

退出税制度的主要特点：一是"从富而征"，纳税人通常为总资产或特定资产超过一定规模的富人。二是计税依据为尚未实现却"视同实现"的资产收益。这并不符合所得税征收的一般原则，但合乎反避税的根本目的，是退出税制度区别于其他所得税的重要特征。三是税率具有从属性，大多直接适用母体税种税率，税率形式累进与比例兼有。四是税收优惠丰富，主要目的是避免妨碍正常的移民需求、合理合法的资本流通与商业行为。五是纳税期限灵活，允许纳税人待持有资产实际变现时再行缴纳退出税，期限可长达 10—15 年，但须担保或支付利息。

退出税制度的主要功能：一是防范资产外逃，保障经济稳定。退出税制度能够明显增加逃避税成本，可以在一定程度上遏止部分资产外逃行为，减轻资本流失对经济稳定发展造成的不利影响。二是维护国家权益，防止税收流失。退出税制度可以堵塞所得税的征管漏洞，同时会倒逼有移民倾向的富人从收入（财产）获取到处置过程中的各个阶段，均需依法纳税，从而有助于减少税收漏损。三是震慑非法所得，促进社会公平。退出税制度会大大增加向境外转移非法所得的难度，像一柄悬于头顶的"达摩克利斯之剑"，对经济犯罪行为起到震慑作用。此外，退出税制度意味着何处获益、何处缴税，从而可以保证退出国籍者与国内纳税人平等纳税，有助于促进国内的收入公平及社会和谐稳定。

二、我国实行退出税制度具有现实紧迫性和必要性

当前，我国面临严峻的富豪移民及财富外流形势。主要表现在三个"惊人"。一是惊人的移民意愿。经调查研究发现，2015年个人资产超过 1000 万元的高净值人士（不包括自住房产的可投资资产超过 600 万元以上），44% 已移民或决定移民。2011 年个人资产超过 1 亿元的超高净值企业主有 27% 已经移民，47% 正在考虑移民。二是惊人的海外资产。拥有境外投资的高净值人群占比从 2011 年的 19%，增至 2015 年的 37%，超高净值人士则高达 57%。从资产转移的总量看，2011 年中国高净值人士拥有 33 万亿元资产，已经转移了约 2.8 万亿元。三是惊人的投资移民规模。中国大陆移民获得美国 EB—5（投资移民）签证数占美国当年签发总数比重，由 2007 年的 15.5% 大幅增至 2014 年的 85.4%，已成为美国投资移民第一大来源国。海外移民及资产转移带来大量

人才和财富流失，既有碍经济稳定发展，又危害税收主权，妨碍社会公平，藏匿贪污腐败。这对我们从税收层面构建约束机制、维护国家权益提出了现实要求。越来越多的国家开始施行退出税制度，其中许多是我国近邻或主要移民目的国，若我们迟迟不采取行动，外逃资产将"有去无回"。

实施退出税制度可能会引发一些担忧，比如是否有碍公民行使移居移民的自由权利、是否会导致已移民者与未来移民者之间的税负不公、是否会扭曲移居移民行为等。但这些负面影响与富豪"无障碍"移居移民对我国经济、社会造成的损害相比难以相提并论。这些问题可以通过审慎的制度设计，尽可能避免产生负面影响。只要退出税制度不被定义为惩罚性的税收、不赋予其惩罚性的高税率，对于确实需要移居海外进行正常投资活动或工作生活者，并不会造成实质性的阻碍。

三、我国实行退出税制度的具体政策建议

我国退出税制度的构建应遵循以下原则：

一是作为直接税体系的补充规定。同大部分国家一样，我国的退出税制度不应作为独立税种，而应作为直接税相关税种的补充规定出现，针对母体税种征税范围内的特定课税对象，其税制要素等相关内容不能逾越或违背母体税种的规定。

二是不增加额外税收负担。征收退出税，并非开征新税、增加纳税人负担，而是弥补因现行税制不健全可能造成的税收漏损及税负不公，其功能为"堵漏"而非"增负"。因而设立退出税制度，不能被理解为一项加税改革。

三是不妨碍合理的人员及资金流动。退出税的制度设计，应能够有效识别具有避税意图的申请人，避免对有投奔亲人、职业

发展、学习深造等合理移民或移居需求的群体造成阻碍。可以采取对个人非投资性资产免于征收、对长期持有的资本利得减半征收等一系列优惠措施。

建议从现在开始，加强跨界协同研究，做好立法准备和征管准备。

在立法准备方面，要加快个人所得税改革进程，适时修订《个人所得税法》，将退出税制度纳入其中；加快推进《税收征收管理法》修订草案的立法进程。同时，适时修订《国籍法》与《出境入境管理法》，对退出国籍的申请人、取得外国长期居留证明的公民及非法退出国籍的人，规定必须进行财产清算、履行纳税义务后方可离境，否则限制离境。

在征管准备方面，要加强部门间协同合作，实现涉税信息联网；完善居民财产登记体系；加强国际税收征管合作和情报交换，等等。

在立法条件和征管条件具备时，可以开征退出税，并根据税法修订的实际情况，从小口径的应税资产范围入手，逐项起步。未来可以扩展到包括多种复合资产在内的各类实物、货币及无形资产。

2016 年 9 月 12 日

持续创新优化政府公共服务
努力提高服务质量和效率

——赴英国"创新优化政府公共服务"培训考察报告之一

国务院研究室赴英国"创新优化政府公共服务"培训考察组

近期，由国务院研究室牵头，邀请北京师范大学中国社会管理研究院和京津沪渝冀云等地方政府研究室派员参加，组成"创新优化政府公共服务"培训团，赴英国进行了为期 18 天的培训。与英国内阁办公室、财政部等 12 个政府部门和公共机构进行座谈交流，在剑桥、牛津等 5 所大学上课培训，并实地考察了当地养老院、警署、医院和社会企业。所到之处，都能感受到英国政府与社会强烈的创新意识和氛围，以及创新服务给经济社会带来的生机和活力。

一、创新优化公共服务是贯穿英国政府改革的主线

公共服务体系建设是世界性的重要议题。这次培训最突出的感受，就是英国作为世界主要发达国家之一，在政府公共服务方面始终在创新、不断在优化，历届政府都非常重视，上台第一件事就是改革。其脉络主要是：

1945 年到 70 年代末，政府"大包大揽"，致力打造福利国家。20 世纪 30 年代以前，西方国家政府管理的基本特征是自由

放任，信奉"管得最少的政府就是最好的政府"。但在经历两次世界大战创伤之后，公众迫切希望政府提供更多的公共服务和保障。与此同时，凯恩斯主义也为国家干预经济社会生活提供了理论依据。在此背景下，战后执政的艾德礼政府采纳《贝弗里奇报告》的建议，建立了覆盖医疗卫生、教育、住房、贫困救济、社会保险等领域的公共服务体系，致力打造"从摇篮到坟墓"的福利国家，政府职能快速扩张。

1979年到90年代末，强调市场化竞争，注重提高公共服务效率。70年代末，政府大包大揽的公共服务模式弊端日益显现。首先是财政负担沉重，赤字率达到5%，压得政府喘不过气来。其次，高福利容易养懒汉，抑制就业，阻碍生产力发展。1979年撒切尔夫人上台后，采纳新自由主义的主张，发起新公共管理运动，将市场机制引入政府与公共领域。政府大规模出售国有企业股份，将供水、供气、供电等公用事业转为私有，鼓励私人部门提供医疗卫生等公共服务。同时，在内阁办公室设立"效率工作组"，对政府部门进行职能优化和精简再造，公职人员从70多万减到40多万，实现了政府瘦身。

1997年之后，寻求"第三条道路"，推动政府与社会合作。私有化改革过分强调效率优先，忽视了公共服务的公平性，最终引发了严重的社会问题，影响了改革效果。1997年布莱尔上台后，吸取以前的教训，以"第三条道路"作为理论依据，提出"公私合作"的施政理念，推进公共服务的多元供给新模式。2010年卡梅伦上台后，启动了"小政府、大社会"计划，核心仍然是权力下放，压缩政府开支，尽可能让所有社会主体参与公共服务供给。特蕾莎·梅担任首相后，提出"让普通民众买得起房、让教育更公平、让就业更充分"，继续推进政府改革，创新优化公共服务。

二、英国创新优化公共服务的主要经验做法

英国政府公共服务改革的特点，主要体现在不断创新公共服务体制和提供方式、降低行政成本、增加公共服务供给、提高服务质量和效率等方面。

一是变革创新，不断完善公共服务体制机制。英国始终坚持以创新理念引领体制机制改革。每届政府上台后，都会根据施政优先领域，对政府部门进行调整优化。特蕾莎·梅首相上任后，除了新设脱欧事务部外，还把商业、创新和技能部（BIS）与能源气候变化部合并为商业、能源和产业战略部（BEIS）；将基础设施局和重大项目局合并为基础设施和项目管理局（IPA）；并计划创立英国研究和创新局（UK Research and Innovation），以整合原来的 7 个研究委员会和创新英国等机构的职能。在社会保障领域也推出重大制度创新，建立了统一福利金制度（Universal Credit），将过去碎片化的福利制度加以整合，提高资金管理和使用效率，避免撒胡椒面儿；同时，将福利金与就业挂钩，鼓励有就业能力的尽量就业、不养懒汉。每个人申请福利金时，政府都会根据申请人情况帮助其制订就业计划，为其提供培训，直到找到适合的工作。预计这一创新举措每年将为政府节省约 200 亿英镑开支。

二是多元共治，公共服务提供主体和方式更加灵活多样。按照"小政府、大社会"的理念，英国不断调整政府在公共服务中的角色。"小政府"就是政府履职既不能缺位，也不能越位，要"有限"并"有效"；"大社会"就是向社区、慈善机构和公众下放更多权力和资金，推进多元治理。而且，特别注意区分"政府负责"与"政府生产"。"政府负责"要求政府必须对公共服务

的供给承担责任，但并不意味着政府必须直接生产公共产品。因此，在公共服务供给上，英国大量采取服务外包、特许经营、市场化竞标、PPP 等方式，交给私营企业、社会组织等承担，政府与其签订服务合同，提供方式也更加灵活。以住房保障为例，提供住房保障是政府的职责，但具体提供方式有的是政府从市场购买或者租入房子作为保障房，有的是直接向符合条件的人发放补贴，让他们去市场上租赁，而政府一般不再新建保障房。

三是鼓励竞争，在公共服务领域广泛引入市场竞争机制。英国政府认为，提高公共服务质量和效率，制定一万条规章，都不如引入竞争这一招。他们在公共服务中充分发挥市场机制的作用，让各个服务提供主体来竞争。对可以引入私营机构参与的领域，强制要求实行招标竞争。从实际效果看，通过竞争能节约 20% 以上开支。对教育、医疗卫生等暂时不能引入市场竞争的领域，也要让公共部门之间互相竞争。主要是建立"公共资金随公民选择而挂钩流动"的机制，为了获得更多经费，学校、医院、全科医生必须通过竞争吸引更多的用户，这也增加了公众的选择性。

四是强化考核，提高公共资金使用效率和公共部门工作绩效。2008 年金融危机以来，为了应对财政紧缩等问题，英国政府部门的预算和人员数量普遍压减 25% 以上。减员的同时努力增效。在公共资金使用上，凡事都要求接受市场检验，保证公共资金实现最大价值。许多政府部门都没有单独的办公楼，而是几个部门合用一栋大楼或者一个楼层，物业管理也外包给公司。在绩效考核方面，国家审计办公室每年都对各部门进行财务审计和效能审计，直接向议会报告。绩效考核结果是下一年安排部门预算、确定公务员收入、职务升迁的重要依据。据介绍，每年约有 10% 的公务员被评为不合格，对于多年绩效不佳的人，将面临失业的危险。

五是以民为本，打造便民利企的网上政府和推进信息公开。英国政府公共服务的一条重要原则，就是以用户为中心，尽可能方便用户。这体现在许多细节之处。比如公民考取驾照，可以通过电话预约，而且可以要求在星期天或者夏季的晚上进行考试。政府网站也力求让百姓像网络购物一样便捷，点几下鼠标就能获得自己想要的信息和服务。在英国注册公司也十分便捷，大部分手续都能在线办理，24 小时之内就可以完成审核，收费仅 12 英镑。同时，加大信息公开力度，除了涉密的，政府所有信息都可以在网上查询。公民还有权直接向政府部门索取相关信息，政府不能拒绝且不得收费。这既保证了公民的知情权，也倒逼政府不断改进服务。

三、启示和建议

总的看，英国政府变革精神和创新意识强烈，在提高政府效能、改善公共服务、创新社会治理、激发市场活力等许多方面的做法值得我们借鉴。结合我国实际提出以下建议：

第一，要深入推进政府自身改革创新。从英国等发达国家经验看，只有持续不断地改革、调整、优化行政管理体制，才能更好地适应经济社会发展要求、更好地履行政府职责。现在我国各级政府正大力推进简政放权、放管结合、优化服务改革，这与世界潮流是高度契合的，必须坚定不移把这项改革引向深入。目前国务院部门正在开展制定权力清单和责任清单工作，应借鉴英国公共管理改革的做法，对每个部门的职能事项，都要进行必要性和效率评估，没有必要保留的要坚决放给地方、市场或社会；保留的权力事项要减少环节、降低开支、提高效率。真正把制定清单的过程变为清权减权、优化服务的过程，进一步激发市场和社会活力。

第二，要建立多元化的公共服务供给体系。从英国经验看，公共服务不能靠政府大包大揽，也不能走完全私有化的路子。必须根据国情，处理好政府与市场、政府与社会的关系，创新社会治理方式，构建政府、社会组织、企业合作的公共服务多元供给体系。为此，一要创新公共服务提供方式。提供公共服务是政府的职责，但在具体提供方式上，不一定政府自己直接承办，能购买服务的就购买服务，能与社会资本合作的，就广泛吸引社会力量参与，增加公共服务有效供给。二要引入市场竞争机制。借鉴英国项目招标、合同制等做法，让公共机构、企业、社会组织在同一个平台上公平竞争，谁效率高就由谁承担。进一步降低准入门槛，允许社会资本进入养老、医疗、公用事业等公共服务领域。三要加快培育社会组织。英国之所以能开展竞争，得益于他们的社会组织、社会企业发展比较成熟，政府在招标时选择余地较大。我国社会组织发展还相对滞后，应不断完善社会组织登记、土地和税收等方面政策，促进慈善机构、社会企业等各类社会组织发展，增强其承接政府公共服务的能力。

第三，要努力提高政府绩效。讲求绩效是政府创新的内在要求。当前，我国经济发展进入新常态，财政收入不可能再像过去那样高速增长，而政府的支出责任很难减，必须借鉴英国等发达国家的经验教训，加强绩效考核，提高政府的运行效率。一要花好每一笔财政资金。从预算、使用、审计监督等各个环节，加强对财政资金的管理，同时盘活存量、用好增量，把有限的资金用到刀刃上。在社会福利方面，坚持量力而行、精打细算，既要随着经济社会发展稳步提高人民群众基本生活保障水平，又要防止把社会预期吊得太高、不可持续。二要坚持财政供养人员"只减不增"。要守住这条红线，把该减的坚决减下来，确实需要增加的也要通过内部挖潜、部门间调剂解决，确保总编制不突破。减员的同时怎么把工作做好？这方面可以借鉴英国的经验，加强对公务员的培训，同时打通政商人员进出通道，从企业吸引高素质人才，提高公务员队伍的整体技能和效率。三要加强考核和社会监督。加强对公共部门的绩效审计，对发现的问题要及时整改，并问责相关人员，对绩效好的部门要予以通报表扬。同时，借鉴大督查的做法，由第三方机构组织进行群众满意度调查，调查结果作为部门和干部考核的重要依据。

第四，要大力推进"互联网＋政务服务"。这是提高政务服务效率和公众满意度的利器。一要建好政务服务网站。整合打造国务院部门、地方政府、公共服务机构一体化的网上政务服务平台，使实体政务大厅向网上延伸，推动所有涉民事项网上一站式办理。网站设计要从用户需求出发，服务项目一目了然，真正亲民便民。二要打通信息孤岛。以加快相关领域立法为抓手，打破部门间信息壁垒，促进信息公开和共享。除涉及国家安全、商业秘密、个人隐私外，政府和公共机构所有数据都必须向社会开放。对于违反规定不公开的，要制定相应的监督和处罚措施。三要确保信息安全。建立健全身份认证、权限管理、网上支付、保密审查等配套制度和标准规范，加大对重要数据的保护力度，提高风险防范能力，确保公开的数据用得安全顺畅。

2016 年 10 月 18 日

（国务院研究室赴英国"创新优化政府公共服务"培训考察组成员：乔尚奎、王淑琳、孙慧峰、史德信、王巍、林琳、赵秋雁、尹奕玉、余从凤、王春刚、侯建芳、陈善亮、刘长想、范贵海，执笔：乔尚奎、赵秋雁、孙慧峰）

打造像网购一样便捷高效的电子政务

——赴英国"创新优化政府公共服务"培训考察报告之二

国务院研究室赴英国"创新优化政府公共服务"培训考察组

"任何相关详细信息均可到政府门户网站进行查询","政务服务就要像网购一样便捷","公众与政府打交道就要像看电视更换频道一样简单"。这是我们在英国培训期间走访政府部门、地方政府、高校和有关机构时印象颇深的几句话。近年来,英国政府把"以公众为中心"作为基本理念,通过发展"平民化"电子政务大力提升公共服务质量,打造英国政务服务网站——政务直通车(www.gov.uk),极大方便了公众获取信息和网上办事。根据联合国电子政务调查报告,2016 年英国的电子政务发展指数、公众参与指数、在线服务指数三项指标都位居全球首位。政务服务网站年访问量超过 5.2 万亿人次,公众年均登陆 10 次左右。英国政务信息的开放度、透明度、便利度在世界上都居于领先地位,其先进经验和做法值得我们学习和借鉴。

一、英国"一网式"电子政务服务的主要特点

英国电子政务始于 1994 年的"电子英国"计划,并于 2000年建立英国政府门户网站"government.direct"。此后,其门户网

站几经改版，2012 年 10 月，英国中央政府取消各部委门户网站，将包括内阁办公室在内的 25 个中央部委整合为英国政务服务网站 www.gov.uk，并将 300 多个公共机构转往这一网址实行网上集中办公。目前，官网 GOV.UK 已成为政府向公众提供公共服务最便捷最直接的手段，成为公众生活的重要组成部分，其主要特点为：

"一窗口"：英国政府发现，公众在同政府打交道时，最理想的方式是不需了解政府各部门的职能划分，不需了解某件事应由政府哪个部门负责，而希望只有一个窗口，这样与政府打交道就像看电视更换频道一样简单。为此，英国政府将其 25 个政府部门和 374 个其他机构和公共部门的政务信息集中到其门户网站。目前，英国公众已经能从网上直接办理税务申请、生死嫁娶登记、公司注册、职业介绍、领养申请、选举登记、司法援助、残疾人权利保护、车辆管理、驾照和车辆检审、住房购租、出境旅游、护照申请等 16 个类别 700 多项服务项目，并根据公众需求不断增加更多服务项目。

"一户名"：英国政府将政府服务的功能集中起来，统一提供认证和交换功能，实现跨部门信息共享，对政府部门信息资源及电子政务活动进行统一管理，减少重复建设，从而打破部门界限，向社会提供高效、经济、集成的电子公共服务，以更好地满足公众的需求。现在，英国公众只需一次注册，一个户名，单点登陆，即可访问到想查看的网站和信息，办理所有服务项目。

"一站式"：为增强电子政务的实效性，英国政府提出了一站式服务模式，目标是让用户在 5 次点击之内就能获取信息和服务，所有政府服务申请项目可实时查询进展情况，使政务服务像网络购物一样的方便快捷。目前，像个人所得税和汽车税等项目只需点击 2 次。此外，由于英国中央与地方政府的建制、职能和施政重点不同，地方政府可根据需要建立政务网站，提供的内容和服务条目也各有侧重，但都与英国政务服务网站实现无缝对接。

二、英国推动电子政务服务的特色做法

（一）以政府为主导，加强组织保障和顶层设计。1999 年英国成立了政府信息化领导小组（IAGC），负责制定政策，帮助各部门建设电子政务。英国首相专门任命了电子事务大臣，负责内阁办公室 IT 中心组，并在内阁办设置电子事务特使及其办公室，配合内阁高官开展工作，各部也先后成立信息化领导小组。2000 年英国颁布了《政府信息公开法》，并于 2005 年全面生效。英国政府陆续实施"智慧政府战略""数字政府战略"，先后制定《直通政府计划》《英国在线计划》《信息时代公共服务战略框架》《21 世纪政府电子政务》等法律和规划，2014 年底将所有政府部门网站迁移至 GOV.UK（政府直通车），全面体现信息和服务的共享。

（二）以公众为中心，强化政务服务"平民化"色彩。在政务服务中，英国政府始终坚持"以公众为中心"理念。一是努力实现全民上网目标。强化信息技术教育和基础设施建设，为社会各阶层的人提供电脑技术培训和网上教育。目前英国家庭的互联网普及率将近 80%，网民占总人口超过 85%，尤其是 16—24 岁的青少年互联网使用率高达 99%。二是面向公众推进数据的收集、分类、开放和运用。2013 年英国政府在财政开支总体削减背景下，仍投入 4.5 亿英镑实施"数据转化 25"行动，要求各政府部

门在 400 天内将 25 个公共服务项目完全数字化提供给公众，极大提高了政务信息和数据的开放程度。三是从公众需求的角度改善信息服务。通过调查，对公众反映比较强烈的简化流程、减少链接、向导清晰、语言易懂、个性化服务、个人信息的单一识别等进行有效改进。例如，针对公众呼声较高的电子医疗，英国政府计划今后 5 年投入 10 亿英镑打造覆盖全国的电子医疗系统，到 2020 年实现患者能够得到便捷的个性化网上诊疗。

（三）以需求为动力，利用社会力量倒逼政务服务水平提升。针对公众对电子政务服务和网上办事越来越旺盛的需求，英国中央政府结合地方政府职能，梳理出 700 多项服务内容，并要求地方政府对这些服务项目实现 100% 的在线服务。比如，点击申请养老金，与养老金有关的所有信息都可以找到，而不需要考虑是哪级政府和部门负责；点击注册企业，即可实现网上一站式注册，24 小时内办结。对于未发布的数据，公民可依据《信息自由法》向相关政府部门提出访问请求，如果数据存在但政府部门或公共机构拒绝提供查阅，公民可以向信息理事会办公室（ICO）提出申请来进行复议。

（四）以瘦身增效为重点，破除信息壁垒。英国政府采取多种措施推动政务服务提质增效。一是开展"瘦身"运动。2007 年英国政府开始实施"电子政务瘦身计划"，从最多时 2000 多个政府网站大刀阔斧减至现在英国政府政务服务官方网站 www.gov.uk，不仅提高了政府效能，而且减少了"僵尸网站"，降低了行政成本。据估计，通过政务服务数字化，英国政府每年能为纳税人节省 17 亿—18 亿英镑。二是加强部门信息共享。英国政府把政务信息按公民需求进行跨部门整合，对政府部门信息资源及电子政务活动进行统一管理，打破部门界限，减少重复建设，实现资源共享。三是确保信息公开安全可靠。除涉及国家安全、商业机密和个人隐私外，各种政务信息均以电子化形式向公众和企业开放。同时，出台了《安全策略框架》，建立了统一的政府网关为用户提供一站式登录和账号管理服务，提出网络防御的 20 项关键措施，构建安全可靠的信息通信技术体系。

三、启示和建议

当前我国正在加快政府职能转变，深化"放管服"改革，大力推进"互联网＋政务服务"，提升政府服务效能。英国加强电子政务建设的一些做法和经验值得我们学习借鉴。

第一，整合打造便捷高效的网上政务服务平台。目前，我国各级政府和部门的政务网站近 8 万个，虽然体现了各级各部门对电子政务的重视，但过多的政务网站也让群众在网上办事时无所适从。应借鉴英国电子政务网站瘦身增效的经验，依托中央人民政府门户网站（www.gov.cn），对中央政府各部委、公共服务机构以及地方政府的门户网站进行适度整合，减少门户，增加链接，集中打造中央和地方政府、有关部门、公共服务机构一体化的网上政务服务平台，从"政府中心"向"公众为中心"转变，在信息发布、政策解读的基础上，强化服务办事功能，并打通与一站式审批事项办理系统的接口，真正从用户角度出发，按照用户需求提供服务。加快清理不适应"互联网＋政务服务"的各种规定，建立健全电子证照、电子公文、电子签章等标准规范，统一身份认证体系。

第二，下大力打通"信息孤岛"。长期以来，我国在电子政务建设中存在着"重硬轻软、重网络轻数据"的现象。目前，全社会约 80% 的信息资源掌握在政府各部门手中，分散体制导致数据封闭、重复采集、重复建设等问题突出。应借鉴英国的经验，建立政府数据共享机制，加快整合各类政务信息平台，对政府部门和公共机构的信息资源以及电子政务活动进行统一管理，除涉及国家安全、商业秘密、个人隐私外，政府和公共机构所有数据都必须向社会开放。通过统一提供信息认证和交换功能，促进各部门、各层级、各业务系统互联互通，特别是国务院各部门要尽快向各省（区、市）网上政务服务平台开放实时数据接口。

第三，加大信息公开力度。在保证信息安全的前提下，以公众需求为导向，进一步推进政务信息公开，更好地回应社会公众关切，尤其要加大就业、教育、医疗、社保、保障性住房分配、环保、征地拆迁、法律援助等事关民生利益领域的信息公开力度，提升信息公开的"民生温度"。进一步完善政务信息公开的评估、反馈和绩效考核机制，对没有依法提供信息公开和政务服务的部门，及时启动问责程序。鼓励和支持利用社会力量倒逼政务信息的开放和政务服务水平的提升。同时，加快信息数据开放立法工作，依法推进信息公开。

第四，强化地方政府网上办事大厅建设。目前，我国地方政府网站建设普遍存在与中央政府网站结构雷同、上下一般粗、层级过多问题。许多基层政府网站服务办事功能较弱，政务窗口基本都是领导人活动、会议举办、先进模范的宣传等，不贴近基层群众需求。不少基层政府网站信息更新过慢，僵尸网站大量存在，群众网上办事不便利、享受不到个性化服务。因此，应进一步重视加强地方电子政务建设，既要与中央政府网站无缝对接、实现资源共享，又要突出地方政府是服务公众的前端特点，提升地方政府网站服务办事能力，逐步推行所有涉民事项网上受理、网上办理、网上反馈，面向企业和公众集中提供一窗口、一站式的实时在线服务，所有申请办理事项可实时查询进展情况，真正实现为民信息网上看、涉民事项网上办。

2016 年 10 月 18 日

（国务院研究室赴英国"创新优化政府公共服务"培训考察组成员：乔尚奎、王淑琳、孙慧峰、史德信、王巍、林琳、赵秋雁、尹栾玉、余从凤、王春刚、侯建芳、陈善亮、刘长想、范贵海，执笔：乔尚奎、侯建芳、范贵海、林琳）

以提高绩效为重点创新政府公共服务

——赴英国"创新优化政府公共服务"培训考察报告之三

国务院研究室赴英国"创新优化政府公共服务"培训考察组

当前世界经济复苏乏力，地缘政治变数增多，即将脱欧的英国发展面临诸多国际国内不确定性，就业和财政压力不断加大。在英国培训期间，通过与政商学各界广泛交流，我们了解到，为适应新的形势，英国政府正着力推进体制机制变革和施政模式创新，尤其是在以提高绩效为重点创新政府公共服务方面有颇多务实举措，值得研究借鉴。

一、英国绩效考核的重点是财政资金使用效益和政府运行效率

经济不景气状况下，财政困难是许多国家面临的头等难题，"量入为出"成为政策的优先选项。特别是对于脱欧在即的英国，市场普遍分析认为由于欧盟补贴减少和外部市场收缩等因素，将对英国经济社会发展产生诸多不利影响。在此背景下，把有限的财政资金花到刀刃上、花的更有效显得尤为重要。在与多个部门和地方政府座谈中，我们深切感受到，少花钱多办事已成为英国绩效考核的重要遵循，而财政资金使用效益和政府运行效率，也成为绩效考核的重点。

目前英国政府内部和相关方共同构建起一套严密的绩效评估考核体系和管理办法。在政府内部，唐宁街 10 号、内阁办公室和财政部是三个重要的核心部门。其中，作为首相官邸，唐宁街 10 号象征政府中枢；内阁办公室则负责联络政府各部门，通过文书、信息等渠道保障政务正常运转，积极参与和推动各类基础设施及公共服务项目建设；财政部负责全英财务运转，实施各类项目的成本管控，并协调各部门财务官员有效履行职责。为了有效提升政府绩效，内阁办公室与财政部在工作中分工合作，前者致力于重要人事任免和奖惩，后者则专注于具体项目的审核与管理，通过奖优罚劣和明确引导，让各层级公务员把精力集中于实现既定目标上。在政府外围，国会设立特别委员会，担负相关部门的监督职责。同时英国还成立了独立于政府的审计办公室，围绕政府施政目标、耗费财力、行政效率等方面定期开展"公正公平诚实客观"的绩效审计评测。其中能否有清晰的工作目标、能否建立新的工作模式是各方最关注的两个要素。

根据国家审计办公室规定，各政府部门公务人员的绩效考核分为前期规划、中期复审和后期核查三个阶段进行，绩效复审评估每半年进行一次。绩效考核结果严格区分档次，其中优秀占比 25%，合格占比 65%，不达标的占比 10%。国家审计办公室关于绩效考核的测评结果极具权威性，直接影响到国会对政府工作的评价，同时也作为众多政府公务员岗位轮换调整和个人收入变动的重要依据。

二、从机制创新和人员培训两方面入手提高绩效

在座谈交流中英方多次强调，机制和人是影响政府绩效水平的两个最重要自变量。因此，英国中央和地方政府目前都致力于强化机制创新和人员使用培训，以更好适应新的形势要求，进一

步提高政府公共服务效率。

在体制机制创新方面，一是加强政策创新和完善。在英国就业和养老金部我们了解到，为了应对财务运行绩效考核要求，他们正在开展一项以综合评分为重点的社会福利金改革，以此改变前些年一直沿袭的高福利"养懒汉"制度。过去，英国的很多失业者也能获得不菲收入，一些情况下甚至比部分就业人群收入还高，因此导致大量人口退出就业市场，甚至出现父母教育子女不劳而获的社会现象，不仅拖累了经济增长，也给国家财政带来巨大负担。新的综合评分体制就是针对这些弊端，通过量化标准，对就业人口进行综合客观的评估，逐步缩减失业保障金直接发放比重，通过多劳多得、不劳少得的补贴设计，鼓励引导人人都有意愿就业，也有效提高了财政资金的使用绩效。在大伦敦地区的默顿市，当地政府官员坦承"给低收入群体提供住房保障是政府的法定职责，但不一定非要政府自己建"，因此在财政预算紧张情况下，他们也采取货币化安置等多种灵活政策措施提高公共服务效率，降低政府行政成本。

二是推进政府机构调整、重组、优化。比如近段时间英国政府内阁办公室主导推动实施了一系列的机构改革，主要思路是基于功能划分进行政府各相关职能部门的重组和调整。如把有关环境保护和食品安全、农业发展等职能合并成新的环境食品和农村事务部，把商业、创新和技能部与能源气候变化部合并为商业、能源和产业战略部，将基础设施局和重大项目局合并为基础设施和项目管理局，调整税收职能成立新的皇家关税局，等等。在精简部门的同时大力度实施公务员裁员计划，预计最终将裁员30%，人力成本降低30%左右。

在人员使用培训方面，英国政府突破传统观念，营造了灵活高效的人力要素资源流动和配置环境，特别是打通官僚机构的体制内外藩篱，为各类实用型和管理型人才脱颖而出创造良好条件。过去很多年，英国政府各部门主要职责是研究制定相关政策，具体的项目实施则通过市场化进行外包，因此很多政府公务人员技能单一，综合素质不高，适应市场变化能力低下。新形势下，为了提高政务运行绩效，提升政府公务员的职业技能和创新思维，英国政府高层有意识地通过多种手段打通政商职业壁垒，特别是在高级公务员的选聘上，突破身份限制，完善熟人推荐模式，从私营部门择优录用大批懂市场、会经营的商业化人才和项目管理人才，比如内阁办公室负责绩效考核工作的书记官就曾经是一位从商三十多年的公司高管。政府同时也为传统的行政人员提供多种商业化实践机会，让他们不仅有政策理论素养，也增加具体操作经验，在打造政商多用人才的基础上，重塑了新的公务员文化，有效提升了政务运行效率。

三、启示和建议

当前我国各级政府正在持续深化简政放权、放管结合、优化服务改革，并取得了积极成效。面对新的国内外形势，需要借鉴国外经验做法，在完善考核体系、提高政府绩效方面进一步采取有针对性的政策措施。

一是切实用好绩效考核这个手段，通过倒逼提高效率。目前我国各级政府绩效考核内容比较繁杂，涉及经济增长、就业保障、财政税收、环境保护、项目引进等方方面面，但由于没有很好因地制宜、聚焦重点，且考核模式粗放单一、科学性客观性不足，从而造成绩效考核往往浮于表面，没有发挥应有的提高政府效率、降低行政成本的指挥棒作用。当前需要在绩效考核的体制机制、法律法规、实施主体等方面进行系统梳理和设计，进一步整合审计、组织、督查等部门涉及绩效考核的有关职能，重点围绕财政资金使用效益和政府运行效率有针对性地开展绩效考核，增强考核结果的权威性和有效性，以此倒逼各级政府提高自身效能。

二是努力提高公共资金和社保金等使用绩效。财政支出效率是体现政府绩效最重要的方面，当前我国经济下行压力加大，财政收支矛盾凸显，必须在实际工作中秉持有保有压、有所为有所不为的思路，量入为出、量力而行，用一盘棋的全局观统筹财政支出，把宝贵资金用在基本民生和事关经济社会发展大局等薄弱环节和重点领域上，该支持的大力支持、该压缩的坚决压缩。在财政紧缩情况下，英国一些地方政府为了节约公共开支，暂时性减少了公共图书馆的开放数量和时间，在实现节约开支目标的同时，也并未造成社会负面影响。福利金发放注重鼓励就业，住房保障提供等也推出创新举措，更多采用灵活方式。目前我国正在推进社会保障和养老金等领域的改革，加快保障性住房建设，在这些民生举措实施过程中，要尽量通过政策创新力争做到既实现政策目标、又有效降低运行成本，在提高政府公共服务绩效的基础上实现可持续发展。

三是加强公务员人才队伍建设，提高公务员队伍素质和工作效率。转变政府职能、提高政府效能，关键是要发挥好人的主观能动性。当前我们正深入推进"放管服"改革、加快转变政府职能，必须更加注重人力资源的发掘和提升，特别要尽快改变传统行政管理模式下，一部分政府公务员只会批钱批项目、不会服务搞监管的现状，调动起各方面工作积极性。既要重视有针对性地培训在职公务员，不断提升他们的专业素养和服务能力，也要勇于突破现有体制和观念上的制约，更大程度打通政商职业壁垒，摒弃所有制和体制内外观念束缚，广泛吸引包括民营领域等体制外的优秀人才加入政府部门，赋予他们更重要的责任担当，用更合适的人来实现更好的政府公共服务绩效。

四是以信息化等新技术手段提高政府运行和服务效率。当前英国正在发起一项影响深远的公共部门数字化改革，先期投入 4.5 亿英镑，旨在通过信息化项目建设打造数字化政务先锋，把用户思维优先与新技术元素相结合，实现政府公共服务和社会管理效率的大幅提升。他们还在推进一项总规模 10 亿英镑的医疗系统建设，2018 年实现 80% 的数字化电子病历信息获取率，2020 年实现所有护理信息的电子化获取。该项目负责人由内阁办公室特别任命，有相当大的工作自由度，可以充分应用各种新模式新技术。从我国情况看，近些年信息化战略也在各领域加速推进，并取得一定实效。但从电子政务领域看，突出问题是部门信息资源分割，信息孤岛现象严重，不仅妨碍公共服务和社会管理的有效实施，也制约了政府职能转变。各级政府应通过强力推进和市场化运作相结合，积极采用大数据、云计算等新技术手段，广泛与业内顶级企业加强合作对接，有力打破部门和区域藩篱，让信息资源更好地服务于经济社会发展，为政府提高公共服务绩效提供坚实技术支撑。

2016 年 10 月 18 日

（国务院研究室赴英国"创新优化政府公共服务"培训考察组

成员：乔尚奎、王淑琳、孙慧峰、史德信、王巍、林琳、赵秋雁、尹栾玉、余从凤、王春刚、侯建芳、陈善亮、刘长想、范贵海，

执笔：王巍）

增强应急管理的"抗逆力"

——赴英国"创新优化政府公共服务"培训考察报告之四

国务院研究室赴英国"创新优化政府公共服务"培训考察组

英国是现代应急管理的发源地之一。在英国培训考察期间，其在应急管理领域增强"抗逆力"的诸多举措引起我们的关注。在经历了伦敦地铁恐怖袭击、大洪水、大流感等重特大突发事件后，英国政府意识到，天灾人祸无法避免，必须从根本上增强"抗逆力"，提高政府和全社会的预防能力、应变能力和恢复能力。这是英国应急管理理念的一个重要转变，不是被动应对突发事件，而是积极预防和减少突发事件，并在事件发生后最大程度减轻损失、最快速度恢复常态。

当前，我国正处于各类矛盾和突发事件高发期。特别是近年来一些地方在自然灾害、事故灾难、公共卫生、社会安全等方面发生的一系列重特大事件，暴露出我们在风险防控、应急处置、救援服务、预案管理等方面还存在许多不足。借鉴英国增强"抗逆力"经验，进一步完善我国应急管理体制机制，健全应急管理体系，提高应急管理水平，更加高效地防范和应对突发事件，十分重要和紧迫。

473

一、以风险管理为"灵魂"强化控制力

英国有句名言,"预见到危险,就避免了一半"。英国政府也将"风险控制"融入应急管理的各个方面,以全面增强对各类突发事件的应对和掌控。

一是把风险管理作为政府重要职能。在 2010 年构建了"大国家安全"管理框架,将应急管理中枢机构——内阁国民紧急事务秘书处纳入国家安全委员会,负责识别、描述、量化、评估所有可能构成的风险,每两年组织修订一次应急计划书,每年发布一次《国家风险登记册》。

二是时时进行反馈评估。以环状图演示突发事件预防、准备、响应、恢复、反馈五个阶段,其中反馈机制(REVIEW)作为环状图的衔接点,每一次突发事件和应急演练后都要进行反思,并对应急预案进行调整。英国有专门的机构进行定期风险评估,从中央到地方到每一个社会单位都必须进行定期的应急业务培训,这些培训都有十分详细的操作细则与课程教案。

三是层层绘制风险矩阵图。英国政府把各类风险事件细分为 210 项,根据发生可能性和危害性分为"非常高、高、中等、低"四个等级,每一个地区、政府部门、社会单位都要在风险分析基础上形成风险矩阵图并制定相应应急预案。例如,大型活动风险综合等级为"高"级,必须事前做出风险评估和预案,经政府部门审核批准后方可进行。我们在英期间恰逢爱丁堡国际音乐节,相关部门按照规定提前启动预案以防止突发事件发生。其间,一位不明身份的男子爬上了市中心的司各特纪念碑,在密集人群中引起短暂骚乱,警察、消防、医疗等部门迅速抵达现场,从封路、疏散到救援、恢复,不过七八分钟就使事件得到了平息。

"预防为主"是我国应急管理工作的基本理念，但目前我们在相关制度与技术设计层面仍有所欠缺，还存在一定程度的"重应急、轻预防"现象。应借鉴英国政府这种从宏观理念到操作细节的全方位风险管理模式，进一步强化对风险的认识，建立健全国家风险评估制度，制定风险管理操作指南，明确各行业领域风险管理标准化流程，不断完善风险管理机制，真正使风险控制成为一种常态化的社会管理工作，从源头上防范遏制突发事件。

二、以地方政府为"核心"提高处置力

英国建立了中央政府三级响应、地方层面"金、银、铜"三级指挥的运行机制。但无论哪个层面的应急响应，其显著特征都是"立核心、去中心"，即以地方政府为核心全权处理各种突发事件，发生重大突发事件并启动中央政府三级响应后，中央政府会增派一个协调小组支援地方，但不干预具体指挥工作。地方政府和部门在应急管理中的职责都由法律规定，在突发事件处置中实行全职负责，只要按规定做，即使造成严重后果，也不需承担任何责任。这种中央与地方、上下级部门间多层分工、权责明确的应急模式，既实现了上下联动与部门间协调合作，也使得应急事件发生时各层级不缺位、不越位，确保应急处置的快速、全面与高效。

英国以地方政府为核心的应急指挥实行金、银、铜三级指挥官制度。"金级"解决"做什么"问题，负责战略层面的决策，制订下达目标和行动计划，通常由高级警察官担任总指挥，由消防、救护、环保等相关部门和地方政府代表组成应急指挥部，无常设机构，但明确专人、定期更换，以召开会议的形式运作。"银级"解决"如何做"问题，负责战术层面的应对，协调各机构和

组织开展救援工作。主要由事发地相关部门的负责人组成，指定专人、定期更换，可直接管控所属应急资源和人员。"铜级"解决"谁来做"问题，负责具体实施应急处置任务。主要由现场指挥处置的人员组成，直接管理应急资源，执行正确的处置和救援方式。

我国的《突发事件应对法》，明确规定实行统一领导、综合协调、分类管理、分级负责、属地管理为主的体制。建议研究建立突发事件处置现场指挥官制度，进一步明确现场指挥官的权利和责任，有针对性地制定管理措施并抓好落实。一旦发生紧急事件，原则上由相应的责任地区、部门、单位进行处置。对上级介入及介入方式，要加以明确规定，防止各级领导纷纷到场、几级政府"齐抓共管"现象。把分类管理、分级负责、属地管理等要求进一步落到实处，不仅可以提高应急管理的科学性，也可以节约管理资源、提高处置效率。

三、以应急服务为"血脉"增强生命力

在英国，应急管理同时还使用另一个词：国民保护。这意味着应急管理既是政府主导的紧急状态下对人的生命、健康和财产等的保护活动，也是必须无偿为公众提供的一项公共服务。英国政府认为，应急管理离不开公众的认知和参与，而良好的公共服务能够增强应急管理的能力和活力。

一是应急救援服务免费高效。英国求助求救信息由999控制中心统一接报，应急救援服务全部免费，涉及生命安全的事件必须8分钟内抵达现场。在英期间，我们在伦敦偶遇一起较严重火灾事件，消防部门出动了20辆救护车120名消防员，医疗部门派出救护车和医疗救援飞机赶往现场。因距离现场较远，我们虽没

有亲眼目睹，但仍能从此起彼伏的警报声、专用车道来来往往的救援车辆、指示明确的道路封闭和分流措施中，感受到应急救援过程井然有序。

二是应急信息服务精准及时。为了让公众充分了解可能面临的灾害和威胁，英国政府公开了除涉及国家安全外的所有国家风险评估结果和应急预案，并提供相应的防灾避险指导。在英国政务服务网站上，如何预防灾害，如何在灾后向保险公司寻求赔偿等信息全部集成化，以帮助公众查询和处理。同时，英国非常重视突发事件处置中与媒体的合作，各级政府及部门都有专门的媒体联系官，有一个专门的团队关注媒体报道动向，收集、分析有关信息，提出应对措施。

三是应急演练多频次高规格。英国政府认为，提高应急服务效果的根本手段，是在日常生活中通过教育、培训和情景训练等方式增强公众的危机意识和自救互救能力。英国内政部向每户居民寄送《紧急事故指南》，英国公民从幼儿园开始每年要参加多次应急演习，内容涵盖火灾、地震、洪水、爆炸、恐怖活动等。我们发现，英国很多建筑只要开门超过30秒就会报警。走访的部门和机构在开场白中往往特别提醒注意警报，指明逃生通道，也无形中给我们上了一堂应急课。

应急服务作为一项基本公共服务，最能够体现政府管理责任和服务能力。而在我国，像救护车一类的应急救援服务多头管、多家办，"天价事件"屡屡发生，服务质量和效率都有待提升。事故和灾害信息的公开也较为被动。建议进一步完善应急领域的基本公共服务清单，"少花钱、多办事"，不断提高应急救援服务保障水平。完善预警信息发布机制，及时准确客观发布应急信息，正确引导舆论，让突发事件预警和处置信息在事前充当"发令枪"和"消息树"，在事后成为"稳定器"和"减压阀"。定期组织各层面各类型应急演练，充分利用互联网、新媒体等方式普及应急知识和技能，强化公众应急意识，提高公众的自救互助能力。

四、以法治建设为"根基"提升治理力

英国政府认为，必须在法律框架下履行政府职能，提供公共服务。英国应急法律法案体系十分完整，既有号称"龙头法"的《国民紧急状态法》，"框架法"的各种补充法案，如《反恐法案》《中央政府应对紧急状态安排：操作框架》，还有"操作法"层面的各种应急管理指南和标准，如应急领域操作规程、规划方法、演练指南、培训资料等，这是英国应急管理法规体系的重要部分，也是将原则、规范进行细化的操作性文件。在英国，从政府和部门，到居民社区、社会机构、商业公司等，都编有厚达几十页甚至几百页的各类应急预案。他们认为，应急预案不能"死"，各种场景、险情、风险点都要被充分预估和细化，以便在危急时刻能够对症下药，并根据环境、形势的变化不断修订更新，始终保持最大"活"性。

自 2007 年《突发事件应对法》颁布以来，我国涉及自然灾害、公共卫生、安全生产等方面的法律法规已达 70 多件。但随着经济社会发展，有些法律法规已不适应当前需要，有些内容原则抽象，操作性不强、约束性不够，一些行业领域的应急管理仍缺少法律规范。比如，事故性灾难类突发事件法和灾害性突发事件法虽较为完备，但过于分散，且缺乏具体办法相配合。建议进一步加强应急管理法制建设，及时制定修订相关法律条文，形成上下贯通、左右衔接的应急法治体系。同时，作为法律法规的必要

补充，强化应急预案编制和修订，强调顶层预案的指导性和政策性，确定应急管理的原则与程序，突出基层预案的实用和可操作性，编制预案时要开展风险分析和应急资源调查，在此基础上制定行动协调的具体计划。

2016 年 10 月 18 日

（国务院研究室赴英国"创新优化政府公共服务"培训考察组成员：乔尚奎、王淑琳、孙慧峰、史德信、王巍、林琳、赵秋雁、尹栾玉、余从凤、王春刚、侯建芳、陈善亮、刘长想、范贵海，

执笔：林琳）

以共有产权和货币化等灵活方式提供住房保障

——赴英国"创新优化政府公共服务"培训考察报告之五

国务院研究室赴英国"创新优化政府公共服务"培训考察组

为低收入群众提供住房保障，是政府公共服务的一项重要内容。赴英培训期间，我们了解了英国住房保障有关情况，与大伦敦地区的默顿市政府座谈交流了其住房保障方面的做法，感到有不少可借鉴之处。

一、共有产权住房兼具租售并举特征，是英国住房保障的重要方式

英国是世界上最早实行住房保障的国家之一，早在 19 世纪 80 年代，就开始构建住房保障体系。二战后，英国针对战争造成的"房荒"，从 1945 年开始大规模高速度建设公租房。到 20 世纪 70 年代，住房供需已基本平衡。随着收入水平不断提高，民众以租转购获得房屋产权的愿望日渐强烈，而经济增长放缓与保障房建设财政支出刚性增长的困境也日益凸显。同时，不少公租房坐落偏僻、设计老套，很多公租房片区变成贫民区或边缘化街区，民众非常不满，纷纷要求改革。在此背景下，1979 年上台的撒切尔夫人，提出了"国家向后撤"的改革思想。此后，政府建造公租房的数量急剧减少，转而通过土地、税收优惠和财政投入等方式，支持和委托住房协会等非营利机构，采取建设运营、市场转租、货币补贴、租售并举等方式，构建起多元化、多支柱的住房保障供给体系。

1980年，英国"共有产权计划"应运而生。共有产权住房可以先租后售、租售并举，是住房保障市场化和货币化的融合创新，主要针对有一定购房能力、但又难以凭借自身能力在市场上购房的人群，为他们提供部分或分阶段购买住房产权的路径。共有产权住房分"共有产权"和"共享权益"两种模式。"共有产权"是购房者先购买房屋价值一定比例的份额，剩下的部分产权由住房协会等非营利机构购买并持有，购房者每年需要向住房协会支付该部分产权价值2.75%—3%的租金。购房者出售房屋时，住房协会拥有优先回购取舍权。"共享权益"是购房者用自有资金和传统抵押贷款购买20%—50%的产权，剩下部分通过权益贷款购买，购房者可直接取得房屋全部产权。权益贷款由住房协会、政府、开发商或者私人金融机构提供，实行政策性的差异化利率。在出售房屋时，个人要归还权益贷款本金并支付相应的房屋增值收益。

"共有产权"和"共享权益"两种模式运行机制不同，但本质相同，都具有分享经济的属性：一是准入条件宽松，覆盖范围广，在保障中低收入群体基础上，逐步覆盖到中高收入家庭。二是政府补贴由暗转明，以产权比例或权益贷款的方式显性化，可保值增值。三是政府管理成本降低，服务效率更高。政府租金补贴，只针对未购产权部分，购买者自行负担物业、维修等费用。四是促进各阶层人群融合，避免因收入高低造成人群阶层隔离，出现新的贫民窟。五是更多人享有适当住房，增加民众财产权。

得益于此，在共有产权住房计划实施 20 年后，英国民众住房自有率由 57% 提高到 70% 以上。

二、当前英国地方政府以多种方式提供住房保障的做法

在大伦敦地区的默顿市政府座谈时，那里的官员告诉我们："给低收入群体提供住房是政府的法定职责，但不一定由政府自己建"。近年来，由于政府预算紧张，他们主要采取三种方式保障低收入群体住房：

一是与私营开发商合作增加供给。默顿市政府手里原本持有一些保障房，但因为平时维护管理费用高，财政压力较大。同时，2008 年金融危机后，当地低收入人口数量有所增加，保障房明显不够用，政府也无力新建。这种情况下，他们与一家非营利机构住房联合会合作，把原来的旧保障房土地腾出来，让开发商建设高层楼房，建成后 40% 的住房作为公租房，分配给低收入家庭使用。日常维护由开发商负责，水电等费用是市场价的 1/3 左右。这样一来，政府手里一下子多出 6000 多套公租房，不仅满足了现有需求，还有一定剩余。

二是以共有产权满足群众购房需求。默顿市政府规定，在公租房住满两年后，居住者可以申请购买这套住房。如果没有能力购买全部产权，可以采取"共有产权"模式。购房者可根据自身经济条件，先购买房屋价值 25%—75% 的份额，今后还可逐步购买剩余份额。据了解，目前这种做法已成为英国各地方普遍的住房保障方式，供应对象也由最初的中低收入群体，逐步扩大到家庭年总收入 6 万英镑及以下的首次购房家庭，有的郡市甚至允许年收入 10 万英镑以下的家庭购买共有产权房。

三是采取货币化补贴安置。默顿市政府官员介绍，当前市场

上房子的总量是足够的，因此如果政府手里的公租房分配完了，也不会再新建，而是直接到市场上租赁房屋，分配给低收入群体使用。或者政府根据其收入情况，提供一定租房补贴，由符合条件的居民自己去市场上租房子。

三、共有产权和货币化安置对我国住房保障具有"一石多鸟"之效

更精准、高效地满足低收入群众不同层次的住房需求，也是我国政府面临的一项重要课题。我们感到，英国住房保障的做法"惠而不费"，对我国具有较高的参考借鉴价值，其好处可以概括为四个"有利于"：

一是有利于提高住房保障的精准性、有效性。因为保障方式灵活多样，为群众提供了更多选择，所以能促进居民早日实现人人享有适当住房。比如共有产权模式，中低收入群体通过阶梯式购房，就能从"有房住"变为"有产权"，享受资产增值的收益。再比如货币化安置，低收入群众拿到租房补贴后，根据自身经济情况和偏好，既可以租赁保障房，也可以补差价租赁商品房，选择更多了。此外，这也是解决自由创业者、新毕业大学生和农民工住房问题的重要途径。

二是有利于节省政府节支。默顿市政府官员告诉我们，政府提供一套公租房花费5.7万英镑，而提供一套共有产权住房只需2.7万英镑，可节约一半资金。对于共有产权住房，购买者自己负担物业、维修等费用，政府只针对未购产权部分给予租金补贴，因此日常开支也显著降低。如果是货币化安置，则政府每年只需支付租金补贴，这与新建保障房相比，财政压力大为缓解。

三是有利于房地产去库存和缓解债务压力。当前我国房地产

市场供给十分充裕。据初步统计，全国商品房住宅的待售面积有 4.25 亿多平方米，各级政府未分配出去的存量保障房也有约 1000 万套，按平均每套 60 平方米计算，总量达 6 亿平方米。目前，一部分低收入群体、农民工等新市民、"夹心层"的中等收入群体，想购买住房但经济能力有限，如果实行共有产权模式，就可以帮助他们早日住上自己的房子。这既可以推动房地产去库存，也能盘活政府存量资产、提前回笼资金，从而改善财政状况。按去年全国 100 个城市中位房价每平方米 7358 元计算，如果能把 30% 的保障房以共有产权方式卖出去，政府就能回笼 1.3 万多亿元资金，可有效降低政府债务水平。

四是有利于激活房屋租赁市场。一方面，政府是租赁市场的重要供给方。除了以共有产权方式出售，政府还可以把手里的保障房租出去，这将为房屋租赁市场增加一大块稳定的供给，不仅可以满足日益增长的市场需求，也能适当降低总体房租水平，促进形成合理价格水平上的租赁市场。另一方面，对于不愿或者不能以共有产权方式解决住房问题的群体，政府可以给其发放租房补贴，以货币化方式安置，这就增加了租房市场的需求能力。

四、几点建议

借鉴英国的经验，结合我国的实际，提出如下建议：

第一，盘活存量保障房，尽量减少新建。目前，我国各地住房保障原则上已采取货币化补贴安置，而房地产市场库存也较多。在这种情况下，除了棚户区改造和农村危旧房改造外，政府已没有必要再大量新建保障房。建议各级地方政府根据当地实际情况，把住房保障的重点从扩大增量转到盘活存量上来。一是加大从市场购买和租赁的力度，把库存的商品房转化为保障房，多渠道增加保障房供给。二是对已建成未分配的保障房，要采取针对性措施，尽快完善交通和生活等配套基础设施，改善居住环境，把这些保障房尽快配租出去、利用起来。三是向低收入群众发放租房补贴，允许他们选择租赁公租房或者商品房，更好地履行政府的住房保障职能。

第二，积极推广共有产权模式，圆中低收入群众房产梦。目前，北京、上海、重庆、深圳等6个城市已经开展了共有产权住房试点，但主要是针对经济适用房、限价房等，范围很窄。建议有关部门认真总结经验，将试点推广到公租房，允许居住满一定年限的居民以共有产权形式购买公租房。一要合理测算确定产权份额。目前看，对个人可拥有的产权浮动范围应制定得宽一些，给居民更多的选择自由度，增强中低收入群众购买力。二要扩大共有产权适用范围。政府共有产权保障范围在覆盖户籍人口的基础上，应向自由创业者、大学毕业生、农民工等新市民延伸，并逐步将部分中高收入群体也纳入共有产权住房范围，解决"夹心层"的住房问题。三要改革创新配套政策，破除制度障碍。目前住房方面的许多政策都是基于完全产权制定的，要推广共有产权，必须进行政策和制度创新。比如，对共有产权住房的交易如何收税、如何以共有产权住房进行抵押获得住房信贷、共有产权如何退出等问题，都需要有关部门研究解决。

第三，以共有产权方式开展农房交易试点。当前，我国农房制度改革进展缓慢，主要问题在于农房不允许跨集体组织进行交易。在这方面，可以借鉴共有产权方式寻找突破口。城市住宅与农民住宅的权属结构具有相似性，均是土地公有（城市为国有、农村为集体所有）、房屋私有，其交易模式可以互通共用。建议国家允许统筹城乡综合配套改革试验区，选择一定范围，开展共有产权农房交易试点。这样，就可以在风险可控的前提下，探索出一条新路子，唤醒农房这一无法充分流动的"沉睡资产"，以增加农民财产性收入，助力扶贫攻坚。

2016 年 10 月 18 日

（国务院研究室赴英国"创新优化政府公共服务"培训考察组

成员：乔尚奎、王淑琳、孙慧峰、史德信、王巍、林琳、赵秋雁、尹栾玉、余从凤、王春刚、侯建芳、陈善亮、刘长想、范贵海，

执笔：余从凤、孙慧峰）

为什么政府与社会资本合作（PPP）
在英国能成功

——赴英国"创新优化政府公共服务"培训考察报告之六

国务院研究室赴英国"创新优化政府公共服务"培训考察组

英国是世界上较早开展政府与社会资本合作（Public Private Partnerships，以下简称"PPP"）的国家，既有成功经验，也有一些值得汲取的教训。在英培训期间，我们通过拜访内阁办公室、基础设施和项目管理局，以及剑桥大学等部门和研究机构，对英国推行PPP的背景、历程、主要做法进行了研究，得到一些启示。

一、英国推行 PPP 的初衷：公共服务节本增效

20 世纪 90 年代，英国政府提供公共服务遇到三大挑战：一是老基础设施运行和维护、新基础设施建设的投资不足。据估计，由于公共财政捉襟见肘，1997 年仅学校维修工程积压量就达 70 亿英镑，国家卫生系统建筑维护工程积压量超过 30 亿英镑。二是传统采购模式的时间和成本严重超支。例如，一家医院项目（盖思医院）预算 3600 万英镑，结算时实际投入 1.24 亿英镑；法斯莱恩三叉戟潜艇泊位项目预算 1 亿英镑，结算时实际投入 3.14 亿英镑；苏格兰议会大厦预算 4000 万英镑，结算时实际投入 4.31

亿英镑。不少项目的工期也一拖再拖。三是公共服务效率低下。由于政府包揽、缺乏竞争，公共服务已成为"效率低、质量差"的代名词，越来越难以满足民众不断提高的服务需求，迫切需要对政府提供公共服务的思维和模式进行创新，引入社会资本，改进效率和质量。在此形势下，PPP 应运而生。

二、英国推行 PPP 的历程：在调整中不断完善

按英国财政部《基础设施采购：创造长期价值》的定义，PPP 是公共部门和私营部门协同工作、共担风险，以实施政策、提供服务和基础设施的合作。根据私营部门参与程度的不同，又可分为 BOO（建设、经营和拥有）、DBFOT（设计、建设、财务、经营和转让）、DBFT（设计、建设、财务和转让）、BOT（建设、经营和转让）、OT（经营和转让）等模式。

1972 年，港英政府通过 BOT 方式建设红磡隧道，成为英国最早的 PPP 实践。此后英财政部对 PPP 模式进行探索，积累了一定经验。20 世纪 90 年代以来，英国政府大力推进私人融资计划（PFI），这是英国最典型的 PPP 方式。在此方式下，政府与私营供应商签订长期合同，私营部门提供基础设施的设计、建筑、融资、操作和维护等"一站式"服务，政府按年度支付整体费用，以保证服务质量。英国政府要求，地方政府和各中央部委在开发公共项目时，必须首先考虑利用私人和社会资本的可能性，并将学校、医院、城市交通、垃圾处理、政府信息系统、司法和监狱等陆续纳入 PFI 范围。据统计，截至 2013 年末，英国签署的 PFI 项目共有 725 个，总资本 542 亿英镑，约占公共部门总投资的11%，其中 665 个项目处于运营阶段，涉及医疗、国防、教育、交通、环境、文体设施等领域。与传统采购方式相比，PFI 项目

按时和按预算完成率从 30% 左右提高到 80% 以上，质量明显提高，使用者更加满意，并得到 90% 以上的公共服务经理认同。

在推进 PFI 过程中也暴露出一些不足，主要有：一是评估机制存在局限。PPP 项目周期通常达 20—30 年，这期间技术进步、市场需求、资产价格、利率水平等都可能发生重大变化，当时比较合理的评估结果长期看可能是不恰当的。二是重视财务评估而忽视社会成本。例如，在一些 PPP 医疗项目中，为减少开支而缩减员工和床位，导致失业救济和社会保险支出增加，医院床位紧张；有的 PPP 学校项目远离市中心，学生上学极不方便，等等。三是私营部门往往凭借政府信用过度融资。这减少了自身承担的风险，但会加大项目债务负担，一旦项目面临破产威胁，最后还需要政府买单。

针对这些问题，英国对 PFI 进行优化，财政部于 2012 年推出第二代私人融资计划（PF2），政府以少量参股方式，主动参与 PPP 项目的建设、运营、管理，并将项目的融资限额从之前的 90% 降到 80%，以抑制过度投机行为，推动形成风险共担、收益共享、长期稳定的公私合作关系。修改项目评估机制，提高项目透明度，扩大利益相关方如公众、服务对象的参与，以更好照顾各方关切。同时，政府和私营合作伙伴定期对合同和效率进行评审，以持续改进服务。

三、英国 PPP 的成功之道：制度化、标准化、程序化

英国 PPP 能够获得成功，是一系列因素共同作用的结果。基础设施和项目管理局提出了推进 PPP 的"八项计划"，即整体治理框架、PPP 机构、公共部门能力专长、出资和融资、管理和监督、法律政策和合同、投资和宣传、行政管理。正是由于英国注

重制度建设和技术支撑，在制度化、标准化、程序化上下了很大功夫，对 PPP 项目的成功发挥了重要作用。

——制度化。英国没有专门的 PPP 立法，但有《公共合同法》《公用事业单位合同法》《政府采购法》等通用法律来规范 PPP 行为。有关部门还专门出台《绿皮书：政策评审、项目规划与评估论证手册》《资金的价值评价方法》《大项目评估办法》《PFI/ PPP 采购和合同管理指引》《关于公私协作的新指引：公共部门参股 PF2 项目的条款磋商》《PFI/ PPP 金融指引》等细项规范性文件。1997 年工党执政后，推动在医疗等领域制定和修改法律，使其适用于 PFI 模式，并修订地方法规，鼓励地方政府参与。

——标准化。为在类似项目上保持定价及条款的一致性，减少谈判时间和成本，英国财政部于 1999 年 7 月颁布了《标准化 PFI 合同》第一版，明确了公共部门及私营部门风险分担的标准模式、原则、主要合同条款，保证公共部门购买到合格服务，最终达到资金价值最大化。2002 年、2004 年、2007 年又分别颁布了第二、第三和第四版。2012 年 12 月，颁布《标准化 PF2 合同》，进一步完善内容，推出标准服务产品模板、格式化的付款机制以及 PPP 股东协议等。

——程序化。在长期实践中，英国逐步形成了一套 PPP 项目的管理流程。大体分 7 个环节：（1）项目发起。通常由地方政府或中央部门在对公众需求进行分析的基础上提出。（2）项目准备。包括相关咨询、指导、审批文件编制等，由基础设施和项目管理局、地方合作伙伴关系协会完成。（3）项目初选。由基础设施和项目管理局负责，目的是把公共资金用到最需要的领域。（4）项目初审。基础设施和项目管理局组织发起单位、有关部门、专家等论证评审，以决定是否批准该项目，对获批项目指定专员跟进监督。（5）公共采购指导和监督。由商务部负责，确保项目招标、公共采购符合欧盟和英国相关法律法规。（6）最终审批。项目完成招投标并签署合同后，需报财政部最后审核批准。（7）审计和监管。由国家审计办公室对PPP项目进行绩效审计，审计报告报送下议院，下议院据以对有关部门问责、质询或监督整改。在此基础上，有关部门会对评估办法、管理流程、合同标准等进一步修改完善，以更好指导PPP实践。

四、经验及启示

在座谈中我们感到，英国推进PPP很关注几个要害点，认为这些方面最终决定项目的成败。这给我们以重要启示。

第一，清晰的目标——公共服务节本增效。英国推进PPP的初衷，是用更少的财政资金，更有效地提供公共服务。这在客观上放大了财政资金的杠杆效应，撬动了更多社会资本投资，但扩大投资从来不是PPP的根本目的。英国在这方面也有过教训，如布莱尔政府为大力推行PPP模式，未经充分论证就以PPP方式对伦敦地铁进行改造、升级和维护，结果项目实施不到八年就遭遇破产。

第二，必要的前提——政治承诺、竞争市场、独立司法。英国历届政府都对PPP十分支持、大力推动，提供了可靠的政治保障。在PPP模式下，服务效率和质量的提高是通过竞争实现的，因此竞争性市场十分关键，特别在项目招标、采购等环节应有充分竞争。PPP合同双方是政府和私营机构，发生纠纷时应严格按照法律和合同独立司法，否则会削弱投资者信心，导致私人投资裹足不前。

第三，专门的机构——推进PPP的动力。早期在财政部专门设立 PPP 处、地方伙伴关系协会，负责 PPP 政策制定、决策、地方政府 PPP 项目指导和推广等，并与私人部门合资成立英国伙伴关系公司，提供智力支持。之后，撤销 PPP 处，设立基础设施局，统一负责 PPP 政策推行，同时赋予内阁办公室大项目局对大型、复杂 PPP 项目的审批权。2016 年初，基础设施局和内阁办公室大项目局合并为基础设施和项目管理局。正是相关机构职责清晰、分工明确、协作有力，为 PPP 顺利推进提供了有力的保障。

第四，合适的领域——并非所有公共服务都适合 PPP。英国的经验表明，能源、水务、通信等使用者付费的服务可基本由私营部门提供；国防、超大型基础设施、人力资本等领域，PPP 发挥作用的空间有限；交通、防洪、垃圾处理、办公服务等较适合 PPP；在教育、医疗等领域，设施的建设、维护和运营可以通过 PPP 方式提供，但核心服务仍需由政府承担。据统计，英国 PFI 项目按价值衡量，25% 集中在医疗领域，教育、交通、垃圾处理、办公服务分别占 19%、12%、9%、7%，国防、住房、街道照明各占 3%，IT 基础设施和通讯、法院、监狱服务各占 1%。

第五，创新的融资——多方面筹集资金。一是成立养老金投资平台，由主要的养老基金作为创始投资者，参与 PPP 项目。二是成立政府股权投资基金，对有关项目投资入股。三是对符合条件的重大项目，由政府提供还款担保。四是鼓励欧洲投资银行等政策性银行提供优惠贷款。国际金融危机爆发后，财政部设立基础设施融资中心，为资金困难的项目提供临时、可退出的援助贷款，作为市场融资的补充。融资渠道多样不仅增加了资金来源，还降低了融资成本。

第六，人才支撑——尤其是合同管理人才。PPP 项目的专业性、技术性很强，对发起项目的政府部门和地方政府是重大挑战。实践中，英国有关部门和地方政府通常需要专业机构支持，还会聘请、培训自己的专业人才，特别是擅长合同管理、懂市场、懂法律的人才。单纯依靠行政人员管理 PPP 项目，往往导致项目失败，必须慎重。

第七，多方参与——照顾各方关切。PPP 项目公益性强，涉及面广，关注者众，利益相关方介入和监管是项目成功的重要保障，包括潜在服务对象、社会公众、中介组织等。英国在一些项目中的教训表明，如果缺乏利益相关方的参与和监管，私营部门往往会把部分项目成本转嫁到社会和消费者身上，最终损害社会总福利。

第八，循序渐进——充分论证逐步拓展。英国经过前后 30 多年才建立起比较成熟的 PPP 体系。国内一些地方政府出于政绩考虑，可能要求项目抓紧上马，论证不充分，从而加大项目失败的概率。比较好的做法是，从风险低、容易吸引私人资本的项目入手，经验成熟后再扩大规模、拓展领域。

2016 年 10 月 18 日

（国务院研究室赴英国"创新优化政府公共服务"培训考察组
成员：乔尚奎、王淑琳、孙慧峰、史德信、王巍、林琳、赵秋雁、尹栾玉、余从凤、王春刚、侯建芳、陈善亮、刘长想、范贵海，
执笔：史德信）

进一步做好国内 PPP 推进工作的建议

——赴英国"创新优化政府公共服务"培训考察报告之七

国务院研究室赴英国"创新优化政府公共服务"培训考察组

近年来，国内许多地方大力推广 PPP 模式，然而实践中项目落地率不高，不少地方出现"叫好不叫座"现象。英国推广 PPP 的成功经验给我们许多启示，特别是要以企业需求为导向制定有针对性的措施，真正建立起公平长效的合作机制，更好调动民间资本参与的积极性，切实解决项目"结缘难""落地难"问题。

一、进一步打破障碍，解决好民资准入问题

截至 2013 年末，英国共有 PFI/PF2（第一、二代私人融资计划）项目 725 个，投资总额 542 亿英镑，其中 665 个项目进入运营阶段，约占公共部门总投资的 11%，涉及医疗健康、国防设施、教育、交通、环境、文体设施等领域。PFI/PF2 模式在英国的成功运用，一方面缓解了政府的财政压力，另一方面显著提高了公共服务效率。可以看出，私人资本在英国基础设施建设和公共服务领域占据重要地位。反观国内，尽管多年来一直强调平等对待各类资本，但长期以来，基础设施建设多由政府为背景的融资平台承担，公共服务多由事业单位和国企提供，这种模式逐渐暴露

出其局限性，如国企形成行业垄断，平台公司高杠杆、高债务等。对此，必须进一步打破民间资本准入限制，放宽进入领域。首先要转变观念，以更大力度放开基础设施、公共服务市场，将PPP推广与国企改革相结合，通过各类型投资主体相互持股、参股组建项目公司，共同参与市政等基础公共设施建设。同时，要做好示范引领带动。做好项目征集、筛选和投资价值评估，充实完善项目库，分行业、分领域推出一批具有代表性、可操作性的典型案例，在确定付费机制、投资回报率和价格调整机制的过程中提供专业化的指导和帮助，借此营造良好的社会氛围，增强民间资本进入公共领域的信心。

二、进一步优化审批，解决好投资立项问题

20世纪90年代的英国，PFI项目仅小范围内尝试，前置条件约束过多是制约PPP模式推广的一个重要原因。比如当时规定任何民间参与的公共建设项目，须要证明该项目在民间参与模式下的成本和效益优于传统政府自办的模式，导致多数政府部门及民间投资者对PFI模式持观望态度。此后长期实践中，英国逐步形成了一套PPP项目管理流程，大体分项目发起、项目准备、项目初选、项目初审、公共采购指导和监督、最终审批、审计和监管7个环节，以确保项目顺利合规推进。目前我国项目管理仍偏重前段审批，必须结合行政审批制度改革，尽快改变这一做法，这是加快推进PPP工作的关键环节。一要完善发起程序。对政府投资项目，首先进行PPP适宜性论证，适合的采取PPP模式实施，不适合的再由其他方式实施；鼓励社会资本发起项目，给予发起单位优先参与权，对前期投入适当补助。二要精简审批流程。横向上，采取多部门联审、与其他审核流程合并同类项；纵向上，

对同一项内容不作重复性审查、减少审查环节。包括将立项与 PPP 发起两程序合并，在建议书批复中即明确可采用 PPP 模式，或在发起中纳入立项；将可行性评估与 PPP 实施方案可行性评估合并，在可行性研究中纳入 PPP 实施方案内容；将规划条件、土地使用审查与 PPP 方案评估合并，评估过程中请规划、国土部门出具意见，实施方案通过评估的即视同通过了规划、土地审查。

三、进一步健全机制，解决好利益分配问题

私人资本进入公共领域，内生动力无疑是利益驱动、给予其合理的投资回报。从英国推行 PPP 实践看，从机制设计到信守承诺都有非常值得借鉴的经验。2012 年，英国对 PFI 进行优化，推出第二代私人融资计划（PF2），政府以少量参股方式，主动参与 PPP 项目建设、运营、管理，推动形成风险共担、收益共享、长期稳定的公私合作关系。同时，由于历届政府都对 PPP 十分支持、大力推动，因此提供了可靠的政治保障，特别是在发生纠纷时各方能够严格遵守法律并按照合同履约，不会因合同双方是政府或私营机构而有所偏袒，确保了投资者信心。反观国内，不少项目存在合同履约难状况，特别是一旦地方政府换届后各种变数增大，导致私人投资者出现畏难情绪、裹足不前。因此，必须把解决好利益分配问题作为完善 PPP 模式的基石，努力杜绝出现关门打狗、任性毁约等现象。一要分类确定回报。对有明确收费基础、收费能覆盖成本的经营性项目，采用"使用者付费"机制；对经营收费不能覆盖成本和合理收益的准经营性项目，采用政府补贴部分资金或资源的"可行性缺口补助"机制；对缺乏使用者付费基础的非经营性项目，以"政府付费"回收成本。二要灵活调整定价。在实行政府定价或政府指导价领域，加快推进市场

化运营和价格管理改革；在实行市场自主调控价格领域，由公司综合定价并报备，构建动态调整收费定价和政府补贴模式。

四、进一步拓展来源，解决好建设资金问题

国际金融危机爆发后，英国私人投资也遭受重创，融资成本急剧上升，加之国家投资政策紧缩，大量的 PFI 在建项目遭遇资金难题，部分项目甚至因为中标方的临时退出而被迫终止。2009年3月，为了帮助 PFI 项目融通资金，稳定市场信心，英国财政部紧急设立了基础设施融资中心，为市场融资提供补充。当 PFI 项目从市场融资遇到困难时，由融资中心提供临时、可退出的援助，可全额贷款，也可与商业银行、欧洲投资银行等一起贷款，缓解了 PFI 项目的资金困境。渡过这次难关后，英国 PFI 市场更加成熟与理性，虽然项目成交量相对减少，但大量项目进入了相对稳定的运营阶段。目前，英国有养老金投资平台、政府股权投资基金等多个资金来源参与 PPP 项目，在实现融资渠道多样化的同时也降低了融资成本。当前我国社会资金沉淀量巨大，PPP 项目资金潜在供给充足，关键要打通相关渠道。一要推动融资平台转型。加快政府投融资平台整合，根据需要对存量（空壳）平台进行关闭、合并或转型；积极引入社会资本，推动符合条件的投融资平台转型为 PPP 实施主体和城市发展专业运营商、系统解决方案供应商；在风险可控前提下，打破地域限制，引导有经营实力和专业能力的投融资平台参与异地项目运作和实施。二要创新项目融资方式。采取股权投资等方式，运用政府投资撬动社会投资，通过以奖代补等措施，引导和鼓励融资平台存量转型为 PPP 项目；推动重点领域资产证券化，鼓励银行业金融机构与信托公司、证券公司合作，开展 PPP 特许经营权证券化业务，创新信贷

服务，发行收益债等直接融资工具。三要提高财政支持力度。目前我国对于财政用于 PPP 支出占全年预算比例有明确要求，建议根据实际情况，允许财政状况好的地区适度提高财政用于 PPP 支出比例；借鉴欧美国家做法，由财政、社保等部门共同建立专项基金，支持项目建设。

五、进一步强化管控，解决好风险防范问题

由于 PFI 项目运作全部是由私营部门完成，政府参与度不足，债务凸显加大了政府偿还压力，后期弊端不断显现，由此诞生的 PF2 调整了股权融资模式，提高了政府资本金比例，私营部门以小股东的身份参与，抑制了私人资本过度投机行为。又通过集中招标、规范招标流程，既提高了项目招标效率、也强化了政府监管能力。同时还提高了信息透明度，强化了社会公众监督效力。通过上述优化调整，PPP 实施过程中的风险得到较好控制。目前，国内很多地方都在创造条件准备推广 PPP 项目，必须未雨绸缪、采取措施控制其中潜在的风险。一要合理分担风险。根据承担风险程度"与所得回报相匹配""有上限"两大原则，进一步明确私营部门承担建造、运营、技术等风险，政府承担政治、法律、政策等风险。此外，在协议中拟定重新谈判的触发机制和调解机制，实现风险共担。二要严管财政资金。开展财政承受能力论证，将运营补贴、经营收费权和其他支付定价等统一纳入年度预算、中长期财政规划，强化信息公开和社会监督。

六、进一步畅通渠道，解决好后期退出问题

根据私营部门参与程度的不同，PPP 又可分为 BOO（建设、经营和拥有）、DBFOT（设计、建设、财务、经营和转让）、

DBFT（设计、建设、财务和转让）、BOT（建设、经营和转让）、OT（经营和转让）等模式。其中 T（转让）流程是否顺畅关系 PPP 项目的成败。在这方面，英国也积累了丰富的经验，建立了完善的法律、政策、实施和监督框架，尤其是不断完善和形成《标准化 PF2 合同》，降低各方谈判成本，以此作为促进私人资本有序退出等合同执行中的各类行为规范。在推动国内 PPP 项目落地过程中，除了对收益大小的评估，能否实现全身而退、功成身退也是私人资本经常存疑的重点。解决好私人资本后期退出问题，一要建设产权交易平台。依托各类产权和股权交易市场，为特许经营权等产权提供公开交易的平台与通道，保证在公开透明的交易环境下实现社会资本的有序退出。二要设计合理补偿措施。针对合同提前终止后的退出，在因服务量持续期间低于双方认可的预测流量比例，以及政策调整、政府违约、不可抗力等情形下，政府应给予投资人以公允价格补偿。三要建立临时接管制度。发生退出情况后，项目主管部门、实施机构要制定退出方案，并做好临时接管工作，以保障设施正常运行，维护公众利益。

2016 年 10 月 18 日

（国务院研究室赴英国"创新优化政府公共服务"培训考察组成员：乔尚奎、王淑琳、孙慧峰、史德信、王巍、林琳、赵秋雁、尹栾玉、余从凤、王春刚、侯建芳、陈善亮、刘长想、范贵海，

执笔：王春刚、王巍、王淑琳）

垃圾治理要实行政府和社会多元共治

——赴英国"创新优化政府公共服务"培训考察报告之八

国务院研究室赴英国"创新优化政府公共服务"培训考察组

垃圾治理是政府公共服务的重要内容。在英国培训期间，我们了解到英国地方政府在垃圾治理方面的一些创新做法，就此有一些启发和建议。

一、垃圾治理是英国地方政府的一项重要服务职能

英国各级政府之间的职责分工非常明确，像教育、医疗等服务，由中央政府负责。城市一级地方政府主要负责本地区的住房保障、社区老年人和残疾人护理、儿童福利、垃圾治理、道路维修、公共卫生等，其中维护当地环境卫生、有效治理垃圾，是法律赋予地方政府的重要职责，也是市民最关心的基本公共服务之一。

在英培训期间，我们注意到一个细节，就是所到的部门和单位，或者在路边的居民家门口，都能看到两样东西：鲜花和垃圾桶，而且一般是五种不同颜色的垃圾桶。据介绍，五种颜色代表五个类别，分别用来收集纸张类、可回收利用类、食物类、填埋类、堆肥类等垃圾。这让我们从细微处感受到英国地方政府在垃

圾治理方面所下的实功夫。

二、英国垃圾治理的主要做法

垃圾治理是英国公共服务的典型缩影，其中不仅体现了政府与社会、企业、公民合作治理的理念，也运用了政府购买服务、共享服务、市场化运作等做法。

一是把垃圾治理服务外包给私营企业承担。在垃圾收集、转运和道路清扫等方面，大部分地方政府都不再自己养机构直接承担，而是向专业的私营垃圾管理公司购买服务。这不仅提高了垃圾清运效率，也能降低行政管理成本。大伦敦地区默顿市政府官员介绍，实行垃圾治理的服务外包，可以减少300名政府雇员，每年节约200万英镑的开支。在垃圾处理设施建设和运营管理方面，许多地方政府采取私人融资计划模式，即政府与私营企业签订一个25—30年的长期合同，企业负责筹资建设相应设施，并按合同提供服务，政府则以约定价格每年支付相应费用。

二是地方政府之间共享服务。垃圾处理也有规模效应。由于英国一些地方人口较少，日常垃圾的量不大，单独建设处理厂不太划算。为了减少政府支出，一些相邻的地区就签订协议，共建共用一个垃圾处理厂，以实现最优的社会和经济效益。在埃德蒙顿市就有一个这样的垃圾处理厂，是周边三个地方政府合建的，所有权归三家共有，但日常管理由一家私营公司负责。

三是以充分沟通和利益分享化解"邻避效应"。建垃圾处理设施很容易招致周边居民反对，产生所谓的"邻避效应"。英国政府主要从两个方面入手解决这一难题。首先是加强沟通。在设施研究、论证、规划等前期阶段，就反复与居民协调，充分听取他们的意见，争取他们的支持。一般来说，只要是真正出于公众利益，是能够得到大家认可的。如果最终无法达成一致，将诉诸法律解决。另一方面，英国还参照欧洲大陆经验，建立利益共享的机制。垃圾处理厂建成后，政府与当地社区共同拥有所有权，共同获得项目收益，当地居民还可以享受项目建设所带来的就业、培训等其他好处。

四是以严格的法律规范全社会的责任。近年来，英国提出打造"零垃圾经济"，其底气在于有完善的制度作保证。

首先是垃圾分类制度。英国是垃圾分类最严、最细的国家之一。前面提到的，大部分英国人家门口都会按分类摆放五个不同颜色的垃圾桶。普通的生活垃圾，由垃圾车每周上门来收一次，如果分类不合格，垃圾车会拒绝回收。而像家电、家具等体积较大的垃圾，居民必须自己运到规定的垃圾中心。为了加强垃圾分类监管，很多垃圾箱上都装有芯片，用来监测居民垃圾产生情况，如果垃圾超过限量，必须交纳额外的处理费用。各个居民区还设有指定的垃圾投放点，如果往别的投放点扔或者偷倒垃圾，都会被监视器记录下来，先警告、后罚款，最高可罚 2500 英镑。对于屡犯不改的，还会影响个人信用，甚至要坐牢。

其次是生产者责任制。英国规定，对于产生量多、危害大的固体废弃物，比如废旧电子电器零部件、产品包装、废电池、报废汽车零部件等，生产者要承担最终的垃圾处理费用。这就引导企业对其商品负责，延长产品的生命周期，提高资源利用效率，从前端就控制垃圾的产生。

第三是垃圾填埋税和配额交易制度。英国垃圾治理的策略，首先是回收利用，其次是用于堆肥和焚烧发电，填埋是最后的选择。实施填埋税，目的是让填埋成为昂贵的垃圾处理方式。这一税种从 1996 年开始实施，按重量征收，当时为 7 英镑 / 吨，现在已上涨到 72 英镑 / 吨。此外，2003 年英国还出台了垃圾填埋配额交易制度。政府给各地规定一个填埋配额，节余的配额可以出售，配额不够可以向其他富余地区购买。这两项制度显著增强全社会减少垃圾填埋的动力，得益于此，英国垃圾填满的比例已经下降到 35% 左右。

三、启示与建议

随着城镇化进程加快，城市规模和人口快速增长，我国许多城市生活垃圾处理面临的矛盾和问题日益突出：垃圾产生量持续上升，处理能力严重不足，很多垃圾设施超负荷运行。一些地方"垃圾围城"、异地偷排偷倒垃圾现象时有发生。特别是，垃圾治理体制机制不健全，生活垃圾分类收集处理滞后，资源有效利用和污染控制难度较大；处理设施建设推进困难，利益难以调节，影响社会稳定和谐。对此，迫切需要借鉴国外先进经验，加快完善垃圾治理模式，全面提升治理能力，实现垃圾"减量化、资源化、无害化"目标。

（一）切实推动垃圾分类工作。分类是做好垃圾治理工作的前提和基础。英国垃圾分类做得好，一方面是因为民众环保意识强，自觉分类已经成为一种生活习惯；另一方面则依靠严监管、高罚款等措施，使公众对法律产生敬畏。目前，我国一些大城市也在推行垃圾分类，但由于强制力不够，监管不到位，很多都流于形式。虽然不少地方垃圾桶已分类摆放，大部分居民还是随意投放。即便一些小区分类做得好，但在收集和转运过程中，这些被分类过的垃圾又被混到了一起。建议有关部门进一步完善垃圾分类的相关法律法规，特别是加强强制性，切实推广垃圾分类工作。同时，应加大对垃圾分类工作的宣传力度，使垃圾分类深入人心，增强全社会的自觉意识和行动。

（二）在垃圾治理领域引入市场竞争。善用市场力量，对于提高垃圾治理效率具有重要作用。从英国经验看，垃圾治理不必非得政府承担，完全可以外包给私营企业提供。当前，我国各地的垃圾收集、分类、清运以及处理设施建设等，主要还是由财政拨款的事业单位或国有企业承担，这种自然垄断的局面使得垃圾处理工作缺乏竞争，各环节成本不清，一定程度上制约了服务改善，也不利于降低费用。建议有条件的地方，可探索采取政府购买服务的方式，将部分垃圾处理业务交给私营企业承担，采取市场化运作，让他们与国有企业、事业单位竞争，通过竞争提高效率。同时，条件具备的时候，还可对相关事业单位进行改革，减少财政供养人员，真正做到少花钱、少养人。对于改革中需要分流的人员，可由承担垃圾治理服务的私营企业接收，做到事和人一起交接，确保职工不下岗。

（三）推动形成全社会多元共治垃圾的局面。不管是民众、企业、政府，都要树立环保意识，承担起各自的责任和义务。政府要积极引导，带头推行绿色采购、绿色办公，减少浪费。企业要落实生产者责任，对自己生产的产品，负责回收、利用和处置。要大力倡导"厉行节约、减少废弃"理念，引导民众提高环保意识，形成绿色生活方式和消费模式。在解决"邻避问题"上，要加强与居民的沟通，充分听取他们的诉求，及时调整优化建设方案，并在就业、培训等方面回馈居民。同时，该公开的各种污染控制指标和运行数据一定要公开透明，让群众看明白账、吃定心丸，消除他们的各种顾虑，争取群众理解和支持。

2016 年 10 月 18 日

（国务院研究室赴英国"创新优化政府公共服务"培训考察组
成员：乔尚奎、王淑琳、孙慧峰、史德信、王巍、林琳、赵秋雁、
尹栾玉、余从凤、王春刚、侯建芳、陈善亮、刘长想、范贵海，

执笔：孙慧峰、陈善亮）

大力发展社会企业 促进公共服务多元供给

——赴英国"创新优化政府公共服务"培训考察报告之九

国务院研究室赴英国"创新优化政府公共服务"培训考察组

英国是世界上较早出现社会企业，也是社会企业发挥作用较好、相关法律制度比较完善的国家。社区利益公司是英国社会企业中最具创新性的企业法人形式。在英国培训期间，我们通过对社区利益公司进行考察了解，感到英国发展社会企业的经验，对促进我国公共服务供给体制创新，提升公共服务水平，具有重要借鉴意义。

一、英国社会企业的主要形式和特征

社会企业是指以社会公益为目的，实行商业化运作的社会组织，其财务盈余依法用于社会公益事业再投资，而不能分配给股东或企业所有者。社会企业的特殊性在于，它既保证了社会公益目的，也保证了社会资本增值，一般具有以下四方面特征：一是必须具备社会目标。社会企业与普通企业的最大区别在于其成立的目的就是为了推动解决某些社会问题。以英国为例，社会企业的运营领域涉及教育、卫生、交通、住房、社区服务等各个方面，而它们的社会目标包括就业平等、教育平等、健康、环境问题等诸多社会问题。二是结合商业化运作模式。社会企业可以通过向消费者提供服务或产品来追求财务上的自给自足并有所盈余，用所获得的收益去实现社会目标。三是资产锁定原则。为保证社会企业在商业运作中不偏离其社会目标，英国要求社会企业必须遵循资产锁定原则，即将资产锁定到社会利益，其获利及资产不能分配给股东，必须永久由企业持有，并且要继续投入项目或社区发展。四是多样性与灵活性。英国社会企业的组织形式灵活多样，可以注册成多种法律形式，如"担保有限公司""非营利组织""慈善组织"和"社区利益公司"等。

英国对社会企业有许多扶持政策。2012 年英国议会通过的《社会价值法案》（Social Value Bill）规定，政府在外包服务合同的时候，应优先考虑社会企业或其他社区组织。现在，英国政府每年委托服务的价值达到数千亿美元，其中 1% 的合同是与社会企业签署的。为提升社会企业发展能力，英国贸易及工业部专门负责制定针对社会企业的业务支持和培训计划，同时搭建学习交流平台，协助社会企业之间分享新理念、新技术，改善组织运行方式。

二、社区利益公司是英国公共服务的重要参与主体

社区利益公司（Community Interest Company，简称"CIC"）是社会企业最新的法律形式，近年来发展迅速，已经成为社会企业中最显著的力量。2002 年 9 月，英国内阁办公室"战略小组"发布了"私人行为和公共利益"报告，首次提出设立社区利益公司的设想。2005 年 7 月颁布的《社区利益公司法案》正式引入了这种新的企业法人形式。

与慈善组织相比，一些企业家更倾向于选择社区利益公司，主要是基于三方面原因。一是可以保持对企业的战略控制。按照慈善法的基本规则，慈善组织应该由志愿性的理事会管理，创始

人对组织的控制权较弱。而采取社区利益公司形式，创始人则可以作为董事参与管理，能够继续保持对企业的战略控制。二是在日常经营和融资方面有更大的自由度。慈善组织不能进行商业贸易活动，也不能吸引风险投资。社区利益公司则可以依法融资，可以从事商业活动，还可以享受原来仅限于慈善机构的各种补贴。三是社区利益公司可以适当分红。这有利于提升投资人和管理者劳动积极性，扩大企业资产积累，改善员工待遇。按规定，社区利益公司分红总额不能超过可分配利润的35%。以上优势使得社区利益公司在所有社会企业中具有特殊的吸引力。

监管机构依据"社区利益报告书"和"资产锁定条款"对社区利益公司进行监管。建立社区利益公司的最低出资额度是250英镑，最多是2万英镑。与一般企业法人相同，社区利益公司也需要到公司注册署申请登记，但比普通企业法人登记多一道程序，就是必须提交一份描述其组织目的的"社区利益报告书"。监管机构将对其进行测试，符合条件才允许注册。此外，社区利益公司还需每年向监管机构提交报告，详细说明其财务运行和利润分配情况，并向管理部门和公众报告其在解决社区问题中所具体从事的活动内容以及收益。"资产锁定条款"既是社区利益公司的准入条件，也是退出的特别限制。该条款规定，社区利益公司不得以低于公平市场价格处置资产，公司解散时其资产也不能分给董事成员或股东，而必须转给另一个"资产永远投入于社区利益"的实体，以确保资产为社区利益所用。

其他类型的社会企业可以转为社区利益公司。不同类型的社会企业监管部门各不相同。比如，社区利益公司主要由公司注册署和社区利益公司管理局监管，担保有限公司（CLG）和股份有限公司（CLS）形式的社会企业由公司注册署监管，慈善组织形式的社会企业由慈善委会监管。但在法律规定范围内，他们可以实现形式转换。经慈善委员会许可，慈善组织可以转为社区利益公司，也可以单独设立社区利益公司作为分支机构。普通的担保有限或股份有限公司，适当修改章程后，经公司注册署和社区利益公司管理局批准，也可以转为社区利益公司。

三、几点思考和建议

随着我国经济社会转型不断加快，就业再就业、社区服务、居家养老、老年人照料、康复护理、环境保护、艾滋病防护、社区矫正等社会问题日益增多，传统的以政府为主体的公共服务单一供给模式遇到很大挑战，必须创新社会治理模式，推进多元共治。社会企业很好地找到了企业发展和社会公益的契合点，既能敏锐把握社会需求，又能最大限度地整合社会资源，具有多重优势。建议把发展社会企业纳入创新社会治理的重要方面，统筹谋划，加快培育发展我国社会企业。

第一，加快社会企业立法，完善相关监管机制。我国目前尚没有社会企业的专门立法，相关法律中也没有关于社会企业的明确认定。现存的社会企业多以自发的草根社会组织形式存在，无法进行商业活动。在立法的操作层面上，应参照英国"社区利益企业"和比利时"社会目的企业"的做法，在社会企业的孕育和初创期，可以先将其纳入现有的企业法律形态中加以规范。随着社会企业的不断发展，再逐步为其确立特定的法律形式，使其与商业企业、非营利组织加以区别。具体可以从以下三个方面逐步制定不同层次的配套的法律法规体系。一是赋予社会企业明确的法律地位，对尚无法律规范的商会、行业协会等要加快立法，使社会企业、各类商会、行业协会有法可依；二是要确立社会企业的监管机制，即社会企业由谁来监管、如何监管等；三是在构建新的管理法律框架时，可根据中国非营利组织的管理情况，借鉴国外社会企业管理经验，采用三级登记管理体制，即登记、备案、公益性认定。

第二，研究制定扶持政策，优化社会企业成长环境。英国支持社会企业的财税政策广泛涉及所得税减免、资本利得税免除、再投资减免、资本持转抵免、资本收益处置抵免等方面。我国社会企业整体发展水平较低、经营规模小、筹资渠道狭窄、财务管理不规范，社会效益和经济效益难以平衡，无法成为参与社会建设和公共服务的主体力量。应加强顶层设计，建立完善政策框架，从税收优惠、就业扶持和政府优先采购等几方面扶持社会企业尽快发展，使其尽快成长为多元供给主体的重要力量。

第三，鼓励商业企业参与社区公共服务。社区利益公司在我国仍处于萌芽状态，只有上海"点点帮"等少数商业企业具有社区利益公司的特征。目前这些企业的迫切诉求是，希望打破社区服务方面的政府垄断，让他们能够参与进来。为此建议，除户籍、警务等公共服务外，其他如养老、教育、便民等服务，应更多让社会企业参与，政府向其购买服务并进行监管。这既能为社会企业发展打开空间，也能减轻政府财政负担，降低公共服务供给成本，提高公共服务效率，是一项双赢的举措。

2016 年 10 月 18 日

（国务院研究室赴英国"创新优化政府公共服务"培训考察组成员：乔尚奎、王淑琳、孙慧峰、史德信、王巍、林琳、赵秋雁、尹栾玉、余从凤、王春刚、侯建芳、陈善亮、刘长想、范贵海，

执笔：尹栾玉、孙慧峰）

工业设计是中国制造提质增效升级的关键一环

——国内外工业设计产业发展情况及相关建议

张军立　张泰　李钊

胡成　邢建武　李攀辉

工业设计综合运用制造、商业、工程等技术对产品进行系统创新，是连接创新、产品与市场的重要桥梁，是制造业价值链的核心环节，对于引领企业技术创新、提升产品附加值、增强产业竞争力具有关键作用。加快发展工业设计，对于实施创新驱动战略、推进供给侧结构性改革、促进产业转型升级，具有重大战略意义。近期，我们就此开展专题研究，并赴深圳实地调研。现将有关情况及建议报告如下：

一、发达国家工业设计发展情况

工业设计作为制造业的先导产业，能显著改善工业产品的外观和性能，大幅提升产品价格、附加值和市场竞争力，受到各工业发达国家的普遍重视。欧美日等传统工业强国和地区在该领域起步较早，产业发展成熟，产值规模庞大，是其参与全球竞争的核心优势资源。韩国及我国台湾等国家和地区也通过大力发展工业设计，有效促进了制造业特别是优势产业发展。近年来，面对日趋激烈的全球产业竞争，各国更加重视工业设计，纷纷从国家层面制定工业设计发展规划，提供财政、税收、融资等支持，以图进一步强化在该领域的领先优势（具体情况见文末附表）。

欧洲。欧洲是现代工业设计发源地，拥有英、德、意和芬兰等一批老牌工业设计强国。2013 年，全欧洲工业设计相关产业从业人员达 1300 万人，产值 1.6 万亿欧元。英国明确提出经济振兴必须大力发展设计产业，早在 1944 年便设立国家设计委员会，领导全国工业设计工作，出台了"设计顾问计划"和"扶持设计计划"等一批扶持政策，推动工业设计向产业化、集成化发展。德国注重工业设计与科技创新的紧密结合，以高可用性、高科技造就"德国制造"在全球的强大竞争力。

美国。美国是最早实现工业设计职业化的国家。20 世纪 20 年代以来，无论是早期的福特 A 型汽车，还是现在的苹果电脑、手机等市场热销产品，都是工业设计的成功典范，成功引领了全球消费潮流。据美国工业设计师协会（JDSA）统计，在工业设计上每投入 1 美元，可增加产出 16 美元。美国专职工业设计师人数众多，是美国创新领域最为活跃的群体，1975 年至 2010 年间，有 40% 的设计师同时注册了设计专利和发明专利。2013 年，美国白宫科技政策办公室发布《工业设计支撑美国制造》报告，指出工业设计处于制造业创新的中心，对国家整体创新能力建设意义重大。美国《国家先进制造战略规划》《国际制造创新网络战略规划》都将设计创新作为重点支持领域。

日本。工业设计在日本制造业崛起过程中发挥了关键作用。日本于 1951 年成立日本工业设计协会，随后开展国家设计奖（Gmark 奖）评选，鼓励工业设计创新。日本政府在通产省设立设计促进厅、设计政策厅及产业振兴会，负责制定工业设计标准法规，大力推动设计产业发展。日立设计的统计显示，每增加1000万日元的销售收入中，来自工业设计的贡献占52%。日本著名学者宫畸清曾将"领先一步的工业设计"，列为日本产业振兴和经济增长三大支柱之一。

韩国。作为赶超型经济体，韩国特别注重通过发展工业设计增强其制造业竞争力。从1993年起，韩国政府连续提出三个促进设计产业发展的五年计划，2000年又提出了"设计韩国"的战略口号，连续5年共投入7亿美元用于提升工业设计整体水平，其中一项主要用途是对国内设计公司的费用补贴，补贴率达到30%—60%；投资100亿韩元建立韩国设计中心，以政、产、财结合的方式，支持设计创新活动。韩国产业资源部下设"设计振兴院"，每年投入大量资金用于工业设计培训、交流、评选、推动等工作，为韩国制造业提供全面设计创新服务。三星、现代、LG等企业将设计创新提升到与技术创新、管理创新同等重要的战略高度，利用设计创新提升产品品牌价值和扩大市场份额，探索出了一条设计制胜的道路。

二、我国工业设计产业进入快速发展阶段，但基础薄弱、困难较多

我国工业设计起步于20世纪80年代，但在短缺经济和"三来一补"的大背景下，发展较为缓慢，难有用武之地。近年来，国家开始高度重视工业设计产业发展。"十一五"规划纲要首次提出"鼓励发展专业化的工业设计"，"十二五"规划纲要进一步提出"促进工业设计从外观设计向高端综合设计服务转变"；国务院陆续出台了一系列促进工业设计发展的政策文件。工信部等部门完善配套政策，加大工作力度，推动我国工业设计产业取得快速发展。一是产业集聚发展格局初步形成。长三角、珠三角、环渤海、成渝经济圈等地区工业设计蓬勃发展，成为产业核心聚集区和发展"高地"，北京、上海、深圳被联合国教科文组织评为全球创意城市网络设计之都。全国设计创意类园区突破 1000 家，其中以工业设计为主题的超过 50 家。二是行业规模不断壮大。截至 2015 年，全国设有工业设计中心的制造企业超过 5000 家，规模以上工业设计专业公司超过 2000 家，直接从业人员超过 30 万人。浙江、江苏、深圳等省市工业设计产业保持年均 15%—20% 的高速增长。三是设计创新能力持续提升。工业设计服务领域逐步开始由传统轻工电子行业向装备制造业、战略性新兴产业延伸，设计内容由简单外观设计向产品集成创新延伸，运营模式由技术服务向与制造、资本深度融合延伸，部分重点企业设计能力接近国际先进水平。

但总体来看，我国工业设计产业尚属发展初期，整体水平与发达国家存在明显差距，不能满足企业发展、消费升级以及市场结构迅速变化的需求。从调研情况看，目前主要面临以下问题：

一是企业设计创新意识不足。长期以来，我国企业普遍重技术轻设计、重生产轻市场，工业设计短板突出，在很大程度上导致创新与市场脱节，形成创新成果找不到出路、市场需求得不到满足的"两难"困境。大量企业对工业设计的认识还停留在"产品美容"的较低层次，对工业设计"四两拨千斤"作用的认识严重不足，设计创新投入极低甚至缺失，很多企业甚至完全没有购买工业设计服务的认识和预算。大多数制造业企业没有将设计创新提升到战略高度，没有构建工业设计创新管理体系和专门机构，也没有系统应用于品牌建设、产品规划等核心领域，工业设计的综合效用没有得到充分发挥。

二是区域和行业发展不平衡。虽然主要的几个设计产业聚集区发展势头良好，但东北地区、中西部地区工业设计刚刚起步，与产业发展和市场需求还有很大差距。国内设计公司以民营小企业为主，资产资金规模普遍较小，获得银行信贷支持十分困难，又缺乏其他融资渠道，多数公司只能依靠自我积累，扩张速度十分缓慢，不少企业在发展的关键期因缺乏必要的资金支持而停滞不前或萎缩夭折。

三是设计创新人才短缺。尽管我国每年设计相关专业毕业生多达数十万人，但由于学校课程与行业需求脱节，有的学校甚至还在使用 20 世纪 80 年代的教材，难以适应设计企业的实际需要。尤其是在高端成套设备、轨道交通、航天海运、节能环保等重点领域，缺乏懂技术、懂产业的设计创新领军人才，以及熟悉国际标准、国际行业规范、技术规范、法律规范的专业人才。另外，我国目前还没有设计专业职称资格认定体系，也影响了设计师队伍稳定发展。

四是行业发展基础薄弱。目前，我国尚未建立工业设计统计体系，只有浙江、江苏、深圳等少数几个省市开展工业设计产业统计，而且统计指标和口径不一致，例如江苏省、深圳市就分别采用工业设计增加值、产值进行行业规模统计。此外，行业信息、技术等公共服务平台建设尚不完善，工业设计交付、服务标准体系不健全，不利于行业规范健康发展。

五是知识产权保护力度亟须加强。这是工业设计企业最苦恼的问题。由于专利申请周期长，侵权违法成本低，维权成本高，经常出现一家企业的创新产品刚上市，马上就遭到几十家企业模仿，巨额的创新投入难以回收，严重打击企业创新积极性。例如，2009 年深圳某设计公司研发出一款老人专用手机（"老人机"），并申请了国家外观设计专利，在国内外具有良好的市场前景，但很快被国内某知名企业模仿并大规模销售，经过三年的诉讼，官司打赢了，但仅获赔 8 万元，更为严重的是国内"老人机"市场已被众多模仿者瓜分殆尽，这是典型的劣币驱逐良币。

当前，抓紧解决上述问题，加快发展工业设计，既有助于引领技术创新、工艺创新、材料创新和经营创新，作为实施创新驱动战略的有效抓手；也有助于提升产品档次和附加值，促进制造业转型升级，重塑国际竞争新优势；还有助于改善产品品质，扩大有效和中高端供给，更好满足消费者消费升级需求，推进供给侧结构性改革。特别是，对于大众创业、万众创新来说，广大"创客"有创意、有想法，但往往缺乏将创意想法转化为现实产品的能力和平台，工业设计机构可以为"创客"提供从材料、工艺到设计、试制、产业配套等全方位、全流程的专业化服务，大幅提高创业创新的质量和成功率。

三、深圳市加快工业设计发展的主要做法

近年来，深圳市立足于调结构、促升级，大力发展工业设计，推动"深圳制造"向"深圳设计""深圳创造""深圳质量"转变，并以此作为转变经济发展方式重要突破口，取得了良好效果，有力支撑了产业转型升级和经济结构战略调整。"十二五"期间，深圳市工业设计产业年均复合增长率达到 24%，2015 年全市有各类专业设计公司 500 多家，产值 60 亿元，创造经济价值逾千亿元，获得国际设计大奖数量连续五年居全国大中城市首位，成功实现由"代工基地"向"设计之都"的转型。他们的主要做法有：

一是出台优惠扶持政策。2012 年，深圳市政府印发《关于加

快工业设计业发展的若干措施》，成立市工业设计业发展工作领导小组，每年拿出 1 亿元专项资金支持工业设计发展。同时，在营改增、所得税、房产税等方面给予优惠政策，设立工业设计发展基金，引导社会资金进入工业设计领域，拓宽工业设计企业融资渠道，优化设计创新人才安居创业环境，推动工业设计产业快速发展。

二是构建设计创新体系。支持科研院校、设计机构与企业以产业链、产品链、技术链、服务链为纽带，建立工业设计产业联盟，联合开展设计创新，形成产学研用紧密结合的协同创新体系。组织开展市级工业设计中心认定，支持争创国家级工业设计中心，对经认定的国家级、省级、市级工业设计中心分别给予 500 万元、400 万元和 300 万元支持。目前，已认定国家级工业设计中心 5 家、市级工业设计中心 41 家。

三是推动专业化高端化发展。鼓励有条件的制造企业分离设计机构，面向市场承接设计外包服务，支持工业设计龙头企业发展，提升工业设计专业化程度。完善产业空间布局，建成了一批辐射带动效应明显的工业设计示范园区，实现规模化、集聚化发展。利用深圳产业优势，大力发展智能设计、时尚设计、品牌设计等高端领域，鼓励"设计＋品牌""设计＋文化"等新模式、新业态发展，加快工业设计向价值链高端环节延伸。

四是促进工业设计成果转化。以扶持工业设计创新成果产业化为重点，注重设计成果与产业对接，支持基于新产品、新技术、新工艺、新材料的设计创新成果推广，鼓励工业设计在城市公共设施、社会民生领域的深度应用。目前，全市已有 50 多个重大设计创新成果产业化项目获得政府资助，资助经费主要用于产业化过程中制作工程样机、采购设计软硬件和实验设备材料及宣传推广等。

五是完善公共服务体系。编制工业设计发展规划，探索建立工业设计统计调查制度，定期发布行业发展白皮书，加强对行业的政策指导。构建开放式公共服务平台，提供快速成型、虚拟制造、成果展示、市场交易、知识产权、人才培训等专业服务，促进资源共享。对开放式、公益性、专业化、国际领先的公共服务平台建设，给予投资额 50%、最高 800 万元的支持。

六是加强交流宣传推广。组织开展了深圳国际工业设计大展、深圳国际工业周，以及不同行业主题的竞赛和论坛等活动，实施知名工业设计奖励计划，鼓励各类设计机构参与国内外高水平设计评奖、展览、竞赛活动，提升自身设计能力，扩大"深圳设计"影响力。积极开展国际交流，支持中芬、中德设计合作，深化深台、深港设计合作，吸引大批国际顶尖设计机构入驻深圳，在交流合作中不断增强"深圳设计"综合实力。

四、加快我国工业设计产业发展的几点建议

"十三五"是我国从制造大国迈向制造强国的关键时期，也是实施创新驱动战略、转变经济发展方式的关键阶段。应站在推进实施《中国制造 2025》的战略高度，抓紧补齐工业设计短板，大力推动工业设计产业发展，不断提升行业规模和整体水平，为提高我国工业产品附加值和竞争力，加快产业转型升级，建设制造强国提供有力支撑。结合国内外经验做法及我国实际，我们建议：

第一，加强政策规划引导。以促进工业设计向高端综合设计服务转变、与相关产业的深度融合为重点，抓紧研究制定工业设计"十三五"规划，出台支持工业设计发展的指导意见，健全导向明确、内容完整、综合配套、措施精准的产业政策体系。引导地方和企业结合各自实际，围绕特色产业发展需求发展工业设

计，实现地区、行业均衡协调发展。完善由政府、行业、企业三方组成的设计创新促进体系，保障设计产业政策的有效实施。持续开展中国优秀工业设计奖评选，推出一批"中国设计"精品，引导行业不断提升整体发展水平。

第二，健全公共服务体系。推动设立国家工业设计研究院及工业设计创新中心，开展关键共性技术攻关和行业协同创新，研究制定行业基础标准。依托行业组织和产业园区，建设一批集信息交流、政策指导、标准服务等功能为一体的工业设计公共服务平台，加强基础条件平台建设。积极推广"互联网＋工业设计"模式，探索线上线下结合服务，发展众创、众包、众扶、众筹等商业模式。在国民经济统计和调查体系中，增加工业设计相关内容，推动健全工业设计统计体系，加强对行业发展情况的调查分析，建立全国性工业设计产业基础数据库。

第三，加大政策扶持力度。进一步调整研发费用税前加计扣除政策，放宽工业设计相关费用纳入加计扣除的范围。经认定为省级以上工业设计中心的企业，考虑允许其在所得税等方面享受高新技术企业优惠待遇。鼓励担保机构、银行拓宽工业设计企业的抵押品范围，提供融资与信贷支持，为承接外包的重大项目和创新程度提供优惠贷款。

第四，培育发展行业主体。鼓励工业企业剥离工业设计职能，或者开展设计服务外包，培育和促进第三方工业设计机构发展，打造跨界融合的产业集团和产业联盟。继续开展国家级、省市级工业设计中心和设计企业认定工作，支持重点工业设计企业在各地设立分支机构，发挥好龙头企业的引领示范作用。设立全国性工业设计创投基金，重点投资战略新兴领域的工业设计产业化项目、工业设计对传统领域的改造提升、中小企业工业设计核心创新能力建设等领域。

第五，提高人才队伍素质水平。抓紧落实《中国制造 2025》"1+X"体系中《制造业人才发展规划》相关任务，围绕制造业重点行业领域，完善服务型制造人才培养体系，健全工业设计人才培训机制。加快院校工业设计课程改革，将工业设计纳入理工科大专院校的基础课程，根据区域产业发展的特点设置专业，支持校企联合办学和共建实习基地，培养更加适应市场需求的设计专业人才。健全工业设计专业技术职称体系，打通从业人员职业发展通道。

第六，强化知识产权保护。扩大集专利申请、维权援助、调解执法等为一体的知识产权快速维权中心布局，简化专利申请手续，缩短申请周期，提高审查效率，为工业设计企业提供专利申请"绿色通道"。适当调整外观设计专利侵权判定标准，进一步明确、降低侵权判定标准，加大对设计侵权行为的处罚力度，大幅提高侵权违法成本，有效遏止模仿侵权行为。积极构建工业设计侵权的社会共治格局，加强信用体系建设，共同规范市场和竞争秩序，促进行业健康发展。

第七，推进国际交流合作。积极推动与工业设计领先国家的战略合作，健全多层次、宽领域的合作机制，搭建国际化设计协同创新平台。支持有条件的设计公司到海外设立分支机构或并购海外设计公司，整合全球设计资源，培育具有国际竞争力的设计领军企业，不断扩大"中国设计"的知名度和影响力。利用国际设计服务业转移的机遇，积极承接国际设计外包，鼓励工业设计企业"走出去"参与国际竞争，给予税收优惠以及贷款、外汇兑换等方面的支持。

2016 年 10 月 21 日

附表　各国制定工业设计发展政策规划情况

国家	战略规划	主要关注领域
英国	英国国家设计战略（UK National Design Stretegy: The Good Design Plan 2008—2011）	中小企业、国家品牌
荷兰	荷兰国家设计振兴政策（Netherlands National Design Programmer 2005—2008）	设计规划、国际开发、基础设计
芬兰	芬兰国家设计振兴政策（Finland National Design Programmer 2005）	设计教育、可持续发展、设计监督
日本	日本国家设计振兴政策（Japan National Design Programmer 2005）	国际交流、大众设计利益、基础设施建设
韩国	韩国国家设计振兴政策（Korea National Design Programmer 2005）	世界级设计师、本土创新、基础设计
澳大利亚	澳大利亚国家设计振兴政策（Australia National Design Programmer 2005）	设计意识、国际奖项、设计网络
印度	印度国家设计振兴政策（India National Design Programmer 2005）	从制造供应到设计供应

中德人文交流函须提升机制化水平

侯万军　范绪锋　姜锋

德国作为欧盟"火车头"，一直是中欧关系的领跑者和推动者，对我外交战略布局意义重大。总体看，两国政治和经济关系正处于历史上最好时期，但人文交流进展不平衡，突出表现为"政密、经热、人文散"；我对德人文交流在获取智力资源方面成绩显著，但在机制化常态化运行、塑造正面形象方面尚待统筹谋划、大力推进。

一、中德之间仍存在"好感赤字"

德国是我国现代化进程中"持久的合作伙伴"，中国则是德国进一步提升国际地位、发展经济需要借重的战略伙伴。相互的倚重和需求为加强两国人文交流奠定了基础。多年来，中德人文交流呈现出官民并进、多头参与、项目密集、交流频繁的局面，双方均在对方国家设立了文化教育机构，两国高校和科研部门建立了 500 多对合作伙伴，有 70 多对友好城市。目前中国在德留学人员 3 万多人，是德最大外国留学生群体，也是我公派博士生第二大目的国（第一是美国）；德国在华留学人员 6000 多人，中国是德国欧洲以外第二大留学目的国（美国第一）。两国先后举办文化年、语言年、"中德同行"、"孔子学院日"和书展主宾国等各类大型文化活动，交流合作持续升温。但两国人文交流的整体状况仍较为松散，尤其是我方树立形象方面的工作没有统一规划，两国之间缺乏衔接、各行其道，我方各参与者之间各行其是；政府高层的积极推动与工作层的落实尚有距离；双方长效人文交流机制尚未建立，交流亟待整合，形成合力。

特别需要指出的是，两国媒体关注内容和民众相互好感度不对称，双方价值观和意识形态的差别是共享人文交流红利的结构性障碍。德民众对我负面观念仍较顽固，克服我在德"好感赤字"的工作依旧艰巨。英国广播公司（BBC）2014 年全球民意调查显示，德国是对中国看法最负面的国家，高达 76% 的受访者认为，"中国对世界的影响主要是消极的"。这与中国民众普遍认同德国、视"德国制造"为高品质代名词的现状相去甚远。这种不对称充分凸显了加强两国人文交流的迫切性。

从现状看，对德人文交流项目针对不同年龄和社会阶层的"受众区分度"低、传统定式内容过剩，内容偏重历史，鲜有涉及我现代生活和科技进步、产生持久冲击力和影响力的项目。低水平交流内容和形式"帮倒忙"的现象时有发生，发挥重点机构和重点人物作用的机制尚未形成。根据 2014 年对上海外国语大学德国留学生调查，德国人的中国知识"古多今少"，中国在现代艺术方面远不如日本、韩国在德有影响；德国人普遍知道孔子，但对当代中国政治家或学者知之甚少；在艺术家方面，知道最多的是艾未未、廖一伟和刘晓波，不知有其他艺术家。此外，我方在对德人文交流的网络空间尚处于缺位状态，尚未影响到主要的社交网络阵地，严重滞后于新媒体和自媒体时代人文交流的客观需要。

二、德国可以成为中欧文明对话的领头羊

中德两国双边关系整体良好，已建立各类专业磋商机制60多个，交流层级高、领域宽。除双边政府磋商外，均定位在专业和技术层面，需要加强在制度文明和精神层面的机制性交流。

欧洲当前在经济、难民和社会治理诸领域多种困境叠加，已显出对自身文明身份认同的危机，民众困惑，精英层寻求出路的愿望日渐迫切。中国作为新兴大国彰显出的文明活力正引起欧洲精英更大关注。如，欧洲汉学会前主席施寒微教授提出"中国思想，全球行为"（Think chinese，act global）；德国汉学家卜松山也曾提出儒家普世主义理念，试图在中国文明中寻找全球发展的未来。随着我国自身发展和国际影响力增强，特别是我与欧盟及英法等国人文交流机制发挥的促进作用，欧洲涉华负面舆论呈下降趋势，对中华文明特别是制度文明的关注度上升；欧洲学生来华留学的愿望和人数均快速增加（选修我国高校有关中国文明慕课课程的人数普遍高于注册其他课程的平均值）。可以看出，欧洲精英层对我越来越表现出关注和敬佩，也部分怀有惶恐和不安，后者多源于对我文明特质和政治制度缺乏了解，但整体上渴望了解中国文明已成趋势。

德国长期是欧洲的领导者，英国脱欧之后其领导地位更加突出。德国各界对华关注度高：在欧洲各国领导人中，默克尔是唯一出席我孔子学院活动在职政府首脑，对中国文明和政治制度实践表现出了实质兴趣；德国前领导人施密特提出"中国文化传统与现代化能不能融合"的问题，至今影响着德国知识精英探寻；前不久，在一场由默克尔"闺蜜"、执政党基民盟前副主席沙万举行的内部讨论中，德政商和外交界人士认为，德国不能再仅仅

从经济意义上狭隘地理解中国，应该扩展"中国知识体系"，强烈呼吁德政府加强文明对话。德国民族长于思辨，对欧洲为代表的西方文明有过巨大影响，至今仍保持着强大的文化塑造力。加强我与西方的文明对话，德国可以起到领头羊的作用，需要把握有利时机，进一步因势利导，加大力度推动。

三、深化中德人文交流应着眼大局、坚持以我为主

政治互信、经贸合作、人文交流是我们发展对外关系的三大支柱，缺一不可。中德政治、经贸关系越好，就越需要人文交流的基础支撑。中德人文交流是我运作软实力的表现形式，旨在获取智力资源、培育知华友善感情、提升我公民国际视野和行为能力。简言之，现阶段要在继续加强获取智力资源工作的同时，更加注重塑造中国形象、讲好中国故事，更加注重提升机制化水平，统筹国内国外两个大局、两种资源为我发展服务。开展中德人文交流，应始终立足于这样的战略高度来认识和推进。

第一，加强顶层设计，形成官内民外的格局。对外统一归口，对内统一协调，政府定方向，民间做项目，使对德人文交流方针明确、主线清晰、形式多样。要根据德国特点，合理布局，使交流项目有效针对德国学术精英、社会领袖、青年才俊、普通民众，从理念、感知和娱乐消费等不同层面上全方位交流。要建立长效的网络信息宣介渠道，持续发挥交流项目的作用，避免"打乱仗"，更要避免交流不落地，自拉自唱、自娱自乐。

第二，突出重点，有所为有所不为。德国教育、科技、文化资源和管理经验丰富，今后仍值得我们学习借鉴，获取智力资源。应以教育、科技、学术、艺术、卫生、旅游以及足球等合作为重点，着眼于基础和长久交流领域，充分调动积极性，提高参

与度。学术交流重在理念，教育和艺术在于感知、感受和感情，科技在于促进创新合作、提升应对全球性挑战的共同责任意识。双方还可把足球合作打造成人文交流的新亮点。

第三，培养德国青少年的对华友善认知和观点。支持更多德国年轻人来华访学、进修和学习，关怀在华德国青年留学人员，保持与曾留学中国人员的长期联系。要特别关注德国青少年受新媒体涉华负面内容影响较重的现状，设计和实施易于理解和接受的交流项目。

第四，弥补德国民众对当代中国的"知识赤字"。改变其认知误区和"厚古薄今"的现状，不仅介绍有厚重历史文化的中国，还要展现多彩的现代的中国，更多举办我国科技传统、创新进步和现代生活的展示活动。

第五，注意"崇德"和"媚德"现象。改变以往交流中"唯德是学"的学习定势，兼顾借鉴、批判、合作等多元价值取向，更主动地设定交流日程、推介交流信息、引领热点议题。避免我公民片面、盲目地赞扬德国，抵制一些人别有用心地借以贬低、甚至抹黑中国。尤其要注意到，德国二战后长期处于东西方两大敌对阵营的前线，民众深受妖魔化社会主义制度和共产主义说教的影响，对我社会主义制度和我党领导模式从本能上排斥，有意无意抵触。要格外关注两国制度同异和我现行制度合理、效益及对世界文明发展制度性贡献方面的交流；把我与苏东国家特别是原民主德国实行的制度区别开来，并以此说明我党改革开放的胆识和国家发展的活力。

2016 年 10 月 28 日

（姜锋，上海外国语大学供职）

美国政府吸引内资、外资的政策与成效

张秋菊　潘教峰　王敏

2009 年以来，美国奥巴马政府采取一系列政策措施吸引本国资本回流与外国投资，有力拉动了经济增长。特朗普当选总统后，提出通过股权投资和对私人投资税收抵免，吸引本国和外国资本参与美国大规模基础设施重建。这种一以贯之的做法值得研究借鉴。

一、美国联邦政府吸引内资、外资的主要举措

（一）实施招商引资的"选择美国"计划。2011 年 6 月，奥巴马政府宣布由白宫全面协调、商务部等 23 个联邦部委参与的"选择美国"计划：把吸引外国投资作为美国驻外大使的重点工作之一；包括总统在内的联邦政府高级官员都要更多从事招商引资工作；联邦政府为外国企业在美投资提供简化手续、了解监管政策等服务；与各州政府合作，在全美范围内承担起留住内资、吸引外资的职能。

（二）实施重振美国制造业的"先进制造伙伴关系计划"。奥巴马政府把重振制造业作为吸引内资、外资的重大举措，促进产业、大学和政府联合投资先进制造技术。包括：国家制造业创新网络、"材料基因组计划"、人工智能技术、节能创新型制造工艺

527

等。设立国家先进制造伙伴计划办公室，由与制造业相关的所有联邦机构组成，支持先进制造计划的跨部门协调，作为制造商、大学、州政府之间的联系纽带。建立联邦政府与私营部门的协同创新运行机制，创建由 15 个制造业创新研究机构组成的国家制造业创新网络。截至 2016 年 6 月，美国已建成数字制作与设计技术、轻型现代金属、集成光子制造、智能清洁能源、革命性纤维和纺织品等创新研究中心。

（三）实施吸引本国企业回流的"出口倍增计划"。奥巴马政府通过帮助美国企业向海外出售产品和服务，吸引大企业投资回流。2010 年 3 月推出计划，在五年内出口翻番并提供数百万新增就业岗位。任命由美国大企业首席执行官等组成的总统出口顾问委员会，就如何促进出口直接向总统建言献策。该机构在一些优先领域提出了短期和长期建议，如改革"出口控制体系"，提升相关出口行业竞争力。

（四）实施增强企业竞争力的创新联盟计划。此项计划旨在建立科研机构、企业、商业社区之间的伙伴关系，汇聚技术开发人员、商业领袖和风险资本家，推动科研成果快速转化为具有市场回报的技术。2010 年 10 月，能源部发起"国家实验室联盟"试验计划，为国家实验室研究团队提供技术商业化资源，包括技术验证与测试、设备获取、技术经济分析、孵化服务等，以加速先进清洁能源技术市场化。2012 年 2 月，能源部宣布遴选阿莫斯实验室、布鲁克海文国家实验室、爱达荷国家实验室、劳伦斯利弗莫尔国家实验室、可再生能源国家实验室、橡树岭国家实验室、西北太平洋国家实验室、萨凡纳河国家实验室等 8 个国家实验室参与 ACT 计划，相关合作企业可以访问这些实验室的研究成果，使用其研究设施并与科学家密切合作，将创新产品迅速推向市场。

（五）实施提高工人技术能力的先进制造"学徒计划"。奥巴马政府认为，培训高素质劳动力是吸引本国和外国资本的重要条件。2014年12月，由劳工部组织启动，在信息技术、高技术服务业、先进制造3个高增长领域，建立25个学徒制度伙伴关系项目，每个项目政府资助250万—500万美元，面向年满16周岁未进入高中的青年、年满18周岁未就业的青年招生。2016年4月，劳工部再投入9000万美元，启动先进制造学徒计划第二轮资助。学徒计划鼓励企业雇主、劳动力组织、培训机构、社区学校、州政府之间合作，提供高质量、工作现场的学徒培训，使劳动力技能培训与企业在全球竞争环境下所需技能相匹配，确保企业技能型人才来源渠道畅通。自启动学徒计划以来，爱荷华州、加利福尼亚州、佐治亚州、康涅狄格州等14个州的先进制造业学徒人数增加了20%，87%的学徒培训人员都找到了工作。许多美国本土及大型跨国企业积极参与该计划实施。美国铝业、德国西门子等公司与相关社区学院联合举办高级技工培训，美国通用、福特、克莱斯勒等主要汽车制造商，联合包裹快递等公司增加数千个学徒招聘名额。

（六）实施鼓励创新创业政策。主要包括：

一是研发税收减免政策。为更广泛地鼓励创新创业，尤其是鼓励私营部门创新，2010年，奥巴马政府推动国会改革企业征税方式，使研究与试验的税收减免永久化，并将优惠幅度提高到20%。扩大税收减免提案在10年内将为美国贡献约1000亿美元投资，并以预支税收形式带动更多创新。2016年，美国国会通过拨款法案，批准企业研发投资税收抵免政策永久化并扩大抵免范围，结束了该政策过去几十年的不确定性。

二是知识产权保护政策。全面改革专利制度，减少专利申请处理时间，让申请人以最快速度完成专利申请，并通过授权后审查程序提高专利质量。2010 年，美国专利与商标局修订专利审查生产奖励体制，采纳更全面的测度专利审查质量程序，重塑从专利申请受理到做出授予决策的整个专利审查流程。2010 年 11 月，美国贸易代表署完成了"反仿冒贸易协议"谈判，加速打击全球商业性仿冒与盗版。

三是创业资助政策。2010 年 9 月，美国总统签署《小企业就业法案》，由联邦政府小企业管理局向小企业提供 140 亿美元以上的额外贷款支持，由联邦政府财政部向小企业提供 300 亿美元的贷款支持，并减免小企业 120 亿美元税收，帮助大量小企业投资，创造就业机会。同时，每年提供 10 亿美元支持农村企业融资。截至目前，奥巴马政府已 17 次削减小企业税收。2011 年 1 月，奥巴马政府提出"创业美国"（Startup America）一揽子计划，目标是帮助建立更多优秀的美国企业。美国小企业管理局在 5 年内投入 20 亿美元，用于支持初创企业发展，其中 10 亿美元建立影响力投资基金（Impact Investment Funds），以配套基金方式，鼓励私营部门投资国家引导发展领域和新兴产业领域；另用 10 亿美元建立早期创新基金（Early—Stage Innovation Funds），鼓励私营部门投资创新型企业的早期阶段，以连接种子基金与传统投资之间的"死亡峡谷"。同时，呼吁国会启动更多创业扶持资金，减免小型商业投资资本收益税，简化落后地区投资税额抵扣条例。

四是创业门槛降低政策。2010 年，美国国土安全部降低青年学生创业贷款负担，限定其收入的 15% 用于贷款支付，并在 25 年后免除剩余债务。小企业管理局启动一站式网络服务，为初创企业种子资金提供渠道支持，提高创新型小企业投融资机会；美国专利与商标局通过实施专利审查时间控制计划，加快专利申请速度，实现 12 个月内结束审查。

五是完善法规监管。2010 年，美国司法部和联邦贸易委员会联合颁布新的横向兼并准则，评估兼并是否会阻碍创新。2011 年 1 月，总统发布"完善法规和监管审查过程"行政命令，要求联邦机构设计以成本效益为参考、证据为基础的法规，使其与经济增长、创造就业和竞争能力相匹配，并要求各联邦机构在 120 天之内完成回溯性审查，以确定需要修改、精简、充实或废止的法规，使监管程序更有效、负担更少。2012 年 1 月，奥巴马提出，给在国内投资的美国企业提供新的税收优惠政策，以扭转就业岗位"外包"，将其转变为"内包"。具体举措：改革美国公司税制，将制造业公司税率从 35% 降至 25%；终结企业海外外包税收优惠，鼓励投资美国。

二、美国州政府吸引内资、外资的主要举措

美国州政府在吸引本土资金回流与境外投资过程中，扮演了市场服务者角色，发挥了不可取代作用。一是产业激励政策。例如，加州政府有 22 项、纽约州政府 46 项、得克萨斯州政府 33 项。内容包括：贷款或贷款参与、拨款补助、税收减免、贷款担保、股权投资、汇率优惠等。二是税收优惠政策。加州对采购生产设备的外国公司，提供免 2000 万美元销售税和使用税的优惠；对雇佣加州当地居民满 5 年的外国公司，提供最高 3.2 万美元的税收返还；对在加州从事研发活动的外国公司，其内部研发费用的 15% 或外部委托研发费用的 24%，可享受抵免银行和公司税。得克萨斯州对制造业也有免税优惠，财产税也可部分减免。三是融资优惠政策。在加州，投资者可通过直接财务协助、土地规划、公共设施改进等，获得直接或间接利益，并享受土地费用减

免、低息贷款抵押和公用设施税收返还等好处。四是拨款补助政策。加州政府私营部门投入 8.4 亿美元，支持小企业贷款担保计划。纽约州能源研发局设立了"太阳能热水器补贴计划"，用于补贴使用太阳能热水器的居民或企业。五是就业培训政策。加州议会 1982 年就批准成立了就业培训委员会，面向企业雇主提供"就业培训金融补助计划"，通过培训使其能够获得长期稳定的工作岗位。得克萨斯州设有"智慧就业基金""技术发展基金"，对新兴产业领域工人提供职业技术培训，帮助社区公立学校与当地企业合作，为企业培训工人。

三、美国联邦、州两级政府吸引内资、外资的主要成效

最近 8 年，奥巴马政府通过实施吸引内资、外资的政策措施，营造了有利于创新创业和经济增长的开放竞争环境。一是外国投资流入量超过本国资本流出量。2015 年美国 FDI 流入量达到 3484 亿美元。二是创造大量就业。2014 年，FDI 在美国创造就业岗位共计 637 万个，其中，加州、得克萨斯州、纽约州、佐治亚州、佛罗里达州、北卡罗来纳州、伊利诺伊州、密执安州、俄亥俄州、马萨诸塞州等创造就业分布超过 20 万个。三是带动出口增长。2014 年，FDI 为美国创造出口 4250 亿美元，约占美国私营部门研发支出的 16.4%、出口贸易的 22.8%。四是助力先进制造业发展。制造业一直是美国 FDI 流入的主要部门，2010—2012 年，制造业占美国 FDI 流入量的 44.9%，2013—2015 年增加到 66.4%。五是提升美国经济竞争力。据波士顿咨询公司 2013 年调查，美国在海外的全球制造商有 54% 考虑回流美国，远高于 2012 年的 37%。

2016 年 11 月 23 日

（张秋菊、潘教峰，中国科学院供职）

美国大选后国际格局和中美关系走向前瞻

刘武通

11月9日美国大选结束后，国内有关智库相继举办研讨会，就特朗普当选美国下届总统后对国际格局和中美关系造成的影响进行前瞻预判。现将一些重要观点和建议汇总如下：

一、特朗普当选标志美国社会已发生重大变化

美国大选向来为世界关注，本次大选格外吸引眼球。选前不被看好的共和党富商候选人特朗普最终逆转选情，以较大优势击败民主党候选人希拉里胜出，彻底改写美国精英主导选举的历史。对于这一结果，几乎所有媒体、民调机构、专家都猜错，包括基辛格这样的资深智囊都坚信希拉里会赢，也让欧洲及日本等曾贬低特朗普的国家措手不及，给国际社会带来的震惊和冲击效应仍在持续发酵。"特朗普现象"瞬间成为国际舆论焦点，全世界都想知道特朗普为什么会当选，他的当选对美国意味着什么。专家普遍认为，特朗普胜出标志着美国民粹主义抬头，大众对精英阶层和权势集团的厌倦和反感在临界点大爆发。主要显露以下动向：

一是西方政党制度和社会结构发生新裂变。战后以来，从欧

洲到美国西方社会的政治版图，一直是不同政党代表不同利益群体轮流坐庄，呈现"竖切面政治格局"；近年来却出现政党和精英集团与中下层大众日益脱节的"横切面政治格局"，表明以中产阶级为主的"橄榄型社会"已经变成两极分化的"哑铃型社会"，种族主义和排外主义卷土重来，而20世纪20—30年代的法西斯主义就是在这样背景下兴起的。

二是美国社会财富分配模式难以为继。战后以来美国在超强实力基础上，主要通过美元霸权等金融手段在全球范围内获得巨大财富，20世纪80年代后随着金融资本决定性地位日益凸显，制造业逐渐外流，传统产业萎缩，国内利益分配格局进一步向少数富人倾斜，中产阶级财富大幅缩水，中下层日益成为"被遗忘的角落"，由此加剧了贫富分化。

三是资本主义体制结构性矛盾凸显。特朗普当选背后并不单纯是草根和中下层民众，而是通用电气公司、美孚石油公司、Coach集团和波音集团等传统产业大佬，代表实体经济，与希拉里背后的金融和高科技精英集团势同水火。特朗普正是美国传统统治势力需要的"那头蛮牛"，可以大胆冲破当前既有利益格局。他们支持特朗普就是要重振美国实体经济，重夺国家掌控权。这也是世界性"去精英化"潮流的集中体现。

四是失败主义情绪蔓延。认真研究选后公布的统计数据发现，特朗普的支持者并不只是中下层农民和劳工，而希拉里也并未得到所有受教育程度和收入水平高的选民的支持。值得注意的是，从年龄段划分看，45岁以上的白人群体基本都支持特朗普，这部分人是20世纪80—90年代美国繁荣强大时期的受益者，也是最近10年美国国力低迷和内外受挫的受害者，他们对民主党执政十分失望，反对导致生活水平下降的全球化，充满"怀旧心理"，希望重返伟大美国时代。

五是新政府将奉行务实主义路线。特朗普对奥巴马执政8年几乎全盘否定，提出减税、缩减预算开支、加征进口关税、收紧移民政策、加快能源独立等系列主张，虽有前后矛盾之处，但目标明确，就是一切都围绕促进经济增长和解决就业。预计国内经济社会发展将成为新政府上台后压倒一切的优先议题。

二、美国对外战略收缩将加快国际格局调整

特朗普本人缺乏从政经验，对国际事务知之甚少，美国新政府对外政策具有很大不确定性。观察他的外交政策走向可通过三个渠道：一是他本人竞选期间观点主张，二是未来内阁团队成员的倾向特点，三是美国国家特质和内外形势。鉴于他的内阁班底仍未浮出水面，尚难以评估具体政策取向。基辛格认为，新政府明年1月上台后，仍需要3—6个月过渡期，包括特朗普本人在内的新班子需要一个学习和适应过程，外交政策制定更是如此。总体看，鉴于美国政治体制和机制已很成熟，特朗普新班子中内外事务专家智囊会辅助其治国理政，应不致出现大的偏差和非理性结果，但将对国际格局带来重大影响是可以预见的。

一是特朗普的世界观趋于孤立主义。美国在新世纪以来发动战争和对外干预没有带来实际好处，反而消耗大量财力，令其元气大伤。奥巴马政府执政8年试图力挽狂澜，结果战线越来越长，造成国内困境。特朗普新政府对外政策将以"美国优先"取代"世界领导"，进行全面战略收缩，与传统盟友关系将作出调整，不会在所有热点问题上继续充当"世界警察"。这也标志着历经伊拉克战争和国际金融危机双重打击后，美国已进入"衰落周期"。

二是世界多极化进程必将加快。本次大选标志世界进入一个新拐点，美国开始反思冷战思维。特朗普与普京互有好感、彼此赞赏，双方都有意愿扭转美俄对抗局面，很可能在叙利亚及反恐等问题上达成妥协。美俄关系缓和将使世界爆发新冷战的概率大幅降低，也带动新一轮大国关系调整。随着美国缩小对外战略投入和布局，其在全球后撤留下的权力真空将引发新的争夺，国际秩序将处于失范和重塑之中，冷战结束后真正意义的多极化格局正在形成。

三是美欧关系面临新的考验。特朗普当选使欧洲陷入不安和恐慌，欧洲主要大国及欧盟机构领导人均对未来美欧关系表示忧虑。按照特朗普的竞选言论，TTIP 谈判可能被搁置，绑紧欧美盟友关系又错失一个机遇。欧委会主席容克及德国等欧盟成员已密集协商建立"欧洲防务计划"，成立欧洲人自己的部队"欧洲军团"，奥地利正在设计独立于北约系统之外的欧洲版作战指挥软件，以应对北约失灵或美军消减在欧驻军后的安全真空。同时欧盟已准备与俄罗斯改善关系，重建欧俄对话与合作机制。美国对欧洲承担义务的减少，短期内会给欧盟造成安全压力，但长期看可能倒逼欧洲建立自己主导的安全架构。

四是东亚安全格局可能出现新变数。特朗普宣称将减少对驻日、驻韩美军的预算支出，不愿再为亚洲盟友安全买单，导致日本、韩国朝野惊慌失措。安倍政府在本次美国大选中全盘赌输，选后亲自赴美拜见特朗普，紧急协商日美同盟怎么办、驻日美军变不变、TPP 干不干等敏感问题。韩国适逢朴槿惠亲信干政风波愈演愈烈，政府内外决策已经停摆，其国内对美方是否继续支持韩方对朝政策疑虑重重。各界普遍担心，美国甩手不管可能导致日、韩走上自主拥核道路，同时美军方对朝政策也有很大悬念，东亚地区安全形势不确定性上升。

五是全球化进入深度调整期。这一轮全球化是美国在战后发起的，美国曾经是最大的赢家，并由此巩固其世界霸主地位。但21世纪以来，随着资本输出、技术外溢和互联网普及，世界制造业中心已逐步转移至中国和新兴经济体，世界 GDP 总量份额和增长贡献率已逐步向这些新兴力量倾斜，美国虽然在金融和创新领域仍处领先，但越来越感受到这些国家的竞争压力。奥巴马政府提出的"再工业化"，实行起来并不容易，靠美元输出支撑的产业资本很难回流美国。这也使越来越多的美国人自认为不再是全球化的受益者，美国也有可能成为全球化的最大阻力。类似情况在欧洲不少国家也在发生。新一轮反全球化的群体不仅来自发展中国家，还有越来越多发达国家的中下层民众，如何使全球化更具普惠性成为紧迫议题。预计区域一体化和 WTO 之外的双多边自贸安排将成为主流，各国间宏观经济政策协调难度加大，贸易和投资保护主义可能进一步抬头，全球治理面临更大挑战。

三、特朗普上台后中美关系机遇与挑战并存

与希拉里当选相比，特朗普上台给中美关系带来很多不确定性，注定要经历复杂的磨合期，才能回到一个相对稳定的轨道。这一过程当然会有挑战，但也蕴藏新的重大机遇，中国要做好应对预案，也要果断抓住合作机遇。

从挑战面看，一是中美经贸摩擦可能上升。大选期间，特朗普曾指责中国入世后夺走了不少美国人的就业岗位、采取不公平贸易竞争手段、操纵人民币汇率等，甚至扬言对从中国进口商品征以 45% 高额关税，以保护国内产业。随着近年来两国经济结构同质性上升，贸易摩擦很可能加剧，美方很可能提高投资门槛，

加强审查我在美投资并购。二是中美结构性矛盾依然存在。中美博弈不会因美国政府换届而出现根本性变化，美在亚太军事部署短期内不会大幅减少，对外战略重心也不会转回到欧洲，在韩部署萨德系统是美国全球反导系统的一部分，最多是推迟而不会放弃，中美在南海周旋将是长期的。

从机遇面看，一是两国关系以合作为主仍是大势所趋。本次大选是中国首次以自信从容心理面对美国领导人更替，美国正在走下坡，特朗普是新手，难以改变中国已形成并日益扩大的强劲崛起态势。特朗普的商人秉性决定其将以务实态度对待中美关系，经济驱动压倒安全驱动，不会轻易对华展开"贸易战"或加征高额关税，毕竟两国的贸易和经济相互依存度已经非常之高，都承受不起关系破裂的后果。在习近平主席与特朗普的通话中，特朗普表达了对发展好中美关系的诚意和重视，认同加强合作是两国关系的正确选择。中美关系将迎来新的机遇之窗。二是我周边战略压力可能有所缓解。尽管中国仍将被美国视作最主要的竞争对手，但对中国进行大规模的"军事围堵"的做法劳民伤财、得不偿失，不符合特朗普的执政理念。美新政府近期内应不会重提TPP，也不会完全承袭前政府"亚太再平衡"战略，加大军事卷入南海问题的可能性不大。特朗普倾向于以务实态度处理各种分歧，预料不会就民主人权问题与中方纠缠，这将为两国合作营造良好氛围。

有关建议：

一是利用特朗普新班子"学习期"多接触、多引导。由于共和党内建制派主流并未表态支持特朗普组阁，所以总统外交新班底很可能大多为生面孔。据悉，特朗普目前重视的智库主要有传统基金会、企业研究所、哈德逊研究所等，均属华盛顿智库圈的冷门。我们应在密切跟踪其人事安排的同时，设法通过企业界、侨界、思想界重量级人物引荐和开辟各种管道，尽快与新班子接上头、说上话、谈上事，越早施加影响越有利。可通过试探美方如何看待中美新型大国关系或如何定位两国关系，主动提议继续延续中美战略与经济对话、中美网络安全对话等重要对话磋商机制等，观察和把脉美对华政策取向。

二是探讨两国在"一带一路"建设和亚投行的开放合作。随着"美国版全球化"的退潮，"中国版全球化"即"一带一路"建设将获得更大国际认同和拓展空间。特朗普已通过侧近人士放话，不反对中方搞"一带一路"，不赞成奥巴马政府拒入亚投行的做法。为进一步降低美方战略疑虑，我应考虑在"一带一路"和国际产能合作项目中与美方开展第三方合作，围绕亚投行与世界银行合作、中美在亚洲基础设施投融资合作、甚至邀请美国加入亚投行等议题开展对话。同时，考虑到特朗普的传统制造业背景及美国兴建基础设施投资需求，结合中国制造业技术改造升级目标和企业工程承包资金管理优势，似可推动双方在基础设施及制造业领域深度合作，为两国合作寻找新的压舱石。

三是乘势巩固我在东亚格局中的主动地位。趁美国重新评估"亚太再平衡"战略的间歇期，加快发展壮大我国自身海空力量，在周边对美形成有效常规威慑，同时用好菲律宾、马来西亚甚至越南等东盟国家主动对我示好机遇，统筹规划破解南海困局，甚至可选准时机开创新黄岩岛管控模式，扩大海上维权战果。抓住美国放弃牵头 TPP 的有利时机，大力推进我主导的东亚地区合作机制建设。利用 APEC 峰会平台，团结东盟、拉美、澳新等国家，力推 RCEP 和亚太自贸区，打掉日本欲接替美国促成 TPP 图谋。加快推动形成中国主导的东亚乃至亚太区域一体化框架机制。

四是加大做美方民间工作力度。美国社会结构和政治生态已发生大变化，精英阶层未必能代表美国国家利益。我们做美方工作、影响美对华政策的传统渠道是盯住精英和大企业财团，这种惯性思维在未来应作出一定调整和校正。要与时俱进进行谋划，加强多样化、多层面的民间外交，不仅要守住美国东西两岸，更要走进中部农工业州的广袤地区，让民间交流、地方交流和人文交流的政治效应最大化，为两国关系持续健康发展奠定民意和舆论基础。

2016 年 11 月 24 日

从大选看美国的经济社会走向
及对我国的影响与启示

苑衍刚

11 月 12—17 日，我们随同中共中央对外联络部组织的中国共产党代表团，参加了在华盛顿举行的第九届中美政党对话会，并同美各界进行了接触交流。时值大选刚刚结束，民主与共和两党、精英阶层、主流媒体、智库等各界人士，在对大选结果感到震惊之余，都在进行深刻反思。我们认为，这次大选反映出美国经济社会的深刻变化，将使其不少内外政策产生重要变化，给中美关系尤其是经贸关系带来重要影响，对我国经济社会发展也有重要启示。

一、大选反映出的美国经济社会发展新走向

美国各界普遍认为，这次大选是美国历史上最不同寻常的选战，甚至是美国经济、政治和社会结构的重要"分水岭"。

精英与草根的背离。这次大选，精英的自信、主流媒体的宣传、民调机构的预测，都与民众感受背道而驰。众议院前外事委员会主席伯曼认为，大选结果表明"华盛顿系统失灵了，他们没有很好把握人们的关切"。美国前贸易代表柯克指出，民主与共

和两党都面临着"来自内部的背叛",选举中起决定作用的。是那些"我们经常坐飞机飞过而从来都不会去的中南部地区、小城镇和农村的民众"。民主党全国委员会司库托拜厄斯认为,民主党本来是代表劳动人民的党,这次蓝领阶层却没有支持我们。公众意见战略公司纽豪斯认为,特朗普虽然是个富翁,却经常深入工地、深入民众,而且他也是靠艰苦努力取得成功的,因而许多人认为他更能代表自己的利益。

民众诉求的变化。首先是变革。共和党全国委员会主席邓肯认为,人们没有从经济增长中得到好处,他们希望强势的领导人推动变革,特朗普提出的减税、投入基础设施、反对移民、放松管制等措施,符合人们的预期。哈特研究集团总裁加林说,许多人捏着鼻子去投票,主要是对现状不满意,所下的赌注就是"变革"。其次是收入减少。许多工人阶层和1980年以后出生的年轻人,面临着失业、学费高企、收入下降、养老金缩水等严酷现实,对他们而言美国梦根本不可能实现,他们高举反对金融资本主义的旗帜,参加到"占领华尔街"运动中。根据哈特研究集团一项调查,2007年以来美国中产阶级家庭年收入中位数由9万美元下降到7万美元,他们的不满与日俱增。第三是负担加重和福利下降。美国政府在教育、医保、税收等领域的政策损害了大多数人的利益。前州长、前国土安全部部长里奇认为,奥巴马医改虽然惠及几千万低收入者,但它使大家的医保支出上涨了120%。

政策的内顾倾向。特朗普竞选时的鲜明口号是"美国优先",强调重塑中产阶级,让美国再次强大。一是就业要返回。特朗普百日执政计划指出,将通过加强基础设施、振兴制造业和采取贸易相关措施,创造更多就业。"要用美国制造的钢铁、铝来建设美国的基础设施"。共和党代表指出，过去许多做法忽视了工人的就业，导致中下层和农村失业严重。二是资本要回流。特朗普经济政策的核心是大规模减税，拟将联邦企业税率由现行35%降到15%，以鼓励企业留在国内；对迁回海外利润的企业一次减按10%征税；废除遗产税，对富人减征个税、简化税率，以防止富人离开美国。同时要放松管制。特朗普当选几周来，国际资本不断从新兴市场流回美国，美国股市持续上涨，新兴市场国家货币出现大幅贬值。一些大企业、大银行已经开始从海外回撤资本。三是外交要回看。特朗普表现出一定程度的孤立主义倾向，试图从全球范围内实施战略收缩。伯曼说，美国管了世界上太多的事，但大都没管好，现在该回过头来"体检"了。

反对新自由主义潮流的冲击。国际金融危机使新自由主义的弱点完全暴露出来，它更有利于金融资本和企业家、投资者等权力集团，因而导致贫富差距扩大，造成社会阶层对立和利益鸿沟的加深。美国对外政策理事会、对外关系委员会、进步中心等多名代表认为，大选结果表达了那些因为新自由主义政策而被边缘化的人们的严重不满，过去被视为禁忌的社会主义也开始得到更多支持，但未来政府如何干预经济、如何保障公平、是否转向强大的中央集权政府、能否改变精英统治制度等，还不得而知。基辛格认为，美国正处于历史的"十字路口"。

反自由贸易和逆全球化的兴起。这次大选的最大变化就是对自由贸易态度的逆转。美国许多人尤其是工人阶层认为，自由贸易扼杀了就业机会，他们成为全球化的牺牲品。美国东西方研究所高级副所长方大为认为，这是美国历史上第一次不以支持自由贸易为纲领的选举，两党候选人都不支持《跨太平洋伙伴关系协定》（TPP）。特朗普是历届美国总统候选人中公开反对自由贸易和全球化的第一人。但大家也认为，美国很难完全背弃自由贸易，因为40%的就业岗位与全球业务相关。前总统克林顿竞选时也曾反对自由贸易，但当选后执行中右路线，并放宽政府限制，还批准了《北美自由贸易协定》（NAFTA）。

民粹主义的抬头。无论在欧洲还是在美国，民粹主义者正在赢得更多支持。首先是不信任政府。里奇认为，过去8年美国政府许多政策都是错误的，民众和政府的意见不一致，国会和总统的观念也大相径庭。对外关系委员会高级副会长林赛认为，目前只有19%的人信任联邦政府，大选结果表明美国人对向什么方向发展的态度是对立的。其次是不信任精英。邓肯认为，现代精英对人们现实生活知之甚少，人们感觉被民主与共和两党的高层所抛弃和遗忘。特朗普公开反对建制派，他说，正因为我属于这一阶级，所以我知道它如何运作及其腐败，我也能改变它。两党内部也出现较大分歧，党的高层负责人越来越面临来自基层的不信任感。第三是不信任制度。美国政治体制对公众的"回应性"不断降低。人们认为现行制度只有利于少数人，宁愿相信自己也不相信制度。由于所谓"政治正确"，使人们不愿说出内心真实想法，但在投票时表现出来，这也是民调失真的重要原因。

二、大选对中美关系尤其是中美经贸关系的影响

关于中美关系。总的基调仍是乐观的。里奇认为，美中共同利益很大，通过竞争与合作可以实现共赢。如果美中就某项倡议达成一致，全世界都会跟着做。基辛格同当选总统特朗普会面时，强调中美关系是迄今世界上最重要的双边关系，要了解中国的历史与文化，在把握好目标、结果、风险的前提下，坐下来展开对话，要防止表面争端影响看问题的正确视角。方大为认为，

中美许多共识会延续下去，两国关系不会出现太多戏剧性变化，但要做好美国相关具体政策和交往方式调整的准备。

关于中美贸易关系。特朗普多次强调，对损害美国制造业的不公平外国竞争者尤其是中国，要采取更严厉的贸易手段。不过，特朗普在竞选中攻击中国的许多观点，如抢夺美国就业岗位、宣布中国为汇率操纵国、将对中国产品征收高额关税等，美方代表普遍认为很难实施，毕竟两国经济关系比想象的更深，合作使双方受益，分手造成的伤害更大。即使切断贸易，美国也无法挽回之前数十年前失去的制造业岗位。竞选语言和执政行动是两码事，竞选承诺能够兑现 70% 就不错了。但这也反映出美国人的一些普遍观点，即美国在美中贸易中没得到好处，中国"骗"了美国人的钱。柯克认为，当前支持美中经贸合作的人少了很多，50% 的美国人对中国印象消极，许多人认为中国滥用贸易规则。美国前贸易副代表夏尊恩认为，中国有奉行自己政策的权利，但如果不符合美国利益，美国就要制定对冲政策。亚洲集团首席执行官坎贝尔认为，过去美国政府对中国的想法有些浪漫主义色彩，没有进行有效谈判，而中国对美国采取了务实、聪明甚至是狡猾的做法。

关于中美投资关系。一方面，近年来中美双向投资迅速增加，但双方都认为对方的投资环境恶化，这不是个好现象。夏尊恩说，美企在华受到不公平对待，中国存在产业政策、自主创新、网络监管、侵权盗版、假冒伪劣商品等诸多问题，中国对安全的定义过于宽泛，如网络安全、信息安全、能源安全、生态安全、核安全等，强制技术转让也让美企受到伤害，美国必要时可考虑"中国替代计划"。另一方面，美国控制资本外流和加速回流资本所引起的国际市场变化，对我国的影响应引起高度重视。如果今后美实行以回流资本为导向的政策，甚至不惜采取经济、政治、军事等手段，那么不仅我国吸引外资尤其是美资可能会减少，而且对我国进出口、汇率、利率和股市债市等资本市场产生影响，加大外部环境不确定性。同时，对各国宏观经济政策、国际资本市场、国际贸易和投资甚至世界经济复苏进程等，也将产生重要而深远的影响。前副国务卿、经济学家麦科马克说，未来人民币将处于非常危险的境地，国际资本市场出现动荡的可能性较大。虽然我们希望弱势美元以促进出口，但美元很可能持续坚挺。

关于中美未来经贸合作。坎贝尔认为，美中过去一些交流渠道与合作亮点，比如气候变化等，美国新政府未必感兴趣，两国需要找到新的合作方式与利益契合点，以确保两国领导人第一次会面能够成功。对外关系委员会亚洲研究主任易明认为，新政府对华政策还不明确。大家普遍认为 TPP 不好，但可以达成其他一些贸易投资协议，或可考虑美国加入亚洲基础设施投资银行。对外政策理事会会长裴贺民认为，美国上一轮大规模基础设施还是在 20 世纪 70 年代，现在急需更新和现代化，我们希望美国的火车像中国的高铁一样快。两国可以在基础设施等方面加强合作，还可以在地方层面达成更多合作。亚洲集团总裁帕特尔认为，特朗普喜欢以做交易的方式处理问题，中方如果列出单子，美方也会列出单子，这样双方能找到共同点。未来美中或许可以在房地产、旅游、人员跨境往来等方面加强合作。

三、几点启示

国际贸易投资要与国内升级发展结合起来。从美国等国走过的路来看，资本逐利的天性和全球化使生产要素配置超越国境，互联网等新经济更是如此。这种发展模式容易使资源和收入集中于少数人手中，使国内产业外流而虚拟经济做大。作为大国，应当利用全球资源要素为国内产业发展服务，不能让国内资源要素为别人产业发展服务，反过来又与自己竞争。比如，现在东南亚等国家不少中低端产品在欧美市场上已经对"中国制造"形成替代。对我国来说，在出口、企业走出去和国际产能合作中，政府要加强引导和把握适度，重点要吸引、集聚国际生产和创新要素，促进国内产业升级，带动国内高附加值装备和产品出口，不断开拓国际中高端市场。如果出口产品青黄不接甚至份额下降，很容易使产业空心化，创新和服务业发展也会失去依托，进而会失去经济竞争力。

改善民生要与发展阶段适应、与生产率提高同步。在美国和欧洲街头，我们经常看到身强力壮的年轻人宁愿吃福利为生，也不去找工作。随着世界范围内福利国家和民粹主义倾向发展，对我国的影响越来越大，对此要保持清醒头脑。我国是发展中国家，改善民生仍要坚持尽力而为、量力而行。我国城乡居民收入增速已经连续多年高于经济增速，医疗、养老等社会保障支出持续两位数增长，劳动人口绝对量减少和劳动合同保护也在强化人力市场刚性，但与此同时，我国劳动生产率仅为发达国家平均水平的1/8、世界平均水平的40%，国际金融危机以来又出现劳动生产率增速低于收入增速的状况。全要素生产率增速也随着农民工转移放慢等有所下降。"两个同步"走得不够协调。必须深入研究新形势下公平与效率的关系。特别要通过"放管服"等改革，鼓励大众创业万众创新，以打通每个人发挥才能的上升通道来释放社会活力，以创造更多就业机会来促进社会公平，以维护财产权利和创新收益来保障社会稳定。

倡导包容互惠共享的"新全球化"。自由贸易和经济全球化如果一味按现行方式走下去，会带来更多收益分配不公，很容易遭到越来越多国家和人民的反对而走向自己的对立面，因此必须寻求全球化惠及更多人的方式。我国在推进"一带一路"战略和国际产能合作时，要坚持共同参与、利益共享，所建立的贸易和投资制度安排要公平公正，不能让少数人和利益集团所操控。要把国内供给能力与沿线国家需求结合起来，从当地政府、企业和民众三个角度，让他们都从中受益，让经济全球化更加包容普惠可持续。

2016 年 12 月 5 日

借助伦敦大学亚非学院平台优势
促进中英人文交流的建议

——赴英国"创新优化政府公共服务"培训考察报告之十

国务院研究室赴英国"创新优化政府公共服务"培训考察组

人民交往、文化交流，是滋润中英关系长远健康发展的深厚土壤。赴英培训考察期间，通过与伦敦大学亚非学院进行座谈研讨，我们感到，亚非学院立足英国放眼世界，在中国和亚非问题研究等领域具有深厚基础和重要影响力，可借助其独特平台优势，促进中英人文交流。

一、亚非学院可成为促进中英人文交流的重要平台

中英两国都是具有全球影响的国家，人文交流在两国关系发展中具有重要地位和作用。近年来，双方建立了"中英高级别人文交流对话"机制，并取得丰硕成果。面向未来，需要不断深化中英人文交流合作，为两国关系深入持久发展打下更加坚实的民意基础。

伦敦大学亚非学院成立于1916年，是享誉世界的专注研究亚非和中东问题的高等教育机构，也是欧洲研究制定亚非和中东战略的重要智库。在促进中英人文交流方面，亚非学院具有许多优

势，可成为促进中英交流的一个重要平台。

第一，亚非学院具有世界级的影响力。作为世界知名的高等教育机构和智库，亚非学院的地位客观中立、学术影响力较大、美誉度也较高。2015 年《泰晤士报》对东亚与东南亚研究大学的排名中，亚非学院位列全英第 2 名；2016 年泰晤士高等教育的世界高校排名中，位列世界艺术和人文学科第 44 名。亚非学院的研究成果和观点建议，很多受到政府决策部门的高度重视并予采纳。据介绍，亚非学院的许多专家，经常受英国 BBC 等媒体邀请，就一些重要政治、经济问题发表看法，对公众和社会舆论具有较强的影响力。

第二，亚非学院与中国渊源深厚。亚非学院在英国乃至欧洲最早开创了中国汉学研究，开设了中国文言文、普通话、粤语、闽南语、藏语等多种课程，覆盖几乎所有人文社会科学专业，其中国古典哲学研究具有国际影响力。学院拥有众多跨学科的领军人物，也吸引和汇聚了不少中国文学界精英。早期著名的汉学教授庄士敦，曾担任中国末代皇帝溥仪的英文教师。中国作家老舍曾在该院任教，翻译家萧乾在学院任教期间将《尤利西斯》翻译成中文。亚非学院还培养了许多英国外交官，包括一位英国驻中国大使和两任香港总督。亚非学院的知名校友马悦然（Goran Malmqvist）教授，是著名的汉学家，现任瑞典诺贝尔文学奖评委会委员，曾为莫言获诺贝尔文学奖做推荐工作。1960年，亚非学院创办了《中国季刊》，是世界上被引用最多的区域研究杂志。2013 年创设了中国研究院，进一步巩固了在中国研究领域的世界领先地位，被称为西方规模最大、最具世界影响力的中国研究高地。

第三，亚非学院与我国高校和智库合作密切。近年来，亚非学院特别注重和中方的合作，与有关政府部门、高校、科研机构建立了良好伙伴关系。目前，亚非学院正在开展的中英合作研究项目广布在经济、社会和文化等领域。比如北京师范大学中国社会管理研究院与亚非学院联合举办的"中英社会治理现代化研讨会"，是中英在社会领域的首个高端论坛，在学界和社会上影响力都很大。双方还实现了互派访问学者，亚非学院中国研究院的院长、副院长也都经常来北师大进行学术交流。亚非学院与清华大学合作开展的"中国企业在撒哈拉以南非洲地区的投资及就业动态效应比较研究"，对中国水电大坝项目在中低收入国家的环境、社会、经济和政治影响做出了全面系统分析。亚非学院与浙江大学、浙江遂昌县政府合作开展的"从汤显祖和莎士比亚的戏剧世界透视中英关系研究"，以 1616 年同年去世的伟大作家汤显祖和莎士比亚及其不朽作品为案例，深度探讨文化遗产服务跨文化交流和推进国际关系的重要作用。

总的看，亚非学院对中国比较关注了解、研究较多，也非常友好，是基础较好的一个现成人文交流平台，可善加借助和利用，使之为发展中英友好关系加能助力。

二、相关建议

当前中英人文交流十分活跃。中国有超过 3 亿人学习英语，有数以亿计的英超球迷、英剧迷，访英的中国游客每年以两位数递增。英国已经有 500 多所中小学开设了汉语课，两国有 51 对省郡、城市缔结了友好关系，中英人文交流前景广阔。为充分借助和利用伦敦大学亚非学院的平台优势，进一步深化中英人文交流与互鉴，提出以下建议：

第一，将亚非学院纳入中英交流相关机制。建议在现有中英人文交流机制框架内，把亚非学院纳入进来，更好发挥其作用。举办中英高级别人文交流对话，可邀请亚非学院参加相关活动；我国领导人赴英对话期间，可考虑安排到亚非学院考察或演讲。2013 年成立的"中英联合科学创新基金"（英国称为"牛顿基金"），主要鼓励自然科学领域研究，建议加大对社会科学领域研究的支持，鼓励亚非学院等中英研究机构参与申请基金课题。今后还可研究设立专门的社会科学领域合作基金，创新管理方式，由政府和社会共同投入，实行市场化运营，专门资助中英双方社会领域合作研究。

第二，加强双方智库合作。鼓励双方智库就中英共同关注的重大问题开展合作研究、共同发布相关报告。支持北京师范大学和亚非学院合作办好中英社会治理高端论坛，将其培育成中英人文交流的一个品牌项目。建立和畅通利用亚非学院等外国智库研究成果的通道，依托其合作方北京师范大学等高校，向政府相关部门报送其合作研究成果。在政府重大决策、相关政策制定等过程中，可由我方智库推荐，邀请亚非学院中国研究院等外国智库的专家参与咨询，听取他们的意见建议。

第三，推进中国高校与亚非学院的合作。开展高校合作是目前条件最成熟、基础最好的一个领域。有关部门应积极支持北京师范大学、清华大学、浙江大学等高校与亚非学院相关合作，为双方高校开展课题研究和学术交流活动创造便利条件。相关高校应不断拓展与亚非学院合作的广度深度，从单一的项目合作向更高层次的校际合作提升，加大互派访问学者和留学生交流力度，建立更加紧密的合作关系。

第四，利用亚非学院平台更好传播中国声音。应充分利用亚非学院、特别是亚非学院中国研究院这个平台，支持其开展对中国经济、社会、文化各领域的研究，客观中立地宣传中国的实际情况，帮助国际社会更好地了解中国、认识中国。同时，将亚非学院作为联系中国和亚非国家的一个特殊渠道，积极介绍中国经验、中国智慧、中国方案，帮助亚非国家和更多发展中国家实现更好发展，从而提升对中国的友好度、亲切感。

2016 年 12 月 6 日

（国务院研究室赴英国"创新优化政府公共服务"培训考察组成员：乔尚奎、王淑琳、孙慧峰、史德信、王巍、林琳、赵秋雁、尹栾玉、余从凤、王春刚、侯建芳、陈善亮、刘长想、范贵海，

执笔：孙慧峰、赵秋雁、尹栾玉）

发达国家推进综合交通运输发展的
主要做法与启示

张泰　蔡垚　金敬东

推进综合交通运输发展，可以有效提高交通运输资源配置和运输效率，降低运输成本，满足经济社会发展多层次、个性化、高品质的运输需求，是交通运输业转变发展方式、实现现代化的主攻方向和必然选择。欧美发达国家和地区，已经经历了交通运输管理体制由分散走向综合的过程，他们的做法和经验，对我国加快推进综合交通运输发展具有重要借鉴意义。

一、主要做法

（一）各种运输方式由分散管理逐步实现综合管理。交通运输管理方式受经济社会发展程度影响较大，从主要发达国家的经验看，在经济社会发展水平较低时，交通运输发展相对落后，主要实行各种运输方式的各自发展、分散管理；当经济社会发展水平提高到一定阶段，各种运输方式发展相对成熟，开始逐步实现统筹发展、综合管理；在经济社会发展水平进一步提高后，交通运输发展与经济社会发展联系更为紧密，则探索统筹交通运输与国土、建设、信息化等多部门的"大交通"综合管理模式。

例如，美国在 20 世纪 60 年代经济社会发展较快，国会通过了《美国运输部法案》，实施大交通体制改革，组建运输部，开始实行各种运输方式的综合管理。日本二战之后经济复苏，各种运输方式快速发展，建立了集中管理的运输通信省，2001 年又成立了国土交通省，开始探索交通运输、建设、国土开发融为一体的"大交通"综合管理模式。德国交通运输管理采取将关联性较强的部门进行重新整合的方式，1990 年两德统一后，德国的经济布局重新调整，推进行政管理体制改革，组建联邦交通、建设与住房部；2005 年改革组建联邦交通、建设与城市发展部；随着大数据时代信息化战略地位不断提升，又调整成立了联邦交通和数字基础设施部，突出与国家行政理念和政治利益的高度协同性，也体现了综合交通运输的创新发展理念。

目前，世界上大多数国家都选择综合性交通运输管理体制。据统计，在全世界 126 个拥有铁路的国家中，有 119 个国家实行了综合运输管理体制，其中，40 个国家设立了统筹管理公路、铁路、水运、航空等各种运输方式的综合运输管理部门，如美国、俄罗斯等成立了联邦运输部；79 个国家设立了包含交通运输管理在内的综合管理部门，如日本的国土交通省、澳大利亚的基础设施及运输部、德国联邦交通和数字基础设施部等。只有印度、朝鲜、巴基斯坦、缅甸、埃及和巴西等少数国家仍实行各种运输方式的分散管理。

（二）完备的法律法规保障综合交通运输发展。发达国家综合运输的法律法规体系相对完备，法律法规主要解决不同时期各种交通运输方式面临的重要瓶颈问题，各部门管理职能的设置、战略规划的编制实施、资金政策的制定、建设项目的运营管理等均有相应的法律法规作为依据。

例如，日本的交通法律法规，集中体现在国土交通六法的社会资本整备编、国土编和交通编三部分，对包括交通政策、土地利用、环境保护和交通相关内容作了明确的法律界定，交通运输的规划法和相关组织法也非常完备，国家和地方各项规划、各组织职能、建设和市场运营等内容均有法可依。美国为推进各种运输方式的协调发展，先后颁布了《库伦议案》《联邦控制法》《航空商务法》《联邦公路资助法案》等一系列法案，1991 年通过的《综合地面运输效率法案》（简称 "ISTEA，冰茶法案"），1998 年又通过了《21 世纪运输平等法案》（又称 "续茶法案"）。此外，英国的《干线公路法案》《规划与强制购买法》；俄罗斯的《铁路运输资产管理和处置特点法》《铁路运输法》和《铁路运输管理规程》等，也为本国综合交通运输体系建设提供了法律依据，明确了各部门的职能，强化了部门间的统筹协调，保证各种运输方式有序发展。

（三）明确各级政府在综合交通运输发展中的职责分工。发达国家完善的制度保障有效规范了各部门的职责和分工，各级政府和交通主管部门权责分明，各司其职、配合协调，有力推进了各种运输方式的协调发展。

例如，美国联邦政府主要负责确定战略目标、制定联邦政策、设计中长期规划、建立法律和制度框架、向国会申报财政预算、建设国家重要交通基础设施、制定技术标准、监管安全与环境标准执行、确定财政资助部分州际交通基础设施的额度、鼓励先进技术创新项目的研发和推广等；州及地方政府除承担各州和地方政策、规划和交通基础设施项目建设、监管州及下级县市的运输活动等职责外，还需根据本州情况执行联邦法律，落实联邦的运输政策，监管联邦资助的州际基础设施项目运行等。德国联邦交通部负责联邦级别的交通基础设施建设（包括联邦公路、高速公路、铁路、内河航道、内河港口及海港等）、交通运输法规制定、运输车辆管理、运输市场监管、安全监控及事故调查（包括空运）、气象信息服务等；各州政府的交通运输管理机构具体负责州级公路的规划建设、交通运输协会的管理、地方铁路（包括私有铁路）工程技术管理等。

（四）重视综合交通运输发展战略和规划的制定。交通运输发展战略是国家战略的重要组成部分，发达国家普遍重视综合交通运输发展战略和规划的制定。20 世纪 90 年代以来，主要发达国家政府先后提出"支持国防和社会经济""以人为本、高质量的社区生活""促进全面可持续发展""交通运输安全为重"等综合交通运输发展战略，各时期交通运输发展战略与经济社会发展战略息息相关，也体现着国家交通运输业发展理念的转变与创新。

目前，美国、日本、英国等国的交通运输发展战略主要集中在提升国家竞争力、促进区域一体化发展、交通智能化发展、安全绿色低碳发展、发展理念创新和体制机制建设等方面。而在交通运输发展规划制定实施方面，主要采用"中央—区域—地方"三层级管理模式，如美国联邦运输部负责制定国家运输发展战略计划（5 年周期），明确交通运输发展的目标、主要方向等；区域性规划组织如地区规划委员会（RPCs）、政府理事会（COGs）和大都市区规划组织（MPOs）等通过地方政府对规划进行协调，参与运输规划和建设工作；各州、地区交通管理机构负责具体项目的规划制定。英国同样也采用该模式，中央政府运输部负责拟定《一体化发展规划》和《区域规划指南》，强调改善环境及土地使用与运输整合等发展战略问题，明确道路的建设规划以及交通管理策略；区域规划机构负责区域交通战略的编制，为地方交通规划提供了长期的战略框架；各地方政府负责地方交通规划的制定，内容包括地区交通发展障碍、发展目标、具体计划和预算办法等。

（五）注重政策创新，多渠道保障综合交通运输基础设施投入。交通运输基础设施建管养运需要持续、巨大的资金投入，发达国家为此建立了多渠道投融资和细化补贴的政策体系。

在投资方面，交通基础设施的投资主体一般包括：政府、地方和外部投资三方面，各国根据自身发展实际，制定相应的交通基础设施投资政策。如俄罗斯的交通基础设施投资模式为联邦政府、联邦州及地方政府、外部投资共同运营，并且不同投资主体的建设项目有明显区分；而英国则主要以私人自有投资为主，政府仅在部分基础设施、高新技术和特色产业项目中予以资助。在融资方面，发达国家的融资渠道大致包括 6 类：一是中央和地方政府财政拨款，二是建立专项基金制度，三是利用政府和私人金融机构的贷款，四是按受益程度分摊投资，五是发行债券，六是充分利用政府的扶植政策筹资。多渠道融资对于保障稳定的资金来源，缓解政府的财政压力具有重要意义。

运输补贴政策是各国政府根据其经济发展、交通运输等重大战略的实施，为了维持某种运输方式能够正常运营所给予的优惠，补贴的领域主要集中在基础设施投资不足、新技术及试验创新、公共交通运输及其他公益性运输服务。发达国家对交通运输各领域的补贴政策均有比较细致的规定，例如美国 1978 年放松航空管制后，为了保证弱势地区拥有一定数量的固定航空服务，维持国家航空运输网络，实行基本航空服务项目（EAS）；美国通过国家海运安全法，要求军事物资、政府采购物资、人道主义救援物资必须由本国企业拥有的美国籍船承运，同时对承担相关物资运输的船舶给予补贴。俄罗斯联邦政府对交通运输的补贴政策，主要体现在对承担保证国家安全、抢险救灾、具有社会意义等运输活动的企业，新运输工具的设计研制、试验运用，城市和地区性公共交通运输经营亏损等方面予以一定补贴。英国政府主要对公共汽车、铁路等公共交通运输方式进行适当补贴。

（六）以发展多式联运为核心，加快推进综合交通运输体系建设。欧美等发达国家均把多式联运上升为国家战略，或者是政府统筹主导下多部门协同发展推进的主导战略，充分发挥政府的引导作用，创新多式联运的法规政策，完善多式联运发展的制度环境，以多式联运为核心构建综合交通运输体系。

总体来看，近年来主要发达国家的多式联运通道、节点和网络体系基本形成，规模呈现快速增长态势。如美国 2015 年多式联运货运量达到 1371 万个集装箱，相比 2000 年增长 44%。多式联运发展形式多样，公铁、公水、铁水联运技术比较成熟，其中公铁联运是欧美地区重要的联运方式，占比超过 50%，尤其是在内陆长距离运输中，铁路发挥了主体作用。

从保障体系看，发达国家为提高多式联运发展的经济效益和社会效益，构建了相对完善的多式联运基础网络、标准体系和信息共享平台。在基础设施网络方面，依托现有的综合运输网络，美国运输部规划了"国家货运网络"。欧盟从 1996 年开始启动"全欧交通网络计划"，通过协调改善各主要公路、铁路、内河航道、机场、港口和交通管理系统，形成一体化及多式联运的长途、高速运输网络。在标准体系方面，国际标准化组织（ISO）、国际公铁联运联盟组织（UIRR）、欧洲国际多式联运协会（EIA）、北美多式联运联合会（IANA）等多个国际标准化组织对多式联运相关标准规范进行了明确规定。在信息互联互通方面，为了保证多式联运信息资源共享、提升运作效率，在项目硬件建设的同时，建立了统一的、符合国际惯例的信息管理操作规范流程和数据交换标准。

二、对我国综合交通运输发展的几点启示

（一）深化综合交通运输体制机制改革。2008年、2013年两轮交通运输大部门制改革，为统筹各种运输方式发展提供了基本条件，但目前仍存在协调机制运行不畅、行业分割和部门职能交叉等问题。目前综合交通运输体系处于加快发展的关键期，应继续推进和完善交通运输大部门制改革，加强顶层设计，加快职能转变，为综合交通运输体系建设奠定更加坚实基础。应进一步健全交通运输部与三个国家局的工作运行机制，促进各种交通运输方式有机融合。制定综合交通运输规划编制与实施办法，切实加强对铁路、公路、水路、民航、邮政发展的统筹规划，进一步厘清国家发展改革委与交通运输部在综合交通运输体系规划上的职责分工。

（二）健全综合交通运输法律法规体系。综合运输体系强调多种运输方式的衔接、各部门的协调，各项运输政策和运营管理等都需要完善的法律法规保障。我国综合交通运输长期处于上位法缺失的状态，在涉及多种运输方式法律法规的制定中，没有充分考虑到跨运输方式间衔接协调的问题。应加快推进《综合交通运输促进法》《多式联运法》的立法进程，以立法形式明确综合运输管理体制、部门职责、发展定位及思路、规划及相关投资政策等，为建设综合交通运输体系提供可靠保障。

（三）完善综合交通运输基础设施网络，优化运输结构。应统筹考虑经济布局、人口和资源分布、国土开发、对外开放、国

家战略等因素，确定各种运输方式基础设施总规模、等级结构和空间布局，强化各种运输方式间基础设施衔接，完善基础设施网络。大力发展多式联运、优化运输结构，充分发挥铁路、水运的比较优势，挖掘多式联运在资源整合、降本增效、节能减排等方面的巨大潜能。研究推出对我国进口战略性物资海上中国籍运输船队的国家补贴政策。

（四）加强综合交通运输政策创新协同。我国综合交通运输建设尚未形成系统、明确的政策导向，各种运输方式仍以自我发展和完善独立体系为重点，在基础设施、运输装备、运输组织等方面尚未建立统筹协调的综合政策体系，导致各种运输方式统筹衔接不足，结构性矛盾日益突出，极大制约了综合效益的发挥。应借鉴欧美等发达国家综合交通运输的创新发展政策经验，从国家层面制定出台专门政策性文件，对新形势下综合交通运输改革发展作出部署，促进多种运输方式深度融合，提高交通运输质量和效率，更好地支撑经济社会发展。

2016 年 12 月 16 日

（蔡垚，交通运输部政策研究室供职　金敬东，交通运输部规划研究院供职）

美国创新生态系统的情况、分析与建议

张泰

  美国是目前世界创新水平最高、成果最多、转化应用能力最强的国家。目前，美国正在加速全数字化转型，加快培育平台经济和数字经济，持续更新创新发展新模式，培植独特创新生态系统，在科技创新、成果转化、商业创新、融资创新、人才激励等方面，都有大量富有成效、可资借鉴的做法。近期，我们参加国家发展改革委组织的第八期政府工作人员创新领导力研讨班，在美国创新要素最为密集的圣何塞、波士顿等地参加培训，深入思科等著名高技术公司调研，集中了解美国的创新生态系统。现将有关情况报告如下。

一、基本情况和特点

  近年来，新一轮科技革命和产业变革孕育兴起，以数据为生产要素的新经济模式正在重塑全球经济格局和竞争优势，全数字化成为颠覆性创新的重要支撑；以平台经济为代表的信息经济快速兴起，形成经济新增长点和发展新模式。在这一过程中，美国引领着云计算、物联网、大数据、人工智能、分享经济等新技术、新模式发展，始终处于创新的前沿。其主要原因是，美国把人才、教育、资本、技术、理念、管理等方面的优势，与联邦政府以及州等地方政府的扶持与引导，有效融合形成了独特的良性运转的创新生态系统，为创新活动以至技术和产业变革持续提供强大动力。美国创新生态系统的主要特点是：

第一，高度关注创新商业价值实现。创新本质上是以企业为主体、以技术为基础、以盈利为目的的活动，创新特别是重大关键创新能够在什么方向突破、创新成果能否顺利转化为新产品、创新产品能否取得商业成功等，都具有很大的不确定性，也是政府难以有效控制和引导的。美国特别是以硅谷为代表的高技术活跃区域，企业始终是创新活动实施的主体，主导着从科技创新到商业创新和产业化的全过程。美国的高技术企业与高校联系紧密，高校的原始基础创新，经过企业进一步的商业创新（包括颠覆式创新和改良式创新等），研发出新产品新服务，培育出新产业新业态，有效促进科研成果的商业化，实现了科技与经济、创新与商业的紧密结合，确保创新活动在每一个环节都创造新价值，形成良性循环，可以持续开展。

第二，拥有完善的创新资本体系。健全的创新资本体系，是确保美国创新生态系统活力和效率的核心要素。

一是构成多元。美国创新资本体系构成多样，各具功能和优势。例如，硅谷信息产业的腾飞以及世界级 IT 企业的不断涌现，主要得益于以市场为主导的风险投资体系；波士顿的生物医疗等新产业的蓬勃发展，则主要依赖政府和社会资本共同组成的创新资本体系。

二是民间资本"唱主角"。美国民间资本实力雄厚，在科技研发资助、初创企业培育等方面扮演着极为重要的角色，提供丰富多样的投资品种，可以有效满足投资者和企业不同发展阶段的资金需求，实现资本与创新的有机融合。

三是形成完整链条。在美国创新生态系统中，公共和私营研究机构、企业、风投资本、专业配套服务，以经济利益为基础紧密合作，形成一条独特的价值链。高校、研究机构和创新型企业是创新活动的"发球手"，风投资本则是"接球手"。美国2015年风险投资的金额达到600亿美元，其中47%投向硅谷。特斯拉、脸谱、谷歌等著名企业，在发展初期都得到了风险投资家的青睐，经过多轮融资发展成为国际大公司。风险基金、投资基金的介入，大大地推动了创新技术转移和技术成果转化。

四是投资方深度介入。投资方积极参与从科技创新到商业化和产业化的全过程，这既可以促使创新活动尽快出成果，创业企业能够快速成长，也能够显著缩短创业投资回收周期。思科、特斯拉等大型企业不断收购发展前景良好的初创企业，或通过投资新的企业开展专项技术或者产品研发和攻关，一方面增加了尖端技术来源，另一方面扩大了管理和技术人才来源。

第三，实施灵活高效的激励措施。目前，高端人才已经成为国际创新竞争和综合国力竞争的决定性力量。硅谷创新发展领先的一个重要因素，是吸引和集中了全球顶尖创新人才，这主要得益于其有效的人才激励政策，包括收入高、发展空间广、成长机会多、创新氛围好等。我们在硅谷看到，支撑科研人员和工程师夜以继日工作的基本推动力，仍然是获取更高经济收入，优秀人才除高工资外，还可以通过技术入股、股权奖励等获得持续收入。此外，硅谷还建立了鼓励创新人才合理流动机制，既支持创新人才在不同企业间流动，也鼓励员工离开企业自主创业。创新人才合理流动，既提升了人才自身价值，也实现了人尽其才，有效配置人才资源。硅谷拥有宽容失败的创新文化，硅谷的公司对新员工、新理念、新机遇都持开放态度，企业普遍认为，大多数企业家第一次创业往往会遭遇到失败，并将失败经验作为风险投资评估的积极影响因素。硅谷形成了开放人才理念，面向全球广聚英才，据思科公司估计，硅谷创新人才近80%来自其他国家，其中印度占40%以上，占比最高，并正在带动印度本土IT产业发展。

完善的法律法规直接为美国创新活动保驾护航。例如，美国注重平台经济的法律保障，赋予了其法定优先豁免权，如《美国法典》明确规定"网站对第三方内容不承担任何责任"（第47编第230条），这为美国平台经济发展营造了良好的法律环境，成为其平台经济领先全球的关键因素。目前美国平台经济迅速扩张，已经涌现出若干如搜索领域的谷歌、社交领域的脸谱和推特、电子商务的亚马逊等世界级的平台企业，几乎控制了全球（除中国、朝鲜等少数国家以外）相关领域的市场，拥有难以撼动的经济和技术地位，成为美国经济发展的新模式。

第四，不断更新创新发展模式。近年来，美国的创新发展模式呈现多元化、多样性趋势，涌现出大企业孵化、创新中心培育等多种新模式，进一步促进了创新成果的转化。

思科公司根据企业发展特点以及技术发展趋势，及时制定了全数字化转型战略，推出了大企业孵化的创新模式，建立企业内部创业机制，支持员工成立类似附属公司的小型自主创业团队，思科公司以投资者的身份帮助附属公司发展，如果创业团队失败，思科公司只损失有限的投资资金和资源；如果创业成功，思科公司有收购附属公司及其技术的优先权，使它成为内部的研发团队。这一机制激励了思科员工的创造力和积极性，进一步提升了技术研发能力。近几年来，思科公司员工外出创业的成功率达到 70% 以上，远远高于社会平均水平。

剑桥创新中心位于麻省理工学院校园附近的一个创业园，是校友租赁学院房产建立的创业基地。剑桥创新中心汇集了 800 多家公司，每年吸引风险投资 20 亿美元，相当于整个英国的风险投资。剑桥创新中心内部创业者包括个人、初创公司、大型企业和跨国企业，也有创业工坊，还包括创投公司和国外领事馆等。剑桥创新中心的做法，一是形成了大科学大技术时代个体创新创业者协同创新的机制，有效促进了个体创新、协同创新。二是深化了大学引领产业发展的新途径，加深了科研成果和产业应用的结合。三是建立了高投入创新与低成本社会应用的新模式，有效促进了创新成果转化。

第五，拥有完善的社会分工体系。美国分工体系发达，专业化保证了研发及相关活动高效率、研发成果高水平。类似苹果、思科这样拥有核心技术、创新能力、先进服务模式的创新型企业专事技术和产品研发，类似捷普（Jabal）、富士康这样规模大、制造能力强的外包企业主要从事产品加工生产，中小企业则主要向外包企业提供零部件和服务，其他如物流等生产性服务也由各种专业化公司承担，由此形成完整高效、分工细化、互利共赢的产业链和价值链。从创新型企业与外包企业的关系看，创新型企业位于产业链和价值链高端，通过技术研发和发包引领整个产业发展；外包企业则处于相对低端的环节，但其加工制造技术水平并不低，外包企业在全球选择综合成本最低的地区开设工厂，生产优质低价产品，还可以为初创的创新型企业提供服务，帮助其将点子、设计等转化为具体产品，方便其融通资金、开辟市场。从小公司与大公司的关系看，既有竞争也有合作，初创公司和小公司机制灵活、创新效率高，不断推出有价值的研发成果；大公司则通过资金投入、企业并购、培训人才等方式与小公司合作，帮助小型公司成长壮大。

大学是创新分工体系的核心要素。硅谷周边区域拥有斯坦福大学、加州大学伯克利分校、加州大学圣克鲁兹分校等近二十家名牌大学，波士顿区域内则分布着哈佛大学、麻省理工学院等世界一流大学，他们提供的大量高素质人才和高水平科技成果，成为美国区域创新体系形成和发展的关键因素。

二、主要启示和建议

美国创新生态系统高效运转，对确保美国科技、经济、军事的全球领先地位发挥了重要作用。从美国的做法中，我们得到的主要启示是：

第一，创新政策要具有系统性。中央和地方政府以及各部门出台的鼓励和支持创新政策的目标、任务、措施要方向明确，协调一致，形成合力，才能有利于激发创新激情，保护创新收益，充分发挥各方面、各层次创新主体的作用。

第二，创新决策要具有自主性。企业必须真正成为创新决策、创新投入的关键主体，成为创新风险的主要承担者和创新成果的主要受益者。政府的作用重在制定并实施有利于竞争的发展政策，有利于创新创业的良好环境，对企业的具体创新决策、创新活动则不能干预过多过细，不能包办代替，避免错误引导。

第三，创新活动要具有协同性。创新活动涉及面广，参与各方必须各司其职，共同追求和实现创新资源的最佳组合、高效配置，努力满足企业和创新活动的多方面需求，特别是要充分发挥金融和资本体系的关键作用。

第四，创新组织要具有专业性。参与创新活动的各主体要聚焦和突出主业，集中力量提升核心业务能力，通过专业化分工协作提高创新成功率和效率。目前我国不少企业还存在"大而全""小而全"现象，分工体系不发达，产业集中度不高，企业核心能力不强，严重阻碍创新活动效率提高，阻碍企业向价值链高端迈进。

第五，创新成果要具有商业性。企业创新活动必须定位于、服务于商业成功和价值增值，创新成果要有利于增加和改善产品与服务供给，提升企业生产经营效率，提高盈利水平和竞争力，这是实现创新良性循环，形成创新持续投入能力的基础。

第六，创新参与要具有大众性。广泛吸引社会各方面参与各种形式、各种层次的创新活动，普及科学知识，弘扬科学精神和人文精神，提高全民科学素养和社会文明程度，不断增加知识、技能、人才的储备和积累，在全社会形成理解创新、支持创新、服务创新、参与创新的良好风尚。

当前全球产业变革与我国产业转型升级形成历史性交汇，新的增长空间和发展机遇不断涌现，能不能抓住并有效利用这些重要机会，关键在于能否依靠创新打造发展新引擎，创造发展新优势。我们认为，应当围绕营造创新生态系统，使各类创新要素加速成长、融合互动，全面提高我国创新能力，为经济社会发展提供源源不断的内生动力。我们建议：

第一，进一步推进简政放权、放管结合和优化服务的改革。继续减少审批事项尤其是前置审批和备案事项，清理和规范各项涉企收费，进一步降低创新创业门槛和成本。制定有利于新兴产业发展的市场规则，建立公平竞争审查制度，坚决打破行业垄断、技术垄断、市场分割，打击制售假冒伪劣产品违法犯罪行为，维护公平竞争市场环境，为创新活动创造宽松高效有序的体制机制环境。新经济、新产业、新业态发展具有不确定性，对发展环境特别是制度创新的要求更高，要妥善处理好放与管的关系，既加强监管、依法规范，又避免限制过多、影响发展，加快研究制定适应新动能发展需要的政策法规制度。在新经济、新产业、新业态发展初期，政府的适度扶持是必要的，可以加快发育成长，降低发展风险，但必须严格界定扶持的范围、条件和时限，防止过多过宽过滥，防止多重政策叠加，妨碍市场机制正常发挥作用。

第二，强化企业创新主体地位。在创新过程中，政府必须坚持有所为有所不为，对创新的支持主要侧重在宏观引导和扶持，坚持不参与企业具体的创新活动，更多地依靠市场力量合理配置创新资源。健全科技创新的市场导向机制，推进产学研用一体的创新网络，鼓励企业在不断试错中找准创新方向，促使企业真正成为科技创新决策、研发投入、科研组织和成果转化的发展主体。加强对企业家的培训辅导，加快建设创新型企业家队伍，鼓励企业家创新和探索。支持行业领军企业构建高水平研发机构，培育一批在高端装备制造等支柱和战略性新兴产业领域具有国际竞争力的创新型企业。加大对创新型中小微企业的支持力度，提升技术创新能力和成果转化能力，培育一大批能够成为"世界隐形冠军"的专精特优企业。依托企业建设国家科研基地和技术创新中心，鼓励更多科技人员服务于实体经济或者开展创业创新，促进资本、管理和技术等要素向企业集中流动，打造具有国际影响力的行业领军企业。

第三，积极培育风险投资和创业投资。加快构建多层次资本市场体系，重点完善天使基金、风险资本，以及新三板、中小板等股权交易市场和证券交易市场，增加企业直接融资比重。完善创新的社会投入机制，支持设立一批创业投资引导基金，研究制定支持天使投资和创业投资发展的财税政策，推动股权投资基金上市融资。健全债券市场结构，加强债券产品创新，培育多层次的新经济发债主体，满足各种企业主体融资需求。扩大"双创"孵化债券和战略性新兴产业债券发行规模，支持银行开展投贷联动试点。

第四，完善创新激励机制。建立现代产权制度，保护公共和私人财产权，加强对企业专利、商标、商业秘密等的保护，依法有效维护创新活动合法权益。改革科研成果评价与激励机制，形成能够体现智力劳动市场价值的分配导向，允许和支持科研人员适度兼职兼薪，落实股权、期权和分红激励政策，提高成果转化分享比例，让各类人才能够获得与其贡献相称的收入。完善创新成果转移转化机制，解决高等院校、科研院所科研成果的产权归属问题，建立国家、机构、个人成果共享和利益分配机制，鼓励创新成果加快转化为新产品新服务，实现产业化。落实鼓励企业技术创新的政策，完善和落实研发费用加计扣除、高新技术企业认定、固定资产加速折旧等普惠性政策，扩大政策覆盖面，加大对企业创新的支持力度。建立健全创新风险分担机制，实现政府、企业、创业团队、投资人和全社会合理共担创新风险，进一步激励企业加大创新投入。支持企业、科研院所、高校等创新主体交流互动，促进信息、技术和资金等在各类组织之间有序流动，形成开放合作的创新网络和形式多样的创新共同体。

第五，创新人才培养体制机制。进一步推动教育改革，从基础教育开始加强创新思维和创新文化培养，全面提高人才素质和质量。一要实施领军人才培养工程，坚持培养与使用相结合，造就一批具有国际水平的创新创业领军人才和高水平创新团队，特别要注重培养一线创新人才和青年科技人才。二要加大优秀人才引进力度，完善外国人居留、签证等法规政策，采用多种人才引进方式，广泛吸引海外人才，尤其是引进海外科技领军和拔尖人才。三要加强职业教育，形成教育与产业需求相结合的人才培养方式，强化普通教育与职业教育衔接，培养一支高素质的职业技能工人队伍。四要健全人才流动机制，打破人才在不同地域、行业和单位间流动的壁垒，提高社会横向和纵向流动性，在流动中更好地体现和实现人才价值。五要改革创新人才评价机制，逐步取消对创新人才认定中的年龄、年限、学历、职称等不合理硬性规定，形成以用人单位为主、以真实能力为标准的新的人才评价机制。

第六，加强科技基础设施和创新载体建设。推进国家重大科研基础设施和大型科研仪器向社会开放，支持大型互联网平台企业向社会开放创业创新平台、计算存储设施和数据资源，鼓励共享共用，提高科技资源利用效率。依托互联网打造开放共享的科技创新平台，完善众创、众包、众扶、众筹等支撑平台，大力发展新型专业研发机构，促进创新平台向专业化、功能化、规范化方向发展，实现各创新主体协同互动、优势互补、合作共赢，共同提高创新成功率和效益。

第七，营造崇尚创新的氛围环境。在全社会倡导科学精神和企业家精神，建设中国特色科技创新与产业创新文化，弘扬尊重知识、尊重劳动、尊重创新、尊重人才的理念，建立允许试错、宽容失败的容错机制，在全社会形成鼓励创造、追求卓越的创新文化和良好风尚。

2016 年 12 月 18 日

后 记

本书收录的文章是国务院研究室 2016 年下半年调研成果。国务院研究室是为国务院主要领导同志服务的办事机构，并承担了大量综合性政策研究和决策咨询工作，为党和政府科学决策发挥参谋助手作用。书中绝大部分调研成果的作者为国务院研究室的工作人员，少数调研成果是与其他单位同志合作完成的。这些调研成果，在深入调查研究基础上，重点对 2017 年我国经济社会发展态势进行深入分析，从一个侧面反映出国务院研究室围绕全国工作大局和国务院中心工作开展调查研究和政策咨询所取得的成绩。有些成果曾获得国务院领导同志重要批示，有些成果直接推动了政府工作。

本书共收录 83 篇文章，大致分为七部分。每部分首先根据文章反映的主题分类，然后再按照写作时间先后排序。编辑加工过程中，仅对个别文章的文字进行了必要校改，基本保留了文章的原样。

中国言实出版社为本书出版做了大量工作，在此表示感谢！

本书编委会

2017 年 7 月